工业和信息产业科技与教育专著出版资金资助出版

高职"十三五"市场营销专业"全景教学"系列项目规划教材

商务谈判实务

邓红霞　主　编

卢　宇　何艳君　副主编

电子工业出版社

Publishing House of Electronics Industry

北京·BEIJING

内 容 简 介

本书以企业实际的商务谈判流程为主线设计了 3 个学习项目,包括 9 个学习任务。3 个学习项目包括商务谈判认知、商务谈判和涉外商务谈判。首先,对商务谈判的基础知识和基本理论进行阐述;其次,按"准备→开局→磋商→终结→合同的签订与履行"这一流程,对商务谈判者必须掌握的知识进行详细讲解;最后,对涉外商务谈判中不同国家和地区谈判的文化差异、基本礼俗进行分析和介绍。

本书既可以作为高等职业院校市场营销专业和其他相关专业的教材,也可以作为职业培训及企业管理人员的自学参考书。

图书在版编目(CIP)数据

商务谈判实务 / 邓红霞主编. —北京:电子工业出版社,2019.8

ISBN 978-7-121-35523-3

Ⅰ. ①商… Ⅱ. ①邓… Ⅲ. ①商务谈判—高等学校—教材 Ⅳ. ①F715.4

中国版本图书馆 CIP 数据核字(2018)第 252508 号

策划编辑:朱干支
责任编辑:张　彬
印　　刷:三河市良远印务有限公司
装　　订:三河市良远印务有限公司
出版发行:电子工业出版社
　　　　　北京市海淀区万寿路 173 信箱　邮编　100036
开　　本:787×1 092　1/16　印张:14.25　字数:364.8 千字
版　　次:2019 年 8 月第 1 版
印　　次:2021 年 11 月第 5 次印刷
定　　价:42.00 元

凡所购买电子工业出版社图书有缺损问题,请向购买书店调换。若书店售缺,请与本社发行部联系,联系及邮购电话:(010) 88254888,88258888。

质量投诉请发邮件至 zlts@phei.com.cn,盗版侵权举报请发邮件至 dbqq@phei.com.cn。

本书咨询联系方式:(010) 88254573,zgz@phei.com.cn。

前　　言

在现代社会经济生活中，谈判无处不在。人与人之间、组织与组织之间、国与国之间，由于存在各种利益需要协调和磋商，无法避免直接或间接的谈判。事实证明，在市场经济环境下，在众多的商务活动中，商务谈判已成为职业人士必备的一种职业素养。本书旨在帮助学习者树立正确的商务谈判理念，培养商务谈判的职业素养，了解商务谈判的工作流程和内容，掌握商务谈判的策略和技巧，提高商务谈判的能力。

本书的特色主要体现在以下三个方面。

（1）以学习任务为导向，以培养职业能力与素养为本位。本书以企业实际的商务谈判流程为主线来设计学习项目和学习任务。首先通过引导情境、项目分析引入项目学习；其次按商务谈判工作流程将项目分解成多个学习任务，并提供学习任务实施范例，随后展示完成任务所需知识点；最后设置理论与技能实训习题，实现"教、学、做"一体化。

（2）借鉴优秀教材资源，整合创新教材形式与内容。本书将商务谈判礼仪与谈判策略技巧等知识融入各个学习任务中，更有利于学习者将相关礼仪知识与谈判策略技巧应用到谈判的各个环节；在每个学习任务后的技能实训项目中，提供了技能实训效果（兼顾知识、技能、职业素养等方面）的评价标准，具有较强的指导性和可操作性，适用于应用型人才的培养。

（3）适应教学发展需要，选用大量针对性、适用性较强的案例素材。本书强调社会与企业需要、职业能力、职业道德等，致力于培养职业精神、谈判思维、工作策略与技巧应用能力等。

本书由湖南现代物流职业技术学院邓红霞担任主编，湖南商务职业技术学院卢宇、湖南现代物流职业技术学院何艳君担任副主编。其他参加编写的人员有湖南现代物流职业技术学院文俊、胡萍萍、熊英。

本书在编写过程中，得到了湖南现代物流职业技术学院旷健玲教授的极大帮助，在此表示衷心感谢！

为方便教师教学，本教材还配有相关教辅资料，请登录华信教育资源网（www.hxedu.com.cn）免费注册后再进行下载。如有问题请在网站留言板留言或与电子工业出版社联系（E-mail:hxedu@phei.com.cn）。

由于编者水平有限，书中难免有疏漏、不足之处，恳请同行专家和广大读者提出宝贵意见，以使本书不断修改完善。

编　者

目　　录

项目 1

商务谈判认知

学习要点

1. 商务谈判的概念、要素与特征
2. 商务谈判的分类与内容
3. 商务谈判的基本流程与模式
4. 商务谈判的原则与评判标准
5. 商务谈判的基本理论
6. 商务谈判的心理、思维与需求

学习目标

1. 熟悉商务谈判的概念与特征
2. 了解商务谈判的分类与内容
3. 认识商务谈判的一般步骤
4. 理解商务谈判的基本理论
5. 掌握商务谈判的原则，并能在谈判中加以运用
6. 能运用商务谈判的基础知识分析商务谈判案例
7. 能运用商务谈判心理和需求理论知识进行谈判

引导情境

校团委组织发起一场全校的篮球比赛，负责承办赛事的校学生会为保证此次比赛的成功举办，计划面向社会拉点儿赞助。李敏是学校外联部部长，拉赞助的任务自然分配到了她的头上。市营销协会会长小唐告诉李敏，最近娃哈哈公司为推广新品"启力"，有意在本校组织促销活动。李敏觉得这是个很好的机会，但是如何才能顺利完成本次任务呢？

中国自古就有"财富来回滚，全凭舌上功"的说法。毫不夸张地说，人生在世，谁也无法逃避谈判。大到国与国之间的政治、经济、军事、外交往来，小到企业与企业之间、个人与个人之间的联系与合作，都离不开谈判。在现代商业活动中，谈判已成为交易的前奏曲、销售的主旋律。然而尽管谈判天天都在发生、时时都在进行，但要使谈判的结果尽如人意，却不是一件容易的事。怎样才能做到在谈判中挥洒自如、游刃有余，既实现己方目标，又能与对方携手共庆呢？下面，让我们一起来认识和领悟商务谈判。

项目分析

人生就是一张大谈判桌，不管喜不喜欢，你已经置身其中了。——赫伯·寇恩

任务 1.1 商务谈判的基础知识

学习目的 ◀

1. 了解谈判、商务谈判的概念与特征
2. 掌握商务谈判的构成要素
3. 理解商务谈判的原则与评判标准
4. 掌握商务谈判的流程与程序模式
5. 掌握商务谈判的原则并能运用到谈判中
6. 能运用所学知识分析商务谈判案例

任务描述 ◀

在商业活动中或工作中，只有依靠谈判才能得到你所要的。"引导情境"中的拉赞助是不是商务谈判？如果是的话，谈判过程中要协商的内容有哪些？谈判过程中要遵循怎样的原则？如何评价一场谈判是否成功？这就是本学习任务的主要内容——商务谈判的基础知识。

任务实施范例 ◀

1.1.1 商务谈判的概念、要素与特征

1. 谈判的概念

什么是谈判？按照《辞海》的解释："谈"的本意为"彼此对话、讨论"；"判"的本意为"评断"。可见，"谈"，说话或讨论，意味着过程；"判"，分辨、评定、判决，意味着结果。谈判是在谈中判断，判断后仍在谈判，不断反复，争取达成一致意见的行为过程。换句话说，一切有关"协商""交涉""商量""磋商"的活动，都是谈判。

美国谈判学会会长，著名律师杰勒德·I.尼尔伦伯格在《谈判艺术》一书中指出："谈判的定义最为简单，而涉及的范围却最为广泛。每一个要求满足的愿望和每一项寻求满足的需要，至少都是诱发人们展开谈判过程的潜因。只要人们为了改变相互关系而交换观点，只要人们是为了取得一致而磋商协议，他们就是在进行谈判。"谈判涉及的范围和领域相当广泛，如商品的买卖、求职面试、与家人商量度假旅游地点、和老板讨论新计划、对下属做协商性的工作要求等。这些以彼此的需求为动因，以语言为主要沟通工具，以协商为手段，力争取得一致的行为或过程就是谈判。

本书认为：谈判是双方或多方为实现各自的目的所进行的沟通与说服，从而争取达成一致意见的行为和过程。

课堂思考

聊天、辩论、打官司、通知、命令是谈判吗？为什么？

对于谈判这一概念，可从以下5个方面来理解。

（1）谈判具有明确的目的性。谈判双方都有各自的需要、愿望或利益目标。当某种需要无法仅仅通过自身努力而满足或利益目标无法实现时，就要借助于谈判的方式来解决。

（2）谈判是双方"冲突"与"合作"的结合。谈判产生的前提是谈判双方在观点、利益、行为方式等方面既互相联系又发生冲突或差别；谈判的结果是双方部分或全部需要得到实现或取得实现的基础。

（3）谈判是一种交流、沟通和说服的过程。谈判是一种双方或多方共同参与的过程，也是一个说服与被说服的互动过程。

（4）谈判是在互惠基础上的利益不均等的公平。"互惠"是谈判的前提，"不均等"是谈判的结果。导致这种结果的主要原因在于：谈判各方所拥有的实力与投入、产出的目标基础不同，所使用的策略技巧各不相同。

（5）谈判是双方"施"与"受"兼而有之的互动协商过程。单方面的施舍与承受都不能算谈判。谈判涉及的双方所寻求的是互惠互利的结果，不是那种"你输我赢"或"我输你赢"的单利性结果，而是"我赢你赢"的"双赢"结果。

2. 商务的概念

所谓商务，是指实施经济组织或企业的一切有形资产与无形资产的交换与买卖事宜，即通俗意义上的"做生意"。按照国际习惯划分，商务行为可分为以下4种。

（1）直接媒介商品的交易活动，如从事批发零售、直接从事商品的收购和销售活动，成为

"买卖商"。

（2）为买卖商直接服务的商业活动，如运输、仓储、加工、整理等，成为"辅助商"。

（3）为买卖商间接服务的商业活动，如金融、信贷、保险、租赁服务等，成为"第三商"。

（4）具有商业性质的商业活动，如酒店、餐馆、商业资讯、广告服务等，成为"第四商"。

3．商务谈判的概念

商务谈判（Business Negotiations）是指有关商务活动双方或多方为了达到各自的目的，就一项涉及双方利益的标的物的交易条件，通过沟通和协商，最后达成各方都能接受的协议的过程。

4．商务谈判的要素

一场完整的谈判，作为一个整体，其构成要素包括谈判主体、谈判客体、谈判目的、谈判时间、谈判地点，以及其他物质条件等多方面。其中，最基本的构成要素是谈判主体、谈判客体和谈判目的3项。

（1）商务谈判的主体。谈判的主体指参与谈判的双方（或多方）当事人。谈判主体是构成谈判的基本要素，具体分为以下两种。

① 关系主体，指以自己的名义参加谈判，又能够独立承担谈判后果的法人或自然人。

② 行为主体，指有权参与谈判并能够通过自己的行为完成谈判任务的谈判代表。

在谈判中，主体资格问题十分重要，如果谈判的一方或双方不具备合法有效的主体资格，谈判的结果将是无效的。如果谈判对手为组织，则要注意审查对方是否具有法人资格，派出的代表是否得到了充分的授权。只有主体资格合法，谈判的结果才会受到法律保护。

课堂思考

商务活动中，人们为什么要通过"代理人"进行谈判？

（2）商务谈判的客体。谈判的客体即围绕着谈判标的展开协商的议题。谈判的标的是谈判各方当事人权利与义务共同指向的客观事物，是权利和义务的基础。谈判的议题是各方共同关心并希望得到解决的具体问题。它往往与当事人有着切身的利害关系，如商品的品质、数量、价格、装运、保证条款和仲裁方式等。议题是谈判的核心。在商务谈判中，可谈判的议题几乎没有界限，凡是可以买卖、转让的有形与无形产品或权利等都可以成为谈判的议题。

（3）商务谈判的目的。谈判的目的指参与谈判的双方都必须通过与对方打交道或真实的洽谈，使对方采取某种行动或给出某种承诺来达到自己的目的。也就是说，解决商务谈判的议题是商务谈判的目的。一场谈判，如果只有谈判主体和客体，而没有谈判目的，那么这个谈判就是不完整的。

5．商务谈判的特征

（1）以经济利益为谈判目的。不同的谈判者参加谈判的目的是不同的，外交谈判涉及的是国家利益；政治谈判关心的是政党、团体的根本利益；军事谈判主要是关心敌对双方的安全利益。虽然这些谈判都不可避免地涉及经济利益，但是常常围绕着某一种基本利益进行的，其重点不一定是经济利益。而商务谈判则十分明确，谈判者以获取经济利益为基本目的，在满足经济利益的前提下才涉及其他非经济利益。虽然，在商务谈判过程中，谈判者可以调动和运用各种因素，而各种非经济利益的因素，也会影响谈判的结果，但其最终目标仍是经济利益。与其他谈判相比，商务谈判更加重视谈判的经济效益。在商务谈判中，谈判者都比较注意谈判的成本、效率和效益。所以，人们通常以获取经济效益的好坏来评价一项商务谈判的成功与否，不讲求经济效益的商务谈判则失去了价值和意义。

（2）以经济利益作为谈判的主要评价指标。商务谈判涉及的因素很多，谈判者的需求和利益表现在众多方面，但价值则几乎是所有商务谈判的核心内容。谈判双方在实际利益上的得与失，在很多情况下或多或少都可以折算为一定的价格，并通过价格升降而得到体现。

（3）谈判的核心议题是价格。以经济利益为核心必然决定了谈判的中心议题是价格问题。因为价格的高低直接关系到所能获得经济利益的大小。除价格之外的其他交易条件，如产品的质量、数量、交货方式与支付方式等与价格条件存在着密不可分的关系，其他条件也都可以通过价格的变化表现出来，这也使得价格成为商务谈判的核心条件和核心议题。

需要指出的是，在商务谈判中，一方面，要以价格为中心，坚持自己的利益；另一方面，不能仅仅局限于价格，应该拓宽思路，设法从其他利益因素上争取应得的利益。因为，与其在价格上与对手争执不休，还不如在其他利益因素上使对方在不知不觉中让步。

（4）注重合同条款的严密性与准确性。商务谈判的结果是由双方协商一致的协议或合同来体现的。合同条款实质上反映了各方的权利和义务，合同条款的严密性与准确性是保障谈判获得各种利益的重要前提。有些谈判者在商务谈判中花费很大气力，好不容易为自己获得了较为有利的结果，对方为了得到合同，也迫不得已做出了许多让步，这时谈判者似乎已经获得了这场谈判的胜利，但如果在拟订合同条款时掉以轻心，不注意合同条款的严密、准确、合理合法，结果谈判对手在条款措辞或表述技巧上会引你掉进"陷阱"，这不仅会使到手的利益丧失殆尽，甚至还要为此付出惨重的代价，这种例子在商务谈判中屡见不鲜。因此，在商务谈判中，谈判者不仅要重视口头上的承诺，更要重视合同条款的严密和准确。

（5）商务谈判涉及面广。凡是有商务活动的地方都存在谈判，既有企业或其他经济法人之间的各种商务谈判，也有个人之间进行的谈判，还有各个层次之间相互交叉进行的谈判。就商品买卖而言，买家可以货比多家，同商品质量好、价格合理的卖家建立谈判关系和买卖关系；卖家也可以面向千家，同结算形式便利、信用好的用户或经销商建立合作关系。商务谈判者要正确认识自己所进行的商务谈判所处的层次，选择具有可合作性的对象建立谈判关系。

此外，商务谈判更是一场博弈，是科学性与艺术性的统一。商务谈判的科学性体现在既涉及多门学科的知识，又有一定的规律性；商务谈判作为一门艺术，受参与人员素质、能力、经验、心理状态、情感及临场发挥状况等方面的影响，这使谈判的进程和结果有着很大的不确定性。

1.1.2 商务谈判的分类与内容

1. 商务谈判的分类

可按照一定的标准把商务谈判划分为各种不同的类型。这些不同类型的商务谈判各有其特点，对实际的谈判行为也有不同的要求。认识谈判的不同类型，目的在于根据不同类型的谈判特征和要求更好地参与谈判和采取有效的谈判策略。

商务谈判的常见分类如表 1-1 所示。

表 1-1　商务谈判的常见分类

分 类 标 准	谈 判 类 型	概　　念	特　　点
参加谈判人数的规模	个体谈判/单兵谈判	各方出席谈判的人员只有 1 人，为"一对一"的谈判	既是最简单的谈判，也是最复杂的谈判
	集体谈判/小组谈判	各方分派两个或两个以上的人员参加谈判	能发挥集体智慧。适用于大多数谈判

分类标准	谈判类型	概　念	特　点
参加谈判的利益主体的多少	双边谈判	只有两个利益主体参与的谈判	谈判关系及内容简单
	多边谈判	两个以上的利益主体参与的谈判	谈判关系及内容错综复杂
谈判双方所采取的态度	让步型谈判/"软式"谈判	谈判者随时做出让步与妥协以达成协议，回避一切可能发生的冲突，追求双方满意的结果	谈判者把对方当成朋友；目的不是获取胜利，而是达成协议
	立场型谈判/"硬式"谈判	参与者将谈判看成意志力的较量，很少顾及或根本不顾及对方的利益，立场坚定、主张强硬，以取得己方胜利为目的	谈判者把注意力集中于如何维护自己的立场，否定对方的立场，忽视去寻找兼顾双方利益的解决办法；目的不是达成协议，而是获取胜利
	原则型谈判/价值型谈判	谈判者在注意与对方取得良好人际关系的同时，建立和要求各方尊重他方的基本需要，寻求各方利益上的共同点，积极设想使各方都有收获的各种方案	谈判者强调公正、公平原则，竭力创造"双赢"
谈判地点	主场谈判	在己方所在地、由自己一方做主所进行的谈判	占尽东道主优势，以逸待劳，环境熟悉，资料重组，可直接请示领导
	客场谈判	在谈判对手所在地进行的谈判	车马劳顿，深入异地，须带足各种资料，做足各种准备，与上级沟通比较困难
	中立地谈判/第三地谈判	在谈判双方（或各方）以外的地点进行的谈判	双方心理上感觉更为公平，有利于缓和双方的关系，但会给双方带来准备上的不便
谈判展开的方式	纵向谈判	在确定谈判的主要问题后，逐一讨论每个问题和条款，讨论一个问题，解决一个问题，一直到谈判结束	程序明确，复杂问题简单化；但稍显死板，一旦陷入僵局，谈判将无法深入。 适用于小规模、业务简单，特别是双方已有合作历史的谈判
	横向谈判	在确定谈判所涉及的主要问题后，开始逐个讨论预先确定的问题，在某一问题上出现矛盾或分歧时，就把这一问题放在后面，讨论其他问题，如此周而复始地讨论下去，直到所有内容都谈妥为止	议程灵活，方法多样，利于发挥谈判者的创造力、想象力，更好地运用谈判策略与技巧，寻求变通的解决办法；但会加剧双方的讨价还价，使谈判者纠缠于枝节问题而忽略主题。 适用于大型谈判、多边谈判
谈判的沟通方式	口头谈判/面对面谈判	谈判人员面对面直接用口头语言交流信息和协商条件，或者在异地通过电话进行商谈	优点：有利于谈判各方当面提出条件和意见，也便于谈判者察言观色，掌握心理，施展谈判技巧。 缺点：时间紧，决策风险大，要支付往返差旅费和礼节性招待费，费用开支较大。 适用于首次交易谈判、双方相距较近、长期或重要的谈判
	电话谈判	借助电话等通信工具进行信息沟通、协商，寻求达成交易的一种谈判方式，是一种间接的、口头的谈判方式	优点：快速、方便、联系广泛。 缺点：误解较多，易被拒绝，某些事项容易被遗漏和删除，还有可能上当受骗。 适用于距离较远的谈判
	书面谈判	利用文字或图表等书面语言进行交流和协商；书面谈判一般通过信函、电传等具体方式，常作为口头谈判的辅助手段	优点：思考从容，利于慎重决策，表达方便准确、郑重，有据可查，利于避免偏离谈判主题，方便拒绝对方。 缺点：不利于双方谈判人员的相互了解，信函、电传等所能传递的信息有限，谈判的成功率较低。 适用于交易条件比较规范、明确，谈判双方彼此比较了解的谈判

续表

分类标准	谈判类型	概　念	特　点
谈判的沟通方式	网络谈判	依靠各种网络服务和技术，借助于互联网进行协商、对话的谈判方式	优点：加强了信息交流，有利于慎重决策，降低了成本，提高了谈判效率，增强了企业的竞争力 缺点：网络身份认证可靠性、网络的安全性都无法保障，网络条例法规不健全，网络合同的法律效率无法确认等
谈判涉及的具体事项	商品买卖谈判	买卖双方就买卖商品本身的有关内容，如数量、质量、运输方式、交货时间、价格条件、支付方式及交易过程中双方的权利、义务和责任等问题进行的谈判	相对较为简单：大多数货物均有通行的技术标准，大多数交易均属重复性交易，谈判内容大多围绕与实物商品有关的权利和义务
	工程项目谈判	项目方就某一大型项目的建设，对外寻求合作伙伴的一种谈判方式	是最复杂的谈判之一。内容广泛，一般还涉及多个利益主体。多采用公开招标的方式选择谈判对手
	技术贸易谈判	有偿的技术转让，即通过买卖方式，卖方把某种技术转卖给买方所进行的谈判行为	技术贸易实质是使用权的转让，价格具有不确定性，交易关系具有持续性，国际技术贸易受政府干预较多
	资金谈判	包括资金借贷谈判和投资谈判	谈判的标的物是货币。内容包括兑换汇率、币种、数额、利率、期限保证条件、还款、宽限期和违约责任等
	租赁业务谈判	从公司租赁机器和设备而进行的谈判	典型的贸易与信贷、投资与筹资、融资与融物相结合的综合性交易。具有鲜明的融资性质，租赁设备的财产所有权与使用权截然分开，通常是三边交易
	劳务合作谈判	双方就劳务合作相关事宜所进行的谈判	基本内容是围绕着某一具体劳动力供给方所能提供的劳动者的情况和需求方所能提供给劳动者的有关生产环境条件和报酬、保障等实质性的条款进行
	索赔谈判	在合同义务不能履行或不能完全履行时，合同当事方进行的谈判	以合同为唯一基础和标准、重视证据、注意时效，谈判内容涉及违约的行为、违约的责任方、赔偿金额、赔偿期限等
谈判的性质	正式谈判	在比较严肃的气氛下，双方就贸易、资本、技术等商务活动相关问题进行实质性的磋商洽谈，而且经双方磋商达成一致意见所签订的协议受法律约束	参与各方的代表有相应的身份与级别，对谈判的议题和内容事前有较充分的准备，积极主动地寻找问题的解决途径
	非正式谈判	在比较随意、自由的环境下或双方用"非正式"的方式就贸易意向进行广泛的讨论、交换意见	时间有限、没有准备、难度不大

课堂思考

　　李敏入职北京某贸易公司 4 个月以来由于表现出色，深受公司领导及同事好评。她近日了解到，浙江某服装有限公司最近有一批新品服装将要上市，面对这个潜在的客户，公司要求李敏进一步了解，必要时由部门经理组队上门与对方初步磋商、洽谈。你认为这是什么类型的谈判？

2. 商务谈判的内容

商务谈判的基本内容是根据不同谈判主题而确定的,其侧重点也有所不同。下面以商品贸易谈判为例介绍谈判的基本内容。

（1）标的。标的即谈判涉及的交易对象或交易内容。在货物买卖合同中,标的即指被交易的具体货物,应为规范化的商品名称。

（2）商品品质。商品品质是指商品的内在质量和外观形态,它们由商品的自然属性决定,具体表现为商品的化学成分、物理性能和造型、结构、色泽、味觉等特征。

进行商品品质谈判的关键是要掌握商品在品质表示方法及内容上的通用做法。不同种类的商品有不同的表示方法。

① 规格。商品的规格是反映商品品质的技术指标,如成分、含量、纯度、大小、长短、粗细等方面的指标。各种商品的品质特性不同,其规格也不相同,买卖双方用规格表示商品的品质,并作为谈判的条件,称为凭规格买卖。一般来说,凭规格买卖是比较准确的,所以大多数商品交易都采用这种方法。

② 等级。商品的等级,是同类商品规格差异的分类。通常用一、二、三或甲、乙、丙或大、中、小等数码、文字及符号来表示,以反映同类商品中的品质差异。在制定了商品等级的情况下,买卖商品只要说明商品的级别,就可以表达买卖双方对商品品质提出的要求。这种表示方法是以规格表示法为基础的。

③ 标准。商品的标准是指经政府机关或商业团体统一制定并公布的规格或等级。不同的标准反映了商品品质的差异。商品标准在我国主要分为"国家标准"和"部颁标准",此外,还有供需双方洽商的"协议标准"。在国外,商品标准有的是由国家规定的,有的是由商业团体（如同业公会、贸易协会、商品交易所等）制定的。在有商品标准的条件下,买卖商品时只需要说明商品的标准,就可以表达买卖双方对商品品质提出的要求。这种表示方法也是以规格表示法为基础的。

④ 样品。样品是最初设计加工出来或者从一批商品中抽取出来的,能够代表交货商品品质的少量实物。但是,无论样品由哪一方提供（样品可由买卖方的任何一方提供）,只要双方确认下来,买卖供应的商品必须与样品一致,否则就失去了凭样品交易的意义。如果是由买方提供样品,卖方在收到来样后可以按照来样复制或提供品质相近的样品供买方确认;如果是由卖方提供样品,买方应留存备查。由于这种方法容易引起日后交货时的纠纷,所以实践中单凭样品成交的情况不多,一般是规定商品某几个方面的品质指标作为样品的依据,如色彩、样式等。商品其他方面的品质指标,则采用其他方法表示。

⑤ 牌名或商标。牌名是商品的名称。商标是商品的标记。牌名和商标之所以能被用来表示商品的品质,是因为它们所表示的商品在品质上稳定,在规格上统一,并在市场上树立了较为固定的信誉,为广大购买者所熟悉,在商品贸易谈判中只要说明牌名或商标,买卖双方就能明确商品的品质情况,不必再说明标准或提供样品。但是,在采用这种方法进行交易时,要注意这些商品是否因其他原因造成损坏或变质,还要注意同一牌名或商标的商品是否来自不同的工厂,以防止商品品质与牌名或商标所代表的品质不一致。

⑥ 说明书。大型的专用仪器或设备,由于构造复杂,无法用几项指标来反映其全貌,又无标准可依,必须凭借详细的说明书,必要时还要辅之以图样或照片,此即凭说明书的买卖。

总之,在实际交易中,上述表示商品品质的方法可以结合在一起运用。比如,有的交易既使用牌名,又使用规格;有的交易既以规格为准,又以样品作为参考。需要强调的是,商品品质条款是商品贸易谈判的主要内容，在法律上规定为合同的主要条款之一。无论采用哪一种表示品质的方法，卖方所交货物的品质如果不符合合同规定，买方就有权撤销合同并要求卖方进行损害赔偿。因此，在采用上述各种方法时，必须注意它们可能出现的争议，避免被动，争取主动。

所以，谈判人员必须了解国内外在品质表示方法上对交易商品的通用做法和特殊做法，并能把它们的使用有机地结合起来。另外，谈判人员还应了解引起商品品质发生变化的各种因素，以便及时发现问题，防患于未然。同时，还要熟知交易商品与其他同类商品在品质上的优缺点或异同点，以便充实讨价还价的根据和力量。

（3）商品数量。商品的数量是指商品贸易双方对具体商品的交易实物数量，主要由数字和计量单位构成。商品数量的谈判既关系到买卖双方经营计划的实现，又影响到商品价格的高低，如果谈得不好，还会引起纠纷，进而影响买卖双方的经济利益。所以，应注意以下一些相关问题。

① 要了解对方对欲交易商品在供需上的能力和要求，以避免诈骗和被对方所利用。

② 要探测同类商品因成交数量不同而对成交价格产生的影响，以确定最佳采购（或销售）数量。

③ 要根据商品的性质，明确所采用的计量单位。商品的性质不同，采用的计量单位也不同。例如，有表示质量单位的吨、千克、磅、盎司等；有表示个数单位的件、双、套、打、令等；有表示长度单位的米、公尺、码、英尺等；有表示面积单位的平方米、平方英尺等；还有表示体积单位的立方米、立方英尺等。在国际贸易中，还要掌握世界各国（地区）有关度量衡制度方面的资料，以及各度量衡之间的换算关系。因为，世界各国（地区）对同一计量单位所表示的数量有时也各不相同。比如，"吨"有长吨（2240 磅）、短吨（2000 磅）、公吨（2205 吨）；"加仑"有英国加仑（4.546 公升）、美国加仑（3.785 公升）；"担"有英国担（112 磅）、美国担（100 磅）、中国市担（1102 磅）等。世界各国（地区），有时对同一商品的计量方法亦有区别。例如，石油产品，有些地方习惯用桶来计算，而有些地方则习惯用质量来计算；大多数国家（地区）在计算质量时习惯用净重，而有些国家（地区）则习惯用毛重，或者有的按装船时的质量计算，有的按卸船时的质量计算。

④ 根据惯例，还要规定"溢短量条款"，对有关商品的溢短量规定合理的幅度，以防止日后的随意解释和纠纷的产生。

（4）商品包装。商品的包装是指为了保护商品品质的完好、数量完整，以及宣传商品所使用的盛器。

除少数商品因其本身特点无须包装外，大多数商品都需要有符合其特点的包装。按商品是否需要包装，可以分为 3 类，即散装货、裸装货和包装货。包装材料和装潢根据包装作用的不同可分为运输包装和销售包装。商品是否需要包装，以及采用何种包装，主要取决于商品的特点和买方的要求。

（5）商品价格。商品的价格通常是指以一定货币表示的每一计量单位的金额，即商品的单价。

在其他条件一定的情况下，商品价格的高低直接关系到买卖双方的经营成本及经济利益。因此，价格谈判是商品谈判的核心内容，是整个谈判中最重要、最敏感也是最艰巨的一环，谈判者应高度重视。

价格由单价和总值构成。单价即单位商品的价格，包括计量单位、计价货币、单位金额和价格术语 4 部分。

价格的确定与其他交易条件有密切联系，双方在确定最终价格时必须考虑这些因素，如商品品质、交易数量、交货期限、支付条件、运输方式、交货地点等。

（6）支付方式。支付方式是商品贸易中买卖双方均关心的重要问题，因为卖方交货与买方付款是对等的条件，它直接关系到双方的利益、货款的支付、货款的结算方式，以及结算使用的货币，结算的时间、地点等具体内容。

作为谈判人员，在洽谈支付方式时，要从商品特点、金额大小、对方资信程度、资金周转等方面加以考虑，正确、灵活地选择支付方式，以争取有利的支付条件。

（7）装运与交付。在商品交易中，卖方向买方收取货款是以交付货物为条件的，所以运输方式、运输费用，以及装运时间、地点和交货时间、地点依然是商务谈判的重要内容。

① 运输方式。商品的运输方式是指将商品转移到目的地所采用的方法和形式。以运输工具进行划分，运输方式有铁路运输、公路运输、水路运输、航空运输和管道运输；以营运方式来划分，可分为自运、托运和联运等。

目前，在国内贸易中主要采用铁路运输、公路运输、水路运输和自运、托运等运输方式。在对外贸易中主要采用海运、航运、托运、租运等运输方式。在商贸活动中，如何使商品能够多、快、好、省地到达目的地，关键在于选择合理的运输方式。选择合理的运输方式，应考虑以下因素：一是要根据商品的特点、运货量大小、自然条件、装卸地点等方面的具体情况确定；二是要根据各种运输方式的特点，通过综合分析加以选择。

② 运输费用。运输费用的计算标准：按货物质量计算、按货物体积计算、按货物件数计算、按商品价格计算等。另外，还会因为运输中的特殊原因增加其他附加费。在谈判中双方应对货物的质量、体积、件数、商品的价格情况进行全盘考虑，合理规划，在可能的条件下改变商品的包装，缩小体积，科学堆放，选用合理的计算标准，论证并确定附加费用变动的合理性，明确双方交货条件，划清各自承担的费用范围和界限。

③ 装运时间、地点和交货时间、地点。这些不仅直接影响买方能否按时收到货物，满足需求或投放市场，回收资金，还会因交货时空的变动引起价格的波动，也可能造成经济效益的差异。在谈判中应根据运输条件、市场需求、运输距离、运输工具、装卸地（码头、车站、港口、机场等）的设施，以及货物的自然属性、气候条件等进行综合分析，明确具体装运、交货地点，装运、交货的截止日期。

（8）运输保险。商品的运输保险是以集中起来的保险费建立保险基金，用于补偿因自然灾害或意外事故所造成的经济损失。由投保人（被保险人）在货物装运前估计一定的投保金额，向承保人（保险人）即保险公司投保运输险。

在国内贸易谈判中，谈判人员应当根据实际情况，把保险条件与交货地点联系起来考虑，即如果在卖方所在地交货，可由买方办理商品运输保险；如果在买方所在地交货，可由卖方办理商品运输保险。无论是何方办理保险，都应将保险费用计入经营成本。

在对外贸易谈判中，商品运输保险较为复杂，应在了解中国人民保险公司有关保险条款、对方国家的有关保险条款及国际通用做法的基础上，根据商品的性质、金额、包装情况、装载条件及赔偿及时与否等，合理确定保险金额、险别，以及按何种保险条款办理保险等事宜。

（9）商品检验。商品检验是指对商品的品质、数量和包装所进行的检查和鉴定，是卖方履约的重要标志，是买方支付货款的前提条件，也是确定其是否符合合同规定，以及违约后责任归属的依据。商品检验的洽谈应注意以下3个方面的问题。

① 商品检验的内容和方法。检验的内容一般是商品的品质、数量等。检验的方法有视觉、

味觉、嗅觉、触觉及科学仪器的检验。谈判中还应明确规定是抽样检验，还是全部检验。

② 商品检验的时间和地点。可根据商品的性质和港口、车站、码头的情况来争取对己方有利的商品检验时间和地点。

③ 商品检验的结构、检验标准和检验证明。应根据我国及国际上的有关规定，以及检验机构的权限、信誉、检验设施等确定合法、合格的检验机构。要结合各方所商定的检验标准、方法、时间、地点等条件，向有关检验部门提出申请，并从指定的检验机构取得检验证明，作为办理商品交换、结算、计费、处理争议的依据。我国对外贸易的商品检验，均由国家进出口商品检验局和其委托的检验部门进行。

（10）索赔、仲裁与不可抗力。

① 索赔。索赔是指遭受损害的一方在争议发生后，向违约方提出赔偿的要求，在法律上指主张权利；在实际业务中，通常指受害方因对违约方违约而根据合同或法律提出予以补救的主张。

争议是指交易一方认为对方未能部分或全部履行合同的责任与义务而引起的纠纷。争议产生的原因，一是由于当事人一方的故意行为导致违约而引起争议；二是由于当事人一方的疏忽、过失或业务生疏导致违约而引起争议。此外，对合同义务的重视不足，往往也是导致违约、发生纠纷的原因之一。

理赔是指违约方对受害方所提出赔偿要求的受理与处理。

索赔与理赔是一个问题的两个方面，在受害方是索赔，在违约方是理赔。

② 仲裁。仲裁又称公断，是指当事人在争议发生之前或发生之后，签订书面协议，自愿将争议提交双方所同意的第三方予以裁决，以解决争议的一种方式。

商务谈判中的仲裁条款应协商的问题主要是仲裁地点、仲裁机构、仲裁程序、仲裁费用等。

③ 不可抗力。不可抗力又称人力不可抗拒的客观情况，是指在货物买卖合同签订以后，不是由于订约者任何一方当事人的过失或疏忽，而是由于发生了当事人既不能预见和预防，又无法避免和克服的意外事故，以致合同不能履行或不能如期履行。遭受意外事故的一方，可以免除履行合同的责任或延期履行合同。

不可抗力的事故范围较广，通常可分为两种情况：一种是由于自然力量引起的，如水灾、火灾、雪灾、暴风雨、地震等；另一种是由于社会力量引起的，如战争、社会性罢工、政府禁令等。

谈判中关于不可抗力条款一般涉及不可抗力事件的范围、出具不可抗力事件证明的机构、事件发生后通知对方的期限、不可抗力事件后合同的履行和处理等。

【拓展链接】不同主题谈判的内容及谈判重点

1.1.3 商务谈判的基本流程与模式

1. 商务谈判的基本流程

一般来说，商务谈判的基本流程可划分为谈判准备、谈判实施、协议后履约 3 个基本阶段。各阶段的主要任务如图 1-1 所示。

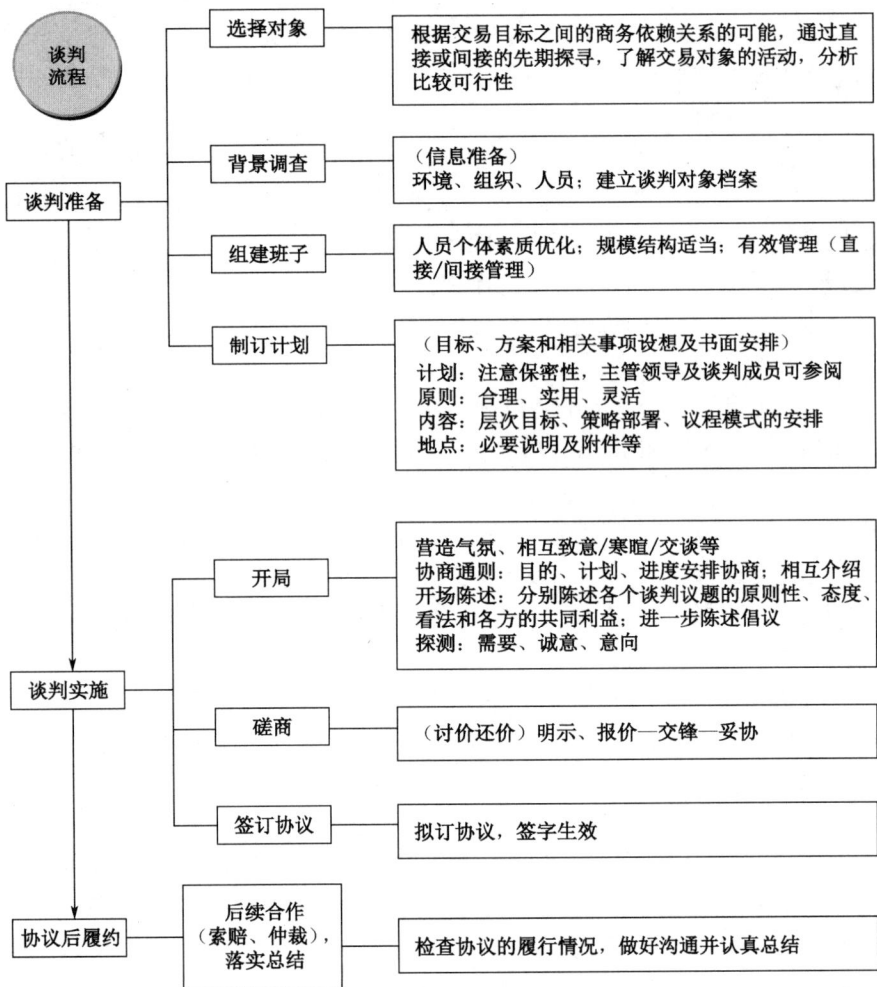

图 1-1　商务谈判的基本流程

2．商务谈判模式

谈判是一个连续不断的过程，一般每次谈判都要经过评估、计划、关系、协议和维持 5 个环节，这就是当前国际上比较流行的商务谈判的 APRAM 程序模式，如图 1-2 所示。

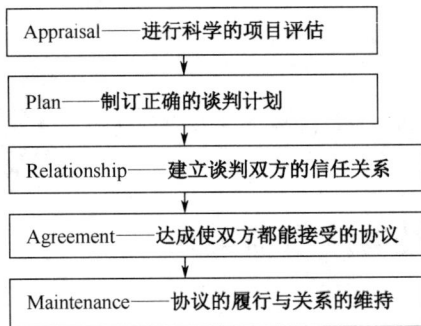

图 1-2　商务谈判的 APRAM 程序模式

APRAM 程序模式具体实施如下。

（1）进行科学的项目评估。开始阶段主要针对谈判项目的需求、范围和可行性进行分析，制订项目的总体安排计划,主要包括以下内容。

① 需求评估。对企业的整体需求和期望做出分析和评估,并据此明确谈判项目成果的期望和目标。

② 可行性分析。根据谈判项目的期望和目标,以及预计项目的实施范围,对企业自身的人力资源、技术支持等方面做出评估,明确需要为配合项目而采取的措施和投资的资源。

③ 项目总体安排。对项目的时间、进度、人员等做出总体安排,制订谈判项目的总体计划。

④ 项目授权。企业与谈判人员明确双方职责,并由企业根据项目的需要对谈判人员进行谈判的授权。

⑤ 谈判项目预演。根据企业的具体需求,谈判人员向企业的管理层和相关业务部门进行有针对性的谈判预演。

(2)制订正确的谈判计划。

① 确定己方在和对方谈判时要达到的目标。这一步十分重要,不容忽视。因为,如果不知道自己在谈判中要达到什么目标,计划就没有任何意义。

② 努力理解谈判对手的目标。在明白了自己的目标并做出归纳之后,尽力去理解对手的目标。不要忘记,和你一样,对手也希望通过交易达到自己的目标。

③ 再次进行比较。在确定了二者的目标之后,谈判人员就要将二者的目标加以比较,找出与对方完全一致的地方及不一致的地方,并提出解决方案。

④ 详细制订时间计划、预算计划和人员计划,并做出风险评估。

(3)建立谈判双方的信任关系。

① 要努力使对方信任自己。例如,对对方事业及个人的关心,周到的礼仪,工作中的勤勉认真等,都能促使对方信任自己;有时一句不得体的话,一个不礼貌的动作,一次考虑不周的安排,都会影响对方对你的信任程度,这对于初次谈判的对手更要引起重视。

② 要尽量设法表现出自己的诚意。在与不熟悉自己的人进行谈判时,向对方表示自己的诚意是非常重要的。为了表明自己的诚意,可以利用某些非正式的场合向对方列举一些在过去的同类交易中以诚待人的例子,也可以在谈判开始之前特意安排一些有利于建立双方信任感的活动,使对方感到自己的诚意。

③ 要记住,最终使对方信任自己的是行动,而不仅是语言。所以,要做到有约必行,信守诺言。要时刻牢记,不论自己与对方的信赖感有多强,只要有一次失约,彼此间的信任就会降低,而重新修复是十分困难的。对于对方的询问要及时予以答复,无论做出肯定或否定的答复,但必须及时告知对方。对目前做不到的,要诚心诚意地加以解释,以此来取得对方的谅解和认可。由此可以得出这样的结论:如果还没与对方建立起足够好的信任关系,就不应匆忙进入实质性的谈判。否则,勉强行事,谈判效果会受到影响,甚至会将可以办好的事情办糟。

(4)达成使双方都能接受的协议。

① 核实对方的目标。

② 清楚地确定双方意见的一致点。

③ 为了协调不一致的地方,要提出"双赢"式的解决方案,并加以归纳整理。

④ 共同解决剩下的不同点。

(5)协议的履行与关系的维持。

【案例】

上海地铁 1 号线（上海轨道交通 1 号线）融资协议在执行的过程中写明上海地铁 1 号线的地铁车辆是在西德的杜瓦洛工厂制造的。后来东西德合并，西德的杜瓦洛工厂兼并了东德的地铁车辆厂，但仍用原来的厂名，只是把为上海地铁 1 号线制造地铁车辆的任务转给了原东德的工厂，而东德工厂制造出来的地铁车辆，质量上明显差得多。

尽管中方再三交涉，但德方坚持认为他们没有违反协议，仅仅做出让步，同意由中方派出专业技术人员驻东德工厂进行质量监督而已。

由上可见，协议的签订并不是结束，而是一个新的起点。只有协议执行完毕，才可以结束。

（资料来源：李静玉，王晓芳. 商务谈判实务[M]. 北京：清华大学出版社，2016.）

在通常情况下，商务合同已经签订，就标志着商务谈判过程终结，签约各方大都会按照合同规定，努力完成己方所承担的义务。但在合同签订后的执行过程中，有可能会因为种种原因使一方的责任未能履行或权利受到损害而引起争议，从而导致谈判重新开始。协议书签订得再严密，仍然要靠人来履行，因为履行职责的是人而不是协议书本身。为促使对方履行协议，要认真做好两件事。

① 要求别人信守协议，首先自己要做到。这一点看起来很正常，但实际上常常会被忽视。有时人们埋怨对方不履行协议，当冷静地细细分析，问题却出在自己身上，是自己工作的失误造成了协议不能完整地执行。

② 对于对方遵守协议的行为给予适时的情感反应。当对方努力信守协议时，给予适时的肯定和感谢，其信守协议的做法就会保持下去。当然，情感反应的形式有很多种，可以通过写信、打电话来表达，也可以亲自拜访表示感谢。

1.1.4 商务谈判的原则

所谓商务谈判的原则，是指在谈判过程中谈判双方必须遵守的基本准则或规范。一般说来，商务谈判中要达到预定的目标必须遵循以下几个基本原则。

1. 诚信原则

诚实可信、言而有信、信誉至上是谈判中非常重要的原则。"人事无信难立，买卖无信难存"。在谈判中，对对方应真诚相待，讲信用，讲信誉。在谈判中注重真诚守信，一是要站在对方的立场上，将其了解到的情况坦率相告，以满足其权威感和自我意识；二是把握时机以适当的方式向对方袒露本方某些意图，消除对方的心理障碍，化解疑惑，为谈判打下坚实的信任基础。谈判者开诚布公、直言表露己方的目的和意图，但并非将一切都和盘托出。真诚守信原则，也并不反对谈判中的策略运用，而是要求企业在基本的出发点上要诚挚可信，讲究信誉，"言必行，行必果"，要在人格上取得对方的信赖。真诚守信原则还要求在谈判时，观察对手的谈判诚意和信用程度，以避免不必要的损失。

【案例】

诚恳的推销员

沃尔·斯特里特公司的男鞋推销员去拜访他的一个贩卖商。在推销过程中，这位商人抱怨说："知道吗？最近两个月，我们订货的发送情况简直糟透了。"

这一抱怨对于公司的推销员来说无疑是一个巨大的威胁，谈判有陷入僵局的危险。

推销员的回答很镇定："是的，我知道是这样，不过我可以向您保证，这个问题很快就能解决。您知道，我们只是个小型鞋厂，所以，当几个月前生意萧条并有 9 万双鞋的存货时，老板就关闭了工厂。如果您订的货不够多，在工厂重新开工和有新鞋出厂之前，您就可能缺货。最糟糕的是，老板发现由于关闭工厂他损失了不少生产能手，这些人都去别处工作了，所以，在生意好转之后，他一直难以让工厂重新运转。他现在知道了，他过早惊慌地停工是错误的，但我相信我们老板是不会把现在赚到的钱盘存起来而不投入生产的。"

那商贩笑了，说："我得感谢您，您让我在一个星期之内头一次听到了如此坦率的回答。我的伙计们会告诉你，我们本周一直在与一个购物中心谈判租赁柜台的事，但他们满嘴瞎话，使我们厌烦透了。谢谢您给我们带来了新鲜空气。"

不得不说，案例中的推销员用他的诚恳态度赢得了客户的极大信任，他不但做成了这笔生意，还为以后的生意打下了良好的基础。

2. 互惠互利原则

商务谈判最圆满的结局，应当是谈判的所有参与者各取所需，各偿所愿，同时照顾到其他各方的实际利益，是一种多赢的局面。互利原则，要求商务谈判双方在适应对方需要的情况下，互通有无，使双方都能有所得；在考虑己方利益的同时，还要照顾双方利益，使交易谈判结果实现等价交换，互惠互利。互惠互利原则正是实现交换的前提；同时，坚持平等原则也要求交易双方在经济利益上互惠互利。当然，互惠互利并不等于利益均分，谈判双方可能一方获得的利益多一些，另一方获得的利益少一些，这主要取决于双方各自拥有的实力和谈判技巧等因素。成功的谈判，应该是双方愉快地离开谈判桌，没有哪一方是失败者，双方都是胜利者。

【案例】

20 世纪 40 年代，美国电影明星珍·拉塞尔与制片商休斯签订了一个一年付清 100 万美元的雇佣合同。当时拉塞尔因为自己日常开支有一些困难，于是要求休斯按时付款。到了年底，拉塞尔找休斯履行合同，休斯说他没有现金，要她等一等。在这个时候，拉塞尔首先想到的是合同具有法律性，但休斯资金周转不灵又是事实。如果诉诸法律，对双方都没有任何好处。后来，拉塞尔想出妙策，以双方的共同需要、共同利益为出发点，经过双方协商，修正合同，签订了有利于双方的协议，即雇佣金由一年付清改为 20 年付清，每年 5 万美元。这样，拉塞尔就有了每年 5 万美元的稳定收入，不必为日常开支所困扰，而休斯也因此缓解了资金周转的困难。

案例中，拉塞尔考虑了双方的利益，做了必要的让步，最后保证了自己的利益。这是她明智的地方，也是她成功的关键。由此可见，在谈判过程中，不要只追求眼前利益，而要立足于长远，从互惠互利的原则出发，方可促使可能失败的谈判走向成功。

3．重利益轻立场原则

在立场上争执不休，讨价还价，会降低谈判的效率，损害谈判双方的关系，违背了谈判的基本准则，无法达成一个明智、有效而又友好的协议。双方的利益才是谈判的基点，每一位谈判者都应该把重点放在双方的利益上来考虑问题。谈判中的基本问题不是双方在立场上的冲突，而是双方在利益上的冲突。利益是谈判者的实质需求、欲望、关切或忧虑。立场是谈判者利益上的形式要求或依此而做出的某种决定。促使谈判者做出决定的是利益，利益是隐藏在立场背后的动机。

因此，在商务谈判中要做到理解并确认谈判中的利益：第一，站在对方的立场上考虑问题；第二，考虑双方的多重利益；第三，注意别人的基本要求；第四，提出双方得益的方案。

4．人事有别原则

在谈判中要区分"人"与"问题"，把对人（谈判对手）的态度和所讨论问题的态度区分开来，就事论事。应该注重建立和维护双方的友好关系，把争论和冲突的焦点集中在"事"上，所攻击的是"问题"本身，而不是"人"。谈判中要通过坦诚相待，把自己放在别人的位置上考虑问题，尽量多陈述客观情况而避免相互指责，将人与事分开。比如，当谈判双方僵持不下时，无论争辩多么激烈，讨价多么苛刻，都要将人的问题和利益区分开来，不能恶语相向，进行人身攻击。在谈判过程中，要提出正确看法，同时保持情绪稳定，建立融洽的谈判气氛，多沟通，不要发生激烈的争吵。

5．运用事实原则

事实是不以人的意志为转移而客观存在的，它具有客观性、直观性，有时比数据、资料等更具说服力。在谈判过程中，当向对方介绍关于自身实力的某件事实后，对方一定会以最快的速度去验证，一旦经验证是真实可信的，对方的信任也就油然而生了。这也同时要求在运用事实、显示己方实力时遵守规则，做到实事求是，绝不能言过其实。在谈判中口气小一点，多留些余地，反倒会使陈述的事实更具说服力。

✎【案例】

在一次出口产品交易会上，某国的一位商人想向我国的某拖拉机厂订购一批农用拖拉机，但他不太相信该拖拉机厂的产品质量和销路。拖拉机厂的代表并没有单纯地用一些枯燥的技术指标来说服他，而是拉家常式地问道："贵国的××经理您熟悉吗？"客商说："熟悉，当然熟悉。我们都是做农用机械生意的，还合作过呢。"厂代表说："噢，那你为什么不向他了解一下情况呢？去年他从我们厂买了一大批拖拉机，可是大赚了一笔啊。"客商回到住处后，立即通过国际长途电话验证了某些情况，第二天就高兴地与拖拉机厂签订了订购合同。

6．坚持客观标准原则

客观标准是指独立于各方意志之外的合乎情理和切实可用的标准。它既可以是一些惯例、通则，也可以是职业标准、道德标准、科学鉴定等。坚持客观标准可以很好地克服建立在双方意愿基础上的让步所产生的弊病，有利于谈判者达成一个公正的协议。客观标准的确立受多方因素影响。例如，在产品交易谈判中，卖方报价每吨1500美元，买方出价每吨1200美元，那么调和的标准是什么呢？这时就以同类商品的市场价格作为谈判的客观标准。当出现双方争执不下的情况时，就需要借助第三方权威机构进行协调，建议使用某个标准来体现公平和客观。

7．合法原则

合法原则是指在商务谈判及签订合同的过程中，要遵守国家的法律、法规，符合国家政策的要求，涉外谈判则要求既符合国际法则，又尊重双方国家的有关法律法规。商务谈判的合法原则具体体现在 3 个方面。

（1）谈判主体合法，即参与谈判的企业、公司、机构或谈判人员具有合法资格。

（2）谈判议题或标的合法，即谈判的内容、交易项目具有合法性。

（3）谈判手段合法，即应通过合理的手段达到谈判的目的，而不能采取行贿受贿、暴力威胁等不正当的方式。

在谈判过程中应遵循合法原则，首先，要分析不同的法律环境；其次，要在法律允许的范围内进行谈判；最后，由于对方违约给己方造成损害时，要积极寻求法律保护。

1.1.5 商务谈判的评判标准

1．预期目标的实现程度

商务谈判的最终结果有没有达到预期的目标，在多大程度上满足和实现了预期目标等，这些都是评价谈判是否成功的首要标准。

谈判结果如果没有达到自己的最低期望值，则该谈判不能认为是成功的。当然，也不能说谈判只有实现了自己的最高目标才算成功。成功谈判实现的预期目标常常是介于最高与最低目标之间的。

2．谈判效率的高低

商务谈判的效率是指谈判所获收益与所付出的成本之间的对比关系。

谈判是要付出一定成本的，这种成本包括 3 个部分：一是为达成协议所做出的让步成本，亦即该项谈判中预期谈判收益与实际谈判收益之间的差值或者说是所有让步之和；二是为谈判所耗费的各种资源的成本，亦即为该项谈判所花费的人力、物力、财力和时间的支出（经济折算值之和）；三是为参加该项谈判所失掉的其他盈利机会，即机会成本。如果所耗成本很高而收益甚少，那么这种谈判就是不经济的、低效率的，也是不成功的。只有谈判收益大于谈判成本，这类谈判才算是成功的、高效率的。

在有些谈判中，由于当事各方利益冲突激烈，抑或是谈判者的失误，使谈判花费过多的时间、精力和财力，尽管最后达成了协议，但谈判付出多于最后的收获，这显然是低效率和不明智的。因此，作为一个合格的谈判者，必须讲究谈判效率，权衡得失。

3．人际关系的维持与发展

现代商务谈判的成功应该有利于促进和加强双方的合作关系，有利于合同的履行和双方的长期利益，甚至建立起良好的伙伴关系；相反，如果在实现己方谈判目标的同时恶化了双方的关系，有损长期的合作，则不是真正成功的谈判。高明的、有战略眼光的谈判者往往不会过分计较和看重某一场谈判的得失，而会着眼于长远、着眼于未来，谋求长期利益的最大化。

综合以上 3 条评价标准得出：成功的谈判应该是双赢的、高效率的，以及双方关系得到维护和进一步发展的谈判，是需求、效率、关系三者的协调统一。

知识归纳

商务谈判的基础知识	商务谈判的概念、要素与特征	概念：商务谈判（Business Negotiations）是指有关商务活动双方或多方为了达到各自的目的，就一项涉及双方利益的标的物的交易条件，通过沟通和协商，最后达成各方都能接受的协议的过程
		构成要素：谈判主体、谈判客体、谈判目的、谈判时间、谈判地点，以及其他物质条件等多方面。其中，最基本的构成要素是谈判主体、谈判客体和谈判目的
		特征：①以经济利益为谈判目的；②以经济利益作为谈判的主要评价指标；③谈判的核心议题是价格；④注重合同条款的严密性与准确性；⑤商务谈判涉及面广
	商务谈判的分类与内容	分类：按照不同标准可分为不同类型——个体谈判和集体谈判；双边谈判和多边谈判；"软式"谈判、"硬式"谈判和原则型谈判；主场谈判、客场谈判和中立地谈判；纵向谈判和横向谈判；口头谈判、电话谈判、书面谈判和网络谈判；商品买卖谈判、工程项目谈判、技术贸易谈判、资金谈判、租赁业务谈判、劳务合作谈判、索赔谈判；正式谈判和非正式谈判
		内容（以商品买卖为例）：以商品为中心，包括商品标的、商品品质、数量、包装、价格、支付方式、装运与交付、运输保险、商品检验，以及索赔、仲裁与不可抗力等条款
	商务谈判的基本流程与模式	基本流程：包括谈判准备、谈判实施与协议后履约3个阶段
		模式：商务谈判的APRAM模式——Appraisal（评估）、Plan（计划）、Relationship（关系）、Agreement（协议）、Maintenance（维持）
	商务谈判的原则	原则：诚信原则、互惠互利原则、重利益轻立场原则、人事有别原则、运用事实原则、坚持客观标准原则、合法原则
	商务谈判的评判标准	评判标准：预期目标的实现程度、谈判效率的高低、人际关系的维持与发展

思考与练习

一、单选题

1．以下不属于商务谈判主要特征的是（　　）。

　　A．以经济利益为目的　　　　　　　B．是一个零和博弈的过程

　　C．以价格作为谈判的核心　　　　　D．讲究谈判的经济效益

2．商品贸易谈判的核心是（　　）。

　　A．商品品质　　　　　　　　　　　B．商品数量

　　C．商品价格　　　　　　　　　　　D．商品检验

3．谈判中在注意人际关系的同时，建议和要求谈判双方都尊重对方的基本需求，寻找双方利益上的共同点，积极设想使双方都受益的各种方案。这是采取的（　　　）。

    A．价值型谈判   B．"软式"谈判

    C．"硬式"谈判   D．价格型谈判

4．程序明确，复杂问题简单化，但稍显死板，一旦陷入僵局谈判将无法深入；适用于小规模、业务简单，特别是双方已有合作历史的谈判是（　　　）。

    A．横向谈判   B．纵向谈判   C．主场谈判   D．客场谈判

二、多选题

1．商务谈判的构成要素包括（　　　）。

    A．谈判主体   B．谈判客体   C．谈判目的   D．谈判技术

2．商务谈判的种类按谈判参与的人数可划分为（　　　）。

    A．个体谈判   B．集体谈判   C．双边谈判   D．多边谈判

3．商务谈判的种类按谈判参与的利益主体的多少可划分为（　　　）。

    A．个体谈判   B．集体谈判   C．双边谈判   D．多边谈判

4．商务谈判的种类按谈判参与者所采取的态度可划分为（　　　）。

    A．价值型谈判   B．"软式"谈判

    C．"硬式"谈判   D．价格型谈判

5．商务谈判的种类按谈判的地点可划分为（　　　）。

    A．主场谈判   B．客场谈判   C．中立地谈判   D．多边谈判

6．商务谈判的评判标准是（　　　）。

    A．预期目标的实现程度   B．谈判效率的高低

    C．人际关系的维持与发展   D．谈判经费的多少

三、思考题

1．什么是商务谈判？商务谈判具有哪些特点？

2．商务谈判的构成要素有哪些？

3．主场谈判与客场谈判分别有何优劣势？

4．商品贸易谈判包括哪些基本内容？

5．商务谈判应遵循的基本原则有哪些？

6．商务谈判的 APRAM 模式的内容是什么？

7．简述商务谈判的一般流程。

8．如何评价一次商务谈判是否是成功的？

✎ 技能实训

任务训练一　商务谈判的基础知识案例分析

实训目的

运用商务谈判的基础知识进行案例分析，培养分析能力及运用理论解决实际问题的能力。

实训组织

学生讨论、分析案例，总结并分析所得的结论，在课堂上分享。

实训成果

课堂现场分享案例分析的结论。

实训效果评价

教师根据学生对案例内容的理解及结合商务谈判基础知识分析案例的正确性、合理性，给予点评。

背景资料

【案例一】一个小零件的争议

美国约翰逊公司的研究开发部经理从一家有名的 A 公司购买了一台分析仪，使用几个月后，一个价值仅 2.95 美元的零件坏了，约翰逊公司希望 A 公司能免费调换一个。A 公司却不同意，认为零件损坏是因为约翰逊公司使用不当造成的，并特别召集了几名高级工程师来研究，寻找证据。双方为这件事争执了很长时间，几位高级工程师费了九牛二虎之力终于证明了责任在约翰逊公司一方，取得了谈判的胜利。但此后整整 20 年时间，约翰逊公司没在 A 公司再买过一个零件，并且告诫公司全体职员，今后无论采购什么物品，宁愿多花一点钱，多跑一些路，也不与 A 公司发生业务往来。

【问题】

请你评价一下，A 公司的这一谈判究竟是胜利还是失败？原因何在？

【案例二】房客与房东的矛盾

按某房客与房东的租约规定，室内原有设备如果不是房客故意损坏的，由房东负责修理、更换。但房客的电暖器坏了，房东却说没有钱买新的。拖了一段时间，房东仍不肯让步。最后，房客找到房东说："我今天来通知你，我下个星期搬出你这儿，你必须在下周一之前，把我预交的三年房租如数退还。如果你下周一之前不退钱，我将采取其他方式迫使你退。"房东心想，退不了租金可能会被告上法庭。最终房东做出了让步，电暖器得到了更换，问题得以解决。这个问题之所以能得到解决，是因为他们在对立的立场背后既存在着冲突性利益，又存在着共同利益。

【问题】

在本案例中，房客与房东双方的共同利益与冲突性利益分别有哪些？他们最终达成一致说明了什么问题？

任务训练二　模拟谈判公司的构建

实训目的

明确模拟公司的业务经营范围及产品内容，了解不同主题的商务谈判的内容。

实训组织

（1）将学生分组，每组 5～6 人。全班小组数为双数。

（2）每组建立一个模拟公司，每两个模拟公司为谈判对手双方。

（3）各谈判双方根据每个模拟公司业务范围确定谈判内容。

（4）各模拟公司将实训成果以 PPT 形式展示。

实训成果

成果如表 1-2 所示。

表 1-2　模拟谈判公司任务表

任　务	内　容
组员构成	
本公司名称	
本公司经营范围	
本公司产品介绍	
本公司职务分配	
双方谈判主题及内容	

实训效果评价

评价标准如表 1-3 所示。

表 1-3　模拟谈判公司任务评价表

评价指标	权　重 （分）	学 生 评 价 （40%）	教 师 评 价 （60%）	备　注
公司名称	10			
公司业务范围合理，产品介绍清晰	10			
展示过程流畅，团队配合好	10			
PPT 制作简明、美观	10			
本公司职务分配合理、必要	20			
双方谈判主题及内容描述清晰、正确	40			
得分合计	100			
综合得分 总分=0.4×∑生+0.6×∑师 （满分 100 分）				

任务训练三　红黑博弈小游戏

实训目的

理解商务谈判的基本原则，了解谈判中可能存在的风险，培养诚信、包容的胸怀，启发双赢的谈判思维，树立团队意识与竞争中的合作意识。

实训组织

（1）按任务训练二的方式，将学生分组，每组 5～6 人。全班小组数为双数。

（2）按步骤组织实施红黑博弈小游戏。

（3）游戏结束后，各小组讨论，总结体会。

附：游戏规则

（1）每两小组分别代表游戏双方，各小组组长要组织本组成员进行投票——红票或者黑票（每轮投票前有 2 分钟时间讨论）。

（2）在第三轮和第六轮投票之前，两组可以各派一名代表进行交流，限时也是 2 分钟。其他时间不允许两组进行任何方式的交流。

投票规则：

（1）本组内所有的人都必须参与投票。

（2）红票和黑票分开计数。

（3）红票人数加黑票人数等于本组总人数。

（4）投票结果少数服从多数。

得分规则：

（1）两组同投红票，各减 3 分。

（2）两组同投黑票，各加 3 分。

（3）一组红票、一组黑票，则红票方加 5 分、黑票方减 5 分。

（4）第三轮得分双倍计（×2）、第六轮得分三倍计（×3）。

（5）最后累计得正分最高的小组算赢。

实训成果

游戏总结。

实训效果评价

游戏过程热情参与、态度好；团队合作良好；游戏总结内容全面、深刻，符合实际。

注意事项

在小组分享体会之前，教师要进行正确引导，并要求学生总结发言时要就事论事，避免因此而伤及同学感情。

任务 1.2　商务谈判的基本理论

学习目的 ◀

1. 了解商务谈判个性心理特点
2. 理解商务谈判需求理论
3. 能运用心理知识和需求理论进行商务谈判

任务描述 ◀

人是具有心理活动的，商务谈判既是问题的谈判，也是一种心理上的较量，这就要求商务谈判高手必须具备良好的心理素质，正确判断谈判对手的心理状态、行为动机，预测和引导谈判对手的谈判行为，运用心理技巧控制和推动谈判朝着有利的方向发展。下面，让我们一起来探析商务谈判人员的心理及需求。

任务实施范例 ◀

1.2.1　商务谈判个性心理分析及应用

1. 心理的概念

人的心理是内在的、复杂的感觉。纷繁的外界事物会在人的内心引起不同的心理体验。心理学认为，心理是人脑对客观现实的主观能动反映。人的心理活动一般包括感觉、知觉、记忆、想象、思维、情绪、情感、意志、个性等。

2．商务谈判心理的概念

商务谈判心理是指在商务谈判活动中谈判者的各种心理活动。它是商务谈判者在谈判活动中对各种情况、条件等客观现实的主观能动反映。譬如，当谈判人员在商务谈判中第一次与谈判对手会晤时，对手彬彬有礼，态度诚恳，易于沟通，就会对对方有好的印象，对谈判取得成功抱有希望和信心；反之，如果谈判对手态度狂妄，盛气凌人，难以友好相处，谈判人员就会对其留下坏的印象，从而对谈判是否能顺利开展存有忧虑。

3．商务谈判心理的特征

与其他心理活动一样，商务谈判心理也有其心理活动的特点及规律性。一般来说，商务谈判心理具有内隐性、相对稳定性、个体差异性等特征。

（1）商务谈判心理的内隐性。商务谈判心理的内隐性是指商务谈判心理是隐藏于人的头脑之中，不易被他人直接观察到的。

尽管如此，由于人的心理会影响人的行为，行为与心理有密切的联系，因此，人的心理可以反过来从其外显行为加以推测。例如，在商务谈判中，对方作为购买方对所购买的商品在价格、质量、售后服务等方面的谈判协议条件都感到满意，那么，在双方的接触中，谈判对手会表现出温和友好、礼貌赞赏的态度反应和行为举止；如果很不满意，则会表现出冷漠粗暴、不友好、怀疑甚至挑衅的态度反应和行为举止。掌握这其中的规律，就能较为充分地了解对方的心理状态。

（2）商务谈判心理的相对稳定性。商务谈判心理的相对稳定性是指人的某种商务谈判心理现象产生后，往往具有一定的稳定性。例如，商务谈判人员的谈判能力会随着谈判经历的增多而有所提高，但在一段时间内却是相对稳定的。

正是由于商务谈判心理具有相对稳定性，我们才可以通过观察分析去认识它，而且可以运用一定的心理方法和手段去改变它，使其利于商务谈判的开展。

（3）商务谈判心理的个体差异性。商务谈判心理的个体差异，就是指因谈判者个体主客观情况的不同，谈判者个体之间的心理状态存在着一定的差异。商务谈判心理的个体差异性，要求人们在研究商务谈判心理时，既要注重探索商务谈判心理的共同点和规律，又要注意把握不同个体心理的独特之处，以有效地为商务谈判服务。

4．掌握谈判心理的作用

研究和掌握商务谈判心理，对于商务谈判有以下几方面的作用。

（1）有助于培养谈判人员自身良好的心理素质。谈判人员良好的心理素质是谈判取得成功的重要基础条件。谈判人员相信谈判成功的坚定信心、对谈判的诚意、在谈判中的耐心等，都是保证谈判成功不可或缺的心理素质。良好的心理素质，是谈判者抗御谈判心理挫折的条件和铺设谈判成功之路的基石，谈判人员应加强自身心理素质的培养。

谈判人员对商务谈判心理有正确的认识，就可以有意识地提高自身优良的心理素质，摒弃不良的心理行为习惯，从而把自己造就成从事商务谈判的人才。商务谈判人员应具备以下几种基本心理素质。

① 自信心。所谓自信心，就是相信自己的实力和能力。它是谈判者充分施展自身潜能的前提条件。缺乏自信往往是商务谈判遭受失败的原因。没有自信心，就难以勇敢地面对压力和挫折，面对艰辛曲折的谈判，只有具备必胜的信心才能促使谈判者在艰难的条件下通过坚持不

懈的努力走向胜利的彼岸。

自信不是盲目的自信和唯我独尊。自信是在充分准备、充分占有信息和对谈判双方实力进行科学分析的基础上对自己有信心，相信自己要求的合理性、所持立场的正确性及说服对手的可能性。自信才有惊人的胆魄，才能做到大方、潇洒，不畏艰难、百折不挠。

② 耐心。商务谈判的状况各种各样，有时是非常艰难曲折的，商务谈判人员必须有抗御挫折和打持久战的心理准备。耐心及容忍力是必不可少的心理素质。耐心是谈判抗御压力的必备品质和谈判争取机遇的前提。在一场旷日持久的谈判较量中，谁缺乏耐心和耐力，谁就将失去在商务谈判中取胜的主动权。有了耐心可以调控自身的情绪，不被对手的情绪牵制和影响，使自己能始终理智地把握正确的谈判方向；有了耐心可以使自己能有效地倾听对方的诉说，观察和了解对方的举止行为和各种表现，获取更多的信息；有了耐心有利于提高自身参加艰辛谈判的韧性和毅力。耐心也是对付意气用事的谈判对手的策略武器，它能取得以柔克刚的良好效果。

此外，在僵局面前，也一定要有充分的耐心，以等待转机。谁有耐心，谁沉得住气，谁就可能在打破僵局后获取更多的利益。

③ 诚意。一般来讲，商务谈判是一种建设性的谈判，这种谈判需要双方都具有诚意。具有诚意，不但是商务谈判应有的出发点，也是谈判人员应具备的心理素质。诚意，是一种负责的精神、合作的意向，诚恳的态度是谈判双方合作的基础，也是影响、打动对手心理的策略武器。有了诚意，双方的谈判才有坚实的基础；才能真心实意地理解和谅解对方，并取得对方的信赖；才能求大同存小异，取得和解和让步，促成上佳的合作。要做到有诚意，在具体的活动中，对于对方提出的问题，就要及时答复；对方的做法有问题，要适时恰当地指出；自己的做法不妥，要勇于承认和纠正；不轻易许诺，许诺后要认真践诺。诚意能使谈判双方达到良好的心理沟通，保证谈判气氛的融洽稳定，能排除一些细枝末节的干扰，能使双方谈判人员的心理活动保持在较佳状态，建立良好的互信关系，提高谈判效率，使谈判向顺利的方向发展。

（2）有助于揣摩谈判对手心理，实施心理诱导。谈判人员经过实践锻炼，可以通过观察和分析谈判对手的言谈举止，揣摩并弄清谈判对手的心理活动状态，如其个性、心理追求、心理动机、情绪状态等。在谈判过程中，谈判人员要仔细倾听对方的发言，观察其神态表情，留心其举止，包括细微的动作，以了解谈判对手心理，了解其深藏于背后的实质意图、想法，识别其计谋或攻心术，防止掉入对手设置的谈判"陷阱"，并正确做出自己的谈判决策。

人的心理与行为是相互联系的，心理引导行为。而心理是可诱导的，通过对人的心理诱导，可引导人的行为。

了解谈判对手心理，可以针对对手不同的心理状况采用不同的策略。了解对手的谈判思维特点、对谈判问题的态度等，可以开展有针对性的谈判准备和采取相应的对策，把握谈判的主动权，使谈判向有利于己方的方向转化。例如，需要是人的兴趣产生和发展的基础，谈判人员可以观察对方在谈判中的兴趣表现，分析和了解其需要所在；相反地，也可以根据对手的需要进行心理诱导，激发其对某一事物的兴趣，促成商务谈判的成功。

（3）有助于恰当地表达和掩饰己方心理。了解商务谈判心理，有助于表达己方心理，可以有效地促进沟通。如果对方不清楚我方的心理要求或态度，必要时可通过各种合适的途径和方式向对方表达，以有效地促使对方了解并重视我方的心理要求或态度。

作为谈判另一方，谈判对手也会分析和研究己方的心理状态。己方的心理状态，往往蕴含着商务活动的重要信息，有的信息是不能轻易暴露给对方的。掩饰己方心理，就是要掩饰有必要掩饰的情绪、需要、动机、期望目标、行为倾向等。在很多时候，这些是己方在商务谈判中的核心机密，失去了这些机密也就失去了主动权。这些机密如果为对方所知，就成了助长对方滋生谈判诡计的温床。商务谈判的研究表明，不管是红白脸的运用、撤出谈判的胁迫、最后期限的通牒、拖延战术的采用等，都是以一方了解另一方的某种重要信息为前提，与一方对另一方的心理态度有充分把握有关的，因而对此不能掉以轻心。

为了不让谈判对手了解己方某些真实的心理状态、意图和想法，谈判人员可根据自己对谈判心理的认识，在言谈举止、信息传播、谈判策略等方面施以调控，对自己的心理动机（或意图）、情绪状态等做适当的掩饰。例如，在谈判过程中被迫做出让步，不得不在某个已经决定的问题上撤回，为了掩饰在这个问题上让步的真实原因和心理意图，可用类似"既然你在交货期方面有所宽限，我们可以在价格方面做出适当的调整"等言辞加以掩饰；如己方面临着时间压力，为了掩饰己方重视交货时间这一心理状态，可借助多个成员提出不同的要求，以扰乱对方的视线，或在议程安排上有意加以掩饰。

（4）有助于营造谈判氛围。商务谈判心理知识还有助于谈判人员处理与对方的交际和谈判，形成一种良好的交际与谈判氛围。

为了使商务谈判能顺利地达到预期的目的，需要适当的谈判氛围的配合。适当的谈判氛围可以有效地影响谈判人员的情绪、态度，使谈判顺利推进。一个商务谈判高手，也是营造谈判氛围的高手，会对不利的谈判气氛加以控制。对谈判气氛的调控往往根据双方谈判态度和采取的策略、方法而变。一般地，谈判者都应尽可能地营造出友好和谐的谈判气氛以促成双方的谈判。但适当的谈判氛围，并不都是温馨和谐的。出于谈判利益和谈判情境的需要，必要时也会有意地制造紧张甚至不和谐的气氛，以对抗对方的胁迫，给对方施加压力，迫使对方做出让步。

【拓展链接】商务谈判的心理禁忌

5. 商务谈判中的个性心理

个性又称人格，是表现在人身上的经常的、稳定的心理特征的总和。个性是由多层次、多侧面的心理特征结合构成的整体。这些层次特征包括气质、性格、能力等。

个性是人的心理面貌的反映，每个人都具有自身独特的风格、心理面貌。商务谈判人员是商务谈判的主要参与者，其个性对商务谈判的方式、风格、成效都有着较大的影响。对商务谈判个性心理的研究和掌握，可以提高对商务谈判的适应性，有利于开创性地开展谈判和争取上佳的谈判成果。

（1）气质。这里所说的气质与人们在日常生活中所指的"某人很有气质"的气质含义是不同的，后者所指的气质是指一个人的风格、风度及职业特点等，而前者指的是人生来就有的稳定的心理特征。人的这种先天性的气质是有个体差异的，具有差异是由人的神经类型的差异造成的。

具体来说，气质是指人的心理动力方面特征的总和。它决定着人的心理活动进行的速度、强度、指向性等方面。

出于谈判的需要，要根据谈判人员的气质特征、气质类型来选择谈判人员和采取相应的谈判策略。

① 气质类型。人有许多不同的气质特征，这些特征并不是有规则地相互联系的。根据研究，古希腊、古罗马的医学家曾把气质划分为 4 种基本类型，即胆汁质、多血质、黏液质和抑郁质（见表 1-4）。纯粹属于这 4 种典型气质类型的人很少，大多都是混合型。

② 针对不同气质的谈判应对策略。不同气质类型的谈判人员在与客户谈判过程中所表现

出的行为活动是不同的。根据不同气质类型的特点，现分析一下人们的心理活动和行为表现，据此采取恰当的谈判策略和技巧，促进谈判的顺利进行，从而实现与客户谈判的目标（见表 1-4）。

表 1-4　不同气质类型的表现及应对

气质类型	表现类别	特　征	谈判行为表现	应　对
胆汁质	基本特征	直率、热情，精力旺盛，易于冲动，心境变换剧烈等	干脆利落，从不拖泥带水，易怒而缺少耐心	采取"马拉松"式的战术，避其锐气，攻其弱点，以柔克刚
	行为表现	说话很快，声音很大，鲁莽		
	情绪反应	情绪发生得很迅速、很猛烈，脾气急躁，容易发火		
	性格倾向	胆大、粗心，做事很勇敢，情感外露明显；面部表情丰富		
多血质	基本特征	活泼、好动、敏感，反应迅速，喜欢与人交往，注意力容易转移，兴趣容易变换等	对人有礼、亲切而且随和，有敏锐的观察力，但不太细致。思维敏捷，但片面，易感情用事	以主动、热情、积极的态度抓住他们某一阶段的兴趣，趁热打铁，不要拖拖拉拉
	行为表现	动作迅速，富有朝气，活泼好动，灵活多变		
	情绪反应	情绪发生得迅速但不强烈，精力充沛，精神愉快		
	性格倾向	适应性强，善于交际，待人亲切；面部表情生动		
黏液质	基本特征	安静、稳重，反应缓慢，沉默寡言，情绪不易外露，注意力稳定且难以转移，善于忍耐等	每一步行动都表现得很谨慎，深思熟虑，绝不轻易签约	不要过分表现自己及产品，要以理服人
	行为表现	动作迟缓，态度安详，容易抑制，无论做什么事，总是不慌不忙		
	情绪反应	情绪发生得缓慢微弱，心境平稳，不易激动，很少发脾气		
	性格倾向	自制力强，循规蹈矩，富有耐心；面部表情单一，常常沉默寡言		
抑郁质	基本特征	孤僻多疑、行动迟缓、体验深刻、善于观察别人不易觉察到的细微事物等	对谈判的各项条件都考察得非常细致，处处小心，很少发表意见，敏感，易受伤	以礼相待，让其处于平和、愉悦的气氛中，用语言加以引导，帮助其做出决定
	行为表现	动作迟缓、呆滞、无力，说话慢吞吞，做事没精神		
	情绪反应	情绪发生得缓慢而持久，常常由于一点小事而感到委屈，表现出情绪不佳，意志消沉		
	性格倾向	缺乏自信心，疑心重；情感不外露，对事无动于衷，与人交往会局促不安		

（2）性格。性格是指人对客观现实的态度和行为方式中经常表现出来的稳定倾向。它是个性中最重要的、最显著的心理特征。

① 人的性格倾向。一个人对某些事物的态度，在其生活经验中巩固起来，形成习惯性的反应和习惯了的行为方式，这就构成了他的性格特征。例如，有的人懦弱，有的人刚强；有的人咄咄逼人，有的人深藏不露。

人的习惯化的行为方式，取决于人的认识、情绪和意志这些心理过程的不同特点。在认识方面，有的人易于接受抽象的事物，有的人则易于接受形象的事物；有的人注重事物的个别部分，有的人则注重事物的整体关系。在情绪方面，有的人易冲动，有的人控制力强；有的人较平稳，有的人较波动。在意志方面，有的人勇敢、果断，有的人胆怯、优柔寡断；有的人独立性强，有的人依赖性强。

谈判人员往往各有其性格特点。有的人精明、反应灵敏，有的人固执、呆板；有的人沉稳冷静，有的人兴奋冲动；有的人喜欢直言，有的人则幽默而善于旁敲侧击。此外，谈判人员按其性格类型可分为进取型、关系型和权力型等。

对于商务谈判，每一种性格倾向都有其优势和不足。急性子人虽不拖泥带水，但易急于求成，容易出现差错，被人钻其毛躁的空子；慢性子人，在谈判中反应慢，但把性格的弱点藏在自己的个性特征中，显得像老练的谈判者一样。性格温善的人，待人以善意，但用在谈判桌上，就显得幼稚、单纯，易轻信于人，缺乏识人的本领，往往经不起对方的谎言或做戏的攻击；性格泼辣的人，外露，勇于争辩，但他们往往语言尖刻，不给人面子，也不给自己留退路。谈判不仅取决于谈判方所处的优势谈判地位，还取决于谈判人员的个性和魅力。在谈判过程中，善于发挥每个人性格的优势作用，掩盖其弱点，是争取谈判成功的关键之一。

② 针对性格的策略。谈判对手的性格类型不同，每种性格都有其长处和短处，在商务谈判中要采用相应的策略、办法与之周旋，如表 1-5 所示。

表 1-5　谈判对手性格应对策略

性 格 类 别	特　　点	应 对 策 略
进取型	对成功期望高，对关系期望低，急于求得谈判利益	注意控制谈判进程，适当尊重其意见并让步，但不能轻易让步
关系型	对关系的期望高，对权力的期望低	积极主动地进攻，控制谈判的程序和局势，但要注意防止掉入人际关系的"陷阱"
权力型	对成功和关系的期望一般，对权力的期望高	满足其对权力的需求，但不能屈服于其压力，运用机会和条件争取其让步

（3）能力。能力是人们顺利完成各种活动必须具备的个性心理特征。为了能顺利地开展谈判活动，商务谈判人员必须具备一定的谈判能力。

能力可分为一般能力和特殊能力两大类：一般能力又称智力，是指多种活动所必需的能力，如记忆能力、观察能力、想象能力、思维能力等，通常用智力商数来测量；特殊能力是指在专业活动中所需要的能力，如数学能力、专业鉴赏能力、谈判沟通能力、组织管理能力等。

商务谈判是谈判双方为了各自的需要而在一定的主客观条件基础上所进行的"讨价还价"的活动。这种"讨价还价"的活动，包含一定的心理较量，特别是智力、能力的较量。这就要求谈判人员具有一定的能力水平，能适应较量的要求。通常，谈判人员应具备以下能力。

① 观察能力。观察是人有目的、有计划、系统的、比较持久的知觉。观察力是能够随时而又敏锐地注意到有关事物的各种极不显著但却重要的细节或特征的能力。敏锐的观察力有助于人很好地洞察事物的本来面貌，通过捕捉与事物本质相联系的某些"蛛丝马迹"，去洞察人们的心理状态、意图。

作为一名谈判人员，在云谲波诡的商务谈判中，必须具备良好的观察力，才能在商务谈判的独立作战或群体作战中明察秋毫，审时度势，避开险阻，探索行动的方向和途径，寻求突破。

② 决断能力。谈判是一项相当独立的现场工作。很多事务的决断需要在谈判现场做出，这就需要谈判人员具备良好的对事务的判断和决策能力。

决断能力，表现在谈判人员可以通过对事物现象的观察和分析，由此及彼、由表及里，去粗取精、去伪存真，排除各种假象的干扰，了解事物的本质，以做出正确的判断；表现在能及早地洞察存在的问题或关键所在，准确地预见事物发展的方向和结果；表现在综合运用各种方法、手段，对不同条件、不同形势下的问题及时做出正确的行为反应和行动选择。谈判人员的决断能力与了解和掌握科学的判断和决策相关知识方法有关，与一定的专业实践经验的积累有关，谈判人员应注意在学习和实践两方面下功夫，提高自身的决断能力。

③ 语言表达能力。谈判，主要借助语言形式进行。语言作为谈判和交际的手段，谈判人员必须熟练地掌握它，必须提高自身的语言表达能力。语言有口头语言和文字语言，都应该学好、用好。

语言表达能力的提高，一要注意语言表达的规范，增强语言的逻辑性；二要注意语言表达的准确性，必须语音纯正、措辞准确、言简意赅；三要讲究语言的艺术性，表现出语言表达的灵活性、创造性和情境适用性。

语言是沟通的主要工具，要提高沟通的能力，就必须有效地克服语言沟通的障碍，提高语言表达技巧，要注重无声语言、暗示性语言、模糊语言、幽默语言、情感语言的运用。谈判人员不仅要熟练地运用本国语言（包括某些主要地区的方言），还应当精通一两种外语。除此之外，谈判人员还应善于运用和理解身体语言，以增强谈判的沟通能力和理解能力。

④ 应变能力。商务活动的一个重要特点就是带有较大的不确定性。这种不确定性就要求从事商务活动的人员有应付不确定性的准备和方法，具有临场应变能力。所谓应变能力，是指人对异常情况的适应和应付能力。

在商务谈判中，经常会发生一些令人意想不到的异常情况。当这些异常事件、情况出现时，如果谈判人员缺乏临场应变能力，就可能使谈判失败或产生不利后果。处变不惊，是一个优秀的谈判人员应具备的品质。面对复杂多变的情况，谈判者要善于根据谈判形势的变化修订自己的目标和策略，冷静而沉着地处理各种可能出现的问题。

应变能力需要创造力的配合。例如，购货方担心采用信用证明方式交易会让售货方取得货款但货物不合格而使自己遭受损失时，售货方为使生意达成协议，可以创造性地提出一些能够预防以上问题发生的办法来促成交易，提出由购货方指定一个中立的第三方作为检查员，在货物即将发运之前到售货方的工厂对货物进行检查，检查合格后，再按照信用证明的规定付款的方式而使购货方得到保护。

6. 商务谈判情绪及调控

商务谈判情况复杂多变，谈判双方的情绪也随之波动，任由情绪在谈判场上像脱缰的野马一样随意狂奔，会使谈判过于情绪化，无益于谈判的进行。作为谈判的一方，为使商务谈判能按预期的方向发展，就需要采取相应的措施，对双方的商务谈判情绪进行有效的调控。

情绪是人脑对客观事物与人的需要之间关系的反映。它是人在认识客观事物的基础上，对客观事物能否满足自己的需要而产生的一定态度体验。人的情绪对人的活动有着相当重要的影响。能够敏锐地感知他人情绪，善于控制自己的情绪，巧于处理人际关系的人，才更容易取得事业的成功。

商务谈判情绪是参与商务谈判各方人员的情绪表现。在谈判活动中，谈判双方的需要和期望满足的情况会千变万化，谈判者的情绪心理也往往会随之波澜起伏。在错综复杂的商务谈判中，免不了会出现各种情绪的变化和波动。当异常的情绪波动出现时，要善于采用适当的策略办法对情绪进行控制，而不能让情绪对谈判产生负面影响。在谈判桌上，过激的情绪应尽量避免。当有损谈判气氛、谈判利益的情绪出现时，应尽量缓和、平息或回避，防止有害的僵局出现而导致谈判的"流产"。

一般情况下，谈判人员不仅要对自己的情绪加以调整，对谈判对手的情绪也应做好相应的防范和引导。商务谈判人员个人的情绪要服从商务谈判的利益，要进行情绪的调控，不能让它随意宣泄。谈判人员要有良好的意志力，对自身的情绪要有自控能力，不管谈判是处于顺境还是逆境，都能很好地控制自己的理智和情绪，而不是被谈判对手所控制。

当然，这并不是说什么时候都要表现出谦恭和温顺，而是要在保持头脑冷静、清醒的情况下灵活地调控自己，把握分寸，适当地表现强硬、灵活、友好或妥协。当年赫鲁晓夫在联合国大会上用皮鞋敲桌子"示怒"，实际上并不是真正到了怒不可遏的地步，他只不过是想借此来加强其发言的效果，提醒别国注意苏联的立场。

（1）情绪策略。在商务谈判过程中，谈判对手可能会有意地运用攻心术或红白脸策略来扰乱己方的情绪，牵制己方并干扰己方的策略思考，对此必须有所防范。

① 攻心术。攻心术是谈判一方利用使对方心理上不舒服（如使其有负罪感）或感情上的软化来使对方妥协退让的策略。常见的形式有以下几种：以愤怒、指责的情绪态度使谈判对手感到强大的心理压力，在对方惶惑之际迫使其做出让步；以人身攻击来激怒对手，严重破坏谈判对手的情绪和理智，扰乱其思路，引诱对手陷入圈套；以眼泪或可怜相等软化方式引诱谈判对手同情、怜悯而做出让步；谄媚讨好谈判对手，使对手在意乱情迷之中忘乎所以地做出施舍。

② 红白脸策略。红白脸的运用是心理策略的一种具体形式。红脸通常喜欢吹毛求疵与争辩，提出苛刻的条件纠缠对手，极力从对方手中争夺利益；白脸通常表现出温和友好、通情达理的谈判态度，以换取对手的让步。

（2）调控情绪的原则。由于随时都可能应对对手的心理战，谈判人员在参加谈判时，要做好以下调控心理情绪的思想准备。

① 注意保持冷静、清醒的头脑。保持清醒的头脑就是保持自己敏锐的观察力、理智的思辨能力和言语行为的调控能力。当发现自己心绪不宁、思路不清、反应迟钝时，应设法暂停谈判，通过短暂休息、内部交换意见等办法使自己得以恢复良好的状态。

② 要始终保持正确的谈判动机。商务谈判是以追求谈判的商务利益为目标的，而不是追求虚荣心的满足或个人的其他需要，绝不能因为对手的挖苦、讽刺或恭维而迷失方向。

③ 将人与事分开。处理问题遵循实事求是的客观标准，避免为谈判对手真真假假、虚虚实实的手腕所迷惑而对谈判事务失去应有的判断力。

（3）调控情绪的技巧。处理谈判问题要注意运用调控情绪的技巧。在与谈判对手的交往中，要做到有礼貌、通情达理，并将谈判的问题与人分开。在阐述问题时，侧重实际情况的阐述，少指责或避免指责对方，切忌意气用事而把对问题的不满发泄到谈判对手个人身上，对谈判对手个人进行指责、抱怨，甚至充满敌意。当谈判双方关系出现不协调、紧张苗头时，要及时运用社交手段表示同情、尊重，弥合紧张关系，清除敌意。

在谈判过程中，提出与对方不同的意见和主张时，为了防止对方情绪的抵触或对抗，可在一致的方面或无关紧要的问题上对对方的意见先予以肯定，表现得通情达理，缓和对方的不满情绪，使其容易接受己方的看法。当对方人员的情绪出现异常时，己方应适当地加以劝说、安慰、体谅或回避，使其缓和或平息。情绪调控中要注意防止出现心理挫折，如果出现心理挫折则要按照心理挫折调控方法进行调控。

精明的谈判人员都有一种小心调控自我情绪的习惯，能对别人谈话中自相矛盾和过火的言谈举止表现出极大的忍耐性，并能恰当地表达自己的意见。他们常用"据我了解""是否可以这样""我个人认为"等委婉的说法来阐述自己的真实意图。这样的态度会使本来相互提防的谈判变得气氛融洽、心情愉快。

对谈判对手有意运用的情绪策略，则要有所防范和有相应的调控反制对策。针对对手的情绪策略，可以采取相应的策略与情绪反应，如表 1-6 所示。

表 1-6 谈判情绪的对策与反应

对手情绪策略表现	相应的策略及情绪反应
谈判对手实施强攻心术和红脸策略	1. 重申所有事实，保持冷静，并避免情绪化的语言，以免被拖入口舌之战 2. 坚定重申你方立场，表明恐吓、威逼、侮辱和攻击不能改变你方的立场 3. 当对手提出无理要求或无理指责时，在保持冷静和不鲁莽的同时，可以采取一些机智的办法对付 4. 以合理的问题和答复来消除对手的纠缠与攻击 5. 用幽默的语言来化解对手的人身攻击，以防止挑起己方的愤怒情绪 6. 提议休会暂避火气，使对方保持冷静 7. 以红脸对红脸
谈判对手使用柔和攻心术和白脸策略	1. 小心掉入对方设置的"流眼泪""装可怜""以礼挟人"等博取同情的"陷阱"，在不了解对方的动机、意图时，静观其变，了解其真实意图 2. 在成员中进行预警，确定每个人可接受的立场，明确策略，防止分歧，表明立场时给己方留有充分余地以便灵活应对，被迫做出让步时要有附加条件 3. 以白脸对白脸

1.2.2 商务谈判需求理论概述及应用

【案例】

利益上的谈判

约翰逊是一个在当今商业界声誉卓著的"投资家"，他已经"投资"了一批不同类型的企业，如旅馆、实验机构、自动洗衣店及电影院等。由于某些理由，他决心跻身杂志出版界。

一名"牵线人"替约翰逊同罗宾逊的杂志发行人拉上了关系。多年来，罗宾逊一直在编辑和发行一份挺不错的杂志，内容涉及某个日趋发展的专业领域。这份杂志从未"畅销"，但由于罗宾逊自己承担了大部分工作，成本低廉，所以他的日子过得还算小康。他在出版界算是一个出色的人物，一些大的出版商都主动争取他那份杂志，但由于各种原因，他们都一无所获。

约翰逊决意要获得那份杂志，更确切地说，他要罗宾逊为他做事，并以罗宾逊为核心发展起一套专业丛刊。经过两次午餐聚会，他们认为可以进行认真的谈判。

约翰逊通过调查和自己的观察，了解到有关罗宾逊的一些事情：罗宾逊恃才傲物，这一点无可非议；他一向不喜欢那些大出版社——他管它们叫工厂；此外，罗宾逊已经有了妻室，并开始添丁增口，做一个独立经营者所具有的那种高度冒险的乐趣，对他已渐渐产生吸引力；在办公室里开夜车，特别是把时间花在毫无创造性的簿记工作上，已使他感到厌倦；而且，罗宾逊不相信局外人——那些与他的创造性领域不相干的人，尤其不信任那些"生意人"，特别是那些毫无创造性的出版商。

谈判一开始，约翰逊就坦率承认，对杂志出版业务一窍不通。对他来说，最大的利益之一，就是将有一个指挥全局的行家替他做事。接着，约翰逊掏出一张25000美元的支票，他说："自然，在股票和长期利益方面，我们还会赚到更多的钱。但我觉得，任何一项协议——就像我希望和你达成的这项协议，都应当有直接的、看得见的好处。"

约翰逊向罗宾逊介绍了他的一些同事，特别是他的业务经理，这些人将听从罗宾逊的差遣，并将承担罗宾逊希望摆脱的一切琐碎杂务。

罗宾逊坚持要做一笔直接的、"干净"的交易——现款结算，不接受带有附加条件的母公司股票。但约翰逊强调长期保障，他指出，近年来母公司的股票正在不断增值，而且股票的利息将与他们休戚与共。他进一步强调说，他需要罗宾逊的创造力，不能让别的工作、对退休的考虑或其他任何事情削弱这种创造力。

最后，罗宾逊同意把自己的杂志转让给约翰逊，为期5年，并在此期间为他做事。他得到的现款支付为40000美元，其余部分则为5年内不能转让的股票。

案例中，约翰逊事前充分了解了罗宾逊各个层次的需要，在满足其需要的同时又完满实现了自己的扩展目的。

1. 商务谈判需求理论概述

心理学认为，人们的所有行动都有形成其动因的需要，无论是有意识的还是无意识的，一直都在发挥着作用。商务谈判需求是商务谈判行为的心理基础。谈判的实质是谈判各方在各自需求的驱动下，通过谈判来满足这种需求的方式。依照美国学者马斯洛在他所著的《动机与人格》一书中提出的需求层次理论的观点，谈判者存在以下5个层次的需求（见图1-3）。

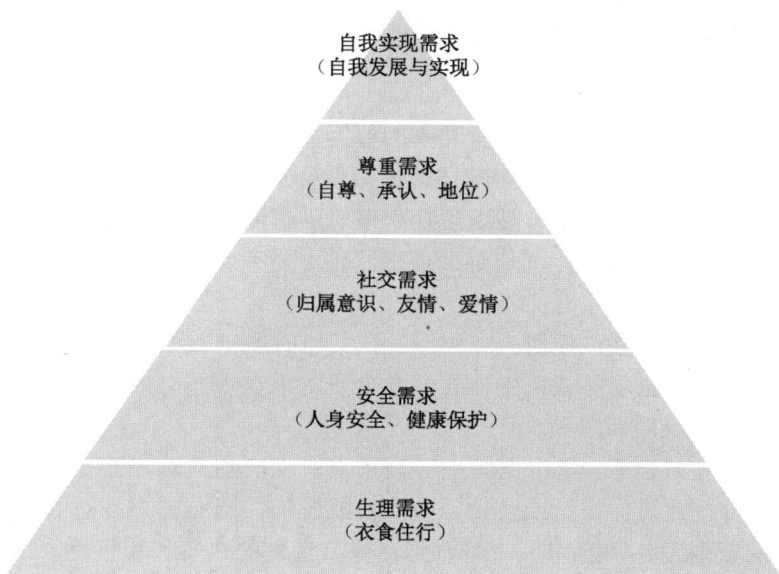

图 1-3　马斯洛需求层次理论

（1）生理需求。这是人类对维持生命所必需的外部条件的需求，如维持生存对空气、阳光、食物、水的需要。谈判者应该吃得营养可口，住得舒适安静，穿得整洁得体，行为自由方便，否则会产生消极情绪或精神体力不支，影响谈判目标的实现。

（2）安全需求。这是人类希望保护自己的肉体和精神不受威胁，保证安全的欲求。在谈判中，谈判者希望不出现重大失误，不被欺诈，以及保障谈判者本人的人身、财产等安全方面的需求，主要体现在人身安全、地位安全、信用安全等方面。

（3）社交需求。这是人类渴望与他人建立亲密关系的高级情感需求。例如，希望归属于某个团体，给予或接受友谊、关怀与爱护，交流感情等。谈判者具有追求社会交往中人际关系协调的需要，在己方内部建立和谐合作的关系，与对手建立友好、融洽的关系。

（4）尊重需求。这是人类自尊并希望得到他人尊重的需求。谈判者要求在人格、地位、身份、学识与能力等方面得到尊重和欣赏。在谈判中考虑到人的尊重需求，要注意尊重对方。尊重对方是指在态度、言语和行为举止上要有礼貌且使对方感到受尊重。尊重还体现在要注意自己言谈举止的风度和分寸。谈判时见面不打招呼或懒得致意、脸红脖子粗地争吵、拍桌子，当众摔东西或闭起眼睛、跷起二郎腿不理睬对方，这些行为都会伤害对方的感情，甚至使对方感觉受到侮辱，这不利于谈判。考虑到对手的尊重需求，即使在某些谈判问题上占了上风，也不要显出"我赢了，你输了"的神情，应在适当的时候给对手台阶下。然而，尊重对方并不是屈从或任由对方侮辱，对于对方无礼的态度、侮辱的言行也应适当地反击。但这种反击不是"以牙还牙"的方式，而是以富有修养的有针对性的批评、反驳，以严肃的表情来表明自己的态度和观点。

（5）自我实现需求。这是人类希望从事与自己的能力相适应的工作，实现人的价值，成为一个与自己能力相称之人的愿望和追求。谈判者在工作中应充分发挥其潜能，用出色的业绩来证明自己的工作能力，体现自我价值的实现。

商务谈判活动中，谈判者往往同时具有多种需求，并且一般会有一种或几种需求占主导地位。了解、分析对手的需求，把握对手的心理，有针对性地诱导与满足才能取得谈判的成功。

课堂思考

是否只有当低层次需求得到满足后才会产生高层次的需求？

2. 商务谈判需求的影响因素

人的需求引发人的行为动机，从而驱动人的行为。商务谈判人员在商务谈判中注重研究谈判对手的需求、动机心理，把握其行为的规律性，就会掌握谈判的主动权。

通常，谈判者当前的主导需求、需求急切程度、需求满足的可替代性等因素，都影响着谈判者的行为。分析谈判者需求（特别是对手需求）时，要考虑到这些因素，需根据其具体情况采取相应的谈判对策。

（1）当前的主导需求因素。任何人或组织，在某一时期一般都会有一种或几种需求是占主导地位的，即主导需求。在商务谈判中，要注意分析对手在不同时期、不同条件下存在的主导需求，据此采取灵活的反应和对策。

了解谈判对手的主导需求，可根据其主导需求采取相应的策略，刺激其欲望，激发其动机，诱导其谈判心理。可据此设计报价或还价，使报价或还价在照顾己方利益的同时仍具有有效满足对方主导需求的吸引力、诱惑力，使对方始终保持谈判的热情和积极性。

了解谈判对手的主导需求，在必要的时候，可针对对方的需求采取适当的措施，使其需求得到一定的满足，促使谈判能有效地减少或排除障碍，适时地推进。例如，考虑到谈判对手的主导需求是交易上的安全需求，作为卖方可向买方显示产品的可靠性，做出有关销售和服务方面的承诺；作为买方要提供信用证明或采用适当措施确保货款支付等信用的履行，想办法解除对方在这方面的心理顾虑，取得他们的信任。

（2）需求急切程度因素。应了解对方的需求，并进一步了解其需求的急切程度。一方的需求越迫切，就越想达成谈判协议。当某种需求对象对需求者来说非常有价值而急需得到时，需求者往往会不惜代价得到它。例如，谈判对手如果在短期内迫切需要原材料、货源或设备来组织生产经营时，优先考虑的是能不能确保尽快地获得这些东西，其关注的是供货状况、交货期，而不是价格的高低，在价格方面，略高的价格也可接受。低层次的物质需求在较大程度上未得到满足的谈判者，与此类需求已得到较大程度满足并较注重高层次的精神需求追求的谈判者的行为表现相比往往有很大程度的不同。"饥者不择食"，人或组织在谈判中的行为也存在着类似的情况。

（3）需求被满足的可替代性因素。如果谈判一方只能选取一种需求对象（如谈判标的物）满足需求，同时受制于唯一的谈判对手（仅此一家，别无选择），需求被满足的可替代性较弱，则成交的可能性就大。需求被满足的可替代性较强，可以"货比三家"，有较好的需求替代对象，与某一谈判方达成谈判协议的可能性就小。

3. 商务谈判需求的发现

所有谈判都是在人与人之间进行的。

要了解对方在想什么，在谋求什么，就必须运用各种方法和技巧，去发现他的需要，即如何彼此沟通。精明老练的谈判高手，总是十分注意捕捉对方思想过程的蛛丝马迹，以追踪揭示对方动机的线索。

（1）适时提问。获得信息的手段之一就是提问。提问是表达思想的窗口。在适当的场合可以向对方提问，如你希望通过这次谈判得到什么，你期待的是什么，你想达到什么目的等。通过这种直截了当的试探，除了能得到其他信息，还能发现对方的需求，知道对方追求的是什么，并能以此来主导以后的谈判。在谈判中适当地提问，是发现需求的一种手段。但在提问中应注意3点，即提出什么问题，如何表达问题，何时提出问题。此外，这些问题在对方身上产生什么反应，也是一个重要的考虑因素。

（2）恰当叙述。恰当的陈述，不仅能控制谈判的进展，而且能把自己想让对方知道的信息传递出去。不管怎样陈述，都要力求完全控制情绪。当然，不用忌讳有感情因素的陈述，但一定要使这种陈述有力地推动谈判，而不是中断谈判。美国谈判专家马基雅弗利有一句忠告："以我所见，一个老谋深算的人应该对任何人都不说威胁之词，威胁会使他更加谨慎，辱骂会使他更加恨你，并使他更加耿耿于怀地设法伤害你。"

正确的陈述，在选词、造句和文法上都要十分讲究。要在言出之前，再三思考，每句话都要深思熟虑，审慎斟酌，千万不能信口开河。陈述之前要知己知彼，陈述时要明了概括、措辞得当。

（3）悉心聆听。悉心聆听对方吐露的每一个字，注意其措辞和表达方式，以及语气、声调。所有这些，都能为我们提供线索，去发现对方一言一行背后隐藏的需求。

对于聆听，必须注意人与人之间的谈话或谈判可以在不同层次的意义上进行。

听和讲一样，是一种引导的方法，在谈判中，听在一定程度上占有相当重要的位置。任何一个谈判者都应该在善于听和乐于听两方面下功夫。俗话说："听其言而观其行。"这是分析对方、了解对方、洞察对方心理活动的好方法。一个善于听和乐于听的富有经验的谈判高手，也一定是能全面了解情况、驾驭谈判形势的人。

有时可以根据对方怎么说，而不是根据他说什么，去发现其态度的变化。假定谈判一直顺利进行，气氛融洽，大家都相互直呼其名，却突然变为以姓氏相称呼，"琼斯先生"或"史密斯先生"等，这可能是气氛转为紧张的兆头，甚至意味着僵局的开始。

（4）注意观察。为了了解对方的意愿和需求，不仅要注意聆听对方的言辞，更要注意观察对方的举止。例如，在一次气氛友好的会谈中，要是突然有人往椅背上一靠，粗鲁地叉起双臂，你马上应该意识到，麻烦发生了。举止非常重要，它传达着许多微妙的意思，有着种种心理上的含义和暗示。要注意观察对方的举止，从中发现其思路，掌握谈判的脉络。

"举止"一词就其广泛的意义而言，不仅指一般的身体动作，面部表情、眨眼、手势、咳嗽等也能提供无言的信息。

从面部表情上看，脸红、面部肌肉紧绷、烦躁不安、过分专注、强笑、冷笑，或者只是默默地凝视，所有这些都反映出一个人的紧张情绪。当然，有时也会碰到那种毫无表情的"扑克面孔"。这种极其缺乏表情的神态告诉我们，此人一点儿也不愿意让别人知道他的情感。然而尽管有这张假面具，我们还是可以千方百计地觉察到他的意图。

眨眼，是一种使眼膜湿润、排除落入眼内的细小灰尘的保护性反应。然而研究表明，人们在发怒或激动的时候，眨眼的频率就会提高，正常的眨眼几乎不为人所觉察，但在其成为一种特别的举动时，频繁而又急速的眨眼就会引起人们的注意。人们发现这种反常的举止总是和内疚或恐惧的情感有关。眨眼常被作为一种掩饰的手段。

手势，当然可以有意识地代替语言，特别是在不允许用语言表达或语言本身不能表达的时候，更是如此。例如，律师想在陪审团面前表示对法官的异议，士兵想对顶头上司表明自己有不同的意见等，都可以通过手势来表达。但是，手势的表达有时过于外露，其泄露的内容也许会超出本身想表达的意思。例如，警察声称，他们能在聚会中，根据大家的手势对某人流露出来的极度尊敬，找出这伙人的"首领"。

咳嗽，常常也有紧张的含义。谈判人员可借此稳定情绪，以使自己能继续讲下去。有时，它被用来掩饰谎言。有时，倘若有人自吹自擂，狂妄自负，听的人会以此来表示怀疑或惊讶。

总之，老练的谈判者始终不会让对方逃过自己的眼睛和耳朵。如果充分注意谈判中对方的姿势和举动带来的信息，在谈判中获得成功的可能性就大。如果对方采用一项相关的策略，那就还之以一种更基本的需求，这样就能增加谈判成功的概率。需求理论犹如一条主线，贯穿于一切谈判之中。只有善于发现需求、利用需求，才能成为一名老练的谈判者。

4．针对谈判需求制定商务谈判策略

杰勒德·I.尼尔伦伯格指出，要善于利用人类的需求来进行成功的谈判。他把谈判者的基本需求理论应用于实际，归纳出6种类型的谈判策略或方法（按照使谈判成功的控制力量的大小排列）。

（1）谈判者顺从对方的需求。谈判者在谈判中站在对方的立场上，设身处地地替对方着想，从而使谈判成功——这种方法最易导致谈判成功。需求的层次越高，谈判成功的难度越大，谈判者对谈判能否成功的控制力越小。如果谈判者只为谈判对手的重要需求着想，对方为使自己生存下去必然对谈判欣然许诺，一拍即合。如果谈判者为对方高层次的需求着想，那么，由于谈判对手对高层次需求的迫切性小于生理需求的迫切性，谈判成功的难度就会增加。

（2）谈判者使对方服从其自身的需求。这种类型策略的谈判可使双方都得到利益，每一方都是胜者。例如，商店营业员普遍对顾客使用这种策略，采取种种办法，满足顾客需求，从而更好地推销商品。

（3）谈判者同时服从对方和自己的需求。这是指谈判双方从彼此共同利益出发，为满足双方的共同需求进行谈判，采取符合双方需求与共同利益的策略。这种策略在商务谈判中被普遍用于建立各种联盟，共同控制生产或流通。例如，某几家企业为了确保其电气设备的高额利益，缔结秘密协议，固定产品价格，操纵市场，控制竞争，即属于此类。又如，甲、乙双方的贸易谈判中，甲方要求将交货日期、品质、数量、规格、价值写入合同中，而乙方则要求合同签订后交付20%的预订金等。尽管双方曾进行过多次贸易，但双方这样做都是出于安全和保障的需要。

（4）谈判者违背自己的需求。这是指谈判者为了争取长远利益的需要，抛弃某些眼前的或无关紧要的利益和需求而采取的一种谈判策略。谈判者为了达到某种目的而不惜损害自己的需求，这并不是一种非理性行为，而是经过深思熟虑的实现了预期目标的有效谈判手段。

例如，某些商业企业有意识地违背自身收入增长的需求，采取薄利多销的经营手段吸引顾客，扩大影响，从而为自己争取长期的更大利益做准备。

（5）谈判者损害对方的需求。这是指谈判者只顾自己的需求和利益，而不顾他人的需求和利益，尔虞我诈、争得你死我活的一种谈判策略。在谈判中，采用这种策略的一方往往处于强者的主动地位，其结果是导致谈判破裂。

（6）谈判者同时损害对方和自己的需求。这是指谈判者为了达到某种特殊的目的，抛弃谈判双方利益需求的办法，这也是一种双方"自杀"的办法。例如，在商品交易中，竞争双方为展开价格战，都甘愿冒破产的危险，竞相压低价格，以求打败对手，此类场合采取的就是这种策略。

上述 6 种策略，都显示了谈判者如何满足自己的需求。从第 1 种到第 6 种，谈判的控制力量逐渐减弱，谈判中的危机逐渐加重。

【拓展链接】商务谈判的公平理论

1.2.3 其他商务谈判心理的应用

1. 感知觉习惯的应用

人对客观现实的反应，是从感知觉开始的。正确运用人的感知觉，对于商务谈判具有一定意义。

（1）人的感知觉。感觉是人的大脑凭借感官对事物个别属性（如颜色、气味、温度）的反应，是人对客观事物认识的最简单形式，但它是一切复杂心理活动的基础。人们通过感觉获得对客观事物的有关信息。人们运用这些信息，经过复杂的心理活动，进而取得对客观事物更深的认识。

知觉则是人对事物各种属性所构成的整体反应。例如，我们感觉到梨的颜色、口感、滋味、平滑性、软硬度、大小和形状，在综合这些方面的基础上，构成了我们对梨的整体印象。这就是我们对梨的知觉。

人的知觉作为感性认识，是一种积极能动的认识能力。这种知觉的能动性的主要表现是知觉的选择性，即在同一时间，有许多客观事物同时作用于人的感官，人不能同时反应这些事物，而只对其中的某些事物有清晰的知觉。人的知觉的选择性既受客观因素的影响，又受人本身主观因素的影响。客观因素主要有知觉对象的特点、与背景的差别等。主观因素有知觉者的兴趣、需要、个性特征和过去的经验等。知觉的选择性使得不同的人对同一事物往往会产生不同的知觉，从而表现出个别差异。人们对他们喜欢的事物易形成注意，对他们讨厌和不喜欢的事物易产生回避，这会形成知觉的差异。对某一事物有经验和无经验，知觉有较大的差别，"内行看门道，外行看热闹"就是一个典型的例子。

（2）感知觉习惯的运用。常见的感知觉习惯有第一印象、先入为主、晕轮效应等。它对商务谈判活动有积极的一面，也有消极的一面。学习与正确运用这些感知觉习惯将有助于我们防范不良的感知觉习惯，实现对谈判对手的正确感知，从而提高商务谈判效率。

① 第一印象。在与陌生人交往的过程中，所得到的有关对方的最初印象称为第一印象。第一印象并非总是正确的，但却总是最鲜明、最牢固的，并且决定着以后双方的交往。第一印象主要是根据对方的表情、姿态、身体、仪表和服装等形成的印象。

通常情况下，仪表端正、着装得体、风趣幽默的人容易获得别人较好的第一印象，而这种好的第一印象对于今后的交往将具有非常积极的意义；反之，一旦给对方留下不好的第一印象，则意味着双方交往将举步维艰，再需要改变就要付出更大的努力。

鉴于第一印象的影响作用，在商务谈判中，应十分注意谈判双方的首次接触，己方应力求给对方留下深刻的印象，赢得对方的信任与好感；当因己方某种失误导致对方产生不好的第一印象时，要及时解释并积极修复；当己方对对方有不好的第一印象时，也应正确分析与宽容以待，毕竟谈判双方都是为了寻求共同目标、达成合作的。

② 先入为主。先入为主是指先听进去的话或先获得的印象往往在头脑中占有主导地位，以后再遇到不同的意见时，也不容易接受。这是由于人们日常活动的经验、定向思维和习惯作用的影响。先入为主的结果可能是正确的，也可能是错误的，但它最主要的问题是影响、妨碍人们对问题的进一步认识。凭主观印象下结论，容易导致人们走向认识的误区。

常见的先入为主现象有，商务谈判沟通过程中，不等谈判对手说完话就打断他，想当然地认为对方就是这个结论；不愿意倾听对方新的意见与建议等。先入为主直接影响商务谈判者的知觉认识，影响客观判断。这是商务谈判人员必须注意与克服的感知觉习惯。

③ 晕轮效应。晕轮效应又称光环效应，是指人们对他人的认知判断首先是根据个人的好恶得出的，然后再从这个判断推论出认知对象的其他品质的现象。如果认知对象被标明是"好"的，他就会被"好"的光环笼罩着，并被赋予一切好的品质；如果认知对象被标明是"坏"的，他就会被"坏"的光环笼罩着，他所有的品质都会被认为是坏的。所以从本质上讲，晕轮效应是一种以偏概全的感知习惯。

晕轮效应在商务谈判中既有积极的一面，也有消极的一面。必须充分利用其积极的因素营造谈判氛围，如努力争取对方好的第一印象，获取谈判对手的好感与信任，这样，己方提出的要求与建议就容易引起对方的积极响应，从而不被拒绝。

课堂思考

我们知道，就算是受了高等教育的"聪明人"，其心中公正客观的想法也会受到心理偏见的影响。这种心理倾向对商务谈判的决策判断是不利的。那么，如何防止己方谈判人员的心理偏见？又如何处理对方的心理偏见呢？

2. 心理挫折的应对

商务谈判是一项艰巨、复杂的脑力劳动。在商务谈判过程中会遇到各种各样的问题和困难，由此会引起商务谈判人员的心理波动，甚至产生心理挫折。因此，有必要学习与把握商务谈判中的心理挫折。

（1）心理挫折的行为表现。心理挫折是指人们在实现目标过程中遇到自感无法克服的障碍、干扰，而产生的焦虑、紧张、愤懑、沮丧、失意的情绪心理状态。心理挫折是人的内心活动，是通过人的行为表现和摆脱挫折困扰的方式反映出来的。

商务谈判心理挫折是由于在商务谈判目标实现过程中遇到挫折而引起的。其典型的外在行为表现方式是采取攻击行为，即将受挫折时产生的生气、愤怒的情绪向人或物发泄。攻击行为可能直接指向阻碍自己达到目标的人或物，也可能指向其他的替代物，如对谈判对手冷嘲热讽，向对方发出挑衅，或拍桌谩骂等。攻击行为应当得到控制，以防止谈判双方产生敌对情绪。在一般情况下，当对方出现此类行为时，己方应控制自己的愤怒，适度容忍，不要与对方当面争执，应采取沉默或适当转换话题等方式来冷静应对，待其情绪得到宣泄且恢复后再做相应的对策处置。但是，对于对方的攻击是否是由于心理挫折引起的要加以仔细鉴别，如果并非心理挫折原因而是策略式的攻击，己方则可以实施相应的回击。

（2）心理挫折的预防与应对。对于商务谈判心理挫折，谈判人员既要提高预防能力，又要沉着应对。

就预防商务谈判心理挫折而言，谈判人员应当消除引起客观挫折的原因。人的心理挫折是伴随着客观挫折的产生而产生的。首先，如果能减少引起客观挫折的原因，人的心理挫折就可以减少。例如，在商务谈判中，免不了会出现僵局，如果没办法打破僵局，就会出现客观挫折，从而引起心理挫折，导致更大的问题。因此，对商务谈判僵局的处理要慎重对待。其次，要提高心理素质。一个人遭受客观挫折时是否体验到了挫折，与他对客观挫折的容忍力有关，容忍力较弱者比容忍力较强者易感受到挫折。人对挫折的容忍力又与人的意志品质、承受挫折的经历及个人对挫折的主观判断的影响有关。有着坚强意志品质的人能承受较大的挫折；有较多承受挫折经历的人对挫折有较高的承受力。所以，为了预防心理挫折的产生，从主观方面来说，就要尽力提高商务谈判人员的意志，提高对挫折的容忍力。

就应对商务谈判心理挫折而言，不管是己方人员还是谈判对手产生心理挫折，其副作用都不利于商务谈判的顺利开展，必须沉着应对，具体来讲，应做好以下 3 个方面的工作。

① 勇于面对挫折。常言道"人生不如意事十有八九"，对于商务谈判来说也是一样，事情往往不是一帆风顺的，商务谈判人员对于在谈判中所遇到的困难甚至失败要做好充分的心理准备，以提高应对挫折打击的承受力，并能在挫折打击下从容应对新的变化的环境和情况，做好下一步工作。

② 摆脱挫折情境。相对于勇敢地面对挫折而言，这是一种被动地应对挫折的办法。遭受挫折后，当商务谈判人员再也无法面对挫折情境时，可通过脱离挫折的环境情境、人际情境或转移注意力等方式，让情绪得到修复，使之能以新的精神状态迎接新的挑战。

③ 适当进行情绪宣泄。情绪宣泄是一种利用合适的途径、手段将挫折的消极情绪释放排泄出去的办法。目的是把因挫折引起的一系列生理变化产生的能量发泄出去，消除紧张状态。情绪宣泄有助于维持人的身心健康，形成对挫折的积极适应，并获得应对挫折的适当办法和力量。情绪宣泄有直接宣泄和间接宣泄两种办法。直接宣泄有流泪、痛哭、发泄怨气等形式，间接宣泄有活动释放、诉说等形式。成熟的商务谈判人员能对自己的情绪加以控制，其消极的情绪通常可通过非谈判渠道进行宣泄。

3．肢体语言的应用

与人的口头语言一样，人的体态、行为举止也有一定的言语表达功能，即肢体语言，又称身体语言。它是指通过人的头、眼、颈、手、肘、臂、身、胯、足等部位的活动来表达人的思想、情感、态度的一种方式，如鼓掌表示兴奋、顿足表示生气、搓手表示焦虑、垂头表示沮丧、摊手表示无奈等。

在商务谈判过程中，谈判人员如果能够注意观察谈判对手的肢体语言信息，就能更好地窥视其谈判心理，也就能较好地把握商务谈判的形势。商务谈判人员的肢体语言信息主要来自于面部表情和身体姿态。

（1）面部表情。面部表情的主要表现部位是眼睛、脸色和嘴。在谈判过程中，要注意观察对方面部表情的变化。

① 眼睛。在商务谈判过程中，谈判组成员往往要用身体语言与其搭档进行信息交流，特别是当谈判取得重要进展时，谈判组各成员之间可能会相互使眼色；同时，商务谈判人员个体的心理状态也会通过其眼神流露出来，如眼睛直视表示关注、目光左顾右盼表示心不在焉等。所以，商务谈判人员必须会观察和利用眼睛所传递的信息。

② 脸色。一般情况下，大多数人会不自觉地把情绪反映在脸上，因此要对此细心观察。例如，对方面红耳赤往往是激动的表现，脸色苍白可能是过度激动或身体不适，脸色铁青是生气或愤怒；谈判人员用笔在空白的纸上随意乱写乱画、眼皮不抬、面无表情，则表示厌倦。

③ 嘴。嘴也是反映人的心理的一个重要部位。观察时要注意嘴的张合，嘴角的翕动，与

眼睛、面部肌肉一起综合观察和判断则更准确。例如，嘴唇肌肉紧张表明其态度上拒绝，或有防备、抗御的心理；嘴巴微微张开，嘴角朝两边拉开，面部肌肉放松地微笑，是友好、近人情的表现；嘴巴呈小圆形张开，面部肌肉略为紧张，有吃惊、喜悦或渴望之意；嘴巴后拉，嘴唇呈椭圆形的笑，是狞笑，有奸诈之意潜藏于后。

（2）身体姿态。身体姿态主要通过手势、腿脚表现。

① 手势。人体的不同手势表达不同的信息，如摊开双手表示真诚，给人一种胸怀坦诚说实话的感觉；两手的手指顶端对贴在一起，掌心分开，表示高傲自负和踌躇满志，或显示自己的高尚地位；与别人握手，不但有力，还将另一只手搭在别人的肩膀上，表明此人精力充沛，权力欲或控制欲很强等。在商务谈判中，谈判对手在说到关键问题时，下意识地拿水杯喝水，用手遮住嘴巴，或用咳嗽来掩饰自己遮住嘴巴的动作，或做出触摸鼻子的动作，或有拉拽衣领等细小动作，则恰恰反映了他在撒谎或者有紧张、焦虑的心理状态。

② 腿脚。腿脚的动作较易为人们所忽视。其实腿脚是人较易泄密的部位之一，也正因为如此，人们在谈判或演讲时总是要用桌子或讲台来遮掩腿脚的位置。一般地，当观察到谈判对手的双腿不自觉地夹紧或不停地上下颤动、左右晃动时，表明谈判对手正紧张不安；当观察到谈判对手表面专注听讲，而双腿却在不住地变换姿势或用一只脚去摩擦另一只脚时，表明谈判对手已经很不耐烦了。

综上所述，在具体商务谈判实践工作中，应充分理解与把握肢体语言的作用，并尽可能地增加肢体语言的感染力。在商务谈判过程中，当己方不便于用语言表达或在运用语言进行沟通遇到词不达意的情况时，就应借助一些非语言行为来辅助表达，使己方的意图更明显，表达更充分。

知识归纳

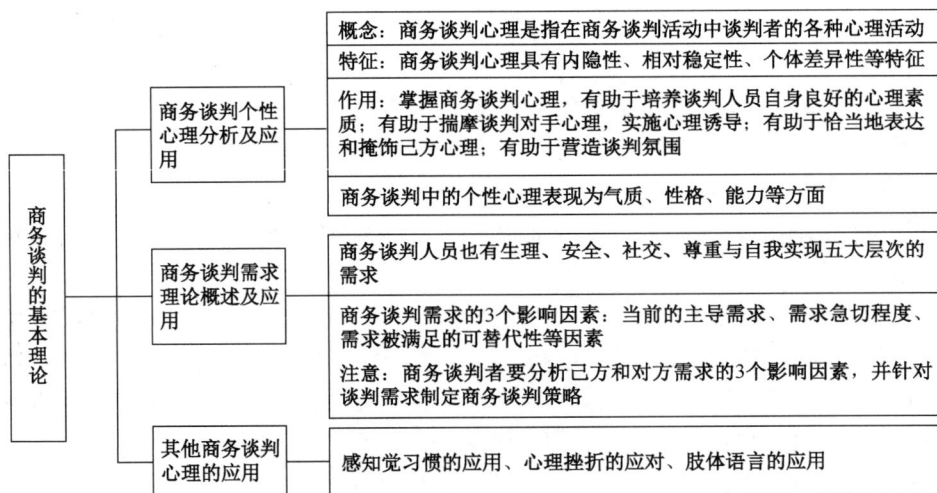

		概念：商务谈判心理是指在商务谈判活动中谈判者的各种心理活动
		特征：商务谈判心理具有内隐性、相对稳定性、个体差异性等特征
商务谈判的基本理论	商务谈判个性心理分析及应用	作用：掌握商务谈判心理，有助于培养谈判人员自身良好的心理素质；有助于揣摩谈判对手心理，实施心理诱导；有助于恰当地表达和掩饰己方心理；有助于营造谈判氛围
		商务谈判中的个性心理表现为气质、性格、能力等方面
	商务谈判需求理论概述及应用	商务谈判人员也有生理、安全、社交、尊重与自我实现五大层次的需求
		商务谈判需求的3个影响因素：当前的主导需求、需求急切程度、需求被满足的可替代性等因素
		注意：商务谈判者要分析己方和对方需求的3个影响因素，并针对谈判需求制定商务谈判策略
	其他商务谈判心理的应用	感知觉习惯的应用、心理挫折的应对、肢体语言的应用

思考与练习

一、单选题

1. 在马斯洛需求层次理论中，处于最高层次的是（　　）。

    A. 安全需求　　　　　　　　　　B. 社交需求

    C. 自我实现需求　　　　　　　　D. 尊重需求

2. 在谈判中表现得干脆利落，从不拖泥带水的谈判风格是（　　）气质类型的谈判代表的行为。

    A. 多血质　　　　　　　　　　　B. 胆汁质

    C. 黏液质　　　　　　　　　　　D. 抑郁质

二、多选题

1. 商务谈判代表需要的能力有（　　）。

    A. 观察能力　　　　　　　　　　B. 决断能力

    C. 语言表达能力　　　　　　　　D. 应变能力

2. 商务谈判需求的影响因素有（　　）。

    A. 当前的主导需求　　　　　　　B. 需求的急切程度

    C. 需求被满足的可替代性　　　　D. 需求的内容

三、思考题

1. 为什么要学习商务谈判心理的相关知识？

2. 如何满足谈判需求？

3. 针对谈判需求制定的商务谈判策略有哪些？

4. 如何应对商务谈判中遇到的心理挫折？

技能实训

任务训练一　商务谈判心理案例分析

实训目的

运用商务谈判的个性心理理论知识进行案例分析，培养分析能力及运用理论解决实际问题的能力。

实训组织

学生讨论、分析案例，总结并分析所得的结论，在课堂上分享。

实训成果

课堂现场分享案例分析的结论。

实训效果评价

教师根据学生对案例内容的理解及结合商务谈判个性心理理论知识分析案例的正确性、合理性，给予点评。

背景资料

【案例】一场斗智斗勇的较量

甲方：中国甲厂

乙方：美国乙公司

中国甲厂因为扩大生产的需要，决定向美国乙公司购进 6 台卷簧机、4 台测试仪、2 台双面磨床，想借此提高自身的产品质量，打入美国市场。因为该笔订单较大，美方也非常想做成这笔生意。

第一轮谈判

某年 11 月中旬，中国甲厂的徐厂长到美国乙公司进行考察，双方经过讨价还价，最后谈定中国甲厂以 520 万美元购买美国乙公司的设备，并相约年底由美国乙公司派代表到中国甲厂签订正式合同。

当中国甲厂的徐厂长回国后，经过更为详细的调研和专家论证，认为花 520 万美元引进这些设备价格有点偏高。但由于双方已经敲定引进这套设备的意向价格，估计难以变动，中国甲厂的徐厂长决定在第二轮谈判中从增加设备方面入手，以弥补可能的利益损失。

第二轮谈判

12 月 17 日，美国乙公司的总经理史密斯先生和助手麦克尔如约来到中国甲厂，与徐厂长开始了紧张的第二轮谈判。徐厂长鉴于上次的教训，这次做了充足的准备工作，除了对国际市场行情做了更为充分的调研之外，还对美国乙公司和史密斯总经理的情况及谈判特点做了相应的了解。

谈判刚开始，经验丰富、老练精明的史密斯总经理立刻表示："感谢主人对我们的欢迎，我们这次来到贵厂，完全是带着诚意而来的，我们信守以前谈定的意向，希望马上签订合同，我们已买好明早起飞的机票，希望此事能够尽快办好，好让我们赶回去过圣诞节。这是我们根据上次谈定的意向拟订的合同文本，请徐厂长过目，如无异议，请签字。"史密斯总经理一开始就吹响了决战的号角，气势逼人，他的目的就是速战速决，尽快签订合同，以保住其既得利益。

徐厂长对此状况早有准备，他接过合同文本，但并不急于翻看，而是把它放在一边，不慌不忙地说："史密斯总经理，离圣诞节还有一个多星期呢，这么急着回去干吗？作为主人，我们还没尽地主之谊呢！我们很乐意陪同客人到处看看，了解了解我们的国家。至于合同，我看还是谈得更细一点为好，现在匆忙签字，将来出现纠纷反而不好。在正式签订合同之前，有关设备项目应该再商议一下，您看如何？"史密斯先生碰了个软钉子，他意识到似乎马上签字是不太可能的了。

徐厂长这时才慢慢翻阅着合同文本，笑容满面地说："史密斯总经理，在贵方的合同中，对于我厂向贵公司购买的设备项目，怎么连工艺装备都没写清楚，到底是否包括工艺装备呢？"

"当然不包括。"史密斯总经理连连否认。

"是吗？史密斯总经理，我们购买设备是使用的，不是放着看的。一般人买台电视机，都包括天线、插头、导线等装备。你们这么做好像不大符合商业习惯吧！"

史密斯总经理一想，自觉有点儿理亏，说："好吧，那就写上。"他想，不能因小失大，只要徐厂长签字，这最后的甜头还是要给对方的。

谁承想，对于徐厂长来说，他的策略才刚刚开始。徐厂长接着又说："我方购买 4 台测试仪，怎么没有配套的专业电子计算机呢？"

史密斯总经理一听急了，一台专业配套的计算机价值上万美元，如果答应的话，利益就要受损很多。他赶紧连连摆手："不，不，徐厂长，如果这样，我们无法接受。"于是"推磨"式的谈判开始了，直到中午，史密斯总经理终于让步了，他希望下午能够签字。

午饭后，徐厂长亮出了底牌，抛出了一系列新的条件。他说："我希望史密斯总经理能够谅解，照这样的合同条件，我还是无法签字。"他顿了顿又说，"我们购买的这套设备，现在只能生产一般的弹簧，我们希望它也能够生产专用的弹簧，这需要贵方免费提供相关的技术资料。除此之外，我们希望引进设备投产后，在 5 年内每年能够返销 60 万美元的产品到贵国的市场；我们还希望贵公司在完成设备安装后，提供返销所需的弹簧钢丝；此外，贵方应该再增加两台双面磨床。"

史密斯总经理听后，脸涨得通红，连说："不！这不可能！要是这样，我们根本无法签订合同。"他的助手麦克尔也随声附和说："十分遗憾，没想到我们的诚意未被贵方理解。"两人便欲起身告辞。徐厂长及时展开心理战，"坦率地说，你们也知道，我们和另外一家厂商也有过接触，他们近期已许诺按极优惠的价格提供这些设备，但我们中国人是看重老朋友的，希望与你们做成这笔生意。当然，如果贵方实在觉得不行，也不必勉强，我相信，我们还会有合作机会的。"说着，徐厂长也站起身来。

史密斯总经理有点紧张，他焦急地说："好吧，那我们再谈谈看。"谈判一直拖延到下午 6 点，双方仍未达成协议，关键是那两台总价值 32 万美元的双面磨床，史密斯总经理无论如何也不愿做出让步。

晚饭过后，晚上 8 点，双方在客人下榻的饭店继续谈判，你来我往地争论，一直到次日凌晨 3 点，谈判仍处于僵局之中。徐厂长起身告辞，说："今天就谈到这儿吧。明天大家还有工作，我们的客人也该休息了。如果实在谈不成，明早送你们上飞机。"他留下助手便告辞了。

次日早晨，史密斯总经理终于憋不住了，让助手麦克尔来敲徐厂长助手的房门，说："我们希望上午再谈一次。""不是今早的飞机吗？你们有时间吗？""不，是晚上 7 点。"徐厂长听到这个消息，十分兴奋，这说明史密斯先生不愿意放弃这笔生意，谈判应坚持住自己的立场，寸步不让。在上午的谈判中，史密斯总经理只答应增加一台双面磨床，但徐厂长仍坚持自己的立场，谈判仍然没有结果。午饭时，史密斯先生和麦克尔只是闷头喝酒，行李已搬到汽车上了。徐厂长与客人握手告别，送他们上汽车。这时，他的助手心里十分紧张，悄悄拉了一下徐厂长的胳膊，因为他知道，如果不签这个合同，项目申请下来的拨款就不算数了。徐厂长表面仍然泰然自若，对客人微笑着说："再见！"

就在汽车引擎发动的那一瞬间，史密斯总经理突然说："徐厂长，您如果能够上车送我们去机场，也许我们还可以再谈谈。"

徐厂长不动声色地说："如果您真想谈，就请下车。去机场的时间还来得及。"史密斯总经理无可奈何地下了车，不到两个小时，双方就在合同上按照徐厂长的要求签了字。就这样，徐厂长得到了原来意向中并没有得到和提及的利益。

（资料来源：郭秀君. 商务谈判[M]. 北京：北京大学出版社，2011.）

【问题】

（1）中方徐厂长是如何在此次商务谈判中捕捉对方心理的？

（2）谈判人员的心理素质是如何在该谈判中表现出来的？谈判人员应该从该谈判中汲取哪些经验？

（3）根据谈判所提供的资料，如果你是谈判人员，你将从哪些方面进行改进？

任务训练二 谈判个性自我测试及在商务谈判中的应用

实训目的

（1）通过测试，让测试者了解自己的性格类型，以便于在商务谈判中合理利用商务谈判心理。

（2）根据自己的谈判性格类型，分析自己作为谈判者应注意哪些问题。

实训组织

（1）根据测试内容，自测谈判者个人的性格类型。

（2）小组讨论并总结本组不同性格类型的成员在谈判中应该注意的问题。

（3）提交总结报告，教师抽查点评。

附：谈判性格类型自测问卷

请选择最能代表你的行为特点的描述或选择最接近你的行为的情况。选择 A 或 B。

1. A. 我有时让别人担负起解决问题的责任
   B. 我努力强调大家的一致之处，而非那些存在争议的问题

2. A. 我努力寻找一个折中的解决方案
   B. 我试图解决自己和别人所关心的全部问题

3. A. 我在追求自己的目标时通常很坚定
   B. 我也许会安慰他人，并维护我们的关系

4. A. 我努力寻找一个折中的解决方案
   B. 我有时为了别人的愿望而牺牲自己的愿望

5. A. 在制订一个方案时，我不断寻求他人的帮助
   B. 我采取必要的措施以避免不必要的紧张气氛

6. A. 我试图避免为自己制造不愉快
   B. 我试图赢得自己的立场

7. A. 我尽力推迟某事，直到我有时间仔细考虑它
   B. 我为换取其他的利益而放弃一些利益

8. A. 我在追求自己的目标时通常很坚定
   B. 我试图在公开的场合将所有关心的问题和事件说出来

9. A. 我认为总是担心分歧不值得
   B. 我为达到目标而做些努力

10. A. 我在追求自己的目标时很坚定
    B. 我努力寻找一个折中的解决方案

11. A. 我试图在公开的场合将所有关心的问题和事件说出来
    B. 我也许会安慰他人，并维护我们的关系

12. A. 我有时避免采取会产生矛盾的立场
    B. 我会让他坚持他的某些立场，如果他让我坚持我的某些立场的话

13. A. 我建议走中间路线
    B. 我会采取高压手段获取自己的利益

14. A. 我会告诉他我的想法并且征求他的意见
    B. 我试图向他说明我的立场的逻辑性和获益之处

15. A. 我也许会安慰他人，并维护我们的关系
    B. 我采取必要的措施以避免不必要的紧张气氛

16. A. 我尽力不伤害对方的感情
    B. 我尽力使对方相信我的立场的正确性

17. A. 我通常坚定地追求自己的目标
    B. 我采取必要的措施以避免不必要的紧张气氛

18. A. 如果能使对方高兴，我可能会让他保留自己的观点
    B. 我会让他坚持他的某些立场，如果他让我坚持我的某些立场的话

19. A. 我试图在公开的场合将所关心的问题和事件说出来
    B. 我尽力推迟某件事，直到我有时间仔细考虑它

20. A. 我试图立即解决我们之间的分歧
    B. 我尽力为我们双方找到一个公平的利益得失组合方案

21. A. 在谈判过程中，我尽力考虑对方的要求
    B. 我总是倾向于直接讨论问题

22. A. 我尽力寻找能够协调我和对方立场的建议
    B. 我公开提出自己的愿望

23. A. 我常常考虑实现我们所有的愿望
    B. 我有时让别人担负起解决问题的责任

24. A. 如果对方的立场看起来对他十分重要，我一般尽力满足他
    B. 我尽力使他妥协

25. A. 我试图向他说明我的立场的逻辑性和获益之处
    B. 在谈判过程中，我尽力考虑对方的愿望

26. A. 我建议采取中间立场
    B. 我几乎总是考虑实现我们所有的愿望

27. A. 我有时采取避免导致矛盾发生的立场
    B. 如果能使对方高兴，我可能会让他保留自己的观点

28. A. 我通常坚定地追求自己的目标
    B. 在制订一个方案时，我通常会寻求他人的帮助

29. A. 我建议采取中间立场
    B. 我认为总是担心分歧不值得

30. A. 我尽力不伤害对方的感情
    B. 我总是与他人分担责任，以便解决问题

将前面所选择的答案填入答题表中（见表 1-7）。

表 1-7　答题表

题　序	1（竞争型）	2（合作型）	3（折中型）	4（回避型）	5（迎合型）
1				A	B
2		B	A		
3	A				B
4			A		B

续表

题　序	1（竞争型）	2（合作型）	3（折中型）	4（回避型）	5（迎合型）
5		A		B	
6	B			A	
7			B	A	
8	A	B			
9	B			A	
10	A		B		
11		A			B
12			B	A	
13	B		A		
14	B	A			
15				B	A
16	B				A
17	A			B	
18			B		A
19		A		B	
20		A	B		
21		B			A
22	B		A		
23		A		B	
24			B		A
25	A				B
26		B	A		
27				A	B
28	A	B			
29			A	B	
30		B			A

说明：在完成所有的选择后，记录自己从第 1 栏到第 5 栏有几个选择（A 或 B）。每一栏代表一种性格类型。选择最多的那一栏是你的第一性格类型，第二多（或者相同多）的一栏是你的第二性格类型。

实训成果

各小组讨论分析后撰写实训总结报告。

实训效果评价

评价标准如表 1-8 所示。

表 1-8　个性测试及应用任务评价表

评价内容	评价指标	权重（分）	备　　注
实训成员参与度	小组成员参与测试与讨论分析的态度	20	
实训总结报告	报告形式美观，结构合理，内容具体	20	
	对各种个性类型的特点分析恰当、贴切	30	
	对各种类型的性格在谈判时应注意的问题及如何应对的分析科学、合理	30	
得分合计		100	

项目 2

商务谈判

💡 学习要点

1. 商务谈判的准备
2. 商务谈判的开局
3. 商务谈判的磋商
4. 商务谈判的终结
5. 商务谈判合同的签订与履行

💡 学习目标

1. 了解商务谈判各项任务的主要内容
2. 熟悉商务谈判中开局、磋商、终结各阶段的策略与技巧
3. 掌握商务谈判合同的签订与履行
4. 能根据谈判主题的需要做好必要的信息、组织、场地准备并撰写可行的谈判方案
5. 学会运用各种策略与技巧实现谈判开局及报价、磋商、终结
6. 学会分辨、防范谈判合同中的风险，能正确、适当地履行谈判合同

引导情境

李敏从高职院校管理专业毕业后就进入了北京某贸易有限公司任职。该公司常年经营服装贸易业务，在业内小有名气。经过入职培训后，公司安排李敏到销售部担任销售助理，向资深员工学习相关服装贸易业务，并尽快适应工作内容及环境。此时，销售部正在准备与浙江某服装有限公司洽谈一批服装买卖。销售总监王强专门组织会议，讨论如何顺利实现双方的合作，随即挑选人员准备与对方进行正式的商务谈判，李敏有幸参加了此次谈判。

要顺利地完成此次任务，确保商务谈判成功实施，李敏与其同伴该如何分工协作？在商务谈判磋商的过程中又要做好哪些工作呢？

商务谈判是一项比较复杂的商务活动，易受各种主客观因素的影响。因此，谈判桌上往往风云变幻、跌宕起伏。同时，各种商务谈判的具体内容不同，当事各方的具体目标、实力、风格、策略等也不同，所以，各种商务谈判千差万别、多姿多彩。要在商务谈判中运筹帷幄，就要在前期做好充分的准备工作，并在激烈的谈判磋商中运用各种策略技巧掌控好谈判进程和发展趋向，争取实现谈判各方的目标。一般比较正式的商务谈判总是依照一定的程序进行的。下面，让我们一起来领略商务谈判实战。

项目分析

谈判是实力与智慧的较量，学识与口才的较量，魅力与演技的较量。——佚名

谈判的秘诀在于知道一切，回答一切。——基辛格

任务 2.1 商务谈判的准备

学习目的 ◀

1. 了解商务谈判团队的组建原则
2. 熟悉商务谈判信息收集的内容及方法
3. 了解并掌握商务谈判方案的内容
4. 了解商务谈判场地的基本要求
5. 能根据谈判主题的需要收集所需要的信息
6. 能根据谈判需要组建和管理商务谈判团队
7. 学会恰当选择和布置商务谈判场地
8. 学会制订可行性较强的商务谈判方案
9. 学会在商务谈判中注重个人礼仪
10. 能根据需要进行正式谈判前的模拟训练

任务描述 ◀

"知彼知己,百战不殆""凡事预则立,不预则废"。"不打无准备之仗"是商务谈判的黄金法则。进行一场商务谈判,前期准备工作非常关键。商务谈判准备工作若能准备得充分周全,谈判代表则更有信心,从容应对各种变化,更好地处理各种问题,在谈判中掌握主动,从而为谈判取得成功奠定基础。

在"引导情境"中,李敏所在团队在正式的谈判交锋前,要做好本学习任务的谈判准备工作,必须完成以下几项子任务:①根据谈判实际情况组建好商务谈判团队;②收集、处理与本次商务谈判相关的信息;③选择与布置商务谈判场地;④制订商务谈判方案;⑤进行商务谈判实战前的模拟训练。

任务实施范例 ◀

2.1.1 商务谈判团队的组建与管理

【案例】

新星公司谈判小组的组建

新星公司是南方 A 市的一个显像管玻壳生产企业,该企业全称为新星显像管玻壳有限责任公司,当地人简称为新星公司。该公司近 20 年来发展迅速,技术先进,产品名气较响,在国内同行业中也算名列前茅的知名企业。

最近新星公司获得一个重要的市场信息:由于国家正在实施"西部大开发战略",西部 B 市有计划引进显像管玻壳生产线,以满足日益富裕的西部城乡居民对电视机的需要,为了扩大产品在国内市场的份额,占领西部市场,新星公司决定参与 B 市显像管生产线引进项目的竞争,争取该订单。新星公司决定从公司里抽调人员组成一个谈判小组,专门负责该项目的谈判。经公司领导会议研究做出如下决定。

谈判小组组长:新星公司负责技术的副总经理兼总工程师廖杰为谈判的总负责人,负责整个谈判活动。在礼宾场合,他是主角;在谈判桌上,他以"旁听"身份出现,充分发挥主谈人的作用;在谈判出现僵局时,他适时出面斡旋,打破谈判僵局,推动谈判进程;紧密跟踪、指导谈判全局,随时调度,确保谈判顺利进行。

谈判组主谈:市场营销部经理施明浩,与谈判小组组长配合组织对外谈判工作,如价格、支付、交货、保险、保证等条件的谈判,并订立合同;配合技术人员谈判相关技术条件,并订立相应的技术附件。

谈判小组成员:技术部经理唐超,动力设备部副经理何英,市工程设计院代表、该院工艺室主任王克强,新星公司常年法律顾问李银华先生等。

谈判小组成员分工如下。

技术部经理唐超:负责产品设计和制作工艺的技术资料的准备及谈判,并撰写合同项目的产品大纲、工艺技术条件等附件;同时,配合施经理谈判该交易的技术价格。

动力设备部副经理何英：负责交易项目所需动力（水、电、气）制造系统性能的确认及文字撰写，以并入合同技术附件中；同时，配合施经理谈判该部分供货的价格。

市工程设计院代表、该院工艺室主任王克强：负责工厂与设计院的联络，并负责组织交易项目有关工程方面的所有工作——工艺流程图、工艺平面布置、工艺条件［上下水、采暖、通风、空调净化、"三废"（废水、废气、废液）处理］、动力条件（水、电、气）保证等工艺设计条件；厂址选择、厂房结构、取材、面积、施工图等土建设计条件。

常年法律顾问李银华：负责核对所有合同正文及技术附件文字表述所反映的谈判协商条件的准确性和完整性。必要时，协助主谈和技术人员谈判合同、附件的条款并撰写成文。

谈判小组组建完成后，由廖副总经理带队前往 B 市进行谈判。

在一场正式的商务谈判开始之前，公司都会有针对性地抽调人员组建谈判小组。在这个过程中，一方面要注意知识、专长的结合，人员气质的结合；另一方面要注意公司内部职位与谈判小组职位的设置与分工。

1. 谈判团队组建原则

（1）规模适当。谈判团队应由多少人组成，并无统一模式，一般根据谈判项目的性质、对象、内容和目标等因素综合确定。

英国谈判专家比尔·斯科特提出，谈判团队理想人数为 5 人左右，最多不能超过 12 人。这是由谈判效率、对谈判组织的有效管理幅度、谈判所需专业知识的范围和对谈判组织成员调换的要求决定的。为了谈判的顺利进行，必须严密分工和协作，信息交流通畅，人数过多的话沟通信息就会发生障碍，统一意见难度加大，降低工作效率；一般人的管理幅度为 5～8 人，但商务谈判活动紧张、复杂、多变，既需发挥个人的独创性和独立应对事变的能力，又需内部协调统一、一致对外，所以团队负责人的管理幅度宜在 5 人左右；谈判中涉及的专业知识很多，但谈判班子只需具备几种主要的专业知识即可。当然，某些特殊的、非常重要且复杂的谈判，可根据需要增设人员。

（2）知识互补。知识互补包含两方面的内容。一是谈判人员各自具备自己专长的知识，是处理不同问题的专家，在知识方面互相补充，形成整体优势。如果谈判人员分别精通商业、外贸、金融、法律和专业技术等知识，就会组成一支全面而又各自精通一门业务的谈判队伍。二是谈判人员理论知识与工作经验互补。要坚持新老搭配的梯队原则，谈判队伍中既有高学历的青年学者，也有身经百战具有丰富实践经验的谈判老手。高学历者、专家可以发挥理论知识和专业技术知识的特长，有实践经验的人可以发挥见多识广、成熟老练的优势，这样知识与经验互补，才能提高谈判队伍的整体战斗力，更好地使用商务谈判策略和技巧。

（3）性格互补。谈判队伍中的谈判人员性格要互补、协调，将不同性格的优势发挥出来，互相弥补不足，才能发挥出整体队伍的最大优势。例如，外向型人员的特点是性格外露、善于交际、思维敏捷、处事果断，但可能比较急躁，看待问题不够深刻，甚至会疏忽大意。对于外向型的谈判人员，应安排为主谈，或分派其了解情况、收集信息。内向型人员的特点是性格内向、不善交际，独立性和灵活性较差，善于从事正常的、按部就班的工作，但有耐心，做事有条不紊，沉着稳健，办事细致认真。对于内向型的谈判人员，应安排为陪谈，或分派其从事内务性工作。这样的人员组合在一起，兼容并蓄，就可以发挥各自的特长，优势互补，协调合作。

（4）分工协作。谈判团队组成后，必须在成员之间进行明确的角色分工，即根据谈判内容与成员专长进行任务分工，明确各自的职责，工作不能越位，角色不能混淆。各成员在进入自己的角色、尽兴发挥的同时，还须按照谈判目标和具体方案与其他团队成员彼此呼应，相互协调配合，通力合作，协同作战。分工与协作是谈判的两个方面，没有分工就没有合作，没有有机的配合，分工也就失去了其目的性和存在的基础。

2. 谈判团队人员组成

在商务谈判中，根据谈判工作的作用形式，谈判团队基本由以下人员组成。

（1）主谈人员。主谈人员指谈判团队的领导人或首席代表，是谈判团队的核心，是代表本方利益的主要发言人，整个谈判主要是在双方主谈人之间进行的，主谈人员在谈判中拥有领导权和决策权，一般由单位的副职领导人担任。

（2）专业人员。谈判班子应根据谈判的需要配备有关专家，选择既专业对口又有实践经验和谈判本领的人。根据谈判的内容，专业人员大致可分为 4 类。

① 商务人员。通常由熟悉商业贸易、市场行情、价格形势、财务情况的贸易专家担任商务人员，如承担确定商品品种、规格、价格，敲定交货的时间与方式，明确风险的分担等工作任务的相关人员。

② 技术人员。通常由熟悉生产技术、产品标准和科技发展动态的工程师担任技术人员，如承担评价商品或技术标准、质量标准、包装、工艺、使用、维护等工作任务的相关人员。

③ 法律人员。通常由特聘律师、企业法律顾问或熟悉有关法律规定的人员担任法律人员，以保证合同形式和内容的严密性、合法性，以及合同条款不损害己方合法权益。

④ 财务人员。通常由具有较强的财务核算能力，熟悉财务成本、支付方式及金融知识的财务会计人员担任财务人员，协助主谈人员制定好有关财务条款，确保在财务条款方面维护己方合法权益。

谈判团队通常要由上述四类人员组成，遇到特殊的技术问题和法律问题时，还需要聘请一些专家参加，俗称"外脑"或"外援"。

（3）辅助人员。

① 翻译人员。在涉外商务谈判中，翻译人员是谈判的核心人员，一般由精通外语、熟悉业务的专职或兼职翻译担任。一个好的翻译，主要负责口头与文字翻译工作，能沟通双方意图，洞察对方的心理和发言的实质，活跃谈判气氛，为主谈人提供重要信息和建议；同时，也可以为本方人员在谈判中出现的失误寻找改正的机会和借口。

② 其他人员。其他人员指商务谈判必需的工作人员，如记录人员。

课堂思考

与外商谈判时，己方谈判人员能熟练地运用该外语与对方直接交谈，还有没有必要配备一名专职翻译？

3. 谈判团队人员素质与技能要求

（1）知识素质。通常，谈判人员应具有"T"字形知识结构，即指谈判人员不仅在横向方面具备广博的综合知识，而且在纵向方面要有很强的专业知识，两者形成一个"T"字形的知识结构。除掌握产品和技术、市场营销、贸易理论、经济法等必备的专业知识外，谈判人员还要把心理学、经济学、管理学、财务管理学、组织行为学等方面的知识纳入自己的知识范畴。此外，作为国际商务谈判人员，还应具备语言翻译知识等。

对于专业技术性较强的商务谈判，精通专业技术知识是必不可少的条件之一，也是实现顺畅沟通、高效谈判的先决条件之一。

除此之外，商务谈判人员还需要了解有关国家或地区的社会历史、风俗习惯及宗教等状况，以及有关对方谈判人员在其特有的文化背景下所形成的谈判作风与谈判方式等。

商务谈判人员知识增长与素质的提升主要依靠自己积累，要观察得细一点，考虑得多一点，在平时多听、多学、多分析、多实践。

同时，谈判人员应谦虚好学，善于从各方面专家那里汲取所需要的知识，通过日积月累，知识就会丰富起来，就能得心应手地驾驭谈判。

（2）心理素质。谈判者应具有耐心与毅力、抗压能力等心理素质，具体要求是智力正常、情绪稳定、行为协调、反应适度等。

① 耐心与毅力。多数商务谈判是项"马拉松"式工作，往往会比较困难、艰辛，谈判人员在长时间的谈判中始终如一地保持镇静、信心与机敏并非易事。

在商务谈判中，谈判对手可能会拖延时间来消磨己方意志，以求获取更好的谈判条件，对付这种伎俩没有坚忍的毅力是不行的。

这种意志力、忍耐力还表现在谈判人员无论在谈判高潮阶段还是低潮阶段，都能心平如镜，特别是当胜利在望或陷入僵局时，更要善于控制自己的情绪。喜形于色或愤愤不平不仅有失风度，也会被对手抓住弱点与疏漏，制造可乘之机。

② 抗压能力。谈判人员经常会面临四面受压的局面，压力既有来自自己一方的，也有来自谈判对手一方的。

内部压力是由于某些领导者不了解实际情况，急于求成，以主观意志代替客观分析，以行政命令干预谈判具体工作所造成的；外部压力主要是谈判对手或其他竞争对手及竞争相关方制造的谈判压力或竞争压力，这种压力主要源于谈判双方各自的利益或竞争态势。

谈判人员在谈判中面临压力时，要坚持实事求是的原则，不管谁说了什么，不管周围的压力有多大，都应该据实测算分析，做到不乱方寸，如实反映报告，这样才能帮助领导做到心中有数，保证决策的正确性，为谈判争取有利的条件。

能否在谈判中顶住来自内部和外部的压力，不但是对谈判人员耐心与毅力的考验，也是对谈判人员能否坚持原则的考验，在面临谈判压力时，谈判人员不卑不亢、有理有节始终是商务谈判应坚持的谈判态度；从另一个角度来看，这也是谈判双方把谈判引向成功的基础。

（3）礼仪素质。

📝 【案例】

在某国一家医疗机械厂与美国客商进行的一场引进"大输液管"生产线的谈判中，双方在融洽友好的氛围中达成了一致意见，相约第二天举行签字仪式。谈判结束后，该厂厂长带领美国客商参观工厂车间时，这位厂长向墙角吐了一口痰，然后用鞋底擦了擦，这一细节被美国客商看在眼里，他们毅然决定停止签约。在他给这位厂长的一封信中，他这样写道："恕我直言，一个厂长的卫生习惯可以反映一个工厂的管理素质。况且，我们今后要生产的是用来治病的输液管。贵国有句谚语：人命关天！请原谅我的不辞而别……"一项成功在望的谈判，就这样被一口痰"吐掉"了。由此可见，在谈判中，参与人的言谈举止、衣着打扮所体现出的修养和气度何等重要！

礼仪是一个人知识、修养与文明程度的综合表现，在人际交往的许多细小环节中都能体现出来；在商务谈判中，商务谈判礼仪也是影响谈判气氛与进程的一个重要因素。

在商务场合，赴约要遵守时间，既不要早到，也不要晚到；宴会要注意主人对餐桌次序的安排，在正式场合，要注意穿戴；与谈判对手打交道，特别是与高层交往，一些细节不注意，对方会觉得不受尊重，或者认为差距甚大，不值得交往。

因此，商务谈判人员要十分注意社交规范，尊重对方的文化背景和风俗习惯，这对于赢得对方尊重和信任，推动谈判顺利进行，特别是在关键场合、与关键人物的谈判中，往往能起到积极的作用。

比如，有一次一位重要人物来上海谈判一个合作项目，上海是他漫长旅途的最后一站，了解这位客人的东道主在送客人去下榻宾馆的途中，特意在车上播放了一段来宾家乡的音乐，客人感到很亲切，他高兴地对谈判对手说："我就要回家了，相信上海之行是我此次旅行最顺利的一站。"

可见，知晓礼仪、尊重对手是一个谈判人员对谈判所做的最小投资，而由此获得的回报却常常是难以估量的。

注重礼仪的内容还包括谈判人员在谈判破裂时能给对方留住面子，不伤人感情并为以后的合作与交往留下余地，做到"买卖不成情意在"，这样就会有越来越多的客商愿意与之发展合作关系。

（4）身体素质。商务谈判往往是一项牵涉面广、经历时间长、节奏紧张、压力大、耗费谈判人员体力和精力的工作。特别是赴国外谈判，还要遭受旅途颠簸、生活不适之苦；若接待客商来访，则要尽地主之谊，承受迎送接待、安排活动之累。所有这些都要求谈判人员必须具备良好的身体素质，同时也是谈判人员保持顽强意志力与敏捷思维的基础。

（5）谈判技能。知识广博是一个谈判人员素质构成中的基本要素，而技能则是知识的外在表现与具体应用。

① 基本的运筹、计划能力。谈判的进程如何把握？谈判在什么时候、什么情况下可由准备阶段进入接触阶段、实质阶段，进而达到协议阶段？在谈判的不同阶段要注意重点的转移，此过程中应采取何种技巧、策略？对此，谈判者都要进行精心的计划与统筹安排。

当然，这种计划离不开对谈判对手背景、需要、可能采用的策略的调查了解与充分估计，以此才能做到知己知彼、成竹在胸。

② 高超的口才与语言表达能力。谈判人员必须明白，所谓谈判就是要靠"交谈"来消除双方观点的分歧，达成彼此观点的一致的过程，因此，语言驾驭能力就是谈判人员的基本素质之一。

谈判贵在"谈"字，所以一方面谈判人员要善于表达自己的见解，叙述条理清晰，用词准确明白，即使对于某些专业术语，也能以简明易懂的语言加以解释；另一方面，谈判人员还要善于说服对方接受自己的观点与条件，善于通过辩论来批驳对方立场，维护自己的利益。

谈判人员驾驭语言方面的不足不仅容易引起交流中的误解，造成沟通障碍，还会使自己的合理要求在谈判结果中得不到有效表达和保障。

当然，强调提高语言驾驭能力并不是提倡在谈判中泛泛而谈、虚张声势，这种做法会伤害谈判氛围，使对手产生不满。此处强调语言驾驭能力是因为谈判的过程是双方表达、辩论与说服的过程，谈判也只有在这种多层次、全方位的沟通过程中才能达成逐渐趋向一致的结果。

③ 细致入微的洞察能力。对谈判进程的把握，谈判中语言技巧的运用，都离不开对谈判对手的了解与认识，而这种了解与认识的依据不能仅仅从对手的背景调查中得到。面对面谈判为了解与认识谈判对手提供了直接的机会和丰富的信息，而这就需要依赖于谈判者的观察能力，对谈判对手在口头语言、动作语言、书面语言等各方面表述中所体现的心理状态及其细微变化的体察能力，捕捉到这些信息后，谈判人员还应能做出迅速的判断与有效的反应。理论与实践的结合，是提高这种观察力的重要途径。

④ 创造力与灵活性。创造力与灵活性是谈判人员素质中不可缺少的组成部分，与谈判人

员意志力的坚韧、顽强互为补充、相得益彰，并在谈判中具体表现为既不轻易退让，又能善于妥协的谈判能力。

如果一个人在谈判中只是表现出单纯的原则性和坚韧的精神，那往往会使双方陷入争执，这时坚持强硬的立场常常使僵持局面得不到化解。在这种情况下，谈判人员若能发挥应有的创造力、想象力，并在制订与选择方案上表现出灵活性，对于推动谈判的发展具有关键作用。

⑤ 较强的人际交往能力。谈判人员特别要注意积累各方面的人际关系，与政府官员、金融机构、工商企业等各界朋友建立广泛的联系。这样，在谈判时就可能获得一个方便的信息通道或若干义务咨询顾问，这对谈判对手的了解、对谈判方案的确定、对谈判僵局的突破等都大有益处。

4．谈判团队人员分工

谈判团队人员的分工是指每个谈判者都有明确的分工，都有自己适当的角色，各司其职。

（1）谈判人员按职权层次与工作任务的分工。

第一层次人员，即谈判小组的领导人或首席代表（主谈人）。在一些情况下，主谈人也是谈判小组组长，二者合一。根据谈判内容的不同，谈判队伍中的主谈人也不同，主谈人的主要任务是领导谈判班子的工作。

其具体职责包括：监督谈判程序，掌握谈判进程，听取专业人员说明、建议协调谈判班子的情况，决定谈判过程的重要事项，代表单位签约，汇报谈判工作。

第二层次人员，即谈判中各领域内的专家和其他专业人员，他们凭自己的专长负责某一方面的专门工作，是谈判队伍中的主力军。具体包括：销售业务人员与管理人员、翻译人员、财务人员与法务人员等。

销售业务人员与管理人员具体职责：阐明己方参加谈判的意愿、条件，弄清对方的意图、条件，找出双方的分歧或差距，同对方进行专业细节方面的磋商，修改草拟谈判文书的有关条款，向主谈人提出解决专业问题的建议，为最后决策提供专业方面的论证。

翻译人员具体职责：在谈判过程中要全神贯注，工作热情，态度诚恳，翻译内容准确、忠实。对主谈人的意见或谈话内容如觉不妥，可提请考虑，但必须以主谈人的意见为最后意见，不能向外商表达个人的意见。外商如有不正确的言论，应据实全部翻译，告诉主谈人加以考虑。如外商单独向翻译提出，判明其无恶意，可做一些解释；如属恶意，应表明自己的态度。

商务谈判中财务人员常由会计师担任，其具体职责包括：掌握该谈判项目总的财务情况，了解谈判对手在项目利益方面的期望值指数，分析、计算修改谈判方案所带来的收益的变动，为主谈人提供财务方面的意见、建议，在正式签约前拟出合同或协议的财务分析表。

法务人员是商务谈判中的重要组成成员，其具体职责包括：确认谈判对手经济组织的法人地位，监督谈判程序在法律许可范围内进行，检查法律文件的准确性和完备性。

第三层次人员，即谈判工作必需的工作人员，如速记员或打字员。他们虽然不是谈判的正式代表，但作为谈判组织的工作人员，具体职责是准确、完整、及时地记录谈判内容，包括双方讨论过程中的问题、提出的条件、达成的协议，谈判人员的表情、用语、习惯等。

（2）不同谈判内容的人员分工。以上3个层次是谈判队伍中各成员的基本分工与职责。不同的谈判内容要求谈判人员承担不同的具体任务，并且处于不同的谈判位置。具体以下面3种类型来加以介绍。

① 技术条款谈判的分工。进行技术条款谈判时，应以技术人员为主谈人，其他商务人员、法律人员等为辅谈人。技术主谈人必须对合同技术条款的完整性、准确性负责。在把主要注意力和精力放在有关技术方面的同时，必须放眼全局，从全局的角度来考虑技术问题，并尽可能地为后面的商务条款和法律条款的谈判创造条件。为了支持技术主谈人，其他商务人员和法律人员应尽可能为技术主谈人提供有关技术以外的咨询意见，并在适当的时候回答对方有关商务和法律方面的知识，从不同角度支持技术主谈人的观点和立场。

② 合同法律条款谈判的分工。在涉及合同中某些专业性法律条款的谈判时，应以法律人员为主谈人，其他人员为辅谈人。一般而言，合同中的任何条款都应具有法律意义，但某些条款中法律的规定性往往应更强一些，这就需要专门的法律人员与对方进行磋商，即以法律人员为主谈人。此外，法律人员对谈判全过程中法律方面的内容都应给予高度重视，以便为法律条款谈判提供充分的依据。

③ 商务条款谈判的分工。在进行商务条款谈判时，要以商务谈判人员为主谈人，技术人员、法律人员及其他人员为辅谈人。商务人员是整个价格谈判的组织者，但进行合同商务条款谈判时，仍然需要技术人员的密切配合。技术人员应从技术的角度给商务人员以有力的支持。需要强调的是，在谈判合同的商务条款时，有关商务条款的提出和磋商，都应以商务人员的意见为主。

5. 谈判团队人员的配合

谈判团队人员的配合就是指谈判中成员之间的语言及动作的互相协调、互相呼应。谈判人员的配合包括主谈与辅谈、幕前与幕后及不同性格人员的配合。

（1）主谈与辅谈的配合。在谈判团队中，要确定不同情况下的主谈人和辅谈人的位置、责任与配合关系。主谈人是谈判的某一阶段或针对某方面议题的主要发言人，或称谈判首席代表。除了主谈人以外的团队成员处于配合位置，称为辅谈人或助手。主谈人的责任是将己方确定的谈判目标和谈判策略在谈判中予以实现，辅谈人的责任是配合主谈人起到参谋和支持作用。主谈人和辅谈人的密切配合是非常重要的，一般主谈人表明了己方的意见及观点后，辅谈人必须与之一致，积极支持和配合。当主谈人需要修改已表述的观点而无法开口时，辅谈人可作为过错的承担者，维护主谈人的声誉，帮助主谈人渡过难关。

主谈人是谈判团队与对方进行谈判时己方意志、力量和素质的代表者，是谈判工作能否达到预期目标的关键性人物。比尔·斯科特认为，谈判团队领导人在谈判开始时，向对方介绍自己的同事，对谈判对手具有强烈的影响。

例如，一位谈判领导人这样介绍自己的同事："这位是我们的会计，诺尔曼·凯特勒。"而在另一种场合，他这样介绍："这位是诺尔曼·凯特勒。他具有 15 年财务工作的丰富经验，有权审核 1500 万英镑的贷款项目。"显然，同前一种场合相比，诺尔曼·凯特勒在后一种场合就会给谈判对手以引人注目的印象。

为使主谈与辅谈之间分工明确、配合默契，主谈发言时，自始至终都应得到团队中所有辅谈的支持。这可通过口头语言或动作姿态语言来表示赞同，具体的做法可因人而异。

显然，当主谈人发言时，辅谈人做出赞同的姿势，会大大增强主谈人说话的力量和可信程度；相反，若辅谈人看着天花板，或是将脸扭向一旁，或私下干自己的事，无疑会影响主谈人的自信心，影响其说话的力量，对己方整体形象带来损害。

谈判小组内部人员之间的配合不是一朝一夕就能够协调起来的，这需要长期的磨合。这种配合不仅指谈判过程中的配合，它从双方初次见面时就已经开始了。

总之，一个谈判团队，其成员具备良好素质且相互配合协调，是成功谈判的基础。

下面是几种常见情况下的协作配合的类型。

① 多个主持人。这是指谈判负责人与谈判主谈人分离或同时存在技术与商业主谈人的情况。在负责人与主谈人分离时，矛盾主导面在总负责人，他的配合是主要矛盾方面。谈判中，应该最大限度地发挥主谈人的作用。具体做法：在礼宾场合，可以主要角色出现；在谈判场合，可以"旁听"身份出现，以充分发挥主谈人的积极性，维护主谈人权威，争取谈判效果。但在洽谈出现僵局时，可出面周旋。对全局谈判进程则是紧密跟踪，随时指导。就技术和商务主谈人而言，应主动协助总负责人制订总体谈判方案，分头落实，并在落实过程中与负责人保持交流。在无总负责人而由技术与商业主谈人共同负责时，两者的协作应更为密切。

② 技术附件的谈判。此时，技术主谈人负责召集参加谈判的技术人员、管理人员、工程设计人员准备技术附件，并在谈判桌上组织各专业人员与对方进行口头谈判。技术主谈人仅应对所有附件的完整性、准确性负责。商务人员和法律人员既要起参谋作用，还要起保护作用。在进行技术附件谈判时，技术主谈人具有权威性，但若对事先定好的技术目标做明显变更时，亦应与商务主谈人商量，征求其意见，切实做到"技术与价格"挂钩。商务主谈人若未参加某些技术谈判场次，会后应有通报。

③ 合同条款的谈判。商务主谈人或法律人员主持会谈并准备必要的文件，对合同条款的合法性、严谨性、可执行性、公正性负责。技术人员可以参加有关条款诸如价格、支付、包装、运输、服务、验收、罚款等谈判并提出建议。在统一安排下，技术人员亦可参与谈判，变"旁听"为积极投入。

④ 交易价格的谈判。负责谈判交易价格的是商务主谈人，但从参与人员来看有阶段性配合的特征。在价格解释、价格评论等价格谈判初期，参与人员较广，包括商务主谈人、技术主谈人及其他人等。配合原则：商务主谈人主持并策划谈判，技术人员或行政人员等分析价格并按部署在会上进行发言，借以形成价格谈判中"人人讨伐、众志成城"的局面，也可以制造"一浪高一浪"的场面气氛，获取心理效果。专家们熟悉商品，剖析商品价值在行，加之人力丰富，容易调查市场。只要编导好，其威力在价格谈判场上巨大。在价格谈判的中期和后期，参与人员相对减少，多为 1～3 人，包括商务主谈人、技术主谈人或管理人员。以商务主谈人为主，其他人员只能按事先商量的方案发言、表态，任何新的观点和态度均需与商务主谈人商量后方可对外。即便自认为极佳的想法，也不能脱口而出，可要求暂时休会，互相商定后再讲。擅自发表议案之外的意见，无异于破坏谈判。当然，商务主谈人应征求其他参加人的意见并创造时机商量，以找到最有效益的方案。

⑤主谈人能力差。由于种种原因，商务谈判人员的组织能力、谈判能力不如技术主谈人或管理人员，或者相反，这种情况称为能力失衡。此时，强者对弱者不能歧视，尤其在对手面前丝毫不能表露歧视之意，否则无异于自毁阵容；弱者准备不充分不上场，强者没弱者的邀请不主动上场；在需要强者帮助时，仅就求助部分帮助而不代替弱者的全部职责。

（2）幕前与幕后的配合。在比较复杂、重要的谈判中，为了确保谈判的成功，可组织幕后配合的班子。幕后班子不直接参加谈判，而是为幕前谈判人员出谋划策或准备各种必需的资料和证据。幕后人员有时是负责该项谈判业务的主管领导，可以指导所有谈判成员按既定目标和准则行事，以维护己方利益；有时是具有专业水平的各种参谋。但是人员不宜过多，不能干扰幕前人员的工作。

【案例】

甲、乙双方进行谈判，甲方为顺利拿下此场谈判，专门请来了一位有名的性格分析专家在一旁观察，分析对方每位成员的个性特征。

双方会晤结束后，甲方的负责人请所有乙方代表给他签名留念。这些签名将留给那位性格分析专家进行笔迹分析所用，以便更全面地了解对方。

晚上，甲方宴请乙方，在宴会和之后的娱乐活动中，甲方采取一个盯住一个的做法，深入了解乙方的详细情况。

当乙方的谈判代表都休息后，甲方全体人员连夜开会。此时性格分析专家写出了关于乙方每一个谈判代表的性格分析报告；其他人也都将他们各自了解到的情况写成了报告。情况汇总后，他们便有针对性地研究新的谈判策略，对每一个细节都做了详尽的安排。

经过一个不眠之夜的性格分析和策略准备，第二天，甲方在谈判桌上轻松地实现了谈判目标。

（3）不同性格人员的配合。不同性格的人在谈判中的配合是很重要的。在配备谈判人员时，要充分考虑不同性格的人的特点。比如，稳重型性格的人一般担任负责人比较适合，活泼型性格的人可充当调和者，暴躁型性格的人主要充当"黑脸"，忧郁型性格的人做记录员比较合适。在配备各种类型的谈判组成人员时，还要看对方人员的性格，比如，若对方人员中多数属暴躁型性格，己方则应适当增加稳重型性格的人数，以收到"以柔克刚"的效果；若对方人员活泼型性格的人较多，己方需增加暴躁型和稳重型性格的人数，做到双管齐下；若对方忧郁型性格的人占多数，则己方需增加暴躁型和活泼型性格的人数，以使对方在压力面前自动让步，当然在这一点上要注意掌握分寸。

6. 谈判的纪律要求

（1）严格遵守保密制度，不得泄露有关谈判的一切信息。

（2）必须绝对服从领导的工作安排，顾全大局。

（3）班子集体决定的事情，必须严格执行，个人的不同意见只能保留（或可协商）。

（4）严格执行请示报告制度，如实反映谈判情况。

（5）在谈判中各成员间必须相互支持，不得相互拆台或制造事端。

（6）讲究礼仪，谈吐文明，举止大方，行为规范。

【拓展链接】商务谈判人员的培养

2.1.2 商务谈判信息的调查与处理

【案例】

"谈判女杰"的智谋

2010 年 7 月 25 日，广东省珠海特区光纤公司与美国 ITT 公司正式在一份合同书上签字。根据这份合同，光纤公司引进的 ITT 型光导纤维成套设备及购买的技术专利达到 21 世纪先进水平，更为引人注目的是把美方的报价压到了 860 万美元。中方谈判代表庄敏女士也因此被商界誉为"谈判女杰"。

为了掌握行情，庄敏及同伴先后同 12 家公司进行了试探性谈判。在此基础上才最后选定 ITT 进行实质性谈判。ITT 谈判代表团的业务能力相当高，特别是主谈莫尔，在整个谈判过程中几乎不用文字语言，全部用数字说话，所有计算无一差错。而我方代表庄敏及同伴也没有表现出任何惶恐和被动，因为他们之前做好了充分准备，深入开展了市场调查，广泛收集相关信息和资料，牢牢地掌握了市场行情，以便做到心中有数。

掌握了谈判项目的信息资料和行情，仅可以守住阵地，如果要突破对方，就必须巧妙地运用矛盾。我方谈判代表庄敏带领的团队在调查摸底中发现，希望与中国合作做光纤生意的外商很多，我方具有买方市场优势，而对于对手 ITT 公司来说，则存在着一定程度的竞争。

正是抓住了这一点，我方在价格上给对方施加了压力，要求其做出较大让步。在确定选择 ITT 作为合作伙伴之后，又同时开始了与英国 STC 公司的谈判。这两家公司是兄弟公司，STC 是从 ITT 分离出来的，但为了各自的利益，它们手足相残，形同水火。

在第一轮谈判之后，英国人故意把两页文件遗忘在现场，这是有意留给美国人的，因为两家公司一直在同一场所同中方谈判，英国人在文件上把价格压得很低，旨在使美国人知难而退。美国人不知是计，捡到文件后如获至宝，赶忙在价格上做出让步，结果谈判开局进行得很顺利，很快就同中方成交了。

（资料来源：文腊梅. 商务谈判实务——项目教程[M]. 北京：电子工业出版社，2013.）

上述案例中，中方由于清楚地掌握了市场行情，做到了胸中有数，因此，面对强势对手没有任何惶恐和被动，牢牢地守住了自己的阵地。又通过对竞争对手情况的深入调查，发现了欲合作伙伴与竞争对手之间的矛盾并加以巧妙利用，最终获得谈判优势。由此可见，商务谈判信息对谈判结果的影响至关重要。

商务谈判信息是指反映与商务谈判相联系的各种情况与特征的情报、知识和资料等。不同的商务谈判信息对谈判的作用和影响是不同的，有的直接决定谈判的成败，有的只是间接影响谈判。

信息既是企业商务活动的先导，也是商务谈判决策的依据。谁掌握了信息，谁就掌握了谈判的主动权，掌握了赢得谈判的基本保证。国际著名谈判大师基辛格说过，"谈判的秘诀在于知道一切、回答一切"。

1. 需收集整理的信息内容

一般来说，商务谈判的商务调研、信息准备应包括对表 2-1 所示的各类资料的收集和分析研究。

表 2-1　商务谈判信息准备的具体内容

信息资料项目	信息资料内容	调查方法与途径
对方资料	对方的营运状况与资信，对谈判对手资本、信用及履约能力的审查，对方的真正需求，对方谈判人员的权限，对方谈判的最后期限，对方的谈判作风和个人情况，谈判对手对己方的信任程度	检索调研法；直接观察法；专题询问法
市场资料	交易商品的市场供需状况及发展前景，流通渠道和习惯性销售渠道，市场分布状况，交易价格、优惠措施及效果	
交易条件资料	品名、品质、数量、包装、保险、检验、价格、支付等	
竞争对手资料	现有竞争对手的产品、定价、销售渠道和促销等因素，竞争对手的信用状况	
有关货单、样品资料	货单、样品，双方交换过的函电抄本、附件，商务谈判价格目录表，商品目录、说明书等	
相关环境资料	政治、法律法规、政策，商业习惯，社会文化，财政金融等	
己方相关情况	己方企业信誉、实力与优势，己方谈判人员的结构及过往谈判的经验，己方的需要，各种需要的满足程度，满足需要的可替代性，满足对方需要的能力	

（1）对方资料。商务谈判是谈判者在谈判桌旁实战智慧和才能的一种行为，所以，了解谈判对手的信息非常重要。谈判对手的信息主要包括以下几个方面。

① 对方的营运状况与资信。在尽可能掌握对方企业的性质、对方的资金状况及注册资金等有关资料的情况下，还应侧重了解两个问题。一是对方的营运状况。因为即使对方是一个注册资本很多的公司，但如果营运状况不好，也会负债累累，而公司一旦破产，己方很可能收不回全部债权。二是对方的履约信用情况。应对交易对象的合法资格、信誉及履约能力等方面进行深入细致的了解，避免客户不能履约，防止人财两空，造成严重的经济损失。

商务谈判的结果是有一定的经济法律关系的，参加一定的经济法律关系而享受权利和义务关系的组织或个人，称为经济法律关系主体。参加商务谈判的企业组织必须具有法人资格。

对对方法人资格进行审查时，可以要求对方提供有关证件。例如，验看法人成立地注册登记证明、法人所属资格证明、营业执照，详细掌握对方企业名称、法定地址、成立时间、注册资本、经营范围等；要弄清对方法人的组织性质，是有限责任公司还是无限责任公司，是母公司还是子公司或分公司，因为公司组织性质不同，其承担的责任不同；还要确定其法人的国籍，即其应受哪一国家法律管辖。对于对方提供的证明文件首先要通过一定的手段和途径进行验证。

对客商合法资格的审查还应包括对前来谈判的客商的代表资格或签约资格进行审查；在对方当事人找到保证人时，还应对保证人进行调查，了解其是否具有担保资格和能力；在对方委托第三方谈判或签约时，应对代理人的情况加以了解，了解其是否有足够的权力和资格代表委托人参加谈判。

② 对谈判对手资本、信用及履约能力的审查。对谈判对手资本的审查主要是审查对方的注册资本、资产负债表、收支状况、销售状况、资金状况等有关情况。对方具备了法律意义上的主体资格，并不一定具备很强的行为能力。因此，应该通过公共会计组织审计的年度报告和银行、资信征询机构出具的证明来核实。

通常对谈判对手商业信誉及履约能力的审查，主要包括调查该公司的经营历史与经营作风、财务状况、产品的市场声誉，以及在以往的商务活动中是否具有良好的商业信誉。

作为一家信息咨询公司，邓白氏公司在与若干中国公司的长期业务合作中发现，不少中国公司存在着某些对国际商务活动中风险和信用（资信）认识上的误区，如"外商是我们的老客户，信用应该没问题""客户是朋友的朋友，怎么能不信任""对方商号是大公司，跟他们做生意，放心"等。针对这些误区，邓白氏提出了若干忠告，如"对老客户的资信状况也要定期调查，特别是当其突然下大订单或有异常举措时，千万不要掉以轻心""防人之心不可无。无论是何方来的大老板，打交道前先摸摸底细，资信好的大公司不能保证其下属的公司也有良好的资信"等。

③ 对方的真正需求。谈判的原因在于双方都有需求，而需求的满足必然是通过与对方谈判获得的。但对方的需求不会轻易表露，应尽可能摸清对方本次谈判的目的、对方谈判要求达到的目标、对己方的特殊需求、当前面临的问题或困难、对方可能接受的最低界限等方面。

摸清对方的真正需求，必须透过表面现象去辨别、发现。只有认真了解对方的需求，才能有针对性地激发其成交的动机。在商务谈判中，越是有针对性地围绕需求谈判，交易就越有可能取得成功。

④ 对方谈判人员的权限。应尽可能多地掌握对方谈判人员的身份、分工。如果是代理商，必须弄清代理商代理的权限范围及对方公司的经营范围。绝大多数国家规定，如果代理人越权或未经本人授权而代本人行事，代理人的行为就对本人无约束力，除非本人事后追认，否则本

人不负任何责任。同样，如果代理人订立的合同超出了公司章程中所规定的目标或经营范围，即属于越权行为。对属于越权行为的合同，除非事后经董事会研究予以追认，否则公司将不负任何责任。

在谈判中，同一个没有任何决定权的人谈判是浪费时间，甚至会错过最佳交易时机；弄清代理商的代理权限范围和对方公司的经营范围，才能避免日后发生纠纷和损失。

⑤ 对方谈判的最后期限。必须设法了解对方的谈判期限。任何谈判都有一定的期限。最后期限的压力常常迫使人们不得不采取快速行动，立即做出决定。基于此，可以认为，谈判时限也是商务谈判的重要商业秘密。

了解对方的谈判期限，以便针对对方的期限，控制谈判的进程，并针对对方的最后期限，施加压力，促使对方接受有利于己方的交易条件。

【案例】

1984 年 9 月月底，正在德国考察的天津市技术改造办公室的同志从一位来访的德国朋友那里得知，有家"能达普"摩托车厂倒闭了。我方立即向该厂表示：我们准备买下这个厂，但需回国后研究确定，一周之内，必有回信。与此同时，印度、伊朗等几个国家的商人也准备购买该厂。回国后，天津市政府领导拍板决定购买该厂的全部设备和技术，并立即通知德方。随即组成专家团，准备赴德进行全面技术考察，商谈购买事宜。

就在这时，联系人从德国发来急电：伊朗商人抢先一步签署了购买摩托车厂的合同，合同上规定付款期限为 10 月 24 日，如果 24 日 15 点伊朗的汇款不到，合同便告失效。事情有点猝不及防。天津市政府领导分析了整个情况后认为，国际贸易竞争中也存在偶然因素，虽然伊朗商人在签订合同方面抢先，但能否付款尚属悬案。如果伊朗方面逾期付款，我方还有争取主动的机会。

10 月 22 日 10 点，天津市政府领导做出决定，立即派团出国，从伊朗商人手中抢回这条生产线。代表团仅用 11 个小时（一般需要 15 天）就办完了出国手续，10 月 23 日飞到了慕尼黑，立即与德方联系。10 月 24 日 15 点，当打听到伊朗方面款项尚未到账的消息时，中国代表团成员立即奔赴"能达普"摩托车厂。

中国人的突然出现，使德方人员甚感吃惊。慕尼黑市债权委员会主管倒闭企业事务的米勒先生面带笑容地接待了中国代表团。他说："伊朗商人因来不及筹款已提出延期合同的要求。如果你们要购买，请现在就谈判签订合同。"原来，债权委员会已规定，"能达普"的财产必须于 10 月 30 日前出售完毕，以保证债权人的利益。如果逾期，将被迫拍卖，就是把全部固定资产拆散零卖，不仅使厂方蒙受巨大经济损失，而且使这个有 67 年历史的生产名牌产品的工厂化为乌有。我方意识到对方急于出卖的迫切心理，但又不能干闭着眼睛买外国设备的蠢事。经过几个回合的交涉，终于达成了中国专家先进行全面技术考察后再谈判的协议。

25 日早晨，中国专家来到"能达普"摩托车厂，对全厂的设备、机械性能、工艺流程进行了全面考察，最终结论是，该厂设备先进，买下全部设备非常合算。25 日 14 点，合同谈判在中国专家驻地正式举行。经过紧张的讨价还价，在次日凌晨签订了合同，以 1600 万马克（约合 500 万美元）的价格，买下了"能达普"摩托车厂的 2229 台设备和全套技术软件。后来得知，这个价格比伊朗商人所要支付的价格低 200 万马克（约合 62.5 万美元），比另一些竞争对手准备支付的价格均低 500 万马克（约合 156.25 万美元）。

⑥ 对方的谈判作风和个人情况。谈判作风指的是在反复、多次谈判中所表现出来的一贯

风格。了解对手的谈判作风可以更好地采取相应的对策，以适应对方的谈判风格，尽力促使谈判成功。

对方所代表的单位及谈判团队现状，即对方谈判团队人数、主谈人、谈判组长，以及谈判团队内部关系；谈判团队成员的个人情况，包括谈判成员的知识、经验、业务能力、需要、动机、个人目标、信念、爱好与兴趣、专长、家庭状况、个人品质、性格、谈判风格、惯用的谈判策略技巧等。

⑦ 谈判对手对己方的信任程度。谈判对手对己方的信任程度包括对己方的经营与财务状况、付款能力、信誉、谈判能力等多种因素的评价和信任程度。

【拓展链接】谈判对手资讯情况调查项目

（2）市场资料。市场资料是商务谈判可行性研究的重要内容。市场情况瞬息万变、构成复杂、竞争激烈。对此，谈判人员必须进行多角度、全方位、及时的了解和研究。

【案例】

日本一个客户与东北某省外贸公司洽谈毛皮生意，条件优惠却久拖不决。转眼过去了两个多月，原来一直兴旺的国际毛皮市场货满为患，价格暴跌，这时日商再以很低的价格收购，使我方吃了大亏。

与谈判有关的市场信息资料主要有以下几个方面。
① 交易商品市场需求量、供给量及发展前景。
② 交易商品的流通渠道和习惯性销售渠道。
③ 交易商品市场分布的地理位置、运输条件、政治和经济条件等。
④ 交易商品的交易价格、优惠措施及效果等。

市场情况对企业的商务谈判活动产生重大影响，谈判者要密切注视市场的变化，根据市场的供求运动规律，选择有利的市场，并在谈判中注意对方的要价及采取的措施。

（3）交易条件资料。交易条件资料是商务谈判准备的必要内容。交易条件资料一般包括商品名称、品质、数量、包装、装运、保险、检验、价格、支付等方面的资料。

（4）竞争对手资料。竞争对手资料是谈判双方力量对比中的一个重要"筹码"，会影响谈判天平的倾斜度。竞争对手资料主要包括以下几个方面。
① 现有竞争对手的产品因素，如数量、品种、质量、性能、包装方面的优缺点。
② 现有竞争对手的定价因素，如价格策略、让价策略、分期付款等。
③ 现有竞争对手的销售渠道因素，如有关分销、储运的实力对比等。
④ 现有竞争对手的信用状况，如企业的成长史、履约情况、企业素质等。
⑤ 现有竞争对手的促销因素，如推销力量、广告宣传、营业推广、服务项目等。

了解竞争者是比较困难的，但如果是卖方，至少应该知道一个销售价格高于自己，而质量比自己差的竞争对手的详细情况；而作为买方，则应掌握有关供货者的类似情报。

通过对以上情况的了解分析，找出主要竞争对手及其对本企业商品交易的影响，认清本企业在竞争中所处的地位，并制订相应的竞争策略，掌握谈判的主动权。

（5）有关货单、样品资料。此类资料主要包括货单、样品，双方交换过的函电抄本、附件，商务谈判价格目录表，商品目录、说明书等。货单必须做到具体、正确，每个谈判人员对此必须心中有数。谈判样品必须准备齐全，应特别注意的是样品必须与今后的交货相符。

（6）相关环境资料。在商务谈判中，不同的社会背景对具体的谈判项目的成立、谈判进程和谈判结果会起到相当重要的影响。因此，在谈判准备阶段必须认真收集和分析以下资料。

① 政治状况。政治状况关系到谈判项目是否成立和谈判协议履行的结果。因此，必须了解对方国家的政治制度和政府的政策倾向、政治体制、政策的稳定性，以及非政府机构对政策的影响程度。特别是要了解对方所在国家和地区的政策稳定性，判断政治风险的大小。

政治风险一般来源于政府首脑机构的更替，社会的动荡或爆发战争，政府的经济政策突然变化，国家间关系的重大变化等。若在合同履行期内发生重大的政治风险，将使有关的企业蒙受沉重的经济损失，这是应该尽力避免的。

② 法律制度。这主要是指与商务谈判活动有关的法规。除了要熟知我国现有的法律外，还要认真了解当事各国的法规及一些国际法规，如联合国国际货物销售合同公约、联合国国际贸易委员会仲裁规则等。法律制度的内容、法律的执行程度、法院受理案件的时间长短等，都是必须了解的内容。

③ 商业习惯。这是指在特定的地域、行业、群体范围内为一般当事人反复实践而被广为知悉的经常性做法。

商业习惯不同会使商贸谈判在语言使用、礼貌和效率，以及接触报价、谈判重点等方面存在极大的差异。商业习惯在国际贸易谈判中显得更为重要，因为几乎每一个国家乃至地区的做法都有自己的特色，而且差别很大，如果不深入了解其商业习惯就会误入"陷阱"，或使谈判破裂。例如，法国商人往往在谈妥合同的重要条件后就会在合同上签字，签字后又常常要求修改。因此，同法国人谈成的协议必须以书面形式相互确认。

④ 社会文化。社会文化主要包括文化教育、价值观念、行为方式、宗教信仰、生活方式和社会习俗等。跟外国商人谈判，特别要注意对宗教信仰和社会习俗的了解，了解这些情况，不仅可以避免不必要的冲突和误会，还可以更快、更好地理解对方的谈判行为，促使谈判的成功。

⑤ 财政金融。要随时了解各种主要货币的汇兑率及其浮动现状和变化趋势，了解国家的财税金融政策，以及银行对开证、承兑、托收等方面的有关规定等。

（7）己方相关情况。在谈判的信息资料调查中，不仅要调查、分析客观环境和对手的情况，还要正确评估和了解谈判者自身的状况。古人云，知己知彼，百战不殆。没有对自身的客观评估就不会客观地评估对方的实力。自我评估首先要看到自身所具备的实力和优势，同时要客观地分析自己的需要和实现需要所欠缺的条件。对自身情况的分析包括谈判者自身的实力水平、自我需要的认定、满足对方需要的能力等方面。

① 谈判者自身的实力水平。首先是谈判信心的确立，信心来自对自己实力、经验、人员结构及优势的了解，也来自谈判者自身的准备工作是否做得充分。谈判者应该了解自己是否准备好了说服对方的足够依据，是否对可能的困难做好了充分的思想准备，一旦谈判破裂是否会找到新的途径实现自己的目标。如果对谈判成功缺乏足够的信心，要确定是需要寻找足够的信心确立条件，还是需要修正原有的谈判目标和方案。

② 自我需要的认定。满足需要是谈判的目的，只有清楚自我需要的各方面情况，才能制定出切实可行的谈判目标和谈判策略。

第一，谈判者希望借助谈判满足己方哪些需要。比如，作为谈判买方，应仔细分析：对方到底需要什么样的产品、服务？需要多少？要求达到怎样的质量标准？需要在什么时间内购买？供方必须满足买方哪些条件？等等。作为谈判卖方，应仔细分析：自己愿意向对方出售哪些产品？是配套产品还是拆零产品？卖出价格？买方的支付方式和时间如何？等等。

第二，各种需要的满足程度。己方的需要是多种多样的，各种需要程度并不一样。要搞清楚哪些需要必须得到全部满足、哪些需要可以降低要求、哪些需要在必要时可以不考虑，这样才能抓住谈判的主要矛盾，保护己方的根本利益。

第三，需要满足的可替代性。需要满足的可替代性大，谈判的回旋余地就大；如果需要满足的可替代性很小，那么己方讨价还价的余地就很小，很难得到预期结果。需要满足的可替代性包含两方面内容：一是谈判对手的可选择性有多大，如果对谈判对手的依赖性很强，就会使己方陷入被动局面，常常被迫屈从对方的条件。分析谈判对手的选择性要思考这样一些问题：如果不和他谈，是否还有其他选择对象？是否可以在将来再与这个对手谈判？如果与其他对手谈判，得到的收益与损失是什么？只有弄清这些问题，才有助于增强自己的谈判能力。二是谈判内容可替代性的大小。例如，如果价格需要得不到满足，是否可以用供货方式、提供服务等需要的满足来替代呢？眼前的需要满足不了，是否可以用长期合作的需要来替代？这种替代的可能性大小，要通过认真权衡利弊来确定。

③ 满足对方需要的能力。谈判者不仅要了解自己要从对方那里得到哪些需要的满足，还必须了解自己能满足对方哪些需要，满足对方需要的能力有多大；在众多的竞争对手中，自己具有哪些优势，占据什么样的竞争地位。满足自身的需要是参加谈判的目的，满足他人需要的能力是参与谈判、与对方合作交易的资本，谈判者应该分析自己的实力，认清自己到底能满足对方哪些需要，如出售商品的数量、期限、技术服务等。

2．收集资料的方法和途径

（1）检索调研法。检索调研法又称文案调研法，是根据现有的资料和数据进行调查、分类、比较、研究的信息资料准备方法。用检索调研法进行资料收集的途径很广，主要有以下几个方面。

① 统计资料。此类资料主要包括我国、对方国家及国际组织的各类统计月刊或统计年鉴，以及各国有关地方政策的各类年鉴或月刊。

② 报纸杂志、专业书籍。例如我国的《国际商务研究》《国际经贸消息》《外贸调研》等杂志，都刊登了与贸易谈判活动有关的资料。

③ 各专门机构的资料。例如政府机关、金融机构、市场信息咨询中心、对外贸易机构等提供的资料均属此类资料。

④ 谈判对手公司的资料。例如经对方专业会计师签字的资产负债表、经营项目、报价单、公司预算财务计划、公司出版物和报告、新闻发布稿、商品目录与商品说明书、证券交易委员会或政府机关的报告书、官员的公开谈话与公开声明等均属此类资料。

（2）直接观察法。直接观察法是调查者在调查现场对被调查事物及被调查者的行为与特点进行观察测度的一种信息资料准备方法。直接观察法的形式主要有以下几种。

① 参观对方生产的经营场地。例如参观对方的公司、工厂等，以明了对方行情。

② 安排非正式的初步洽谈。通过各种预备性的接触创造机会，当面了解对方的态度，观察对方的意图。

③ 购买对方的产品进行研究。将对方的产品拆开后进行检验，分析其结构、工艺等以确定其生产成本。

④ 收集对方关于设计、生产、计划、销售等的资料。

（3）专题询问法。专题询问法是针对某一项命题向被调查者征询意见，以收集资料的一种信息准备方法。专题询问法这一方式运用灵活，其途径主要有以下几种。

① 向对方企业内部知情人了解，例如对方现在或过去的员工、对方领导部门的工作人员、对方内部受排挤人员等。

② 向与对方有过贸易往来的人了解，例如对方的客户、对方的供货商等。

③ 向对方的有关人员了解。例如在会议或社交场合，通过与对方的重要助手或顾问的交往探取情报，通过银行账户了解对方的财政状况等。

此外，也可以借助互联网技术，以询问或问卷的方式调查了解、收集信息，也可以从市场调查公司或咨询机构购买所需要的资料。

3. 信息资料的加工整理

信息资料整理是去粗取精、去伪存真的过程，一般分为以下 4 个阶段。

（1）筛选阶段。筛选就是检查资料的适用性，剔除明显与事实不符的信息、某些没有足够证据证明的信息、某些具有较强主观臆断色彩的信息，保留那些可靠的信息。这是一个去粗取精的过程。

（2）审查阶段。审查就是识别资料的真实性、合理性，这是一个去伪存真的过程。

（3）分类阶段。分类就是按照一定的标志，如时间顺序、问题的性质、反映问题的角度等，对资料进行分门别类，使之条理化。

（4）评价阶段。评价就是对资料做比较、分析、判断，得出结论，以供谈判活动参考。

2.1.3 商务谈判场地的选择与布置

【案例】

海口金盘饮料公司（简称金盘饮料公司）是上市公司"金盘实业"的全资子公司，是一家生产"金盘"矿泉水和"天之南"纯净水的地方知名企业。A 公司是一家生产 PET 材料的厂家，希望成为金盘饮料公司的供货商。但 A 公司没与金盘饮料公司发生过业务往来，对其并不了解。海南是 A 公司准备新开拓的市场，拿下这家饮料公司的订单对 A 公司意义重大。通过与金盘饮料公司的接触，双方有了更进一步的了解。对 A 公司来说更坚定了要通过与金盘饮料公司的合作进入海南 PET 市场的信心和决心。对金盘饮料公司来说，他们也充分认识到与 A 公司合作可以给他们的长远利益带来的好处。

通过 A 公司代表的不懈努力，对方最终同意在谈判之前派代表前往 A 公司考察，并在 A 公司方所在地进行首次谈判。

A 公司现在面临的问题：

（1）作为东道主必须做好金盘饮料公司谈判代表的接待工作，给对方谈判代表留下美好的印象，为今后的谈判乃至长期的合作打下良好的基础。

（2）选择具体的谈判场所并布置好谈判场地。

（3）充分利用好"主场"优势，使谈判顺利进行。

为此，A 公司做了精心的场地安排。

第一步：选择谈判场地。

由于公司办公区与生产区距离很近，办公区经常能听到生产区传来的噪声。对于在此工作的人员来说已经习惯了这种噪声，但对于谈判的对方来说，这种噪声可能会给人带来不舒服的感觉，而且很容易分散谈判者的注意力，不利于谈判的进行。虽然在公司会议室谈判会有很多便利条件，并且能节约会场租赁费用，但还是应从大局出发，把谈判场地安排在接待对方谈判代表的酒店会议室。

一来，由于下一轮谈判将在海口进行，且对方的谈判代表不具有最终的决策权，如果下一轮谈判时安排在对方公司的会议室谈判会对己方很不利。这次在己方所在地谈判，应先安排在酒店谈判，下一轮在对方所在地谈判时则可要求对方安排在酒店进行，对双方来说都很公平。二来安排在接待对方代表的酒店给对方代表带来方便，消除在异地谈判的陌生感和紧张感，会让他们感觉到己方的诚意。

第二步：布置谈判场地。

酒店欢迎横幅安排：与酒店协商在酒店大门口显眼的位置打上横幅"热烈欢迎海口金盘饮料公司代表下榻本酒店"。

酒店"流水牌"安排：在酒店内部从大堂到会议室的通道上树立显眼的"流水牌"，从对方代表所住楼层的电梯间到谈判会议室安放显眼的"流水牌"，以方便对方谈判代表不论是从外部进入酒店，还是从房间出来，都能很方便地找到谈判会议室。

会议室横幅安排：如果谈判中会用到投影仪，在屏幕的上方可挂上"祝谈判取得圆满成功"内容的横幅，也可以挂在对方谈判代表座位对面的墙上，可以提醒对方取得谈判的成功是双方共同的首要目标。

会议室的布置：色彩选择即选择并确定谈判场景的总体色调，这是开始谈判场景布置时首先要进行的。一般而言，谈判场景的总体色调应以暗色、暖色为主。这是因为，明亮的色调容易使人情绪过于活跃，在谈判中使双方产生急躁情绪；而采用暖色容易使双方建立信任感，冷色可以产生一种形成适宜心理氛围的距离感。所以，谈判场景的总体色调一般采用暗红色、褐色、暗黑色或赭石色。但是，总体色调不能过于暗淡，否则会给人以压抑的感觉，不利于最后的签约。如果谈判场景的总体色调过于暗淡，那么可以引入一些亮色进行调整，如绿色、浅红色、蓝色、银白色等。具体方法如下。

（1）用鲜花点缀会场。这种方法最好，不仅可以起到调节色调的作用，还会给人以一种生气勃勃的感觉，从而在一定程度上有利于打破僵局。

（2）使用白色或银白色的茶具。

（3）利用灯光进行调节。这种方法的使用范围有限，因为，当灯光过于明亮时，容易使人眼睛疲劳，不利于谈判的进行。

会议室谈判桌及座次安排：由于本次谈判是正式的上午谈判，正式的谈判座次安排通常选用长方形谈判桌，谈判双方各占一边，双方对等。采用这种方式时，谈判的首席代表居中而坐，己方的其他成员分坐在首席代表两边，双方的首席代表应该坐在平等而相对的座位上。

会议室设备安排：如果谈判中需要的话，要保证麦克风、音响、投影仪、灯光、电源、计算机、空调等设备工作正常。

辅助文具安排：不管对方是否自己准备，正式的谈判主方都应该为每个谈判代表准备好至少两支削好的铅笔、足够的纸张、计算器等文具。如果谈判中涉及画图，也要准备画图工具。这些工作也可以在租赁会议室时交由酒店负责。

茶水饮品安排：谈判进行中的饮品一般情况下选择咖啡、茶水或者矿泉水。由于对方是矿泉水生产企业，最好的安排是在每个谈判代表的面前都摆上对方生产的"金盘"矿泉水。

休息时间水果及糕点安排：谈判的时间安排如果预计会超过两个小时，就必须在中间安排休息时间。一方面，要为谈判者考虑上洗手间的问题；另一方面，如果谈判进展不顺利，谈判出现较为激动的场面不利于谈判的进行时，主方可以提议休息一会儿以缓和气氛。在休息的时间可以安排大家用一点时令水果或者糕点。酒店一般都会提供这样的服务，如果酒店不提供，也可以自己安排。

第三步：调整场地布置。

根据实景调整场地安排中不合理的地方。对空调、音响、计算机、投影仪等关键设备进行校验和调整，使谈判会议室的感觉及视、听效果最佳，创造一个舒适的谈判环境。

第四步：接待对方谈判代表。

由于是己方主动寻找与对方的合作，邀请对方到己方考察，原则上所有费用也应由己方承担。我们知道，对方公司差旅费管理严格，吃住按天包干，且费用标准过低。所以，己方应该主动提出负责对方的住宿及餐饮费用。这样会给对方谈判代表留下一个良好的印象，有利于谈判向己方方向发展。

吃的安排：在酒店订房的同时为每位代表办理一张签单卡，除己方安排的正规的宴请活动外，由客人自主在酒店签单消费。

住的安排：由于对方是第一次应邀到己方考察，所以应安排在己方所在地较高级的酒店。

行的安排：条件许可的话，安排专人、专车在酒店，根据客人的要求随叫随到。

宴请安排：到达的当天由公司高层领导出面安排一次正规的宴请，谈判结束的当天再安排一次正规的庆祝宴会。

礼品安排：礼品安排是必需的，但要注意得体，不宜送太过贵重的礼品，这样有行贿之嫌，最好是买一些本地的特产作为礼物。

商务谈判物质条件的准备工作主要包括4个方面：谈判场地的选择、谈判场地的布置、食宿安排和交通工具安排。从表面上看，这与谈判内容本身联系不大，但事实上不仅联系密切，而且关系到整个谈判的发展前途。

1. 商务谈判场地的选择

谈判场地的选择包括两个方面：一是国家和地区的选择，二是具体谈判场地的选择。一般说来，前者应以通信方便、交通便利为首要条件；后者的选择要根据谈判性质而定，正式谈判应选择比较安静和方便的场地，非正式谈判则不受限制。

可供选择的谈判场地有4种类型：主场谈判、客场谈判、主客场轮流谈判和第三地（中立地）谈判。

对谈判人员来说，选择不同的场地会产生不同的影响。专家认为，谈判地点不论设在哪一方都各有利弊。

（1）主场谈判。主场谈判，指的是对谈判的某一方而言，在己方所在地进行的谈判。比如，将同国外企业进行的商务谈判安排在我国境内，我们就处于主场谈判的位置。

主场谈判的优势体现在以下几个方面。

① 心理优势。谈判者主场谈判，地点熟悉，具有安全感，心理态势较好，信心十足。

② 精力优势。主场谈判代表可以免除旅途劳顿，也不需要耗费精力去适应新的地理、社会及人文环境，可以饱满的精神和充沛的体力去集中精力参加谈判。

③ 配合优势。主场谈判人员沟通联系方便，可随时向高层领导和专家请示、请教，获取指示和所需资料。

④ 主人优势。可利用东道主身份，通过安排谈判之余的各种活动来掌握谈判进程，从文化习惯上、心理上对对方产生潜移默化的影响，处理谈判事务比较主动；也可利用便利条件，

控制谈判气氛，促使谈判向有利于己方的方向发展；可利用现场展示手段向对方说明己方产品水平和服务质量。

⑤ 成本优势。可节省差旅费用和旅途时间，降低谈判支出，提高经济效益。

因此，谈判地点在己方，有利于己方优势的自由发挥。就像体育比赛一样，在己方场地举行谈判活动，获胜的可能性就会更大些。美国谈判学家泰勒尔的实验表明：多数人在自己家的客厅里与人谈话，比在别人家的客厅里更能说服对方。这是因为：人们在自己的"所属领地"里能更好地释放能量与本领，所以成功的概率就高。这种情况也适用于谈判。

主场谈判也有不利因素影响，其劣势体现在以下几个方面。

① 容易受干扰。主场谈判不易与本职工作彻底脱钩，容易受各种事务干扰。

② 决断力受影响。离高层领导近，联系方便会产生依赖心理，一些问题不能自主决断，而频繁地请示领导也会造成失误和被动。

③ 接待负担重。己方作为东道主主要负责安排谈判会场，以及谈判中的各项事宜，要负责对客方人员的接待工作，安排宴请、游览等活动，所以己方负担比较重。

（2）客场谈判。客场谈判，指的是在商务活动中，到谈判对手所在地进行谈判；在一般性谈判中，客场谈判是指己方到对方选择的地方，按照对方的规格和习惯进行的谈判。

客场谈判的优势体现在以下几个方面。

① 无干扰。己方谈判人员离开所在地，可全身心地投入到谈判中，避免各种琐事的干扰。

② 决断力强。在高层领导授权范围，更有利于发挥谈判人员的主观能动性，减少谈判人员的依赖性。

③ 便于直接了解对方。可以实地考察一下对方公司及其产品的情况，能获取直接的、第一手的信息资料；当谈判处于困境或准备不足时，便于找到借口（如资料欠缺、身体不适、授权有限需要请示等），从而拖延时间，以便做出更充分的准备。

④ 可以免除繁重的接待工作。己方省去了作为东道主所必须承担的招待宾客、布置场所、安排活动等事务的繁杂工作。

客场谈判也有不利因素影响，其劣势体现在以下几个方面。

① 联系沟通不便。与己方所在地距离远，信息传递、资料获取比较困难，某些重要问题也不易及时与公司领导磋商。

② 环境陌生。谈判人员对当地环境、气候、风俗、饮食等方面会出现不适应，加之旅途劳累、时差不适应等因素，会使谈判人员身体状况受到影响。

③ 被动性强。在谈判场所的安排、谈判日程的安排等方面处于被动地位；客场谈判代表也要防止对方过多安排旅游景点等活动而消磨谈判人员的精力和时间；到对方地点去谈判必须做好充分的准备，如摸清领导的意图，明确谈判目标，准备充足的信息资料，组织好谈判班子等。

（3）主客场轮流谈判。有些多轮大型谈判可在双方所在地交叉进行。这种谈判的好处是对双方都公平，也可以各自考察对方的实际情况。各自担当东道主和客人的角色，对增进双方的了解和双方的感情是有好处的。其缺点在于这种谈判时间长，费用、精力耗费大，如果不是大型谈判或者必须非采用这种方法不可，应尽量少用。

正是由于上述原因，在多轮谈判中，谈判场所往往是交替更换，这已是不成文的惯例。当然，谈判地点在哪一方还取决于许多其他客观因素，如考察生产过程、施工基地、投资所在地的地理环境等。

有时，中间地点也是谈判的合适地点。如果预料到谈判会紧张、激烈，分歧较大，或外界干扰太大，选择中间地点就是上策。

（4）第三地（中立地）谈判。第三地谈判，指的是在谈判双方（或各方）以外的地点（第三地）进行的谈判。

在第三地谈判对双方的有利因素表现在以下方面：在双方所在地之外的地点谈判，对双方来讲是平等的，不存在偏向，双方均无东道主优势，也无做客他乡的劣势，策略运用的条件相当，可以缓和双方的紧张关系，促成双方寻找共同的利益均衡点。

对双方的不利因素表现在以下方面：双方首先要为谈判地点的确定而谈判，而且地点的确定要使双方都满意也不是件容易的事，在这方面要花费不少时间和精力。第三地谈判通常被相互关系不融洽、信任程度不高、关系紧张的谈判双方所选用，可以有效地维护双方的尊严、面子，防止下不了台。

总之，不同的谈判场地具有不同的利弊得失。在选择谈判场地时，通常要考虑谈判双方的力量对比、可选择地点的多少和特色、双方的关系因素等。不论哪一方做东道主，都不应忽视对谈判具体地点的选择。在某种程度上，它直接影响谈判人员的情绪，影响谈判的效果。

选择环境优美、条件优越的具体谈判地点，并巧妙地布置会谈场所，使谈判者有一种安全舒适、温暖的心理感受，不仅能显示出己方热情、友好的诚恳态度，也能使对方对己方的诚恳"用心"深表谢意，这就为谈判营造出和谐的气氛，可促使谈判获得成功。

一般来讲，谈判场所要环境幽静，不要过于嘈杂和喧闹，通信设施要完备，要具备一定的灯光、通风和隔音条件。医疗、卫生条件较好，安全防范工作要好。

2．商务谈判场地的布置

（1）商务谈判场地布置的基本原则。

① 切题：根据商务谈判的性质，布置会场时要注意突出谈判的主题和宗旨。

② 整洁、朴素：任何商务谈判会场布置都应有序整洁，有条理，不应该出现杂乱无序现象。如双边贸易谈判会场要求朴素、简洁、大方。

③ 实用：商务谈判会场布置应与谈判所需功能相符合。从预计的商务谈判实际效果和自身经济能力出发，做到以最小的成本创造最大的经济效益。

④ 和谐：商务谈判会场颜色要协调（墙壁、桌椅、会标、幕布等颜色）；会场要素大小要协调（会标、旗子、影音设备等的大小）。

（2）谈判场地的房间布置。一般规模较大、历时较长的商务谈判中，在谈判场地中，设有谈判室、休息室。

① 谈判室布置。谈判室应当宽敞舒适，光线充足，空气流通，温度适宜，色调柔和。也可以配备一些专门的设施，供谈判人员挂图表或进行计算。一般不设录音录像设备，除非双方同意或有要求才能配备。最好在举行会谈的谈判室旁边备有一两间小房间，以利于谈判人员协商机密。

② 休息室布置。谈判室旁边或附近应设有休息室，供谈判双方在谈判间隙休息之用，休息室应该布置得轻松、舒适。室内最好布置一些鲜花，放一些轻柔的音乐，准备一些茶点，以便于调节心情，舒缓情绪。

（3）谈判场地的环境布置。

① 光线：可利用自然光源，也可利用人造光源。利用自然光源（阳光）时，建议利用纱窗防止强光炫目；利用人造光源（灯光）时，建议合理配置光源，灯光柔和，并以暖色调为主。

② 声响：室内保持安静，保证谈判不受外界噪声干扰。建议将谈判室布置在背向马路的

房间里，且尽量选取装有隔音设备的房间，并降低人为因素带来的干扰。

③ 温度/湿度：谈判室内建议配备空调和加湿器等设备，将室温维持在 26℃，相对湿度控制在 40%~60%的范围，但值得注意的是，尽量保持室内空气的流通，尤其注意防止因个别谈判代表在谈判室内抽烟而造成的空气污染。

④ 色彩：谈判室内家具、门窗、窗帘、地毯、墙壁等色彩力求和谐一致，陈设装修力求简单美观，体现出干净利落的处事风格与和谐共赢的思想。

⑤ 装饰：用于谈判活动的场地应力求简洁、典雅、庄重、大方。建议房间陈设方面留有较大的活动空间，便于活动的开展。

（4）谈判场地的设备布置。谈判设备基本包含网线、笔记本、打印机、白板、投影仪、空调、饮水机、拍照及摄像设备等，设备布置以使用方便、整齐有序、不妨碍其他工作开展为基本原则。

（5）谈判场地的桌式布置。一般来说，谈判场地的桌式应根据谈判的重要性、规模、双方关系的密切程度具体安排，并遵循相关的礼仪礼节和国际惯例。商务谈判正规场合通常用长方形条桌；规模小或双方人员比较熟悉，可以选择圆桌。

根据商务谈判中双边谈判和多边谈判的不同，桌式安排也不同。

① 双边谈判的桌式布置。双边谈判，指的是由两个方面的人士所举行的谈判。在一般性的谈判中，双边谈判最为多见。双边谈判的座次排列，主要有两种形式可供选择。

横桌式：指谈判桌（以长条桌为例，下同）在谈判室内横放，客方人员面门而坐，主方人员背门而坐。除双方主谈者居中就座外，各方的其他人员则应依其具体身份的高低，各自先右后左、自高而低地分别在己方一侧就座。双方主谈者的右侧之位，在国内谈判中可坐副手，而在涉外谈判中则应由翻译人员就座（见图 2-1）。

竖桌式：指谈判桌在谈判室内竖放。具体排位时以进门时的方向为准，右侧由客方人员就座，左侧则由主方人员就座。在其他方面，则与横桌式排位相仿（见图 2-2）。

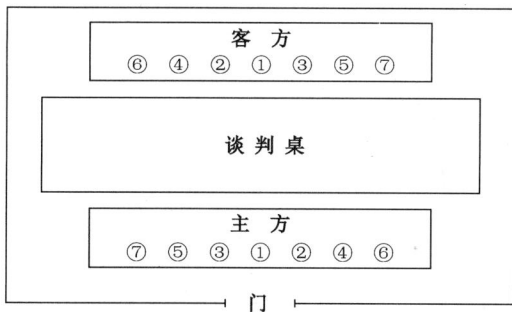

图 2-1　横桌式会谈排位　　　　图 2-2　竖桌式会谈排位

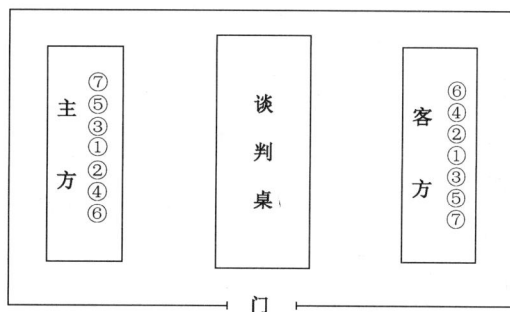

若没有长条桌，也可用圆桌或方桌，其座位安排分别如图 2-3 和图 2-4 所示。一般来讲，比较大型、重要的谈判，谈判桌可选择长方形的，双方代表各居一面。如果谈判规模较小，或双方人员比较熟悉，可以选择圆形谈判桌，以消除长桌那种正规、不太活泼的感觉。双方团团坐定，会形成一个双方关系融洽、共同合作的印象，而且彼此交谈容易，气氛随和。

还有一种排位方法是随意就座，适合于小规模的、双方都比较熟悉的谈判。有些谈判还可以不设谈判桌。

此外，与谈判桌相配的是椅子。椅子要舒适，不舒适使人坐不住；但是，也不能过于舒适，太舒适使人易产生睡意，精神不振。此外，会议所需的其他设备和服务也应周到，如烟缸、笔、记事本、文件夹、各种饮料等。

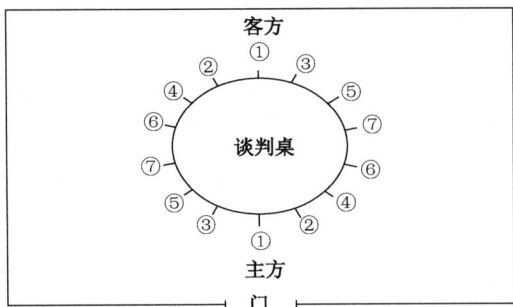
图 2-3　圆桌式会谈排位

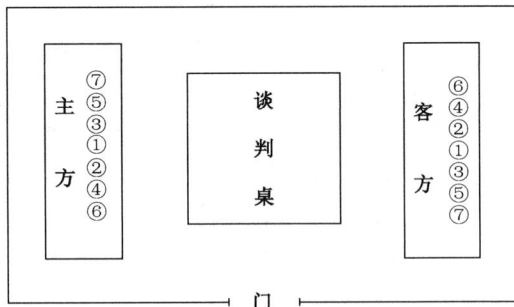
图 2-4　方桌式会谈排位

② 多边谈判的桌式布置。多边谈判，在此是指由三方或三方以上人士所举行的谈判。多边谈判的座次排列，也有两种形式可供选择。

自由式：谈判代表在谈判时自由就座，无须事先安排座次。

主席式：谈判室内，面向正门设置一个主席之位，由各方代表发言时使用，其他各方人士，则一律背对正门、面对主席之位分别就座，各方代表发言后，亦应下台就座（见图 2-5）。

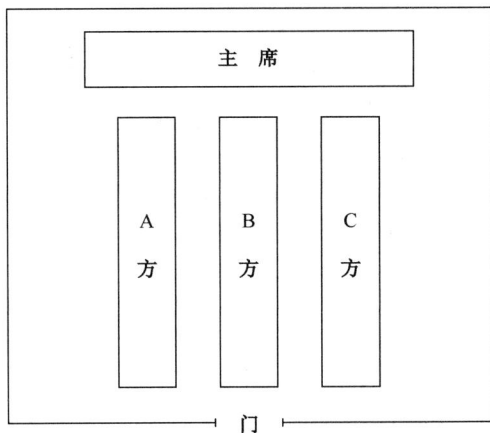
图 2-5　主席式会谈排位

3．食宿安排

（1）食宿安排的意义。谈判是一项艰苦、复杂且耗体力、精力的交际活动，因此用餐、住宿安排是会务人员工作的重要内容。东道主对于来访人员的食宿安排应周到细致、方便舒适，不一定非要豪华、阔气，按照国内或当地的标准条件招待即可。许多外国商人，特别是发达国家的客商十分讲究时间、效率，反倒不喜欢烦琐冗长的招待仪式。但是，适当地组织客人参观游览、参加文体娱乐活动也是十分有益的。在某种程度上，餐桌和住宿地常常是正式谈判暂停后的缓冲和过渡阶段，不仅可以调节客人的旅行生活，也是进行沟通和增进相互理解、融洽双方关系的重要场合，甚至是解决谈判难题的关键场地。

（2）安排饮食需要注意的事项。根据客人的地位、本次谈判的重要程度等条件确定饮食档次；认真了解对方人员在饮食方面的特殊要求。例如，由于宗教和民族习惯引起的饮食禁忌，个人的饮食习惯产生的禁忌，因身体状况对饮食存在的特殊要求，或因生病正在用药产生的忌口等；主要人员的饮食习惯，对某类风格的饮食或菜系的偏好，近日饮食的特点、口味变化的要求；尽量提供客人喜欢的具有当地风味的菜肴和新、奇、特食品，但是不能违反国家有关法律规定，如《动物保护法》关于禁食某些稀有珍禽动物的规定；酒和饮料的安排要根据实际需要；劝酒要适度，常见的借酒表态要谨慎，想在酒桌上取得一定的谈判结果必须先进行周密的策划。

（3）安排住宿需要注意的事项。住宿地点要尽量考虑环境上的宁静、舒适、卫生，以及交通和通信上的便利；还要考虑宾馆的建筑风格和内部装修的文化品位，以及服务设施和服务质量与客人在这方面的水准相适应。在地点选择上要和本次谈判业务的重要性相吻合；住宿地点应和餐饮地点的距离近些；如有必要，己方应安排专人随时解决客人所遇到的生活问题。

4．交通工具安排

为谈判配备的交通工具应充足，以保证人员的正常移动与非正常移动。正常移动多指会场与住宿地点分开时，定点需要的交通工具，以及休息日安排的集体活动用车。要保证车辆的数量及时间的安排满足谈判人员的需要。非正常移动多指双方谈判人员临时用车情况，如生病去医院，临时汇报（向银行和政府部门等），发生特殊事件等。

2.1.4 商务谈判方案的制订

【案例】

中国公司的谈判准备

中国 F 公司（简称 F 公司）与法国 G 公司（简称 G 公司）商谈一条计算机生产线的技术转让交易。G 公司把其报价如期交给了 F 公司，报价包括配线设备、检测试验室、软件、工程设计方案、技术指导、培训等。双方约定接到报价后两周内在北京开始谈判。

F 公司接到报价后即着手准备。F 公司主谈拿到报价资料后，有关技术部分交专家组去分析，并提出了相关要求，而商务部分则由主谈负责分析，并约定时间开会讨论。专家组对技术资料反映的技术先进性、适用性、完整性进行了分析，对不清楚的部分列出了清单，对国际市场的状况做了对比，对 G 公司产品系列、企业经营状态做了分析，并形成书面意见。

F 公司主谈则将装配线设备、检测试验主设备列出清单，标上报价，列出对照价（分析价）、交易目标价、分几步实现的阶段价，形成一份设备价格方案表。又照此法，将技术内容列出清单，分出各项价格并形成一份技术价格方案表；将技术指导和人员培训费分列出人员专业、人数、时间、单价、比较价、目标价等，并制成技术服务价格方案表；工程设计列出分工内容、工作量估计、分列单项价、比较价、目标价等，并绘制出工程设计价格方案表。在所有价格方案表中，均以对应形式列出：G 公司报价及可能的降价幅度；F 公司的还价及可能对应的还价水平，并附上理由。

开会时，专家组与主谈交换各自的准备情况，同时分析双方的有利因素与不利因素（企业面临的政治、经济大环境，市场竞争，各自的需求，参加谈判人员的情况等）。经过讨论，主谈与专家组意见略有分歧：主谈认为，这是第一次采购，G 公司第一次进入中国市场，应有利于压价，谈判目标可以高些。专家组认为，G 公司技术不错，我方又急需，少压价能成交也可以接受。这个分歧可能直接影响谈判条件及谈判的策略。于是，主谈决定请示领导。

主谈、专家组一起向项目委托谈判单位的领导汇报整体思路及分歧。在领导的指导下，大家进一步分析利弊后，达成共识，形成了统一的谈判预案，并制订了一套有针对性的谈判方案和谈判策略。而且，在进行谈判之前，F公司还对谈判议程、谈判时间、谈判地点、谈判场地等进行了精心的部署和安排。

由于准备工作充分，F公司最终取得了满意的结果。

商务谈判方案是在谈判开始前对谈判目标、谈判议程、谈判策略预先所做的安排。谈判方案既是企业最高决策层或上级领导就本次谈判的内容所拟定的谈判主体目标、准则、具体要求和规定；也是指导谈判人员行动的纲领，在整个谈判过程中起着非常重要的作用。

1. 商务谈判方案制订的要求

谈判方案的制订可根据谈判的规模、重要程度的不同而定。内容可多可少，可繁可简，可以是书面形式的，也可以是口头交代的。一个好的谈判方案要求做到以下几点。

（1）简明扼要。谈判方案要用简单明了、高度概括的文字加以表述，要尽量使谈判人员很容易记住其主要内容与基本原则，使他们能灵活地根据方案的要求与对方周旋。

（2）明确具体。谈判方案必须与谈判的具体内容相结合，以谈判具体内容为基础，体现具体的谈判特征。否则，会使谈判方案显得空洞和含糊。因此，谈判方案的制订也要求明确、具体，便于在谈判中操作运用。

（3）富有弹性。在谈判过程中，各种情况都有可能发生，要使谈判人员在复杂多变的形势中取得比较理想的结果，谈判方案就必须具有一定的弹性。谈判人员在不违背根本原则的情况下，应根据情况的变化，在权限允许的范围内灵活处理有关问题，取得较为有利的谈判结果。谈判方案的弹性表现在：有多个谈判目标可供选择；策略方案根据实际情况可供选择某一种；指标有上下浮动的余地；要把可能发生的情况考虑在计划中，如果情况变动较大，原计划不适合，可以实施第二套备选方案。

2. 商务谈判方案制订的内容与具体要求

商务谈判方案制订的内容与具体要求如表2-2所示。

表2-2　商务谈判方案制订的内容与具体要求

内　　容	具　体　要　求
谈判主题	确定谈判活动的中心，谈判主题表达要简洁、明确、具体，最好能用一句话加以概括和描述
谈判目标	设定谈判目标，包括最优目标、最低目标、可接受目标3个层次
谈判地点和场所	协定是主场谈判还是客场谈判或者在第三方所在地谈判，以及具体安排在什么环境下进行
谈判团队	确定谈判人员的角色，明确其在谈判中承担的任务和职责分工
谈判议程和进度	安排各项谈判议题及其他活动的时间、地点
双方的优势和劣势	分析谈判双方在本次谈判中的利益要求、让步的可能性、获得利益的优势与劣势
各阶段谈判策略	选择开局方式及报价原则，制定开局策略、磋商策略、僵局处理策略和促成交易策略
谈判风险	估计谈判涉及经济活动的各相关方面可能对己方存在的威胁与风险，并提出对策
谈判费用	预估谈判活动可能发生的相关费用
联络汇报制度	规定谈判过程中的相关联系人、联系方式、时间等内容
应急预案	对谈判中可能发生的意外做出估计，制订出应急方案

（1）谈判主题。商务谈判主题是指参加谈判的目的，是谈判活动的中心。不同类型的谈判主题不同，一次谈判只为一个主题服务。谈判主题要简洁、明确、具体，最好能用一句话加以概括和描述。例如，"以合理的价格引进某项技术""以最优惠的条件签订某产品购销协议"。当然，主题也不是一成不变的，随着准备工作的进展，讨论分析的深化，谈判主题也应不断提炼，使之更加精确。

确定商务谈判主题的注意事项：制订谈判方案首先必须确定主题；一次谈判一般只有一个中心、一个主题；谈判主题的表述方式应言简意赅，切忌赘述，最好用一句话加以概括；谈判方案中的主题应是双方公开的观点。

（2）谈判目标。谈判目标是谈判主题的具体化，体现谈判的基本目的，指明谈判的期望水平。例如，最优价格是多少，获得什么样的效益，商品的质量如何，取得了什么样的服务等。

① 谈判目标内容的层次。一般来说，谈判目标具有一定的弹性，谈判者通常把追求的各种目标划分为 3 个层次。

第一，最优目标。它是指对谈判者最有利或最高的一种期望目标，在满足某方实际需求利益的同时，可能带来额外的利益。它是一个较为精确的定值。然而在实际的谈判活动中，某方的理想目标一般只是单方面的理想点，是对方最不愿意接受的，在很大程度上是可望而不可即的，很少有可能实现。因为谈判就是一个博弈过程，没有哪一个谈判者会心甘情愿地拱手把全部利益让给他人。这种理想目标的设定很多时候是一种策略上的选择。

第二，最低目标。它是谈判的底线，是己方最基本的需求，无路可退，毫无讨价还价的余地，是宁愿谈判破裂也不肯放弃的最后一道防线。它也是一个较为精确的定值。

第三，可接受目标。可接受目标介于最优目标与最低目标之间，是己方根据各种主客观因素，进行全面评估、通盘考虑、科学论证后确定的一个弹性区间目标，即己方努力争取或做出让步的范围。

谈判目标的确定是一个非常关键的工作，在确定目标时，必须进行严谨的分析，做到合情合理，不能偏离实际情况。谈判目标的确定一般要考虑以下因素：谈判性质及领域；谈判对象及环境；谈判项目所涉及的业务指标的要求；各种条件变化的可能性及对谈判的影响；与谈判密切相关的事项和问题等。

【案例】

谈判目标的设定

A 企业急需处理成套设备，经过周密测算后确定的理想成交价为 60 万元人民币（下同），但 A 企业在谈判桌上抛出的出售价却是 100 万元。B 企业经过调查，对 A 企业的情况了解得很详细，自己愿意出价 60 万元购买。然而，在谈判桌上，B 企业提出的购买价却是 30 万元。于是双方使出各种谈判手段，多次交锋，反复讨价还价，列举各种理由予以论证。最后谈判的成交价既不是 100 万元，也不是 30 万元，而是 63 万元，并且由 A 企业负责拆卸和运送。

案例简析：这一案例表明，谈判前要有周密的测算和详细的调查，谈判开始时的报价应采用最高目标报价，谈判的过程要积极，据理力争，这样，在双方的共同努力下才能实现各自的理想目标。

（资料来源：张恩俊. 商务谈判执行[M]. 北京：北京理工大学出版社，2009.）

② 确定谈判目标的原则。实用性，要求制定的谈判目标具有谈判的可能性，即可谈、能谈、可行。合理性，包含谈判目标的时间和空间的合理性。在一定时间和空间范围内合理的东西，在另一时间和空间可能就不是合理的了。合法性，谈判目标必须符合相关的法律规则。在谈判中，为达到自身的利益，有的谈判人员采取行贿受贿的方式使各方顺从，有的损害集体利益使自己得到好处，有的使用经济压力迫使弱者妥协，还有的提供伪劣产品、过时技术和假信息等，这些均属违法行为。

（3）谈判地点和场所。谈判地点的选择，是指谈判是选择在主场谈判还是客场谈判或谈判双方之外的第三方所在地，以及具体安排在什么环境下进行谈判。谈判地点的选定应慎重，因为会对谈判产生不同的作用，影响谈判过程中战略、策略及技巧的运用。不同的谈判地点均有各自的优势和劣势，谈判者应该注意趋利避害，克服困难，促使谈判获得成功。

通常情况下，谈判双方都希望将谈判地点选择在己方所在地。如果是国际商务谈判，希望选择本国作为谈判地；如果是国内商务谈判，希望选择本地作为谈判地；如果谈判双方在同一地点，希望选择在本企业或己方代表熟悉的场所。因为在主场谈判，具有天时、地利、人和的优势。

如果双方都希望在主场进行谈判，那么该怎么办呢？首先，可通过双方充分协商，确定某一方为主场；其次，也可以采取多轮谈判方式，双方轮流作为主场；最后，还可以选定双方都满意的第三地（中立地）进行谈判。

当然，客场谈判也并非完全没有优势，如果遇到下列情况，则可以选择客场谈判：必须亲自查看谈判对手的某些资料，了解对手的真实情况；己方及其产品必须对外开放，寻找新的市场和合作伙伴；有助于在多轮谈判交锋时，将决定性的一轮谈判放在对己方有利的场所；即使谈判在客场进行，对于谈判结果也不会有很大的影响。

当然，有主场就有客场，遇到客场谈判只要做好充分准备，也完全可以适应。如果谈判双方利益对立尖锐，关系紧张，则可以选择在第三地（中立地）进行谈判，以便缓和双方关系，消除双方的紧张心理，促成双方寻找共同点和均衡利益。

谈判具体场所的选择也有一定的技巧。一般正式的谈判往往选择在会议室举行，气氛严肃、认真，大量具体的细节问题和有争议的问题在这样的场合中讨论比较适合。此外，休闲娱乐场所也往往会成为谈判的场所，如酒店、茶馆、高尔夫球场、咖啡屋等。双方比较轻松、愉快，可以讨论议题，也可以诉说友情，或者讨论其他问题。这样的交流可以增进双方的了解，建立友谊，也可以促进谈判成功。在商务谈判中，谈判场所的选择往往"别有用意"。

【案例】

"忠犬八公"的故事

两家日本公司初次合作，为了表明合作的诚意将谈判地点选在有一座狗的雕塑的车站附近。关于这座狗的雕塑有一个美丽的传说：东京大学教授上野秀次郎收养了一只纯种秋田犬，取名"八公"。"八公"备受上野教授的宠爱，它与教授形影不离。每天早晨"八公"都会送教授去涩谷车站，待下午五点半去接教授回家，风雨无阻。但是有一天，上野教授在大学演讲时发生脑出血去世了。教授去世后，"八公"被桥本收养，可它却数次逃走，流浪于过去的家和车站，每天下午五点半，"八公"都来车站等候、凝视……从夏到秋，9年里，"八公"风雨无阻，直到最后在大雪中死去。后来人们把它称为"忠犬八公"，并把它当成了"忠诚和信用"的象征，并在这个传说发生的地方为它塑了像。所以许多人为了表示自己的忠诚和信用，就把这儿当成了约会的地点。当两个公司的谈判人员来到这里时，彼此都心领神会，大家开诚布公，顺利签约。

（4）谈判团队。谈判人员的素质、能力及谈判班子的构成直接影响谈判的成败得失，所以应根据对方谈判人员的情况，相应确定己方的谈判人员。

（5）谈判议程和进度。谈判议程是指有关谈判事项的议事日程，即关于商务谈判的主要议题、谈判的原则框架、议题的先后顺序与时间安排。具体来说，是指谈判开始后，将谈判的整体时间划分为具体的时间段，如先谈什么，后谈什么，分别用多长时间，什么时候开谈，什么时候休息，什么时候安排一些参观或娱乐活动。

① 谈判议题。凡是与谈判有关的需要双方展开讨论的问题均是谈判的议题，也是指谈判中的各项交易条款。确定谈判议题首先必须明确己方要提出的问题，以及要与对方讨论哪些问题，要把所涉及的全部问题全盘进行比较和分析，分清主次、重点与非重点。同时，还要预测对方会提出什么问题，并考虑相应的对策。

确定议题顺序按先易后难或先难后易或混合型等几种安排方式，不同的安排形式有不同的效果，要根据谈判性质分别对待：先易后难，即先讨论容易解决的问题，以创造良好的洽谈气氛，为讨论困难问题打好基础；先难后易，即先集中精力和时间讨论重要的问题，待重要的问题解决之后，再以主带次，推动其他问题的解决；混合型，即不分主次先后，把所要解决的问题都提出来进行讨论，经过一段时间后，再进行归纳，先将统一的意见予以明确，再对尚未解决的问题进行讨论，以求取得一致的意见。

② 时间与进程安排。时间安排即确定谈判在何时举行，用时多久。谈判期限的规定要具体明确，同时要具备一定的伸缩性，能够适应谈判过程中情况的变化。但是，谈判双方由于各自的实际情况和需求不一致，因此，所制订的谈判期限也会不一致，通常情况下，谈判期限较短的一方将在谈判中处于劣势。谈判具体时间的安排还要充分考虑人的生理时间，一般人们上午精力充沛，下午相对疲乏，因此，应尽量安排上午谈判，下午休息或进行谈判之外的活动。

一般而言，在时间安排上以互利原则为主，如果对方安排的时机对己方不利，可以采取推迟、延后等策略，切忌在疲劳状态或者主谈身体不适的情况下进行谈判。

倘若是分阶段的谈判，还需确定分为几个阶段，每个阶段所花的时间大约是多少等。谈判时间的安排是议程中的重要环节，如果时间安排仓促，致使准备不充分，匆忙上阵，心浮气躁，很难沉着冷静地在谈判中实施各种策略；如果时间安排拖沓，则会浪费时间和精力，随着时间的推移，各种环境因素也会发生变化，甚至会错过一些重要的机遇。

对于谈判进程的安排，可以先听取对方的建议，然后，根据己方的计划提出合理意见。先听后说，可从对方提出的谈判议程中发现对方关注的重点在哪里，谈判的焦点是什么，这样可以调整己方的谈判方案，制订相应的策略，掌握谈判的主动权。

在谈判进程的安排上，有时可以实施疲劳战术。例如，在进行主场谈判时，主方可以利用客方的时差或者客方对当地文化、风景名胜的好奇心理，安排一些参观、娱乐活动，紧接着安排正式谈判。这样主方既尽到了地主之谊，热情招待了客方，又让客方在不知不觉中耗费了体力和精力，在正式谈判时表现出疲倦，主方就可趁机争取主动权。

③ 通则议程和细则议程。在实际商务谈判活动中，制订谈判议程往往要形成两个文件：通则议程和细则议程。

通则议程是谈判双方共同遵守使用的日程安排，一般要经过双方协商同意后方能正式生效。在通则议程中，通常应确定以下内容：谈判总体时间及分段时间安排；双方谈判讨论的中心议题，问题讨论的顺序；谈判中各种人员的安排；谈判地点及招待事宜等。

细则议程是己方参加谈判的策略的具体安排，只供己方人员使用，具有保密性。其内容一般包括以下几个方面：谈判中统一口径，如发言的观点、文件资料的说明等；对谈判过程中可能出现的各种情况的对策安排（己方发言的策略，何时提出问题、提什么问题、向何人提问、谁来提出问题、谁来补充、谁来回答对方问题、谁来反驳对方提问、什么情况下要求暂时停止谈判等);谈判人员更换的预先安排:己方谈判时间的策略安排、谈判时间期限等。

(6)双方的优势和劣势。分析谈判双方的优势和劣势,是指根据具体的谈判项目进行信息收集和分析,将双方的优势与劣势充分挖掘出来;将己方需要获得的利益与可能做出的让步翔实地列示出来,并对对方可能提出的要求与可能做出的让步进行预测。

以货物买卖谈判项目为例,如果站在卖方角度,要对市场情况进行充分调查,掌握市场行情,分析本企业在行业中的地位、影响力,并从这些方面挖掘优势;也可以从产品自身,如质量、品牌、品种、功能、外观和包装、价格、售后服务等方面寻找优势;还可以从交易条件,如折扣率、交货期、付款方式等方面寻找优势。

同时,也要认识本企业与竞争对手相比所存在的劣势,尽量以己方的优势去攻克竞争对手的劣势。认真分析对方在谈判项目中的优势和劣势,可以从对方企业在行业中的地位、影响力,对竞争对手的吸引力等方面进行分析,也可以从对方的财力、付款时效、合作信誉等方面进行分析,还可以从产品需求的批量、合作时间的长远等方面进行考虑。

总之,对本企业及竞争对手企业和谈判对手企业的优势和劣势都了如指掌之后,就可以为谈判提供可靠的依据,增加谈判成功的信心。

(7)各阶段谈判策略。谈判策略是谈判者为了达到谈判目标而采取的途径和方法。制订谈判策略时,应确定双方在谈判当中的目标是什么;在交易的各项条款中,哪些条款是对方重视的,哪些是他们最想得到的,哪些是对方可能做出让步的,让步的幅度有多大等;确定在己方争取重要条款的时候,将会遇到对方哪些方面的阻碍,对方会提出什么样的交换条件,谈判气氛会怎样变化等;明确己方应营造怎样的谈判氛围,怎样创造有利于己方的谈判条件;在哪些条款上让步,怎么让步;对于对方不肯让步的条款,应该采取什么对策等。

可供选择的商务谈判策略很多,如开局策略、报价策略、磋商策略、成交策略、让步策略、打破僵局策略、进攻策略、防守策略、语言策略等,要根据谈判过程中可能出现的情况,事先做好准备,做到心中有数,有的放矢。

在制订谈判计划时,小组成员要进行认真的讨论,确定各阶段的谈判策略,并分析、比较各阶段策略的可行性和优势。设计谈判各阶段的策略涉及以下5个方面。

① 开局。开局方式的选择;在开局阶段拟运用哪些策略;预测对方会采取何种方式开局,己方如何回应;对方会如何应对己方的各种策略。

② 报价。是选择先报价还是后报价;如果选择先报价,是报高价还是报低价以吸引对方;报价时运用什么策略,对方会提出哪些问题;己方应如何进行价格解释和说明。

③ 磋商。运用哪些策略进行讨价还价;如何迫使对方让步;如何阻止对方进攻;团队内部如何配合使用红白脸策略。

④ 僵局。预计在哪些条件上会出现僵局;分析产生僵局的主要原因;出现僵局后如何处理。

⑤ 成交信号。结束阶段己方采取什么形式向对方发出成交信号;对方可能发出哪些成交信号;接到对方的成交信号后,己方应该在最后时刻争取哪些利益;如何有效促成交易。

【案例】

一家中国企业为拓展北美市场,特在美国设立了分公司,任命李经理为首席执行官,全权负责此区域的销售与生产。一天,李经理拜访一家当地著名的百货店,希望对方能够销售自己公司的最新产品。他与百货店的采购经理事先电话约定于中午11点见面,当天李经理按时到达,刚进采购经理的办公室,他的秘书便说,经理临时有事外出了,已到午餐时间,李经理本想先出去吃饭，然后再回来等候，但那位秘书传话，采购经理随时都有可能回来，因这次谈判非常重要，李经理自然不敢怠慢，无奈，只好耐心等待了。

直到下午 2 点，那位采购经理才回公司，等他回来时，李经理早已饿得斗志尽失，精神状态处于劣势，当开始正式谈判时，对方拼命压价，李经理无心应战，只想早点结束谈判。最终这家中国企业在此次谈判中付出了很大的代价。

（8）谈判风险。估计谈判涉及经济活动的各相关方面可能对己方存在的威胁与风险，并提出对策。商务谈判风险可能来自政治冲突，原料涨价，运输损失，商品交货、验收、支付的争议及赔偿等方面。

（9）谈判费用。预估谈判活动可能发生的相关费用，修改方案部分内容（如娱乐、宴请、礼物等项目），平衡预算，控制在合理范围。

（10）联络汇报制度。谈判小组在谈判前后和谈判进行中，应就以下情况及时向公司总部相关负责人汇报。

① 在制订谈判方案和谈判计划之前的每次谈判准备会，都要形成完整的会议记录，并分次迅速整理出要点；及时、定期向公司总部相关负责人汇报情况，接受评估和指示。

② 谈判小组对公司总部相关负责人的意见和指示，要及时贯彻落实，并将进程和结果反馈给公司总部相关负责人。

③ 公司总部相关负责人到现场检查工作时，谈判小组及各专业人员应向领导汇报工作进度、成功之处和困难之处等情况。

④ 谈判小组发生人员协调、业务处理等方面的故障和分歧时，应及时向公司总部相关负责人汇报情况，寻求解决办法。

⑤ 谈判小组负责人、小组内的值班人员等发生变更时，应及时向公司总部相关负责人汇报，以保持常规化的联系和沟通。

⑥ 谈判小组有涉及与公司内部、外部发生人、财、物等方面的矛盾和纠纷时，应及时和有关部门协调，并及时将进程和结果向公司总部相关负责人汇报，寻求解决办法。

⑦ 谈判小组在每一轮谈判结束时，都应写出单项书面总结，及时向公司总部相关负责人提交总结和汇报材料。

⑧ 谈判进程中发生异常情况或与设定的方案及计划差距太远时，应及时向公司总部相关负责人汇报，力争决断准确、上下协调。

⑨ 对每一项谈判任务都要有登记，对谈判的进程和结果要有规范的记录、讨论和总结。

⑩ 其他按规定应及时汇报的事项和情况。

（11）应急预案。对谈判中可能发生的意外情况做出估计，制订出应急方案。商务谈判的目标是达成交易，但谈判的结果并不能完全掌握在某一方手中。因此，谈判前必须做好各种可能的准备。谈判结果通常有 3 种情况，即成交、中止和破裂。

① 成交。如果通过谈判能够顺利成交，当然是一个理想的结果，接下来的工作是准备好要签订的合作协议。

② 中止。如果谈判双方的要求虽然合理但差距太大，可能只得暂时中止谈判，等到双方条件接近时，再相约进行谈判。虽然此次合作不成功，但并没有破坏双方的关系，为将来的合作留下了空间。

③ 破裂。不是所有的合作都能尽如人意，如一些索赔项目，由于双方矛盾较大，可能通过协商无法解决，导致谈判破裂。这时就必须启动仲裁程序，甚至法律程序。这些都必须在谈判前做好预案，以免当在谈判中出现类似情况时束手无策。此外，如果遇到货物买卖、投资合

作和技术贸易等谈判的破裂，应该备有其他可选择的合作伙伴。事先准备好多种选择，可免受制于对手。

2.1.5 商务谈判个人礼仪准备

谈判人员是公司的形象代表，应当注意自己的仪表，以此来显示对于谈判的重视，以及对谈判对手的尊重。

在商务谈判场合，着装很重要。服饰的颜色、样式及搭配等合适与否，会对己方谈判人员的精神面貌及其给对方的印象和感觉都带来一定的影响。在商务谈判中，对服饰总的要求是朴素、大方、整洁。男子除了可穿同色同质的毛料西装外，也可穿中山装、民族服装或两用衬衫及长西裤，配黑色皮鞋。在非正式场合可穿西装不系领带，或各式便服及长西裤，另配有颜色相宜的皮鞋或便鞋。女子可根据活动性质的不同酌情穿民族服装、中式上衣配长裤或长裙、旗袍、连衣裙、西服上衣配西裤或西服裙等，炎热季节也可穿长/短袖衬衫、裙子或长裤。

❀【拓展链接】服饰选择 TOP 原则

1. 男士仪容与着装

（1）男士的发型。男士的发型发式统一的标准就是干净整洁，并且要经常注意修饰、修理，头发不应过长，一般认为男士前部的头发不要遮住自己的眉毛，侧部的头发不要盖住自己的耳朵，同时不要留过厚或者过长的鬓角，后部的头发，应该不要长过自己西装衬衫领子的上部。男士在进行商务活动的时候，要每天进行剃须修面以保持面部的清洁；同时，男士在商务活动中经常会接触到香烟、酒这样有刺激性气味的物品，所以要注意随时保持口气的清新。

（2）男士的着装。在正式的商务场合，男士应该穿西装，打领带，衬衫的搭配要适宜。一般情况下，杜绝在正式的商务场合穿夹克衫，或者是穿着西装却和高领衫、T 恤衫或毛衣进行搭配，这都不是十分稳妥的做法。男士的西装一般以深色为主，避免穿着有花格子或者颜色非常艳丽的西服，在色彩选择上也应偏向于纯色。深沉、高雅是黑色套装的追求目标。男士的西服一般分为单排扣和双排扣两种。在穿单排扣西服的时候，特别要注意，系扣子的时候，一般两粒扣子的，只系上面的一粒；如果是三粒扣子的，只系上面的两粒，而最下面的一粒不系。穿着双排扣西服的时候，则应该系好所有的纽扣。

衬衫的颜色和西装整体的颜色要协调，同时衬衫不宜过薄或过透，特别要注意的是，当穿着浅色衬衫的时候，在衬衫的里面不要套深色的内衣，或者是保暖防寒内衣，特别要注意领口，不要将里面的防寒服或内衣露出领口。还有需要特别注意的，就是打领带的时候，衬衫上所有的纽扣，包括领口、袖口的纽扣，都应该系好，而且颜色要和衬衫、西服颜色相互配合，整体颜色要协调；系领带的时候要注意长短的配合，领带的长度应该正好抵达腰带的上方，或者有一二厘米的距离，最为适宜。

西装上衣胸部的口袋是放折叠好的装饰手帕的，其他东西不宜装入。两侧的衣袋也只作为装饰用，不宜装物品。物品可装在上衣内侧衣袋里。裤子两边的口袋也不宜装东西，以求裤型美观。

选择西服的时候还要考虑自己的身材、年龄等因素。身材较矮的男士最好选择深色的色调，最好是有纵条的面料，这样会使人显得比较修长，比较胖的男士也可以这样选择服饰，同时要避免选择双排扣的服装。体型修长匀称的男士只要注意不要选择在整体上有冲突的颜色即可。

比如，一位谈判人员的相貌、身材，衣服的样式、面料、做工都很好，但是他的肤色有些偏暗，那么在着装上他应选择颜色偏暗的服饰，而不能选择白色和其他较浅颜色的服饰。年老的男士应选择两粒扣的西服；而年轻的男士既可以选择三粒扣的西服，也可以选择两粒扣的西服。

（3）男士的鞋袜选择。男士一般在穿西服、打领带这种商务着装的情况下，要配以皮鞋，杜绝出现运动鞋、凉鞋或者布鞋，皮鞋要每天保持光亮整洁。在选择袜子的时候要注意，袜子的质地、透气性要良好，同时，袜子的颜色必须保持和西装的整体颜色相协调。如果是穿深色的皮鞋，袜子的颜色也应该以深色为主，同时避免出现比较花哨的图案。

（4）男士的配饰。公文包被称为"移动式办公桌"，是男士外出办公不可离身之物。对穿西装的男士而言，外出办事时如果不带公文包，会使其神采和风度大受损害。公文包面料多以牛皮、羊皮为佳，其他面料均难登大雅之堂。颜色以黑色或深色为主，最好与皮鞋的色彩一致。最标准的公文包是手提式的长方形公文包，箱式、夹式、挎式、背式等都不太适合。

男士着装除了上述基本要求之外，还要注意其他注意事项：购买西装后要拆除衣袖上的商标；穿后要熨烫平整再挂起来；穿时不要挽起袖子；尽可能不穿羊毛衫，即使穿，也不要穿带图案的羊毛衫，而且颜色要与西装协调。

【拓展链接】男士职场着装"三个三"

2. 女士仪容与着装

随着时代的不断进步，女性在社会中的地位越来越高，女性所出席的场合不再局限于宴会等场所，越来越多的女性也加入到了商务谈判席之内。一个有气质、有韵味、有涵养的知性女人是每个人都喜欢并乐于与其交谈的，在其中可以收获许多与男士交流所学习不到的知识。如何使自己变得有气质、有韵味、知性呢？同样也应从以下几点考虑。

（1）女士的发型及妆容。女士在发型发式方面需要注意，发型发式应该美观、大方，需要特别注意的一点是，在选择发卡、发带的时候，其式样应该庄重、大方。女士在正式的商务场合中，面部修饰应该以淡妆为主，不应该浓妆艳抹，也不应该不化妆。

（2）女士的着装。女士商务谈判着装需要注意的细节是干净、整洁。女士在着装的时候需要严格地区分职业套装、晚礼服及休闲服，它们之间有非常本质的差别。在着正式的商务套装的时候，无领、无袖，或者是领口开得太低、太紧身的衣服应该尽量避免。衣服的款式要尽量合身，以利于活动。在选择服装的时候要根据自己的体型选择样式。短颈的人可以选择露出锁骨的圆领、"汤匙"领或者 V 字领；肩窄的人可以穿鸡心领的衣服，而肩宽的人则要注重选择V 字领；臂长的人不可以选择无袖的衣服，而臂短的人不可以选择灯笼袖；腿短和腿长的人可以选择在膝盖以上短裙和没有翻边的短裤。颜色方面则要根据体型、发色和肤色来选择。有些服装涉及腰带，而正确地佩戴腰带可使整个人的腰身有一个视觉上的改变，但腰带的宽度是一个很值得注意的问题，胸部以下到腰的距离再减去 5 厘米所得到的数据就是正确佩戴腰带的尺寸。

职业女性商务着装必须注意，除了穿着考究以外，从头到脚的整体装扮也应强调"整体美"，比如发型、佩饰、鞋袜、挎包等要与服装相协调，颜色要搭配。一般来说，着装配色和谐的保险做法有 3 种：一是上下装同色，即套装，以饰物点缀；二是同色系配色，利用同色系中深浅、明暗度不同的颜色搭配，整体效果比较协调；三是利用对比色搭配，即运用明亮度对比或相互排斥的颜色对比，会产生相映生辉、令人耳目一新的效果。

（3）女士的鞋袜。女士在选择鞋袜的时候，需要注意的细节是袜子（丝袜）的长度一定要高于裙子的下摆。在选择鞋（皮鞋）的时候应该尽量避免鞋跟过高、过细。一次演讲会上，演讲人员的表现很完美，但是当她走下台的时候，她的鞋子上有很多的折痕，丝袜上有一个很明显的脱线裂口，这就大大地使她的形象打了折扣。从这件事中得到的教训是，女士出席商务活动时必须有一双高质量的皮鞋，手袋里总要有一条备用的丝袜，尤其是要出现在大庭广众面前的时候。而选择丝袜的时候要避免选择彩色丝袜，穿红色的套装不能穿红色的丝袜，可以选择象牙白、希腊黄、浅金黄、肉色等，黑色的不透明的厚裤袜只能与超短裙搭配。不能将带有图案的丝袜和有印花的衣服一起穿，那样容易印花相撞。

（4）女士的配饰。女士在选择佩戴物品的时候需要注意的是，商务礼仪的目的是体现出对他人的尊重。女士可以从两方面来体现：一方面是修饰物，另一方面是商务物品。在这两个方面中，修饰物应该尽量避免过于奢华，如在耳环、项链的选择上都要注意这一点。当佩戴饰物的时候，要考虑自身的情况，如脸形、手形、脖子的长短。鹅蛋脸可以佩戴任何形状的耳环；心形脸比较适合精制的或有漂亮外形的耳环，要避免尖形和又大又圆的耳环；圆脸要避免戴大而圆的耳环，但可以戴椭圆或圈状的耳环；方脸佩戴小蛋形或椭圆形的耳环最为理想，但要避免戴大的和短粗的耳环。佩戴项链的时候要注意项链的领圈和长度，圆脸且颈短的人不能佩戴高的、密封的圆形项链，而长项链最理想的长度则是在锁骨到胸部一半的位置，或胸部以下到腰线一半的位置。

❀【拓展链接】女士职场着装"六忌"

2.1.6 商务谈判模拟训练

商务谈判的准备工作，除了以上 5 个任务之外，在一些大型的复杂的商务谈判中，为了检验和完善谈判方案，使谈判代表尽快适应谈判环境，做到胸有成竹，往往在正式进入与对方的谈判交锋前，还需要组织谈判小组代表分别扮演己方和对方角色，进行模拟训练。

所谓模拟谈判，也就是正式谈判前的"彩排"。它是商务谈判准备工作中的最后一项内容，就是从己方人员中选出一些人扮演谈判对手的角色，提出各种假设和臆测，从对手的谈判立场、观点、风格等出发，与己方主谈人员进行谈判的想象练习和实际表演。

1. 模拟谈判的意义

在谈判准备工作的最后阶段，本谈判代表团队有必要为即将开始的谈判进行模拟谈判训练，以检验谈判方案是否周密可行，也能使谈判人员提早进入实战状态。模拟谈判的意义主要表现在以下几个方面。

（1）可使谈判者获得实际性的经验，提高应对各种困难的能力。在模拟谈判中，谈判者可以一次又一次地扮演自己，甚至扮演对手，从而熟悉实际谈判中的各个环节。这对初次参加谈判的人来说尤为重要。

（2）可以检验谈判方案是否周密可行。谈判方案是在谈判小组负责人的主持下，由谈判小组成员具体制订的。它是对未来将要发生的正式谈判的预计，这本身就不可能完全反映出正式谈判中出现的一些意外情况。同时，谈判人员受到知识、经验、思维方式，考虑问题的立场、角度等因素的局限，谈判方案的制订就难免会有不足之处和漏洞。事实上，谈判方案是否完善，只有在正式谈判中方能得到真正检验，但这毕竟是一种事后检验，往往发现问题为时已晚。模拟谈判是对实际正式谈判的模拟，与正式谈判比较接近。因此，模拟谈判能够较为全面严格地检验谈判方案是否切实可行，检查谈判方案存在的问题和不足，以便及时修正和调整谈判方案。

（3）可以训练和提高谈判能力。模拟谈判对手角色的是己方人员，对自己的情况十分了解，这时站在对手的立场上提问题，有利于发现谈判方案中的错误，并且能预测对方可能从哪些方面提出问题，以便事先拟定出相应的对策。对于谈判人员来说，能有机会站在对方的立场上进行换位思考，是大有益处的。正如美国著名企业家维克多金姆所说的那样："任何成功的谈判，从一开始就必须站在对方的立场来看问题。"这样角色扮演的技术不但能使谈判人员了解对方，也能使谈判人员了解自己，因为它给谈判人员提供了客观分析自我的机会，注意到一些容易忽视的失误，例如，在与外国人谈判时使用过多的本国俚语、缺乏涵养的面部表情、争辩的观点含混不清等。

2．模拟谈判的内容

模拟谈判的内容就是实际谈判中会涉及的内容，往往更具有针对性。模拟谈判内容的选择与确定，根据不同类型的谈判应有所不同。如果这项谈判对企业很重要，谈判人员面对的又是一些新的问题，以前从未接触过对方谈判人员，不知其风格特点，并且时间又允许，那么，模拟谈判的内容应尽量全面一些；相反，模拟谈判的内容也可少一些。

3．模拟谈判的方式

模拟谈判的方式主要有下列两种。

（1）组成代表对手的谈判小组。如果时间允许，可将自己的谈判人员分成两组，一组作为己方的谈判代表，另一组作为对方的谈判代表；也可从本企业内部的有关部门抽出一些职员，组成另一个模拟谈判小组。

但是，无论用哪种办法，两个小组都应不断地互换角色。此方式可以全面检查谈判计划，并使谈判人员对每个环节和问题都有一个事先的了解。

（2）让一位谈判成员扮演对手。如果时间、费用和人员等因素不允许安排一次较正式的模拟谈判，那么小组负责人也应坚持让一位谈判成员来扮演对方，对本企业的交易条件进行磋商、盘问。这样做也有可能使谈判小组负责人意识到是否需要修改某些条件或者增加一部分论据等，也会使本企业人员提前认识到谈判中可能出现的问题。

4．模拟谈判的方法

（1）全景模拟法。全景模拟法是指在想象谈判全过程的前提下，企业有关人员扮演成不同的角色所进行的实战性排练。这是最复杂、耗资最大，但往往也是效果最好的模拟谈判方法。这种方法一般适用于大型的、复杂的、关系到企业重大利益的谈判。在采用全景模拟法时，应掌握以下技巧。

① 合理地想象谈判全过程。要求谈判人员按照假设的谈判顺序展开充分的想象，不是想象事情的发生结果，而是事务发展的全过程，想象在谈判中双方可能发生的一切情形。并依照想象的情况和条件，演绎双方交锋时可能出现的一切局面，如谈判的气氛、对方可能提出的问题、己方的答复、双方的策略和技巧等问题。合理的想象有助于谈判准备得更充分、更准确。所以，这是全景模拟法的基础。

② 尽可能扮演谈判中所有会出现的人物。这里有两层含义：一方面是指对谈判中可能出现的人物都有所考虑，要指派合适的人员对这些人物的行为和作用加以模仿；另一方面是指主谈人员（或其他在谈判中起重要作用的人员）应扮演一下谈判中的每一个角色，包括自己及己方的顾问、对手及其顾问。这种对人物行为、决策、思考方法的模仿，能使谈判人员对谈判中遇到的问题、人物有所预见。同时，处在别人的角度上进行思考，有助于己方制定更完善的策略。

（2）讨论会模拟法。这种方法类似于头脑风暴法，分为两步。第一步，企业组织参加谈判的人员和一些其他相关人员召开讨论会，请他们根据自己的经验，对企业在本次谈判中谋求的利益、对方的基本目标、对方可能采取的策略、己方的对策等问题畅所欲言。不管这些观点、见解如何标新立异，都不会被人指责，有关人员只是据实记录，再把会议情况上报领导，作为决策的参考。第二步，请人对谈判中各种可能发生的情况、对方可能提出的问题等提出疑问，由谈判小组成员一一解答。

讨论会模拟法非常欢迎反对意见，这些意见有助于谈判小组重新审核谈判方案，从多种角度和多重标准来评价方案的科学性和可行性，不断完善准备的内容，提高成功的概率。

（3）列表模拟法。这是最简单的模拟方法，一般适用于小型的、常规性的谈判。具体操作是通过表格的形式，在表格的一方罗列出己方经济、科技、人员、策略等方面的优缺点和对方的目标与策略，在表格另一方罗列出己方针对这些问题在谈判中所应采取的措施。这种模拟方法最大的缺陷在于它实际上还是谈判人员的主观产物，它只是尽可能搜寻问题并列出对策，至于这些问题是否真的会在谈判中发生，这一对策是否能起到作用，由于没有经过实践的检验，因此，不能百分之百地确定，对于一般商务谈判，能达到八九成的胜算就可以了。

知识归纳

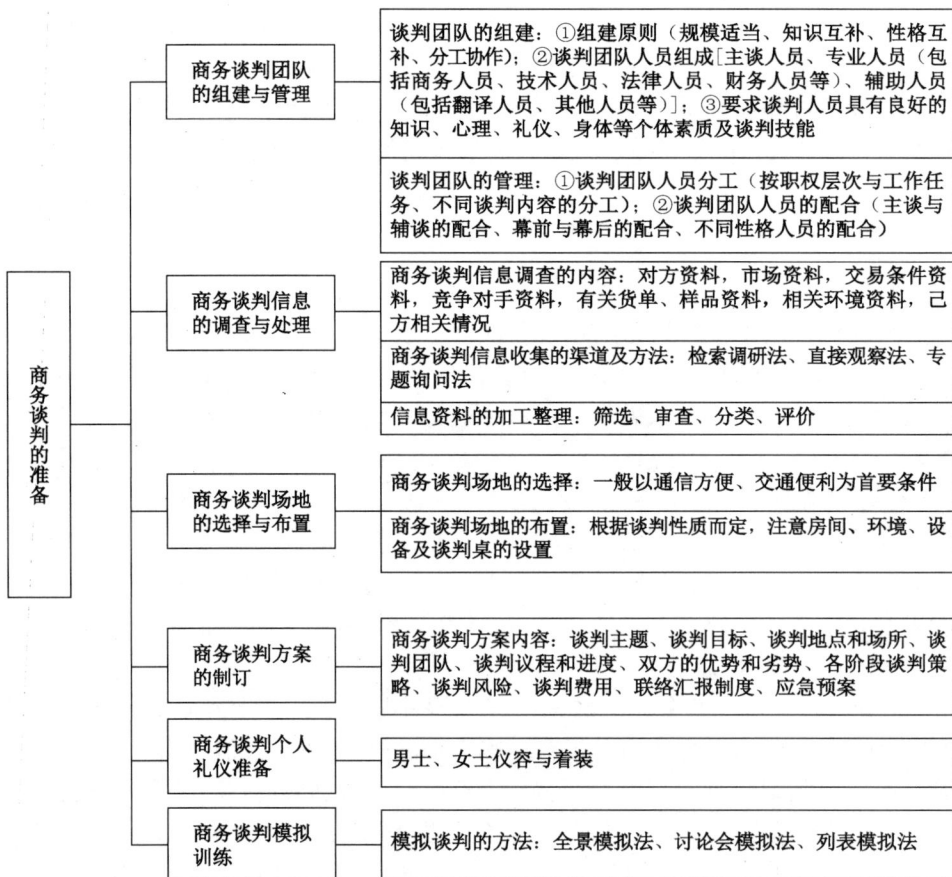

思考与练习 --

一、单选题

1. 商务谈判小组人员一般以（　　）人为宜。

    A．3 　　　　　　　B．4 　　　　　　　C．5 　　　　　　　D．6

2. （　　）是谈判人员必须坚持的最后一道防线。

    A．基本目标 　　　B．可接受目标 　　C．最优目标 　　　D．最低目标

3. 只供己方人员使用，具有保密性的是（　　）。

    A．通则议程 　　　B．细则议程 　　　C．谈判时间安排 　D．都不是

4. 在商务谈判中，对谈判桌进行座次安排时，翻译人员一般坐在（　　）。

    A．主谈人左侧 　　B．主谈人右侧 　　C．主谈人后侧 　　D．没有讲究

5. 从事商务活动的男士需要从（　　）方面注意自己的仪容仪表。

    A．发型发式 　　　B．面部修饰 　　　C．着装修饰 　　　D．必备物品

6. 以下做法不正确的是（　　）。

    A．一位男士把自己的名片递给一位女士。该男士走向女士，用右手从上衣口袋中取出名片，两手捏其上角，正面微倾递上

    B．一位女士把自己的名片递给一位男士。该男士双手接过，认真默读一遍，然后道："王经理，很高兴认识您！"

    C．一位男士与一位女士见面，女士首先伸出手来，与男士相握

    D．一位青年男士与一位中年男士握手，中年男士首先伸出右手，青年与之相握，双方微笑，寒暄

二、多选题

1. 下列选项中属于谈判专业人员的是（　　）。

    A．翻译人员 　　　B．商务人员 　　　C．财务人员 　　　D．秘书

2. 商务谈判信息的加工整理一般分为（　　）、评价四步。

    A．筛选 　　　　　B．审查 　　　　　C．分类 　　　　　D．保存

3. 谈判场地布置的基本原则是（　　）。

    A．切题 　　　　　B．正规 　　　　　C．朴素 　　　　　D．实用

4. 商务谈判方案的制订，应该（　　）。

    A．简明扼要 　　　B．明确 　　　　　C．具体 　　　　　D．富有弹性

5. 在正式场合，男士穿西服要求（　　）。

    A．扎领带

    B．露出衬衣袖口

    C．钱夹要装在西服上衣内侧的口袋中

    D．穿浅色的袜子

三、思考题

1. 为什么要进行商务谈判资料的收集？

2. 商务谈判中都需要收集哪些资料？

3. 简述收集资料的方法。

4. 商务谈判人员应具备哪些方面的素质？

5. 商务谈判目标如何设定？

6. 你是如何认识模拟商务谈判的必要性的？模拟谈判的方式有哪些？

📖 技能实训

任务训练一　商务谈判信息准备

实训目的

能围绕商务谈判主题，通过适当的途径和方法收集所需的信息资料。

实训组织

（1）每 2 个小组组成一个谈判组，确定谈判主题。

（2）各小组讨论分析谈判所需要准备的信息资料内容，制订调查方案。

（3）各小组按照调查方案实施调查，并撰写调查总结报告。

实训成果

商务谈判信息调查总结报告。

实训效果评价

评价标准如表 2-3 所示。

表 2-3　商务谈判信息准备评价表

评价指标	权　重 （分）	学生评价 （40%）	教师评价 （60%）	备　注
收集信息的方法与渠道选择的可行性	20			
收集信息资料的全面性、针对性	40			
调查报告结构及内容符合要求	20			
团队合作、积极参与、态度认真	20			
得分合计	100			
综合得分 总分=0.4×∑生+0.6×∑师 （满分 100 分）				

注意：教师可根据学生的实际情况提出调查报告的撰写要求。

任务训练二　商务谈判方案制订

实训目的

（1）使学生更好地理解商务谈判准备工作的重要性。

（2）掌握商务谈判方案的内容，能根据谈判需要制订谈判方案。

实训组织

（1）教师指导各谈判组的 2 个小组进行必要的信息沟通。

（2）各小组根据谈判主题的需要，制订谈判方案。

实训成果

以小组为单位提交商务谈判方案。

实训效果评价

评价标准如表 2-4 所示。

表 2-4　商务谈判方案评价表

评价指标	权 重 （分）	学生评价 （40%）	教师评价 （60%）	备 注
谈判主题理解正确，提炼、把握得恰当	10			
谈判目标层次表达清晰，与现实状况基本吻合	10			
各项交易条件清晰、具体	10			
谈判形势分析客观、具体，基本符合实际情况	10			
谈判议程安排合理	10			
谈判小组分工合理、角色准确	10			
小组合作参与、态度积极	10			
各阶段方法及策略选择合理、可行性强、有创意	10			
谈判方案总体效果：内容完整、理解准确、可执行性强	20			
得分合计	100			
综合得分 总分=0.4×∑生+0.6×∑师 （满分 100 分）				

任务 2.2　商务谈判的开局

学习目的 ◀

1. 明确商务谈判开局的任务
2. 掌握商务谈判开场陈述的方式
3. 掌握商务谈判开局气氛营造的方法和技巧
4. 能有效营造合适的谈判气氛

任务描述 ◀

　　商务谈判开局是谈判双方正式的初步接触，就谈判的非实质性问题进行交谈的过程。在这个阶段，谈判双方按照既定的方案，逐步向对方展示自己的立场、观点和要求，并根据对方的信息探测对方的实力特点，为下一阶段的磋商做好准备。开局是实质性谈判的起点，在很大程度上影响着谈判的走向和发展趋势。本学习任务的内容是营造谈判气氛、进行开场陈述和商务谈判摸底。

任务实施范例 ◀

2.2.1 开局导入

　　在商务谈判中，导入是从步入会场到寒暄结束这段时间。导入的时间虽短，但其作用却很大。为便于双方接触，一般以站立交谈为好。虽然每个人的行为方式、个性特征各不相同，但从总体要求上应注意以下几个方面。

（1）入场：径直走向会场，表情自然，以开诚布公、友好的态度出现。

（2）握手：应掌握握手的力度、时间与方式，亲切郑重。

（3）介绍：可以自我介绍，也可由双方的主谈人向对方介绍己方的谈判人员。

（4）问候、寒暄：语言亲切、和蔼、轻松自如，为塑造良好的气氛，可适当谈一些大家感兴趣的中性话题。

1. 开局礼仪

在面对面的谈判中，双方见面及会面时的礼仪是谈判人员留给对方第一印象的重要组成部分。在谈判活动过程中，见面时的外在形象始终是一种信息：动作、谈吐、容貌、面部表情、衣着打扮等，都作为一种无声的或预示的信息相互传递，从而影响谈判活动的全过程，成为增强或制约谈判活动效果的一个因素。心理学的研究成果表明，人们初次对他人所形成的直觉印象（首位效应）往往最为深刻，而且对以后的人际知觉起着指导性作用。为此，谈判人员对会面时的礼节及其礼仪规范应该给予高度重视。

（1）迎送礼仪[①]。迎来送往是常见的社交活动，也是商务谈判中的一项基本礼仪。开局礼仪主要应注意的是如何做好来宾迎接工作。在此将迎送礼仪一并介绍。如果客方离谈判场地不远，主方人员应准确把握谈判日程安排的时间，先于客方到达谈判地点，在大楼门口迎候，也可安排专人在大楼门口接引客人，主方谈判人员只在谈判室门口迎接。如果是迎接远道而来参加谈判的人员，无论是官方人士、专业代表团，还是民间团体、友好人士，在他们抵达和离开时，一般都要安排相应身份的人员前往迎送。对重要客商或初次到来的客商，要专人迎送；一般的客商，不迎接也不为失礼。在迎送过程中要注意以下几点。

① 确定迎送规格。迎送规格要依据前来谈判人员的身份和目的，适当考虑双方的关系，同时注意惯例，综合平衡。主要迎送人的身份和地位通常要与客人对口、对等。若最合适的主要迎送人因故不能出面或不能完全对等，应灵活变通，由职位相当的人士或副职出面。此时，无论做出何种处理，都应非常礼貌地向对方解释。有时也会从发展双方关系或其他需要出发，破格接待，安排较大的迎送场面。但一般情况下都应按常规办理，其他迎送人员不宜过多。

② 准确掌握来客抵离的时间。己方有关人员应及时准确地弄清谈判来客所乘交通工具的抵离时间，尽早告知全体迎送人员及相关单位。如有变化，应及时通知。迎接人员应在交通工具抵达前到场，送行人员则应在客人登机（客车、火车、船）前到达。总之，要做到既顺利接送客人，又不过多耽误时间。

③ 做好接待的准备工作。当得知客人抵达日期后，应首先考虑其住宿安排问题。客人尚未启程前，先问清楚客人是否已经自己联系好住宿地点，如未联系好，或者系初到此地，可代其预订宾馆房间，最好是等级较高、条件较好的宾馆。

客人到达后，通常只需稍加寒暄，即陪客人前往宾馆，在行车途中或在宾馆简单介绍一下情况，征询一下客人意见，即可告辞。客人到达的当天，最好只谈第二天的安排，另外的日程安排可在以后详细讨论。

④ 迎送礼仪中的有关事务。

a. 献花礼仪。献花是对客人表示亲切和敬意的一种好方法。尤其是客人中有女宾或携有女眷时，在其尚未到达旅馆之前，预先在其房间摆一个花篮或一束鲜花，会给她们一个惊喜，

---

① 注：欢迎接待礼仪常在谈判开局时，送别礼仪在谈判结束后应用。因迎送过程中很多礼仪具有一致性，在此一并介绍。

有时甚至会达到意想不到的效果。但也应注意如下 3 点，谨防弄巧成拙。

第一，送花时要尊重对方的风俗习惯，应尽量投其所好，绝不可犯其禁忌。例如，日本人忌讳荷花和菊花；意大利人喜爱玫瑰、紫罗兰、百合花等，但同样忌讳菊花；俄罗斯人则认为黄色的蔷薇花意味着绝交和不吉祥等。

第二，给对方女性送花，最好以己方某女性人员的名义或己方单位名义或负责人妻子的名义赠送，切忌以男性名义给对方交往不深的女性送花。

第三，如果对方是夫妇同来，己方送花尤应以负责人夫妇的名义或公司的名义送给对方夫妇。

b．乘坐交通工具礼仪。如果需要在机场（汽车站、火车站或码头）迎接客方人员，除了要安排接待人员迎接外，还要安排交通工具，安排住宿；如果需要在高速公路出口迎接，应安排接待人员引导客人的交通工具，并安排好住宿。乘坐交通工具的时候，要按先主宾后随员、先女宾后男宾的惯例，把主座让给客人，待客人全部上车就座后，自己才能上车。在车上可与客人进行简单的寒暄，以便解除客人的拘谨和紧张感。同时可向客人简要介绍有关活动、会议和事务的情况，如背景资料、筹备过程、日程安排等，并告之其住宿地点。

注意：在陪车时，应请客人坐在主人的右侧，若带有译员，坐在司机旁边。上车时，先请客人从右侧车门上车，主人再从左侧车门上车，以避免从客人膝前穿过。若客人先上车，坐到了主人的位置上，那也不必请客人再移别地。

c．到达目的地礼仪。到达目的地后，接待人员应帮助客人办理好有关住宿手续，领取钥匙，带领客人进入客房，向客人介绍该宾馆的设施、服务等方面的情况，询问客人有什么要求，查看房内设施是否还有何处不妥需予以解决，并与宾馆联系。待客人安置好后，不要马上安排其他活动，接待人员尽量不要久留，以便给客人留下足够的休息时间，在和客人约好第一次活动的时间，留下有关接待部门的电话后，即可离开。

d．送别礼仪。送别人员应事先了解对方离开的准确时间，提前到达客人住宿的宾馆，陪同客人一同前往机场（汽车站、火车站或码头），也可以直接前往机场（汽车站、火车站或码头）恭候客人，与客人道别。在客人登机（汽车、火车或船）之前，送行人员应按照一定的顺序同客人一一握手道别。当飞机起飞（汽车、火车或轮船开动）之时，送行人员应向客人挥手道别。

课堂思考

某企业秘书小王受总经理的指示去公司门口迎接客人，他身着得体的制服，迎向刚刚驶来的一辆高级轿车。司机熟练地将车停在了公司门口，小王看到后排坐着两位男士，前排副驾驶座上坐着一位外国女宾。小王以优雅的姿态先为后排客人打开车门，做好护顶姿势，并目视客人，微笑地问候对方。接下来，小王迅速走到前门，准备迎接那位女士时，却看到女宾满脸不高兴，小王很茫然，不知道这位女宾为什么不高兴。

（2）打招呼礼仪。打招呼是人们见面时最简便的见面礼仪，是表示问候、沟通感情的一种方式。最简单的问候语是"您好"。

① 在不同场合，与不同对象打招呼的方式可以不同。跟熟人打招呼，用语不妨显得亲切一些、具体一些。跟初次见面的人打招呼，最标准的说法是"您好""很高兴认识您""见到您非常荣幸"，比较文雅一些的话，可以说"久仰""幸会"。

② 见面致意的顺序。一般是男性首先向女性致意；年轻人首先向年长者致意；下级首先向上级致意；学生首先向教师致意等。

③ 打招呼时应注意的事项。表情要和蔼可亲；不要相距很远（20 米以外）就高呼其名，

弄得别人尴尬窘迫；不要不分场合缠住对方，使人生厌；不要招呼过头，给人轻浮、粗鲁之感；不要过于程式化，像写八股文。

（3）介绍礼仪。

① 介绍的方式。在商务谈判这样比较正式的交往场合中，应该遵循介绍礼仪，可采取自我介绍、双方主谈人介绍、中间人介绍等方式。

一般来说，谈判人员用自我介绍的方式比较理想，从简短的介绍中，除了能了解对方的姓名、职务、简历外，还能把握对方的背景和地位，甚至他的实力。自我介绍时应面带微笑，先向对方问声好以提醒对方注意，然后报出自己的姓名和身份。自我介绍时要简洁，尽可能地节省时间，以半分钟左右为佳。为了节省时间，进行自我介绍时，还可利用名片、介绍信等加以辅助。

② 介绍的顺序。谈判人员在为他人介绍时，应遵从国际公认的"尊者优先"惯例，介绍的顺序如下。

a．先把年轻的介绍给年长的。有时很难从外表来判断一个人的年龄情况，如果介绍人未预先了解，可能会出现相反的情况，这时也不能算无礼。

b．先把职位、身份较低的介绍给职位、身份较高的。通常，在相同的职业中，职位与身份的高低容易识别和掌握，介绍时没有困难；但是当为两位职业不同的人加以介绍时，职位与身份的高低就难以显著地区别。这时，就需要运用高度的智慧与社交技巧去处理一些特殊的情况。

c．先把男性介绍给女性（即使女性只有十八九岁或刚涉足谈判工作不久，也应如此）。这项规则在我国还没形成风气，其他许多东方国家也是这样，这主要是由传统文化造成的。但这项规则在许多西方国家被广泛应用，在与外国人特别是西方人交往时应特别注意。

d．先把未婚的介绍给已婚的。实际上这一礼节只有当介绍人对双方都很了解时才能做得到。

e．先把客人介绍给主人。人多的场合，主人对所有的客人都应一一认识。在商务谈判中，这点很重要。谈判双方无论谁是主方，主方代表都应一一见过客方所有人员。如果不这样，可能会因客方中某位或某些人不愉快而影响合作。另外，对远道而来又是首次面谈的客人，介绍人应准确无误地把客人介绍给主人。如果作为客人，又未被介绍人发现，最好能礼貌而又巧妙地找别人来向主人介绍；必要时，主动自我介绍也并不失礼。

f．先把个人介绍给团体。

③ 介绍时的其他礼节。

a．一位女士一般不让人介绍给一位男士，除非这位男士是国家和地方的高级领导人，或是一些重要组织的领袖。这项礼节在谈判交往中常被人忽略。

b．最简单的介绍方式就是直接报出双方的姓名。如果能表示出热忱的态度，则比任何修饰的介绍词都让人感觉温和可亲。这种自然的介绍方式适合于各种场合。

c．除女性年长者外，介绍者或被介绍者应起立，有礼貌地行见面礼或以手致意，并适度寒暄，不可用手指指点点。在宴会桌、会谈桌上可不必起立，只要微笑点头示意即可。

d．介绍时称谓要适当、有礼。在对外谈判交往中，对一般男性无论婚否均称"先生"；对未婚女性称"小姐"，对已婚女性称"夫人"或"太太"，在不知其婚姻状况时称"女士"更合适。对有职衔的，在一些场合称其职衔显得很自然。要注意国内外称谓礼节上的差别，以免弄巧成拙。因各国人的姓名组合排列有所不同，有的姓氏在前，名字在后；有的名字在前，姓氏在后；有的在姓与名之间带有父名、教名等，所以，在称呼别人时应先弄清何为姓、何为名，以免错用，造成尴尬的局面。

e. 当两位客人正在交谈时，切勿介绍第三个人。

（4）握手礼仪。

① 握手的主动与被动。一般情况下，主动和对方握手，表示友好、感激和尊重。在来宾登门拜访时，主人先伸出手去握客人的手，用以表示欢迎和感谢，但一次会谈结束，作为主方却不宜主动握手，因为此时主动握手等于催促客方赶快离开。离别之际应将握手的主动权让给客方，其寓意为"再见"和对接待表示感谢。

握手时，应让双方负责人及年长者先握，其余人员面带笑容注视之，以表示欢欣与敬意。然后双方人员握手，次序均应从对方职位高者、年长者及女性开始，逐次轮到，不要遗漏。

在异性谈判人员之间，男性一般不宜主动向女性伸手，如果女性主动伸手时，男性则不应怠慢，否则大为失礼。若女性只是点头示意，则男性以点头回敬不会失礼。与女性握手时，往往只轻握女士的手指部分。

多人同时握手时注意不能交叉，待别人握手完毕后再伸手；在与某人握手时，不要看着别人。值得注意的是，无论是一般场合还是庄重场合，当发现不怀好意的对手，企图侮辱己方人员的人格、国家或民族尊严时，即使他主动伸出手来，也可以拒绝握手表示抗议。

② 握手时间的长与短。谈判双方握手的时间一般以 3～6 秒为宜，如果双方或个人之间的关系十分密切，则可边握手边问候，甚至两人双手长时间地紧握在一起，并可握手上下摇晃，表示热烈、真诚的感情。应注意的是，如果握手的时间过短，彼此间两手一经接触后便即刻松开，表明双方完全出于客套、应酬或没有进一步加深交往的期望。

③ 握手速度的快与慢。当谈判双方有握手意向时，出手快，表示握手出自真诚、友好、乐意之意并注重发展双方的关系；出手慢，则表明缺乏诚意，信心不足，没有进一步深交的愿望。

④ 握手者的力度与距离。双方握手时一般应走到对方的面前，在与他人交谈时，不能漫不经心地侧面和另一个人握手。握手者的身体相距 30～50 厘米为宜，不要靠得太近，也不宜太远而把彼此间的距离拉得过大，若双方相隔于会议桌则可不受此限。尤其应避免在他人的头顶上与对方握手。

双方握手时用力的大小，常常表示感情深浅的程度，有力表示诚意、决心或极为感激，握得越紧，越能表现出握手者的热情和信任，但不能用力过猛以致使对方有痛感反而产生逆反心理，疏远双方的心理距离。

另外，如果握手者漫不经心，只伸出几个手指头，会使对方感觉缺乏热情和诚意；如果只管伸手充当纯粹的被握者，自己的手既没有力量，也没有握的行为趋向，则表示轻蔑。上述行为常使人产生反感，影响彼此之间的友谊。

⑤ 握手者的面部表情。握手者的面部表情是配合握手行为的一种辅助动作，通常可以起到加深对方感情和印象的作用。因而，当表示友好、亲切的握手行为之时，必须注视对方，切忌目光左顾右盼，面部表情应流露出发自内心的喜悦和真诚的笑容。握手之际面部表现呆滞、冷淡，容易引起对方的猜疑，造成不信任感。

男士在握手前应先脱去手套、摘掉帽子，女士与人握手时应先脱掉右手手套，但有地位者可不必。

⑥ 脸的朝向和身体的姿势。双方正确的握手，应当是面对面地对视，注意对方的面部表情及眼神活动，两足立正，伸出右手，四指并拢，拇指张开向受礼者握去。谈判双方人员在握手时，最忌心不在焉，如一边握手一边朝向别人或与他人搭讪，甚至望向别的地方，这样会使对方感到缺乏热情，对人不尊重，从而产生不满情绪。

握手者身体的弯度，要根据对方的条件酌情而定。比如与地位相当的人握手，要不卑不亢；表示谢意时，要稍微躬腰；如与长者握手，则应以深躬表示尊重。但要注意，除非有特别的用意，一般不要过于挺胸昂首，以免给人造成无礼的形象。

（5）称呼礼仪。在非正式场合，对对方负责人的称呼仍然应该与正式场合一样，称呼其职衔，并根据对方所属民族、地区与国家，或在前冠以姓氏，或在后加上先生、女士、夫人、同志等。知礼的第一要素是正确、清楚地道出每个人的姓名和头衔。如果不清楚，应该向有关人员了解。由于各国各民族语言不同，风俗习惯各异，社会制度不一，因此在称呼上差别很大，要特别注意，不要搞错了，否则不仅会使对方不高兴，引起对方的反感，而且会危及谈判的成功。

称呼的基本原则：先长后幼、先上后下、先疏后亲、先外后内，这样比较礼貌、得体和周到。特别需要指出的是，我国社会上流行的称呼"师傅"，在谈判中的一切场合使用都不合适，因其意义含混不清，不能把它视为一种尊称。

（6）名片礼仪。

① 名片的规格。名片的大小尺寸通常因名字和地址等字数的长短多寡而定，一般多在6厘米×10厘米左右。男士的名片可稍长一些，女士的名片可略小一点。名片通常选用白色、乳白色、黄色的光面或非光面的优质卡片纸。通常，政府机构的人或职务较高的人用白色较好，企业、公司的人用黄色的，商业人员还可以用彩色的。名片的字体多采用仿宋体、楷体或手写体，若印外文则可选用罗马字体或草写体。印刷名片时，公司名称要印得大一些。采用横写的名片，一般把姓名写在中间，把地址及电话号码等以较小的字号印在名片的右下角；竖写的名片则把地址等印在左下角。

在我国，名片是不分商业用和交际用的。但是，在有些国家却分得很清楚，商业用的名片记载着公司名称和职位，私人交际用的名片则只有名字。若有对外交往的需要，名片的一面印上我国的文字，另一面则应用该国文字或英文。

② 名片的使用。千万不能像散发传单那样使用名片。在我国，事先约好后访问时，可自然地拿出名片来交谈。在有介绍人介入商务谈判的场合，应在经过介绍、握手之后，随即进行商务谈判。这时，如果想让对方记住自己的名字，那么，临别时可递上名片并告诉他你的地址。

遇上己方大型对外经贸代表团出国谈判时，可采用另一种理想的名片使用方法，即将团员的名字、职业、职务等，连同个人的照片，印在明信片大小而稍厚的纸上，领队在寒暄之后递给对方。这样，对方在接到之后，和团员个别交谈时，就可以随时对照着照片，直呼团员的名字，而无须经人介绍，既可省去一一介绍的麻烦，又可以增加一层亲密感。

③ 名片的递接。名片的递送先后没有太严格的礼仪讲究。但是，一般是地位低的人先向地位高的人递名片，男士先向女士递名片。当对方不止一人时，应先将名片递给职务较高或年龄较大者；如分不清职务高低和年龄大小，则可先和自己对面左侧方的人交换名片。

向对方递送名片时，应面带微笑，注视对方，将名片正对着对方，用双手的拇指和食指分别持握名片上端的两角送给对方；如果是坐着的，应当起立或欠身递送。递送时可以说一些"我是某某，这是我的名片，请笑纳""我的名片，请您收下"之类的客套话。若想得到对方的名片，对方却没主动给，不妨直接提出要求："很冒昧，方便的话，可不可以给我一张名片？"这种索取名片的方式，只会提高对方的身份，没有任何失礼之嫌。

接受他人递过来的名片时，除女性外，应尽快起身或欠身，面带微笑，用双手的拇指和食指捏住名片的下方两角，并视情况说"谢谢""能得到您的名片，十分荣幸"等谦语。名片接到手后，应十分珍惜，切不可在手中摆弄，应认真看一下，千万不要随意放在桌上，或随便握在手上，或者放手中搓来搓去。如果是初次见面，最好是将名片的重要内容读一下。对于名片上的字不能确切把握读音时，应虚心请教，不要不好意思，认真的询问只会使对方感到很受重视；相反，不会装会，念错了对方的名字，才是很不礼貌的。

（7）举止礼仪。谈判人员的举止是指其在谈判过程中的立、坐、行、手势和谈吐，以及这些表现对谈判产生的效果。双方人员在商务谈判中的举止，对谈判气氛的建立有至关重要的作用，谈判人员在行为举止方面应多加注意。

① 站姿要求。两脚脚跟着地，呈 45 度站立，腰背挺直，自然挺胸，两臂自然下垂，给人自信、积极向上的感觉。

在谈判开始时最好站着交谈，如果双方派出的是谈判小组，则以混合的形式分成较小的组交谈，缩短双方之间的心理距离。

② 坐姿要求。谈判者应从椅子的左侧入座，当椅子离桌子比较远时要轻轻调整位置，避免用力过度发出较大声响；主方人员等客方人员落座后再坐下。坐下时保持身体自然端正，不要随意摇晃和大幅度移动，不要将腿前伸、跷二郎腿或身体后靠。

③ 行姿要求。谈判人员的行姿主要表现在为宾、为主及讨论中的行走。

为宾时，若室中有人，则应缓步进门，以开诚布公、和善友好的态度出现，伸出右手与对方毫不迟疑地紧紧相握，注意肩膀要放松，衣着要整洁，面带微笑，双眼注视对方，环视房间内的所有人；若室中无人，则可与陪同人员参观房间，或选面对门的一边中间位置坐下，或在这边踱步，等主方人员进门后，可站起来隔桌伸手相握，若桌子很宽，可与主方人员同时绕桌相对而行，在中间相遇时握手致敬。这样可表达礼貌、自信与自重。

为主时，站在门前迎宾，引导客人入席，自己走在后面轻步入席。这种走姿反映礼貌、持重和热情。若晚到会议室，应疾步入门，用眼光搜寻主宾，边走边伸手向主宾致意。这反映歉意、诚意与合作的意思，同时不会因晚到让客人感到冷淡、怠慢而影响谈判情绪。

在讨论中，需用黑板（或白板）论述问题时，走上去要稳健，既不慢也不快，反映出信心和力量。走回原位时，步子要慢，以半步移动。边移，边停，边征求意见，以示可以反驳、提问。这种行姿表述了准备再战的决心、诚心与力量，可以产生更佳的论证说服力。

④ 谈吐要求。在交谈时要文明、礼貌、理性，避免粗话、脏话、怪话；表达准确，发音准确、声音音量适当、语速适当；口气和气亲切，态度诚恳，表达得体，注意技巧。谈话中注意聆听的艺术，谈吐幽默，以及通过沉默、转折、诱导否定等方法来委婉地表示拒绝等。

2．话题导入

谈判开始的前几分钟是彼此熟悉场景和沟通感情的阶段，一般不谈具体的谈判话题，而是运用可以引起双方感情共鸣、交流的轻松话题和语言来开启谈判之门。具体来说，可供开局入题的话题有以下几类。

（1）以中性话题入题。中性话题是指谈判主题之外的话题，如新闻、体育、娱乐和时尚话题；气候、旅游和饮食等日常性的话题；回忆往日双方合作成功的历史，以拉近关系；幽默得体地开开玩笑，以缓解谈判开始时的紧张气氛，达到联络感情的目的。

我国一代伟人毛泽东就善于在寒暄中发挥他独特的魅力，缩短与谈判对手的心理距离，并让对方自然产生一种受到尊重的感觉。1949 年 4 月，在"国共和谈"期间，毛泽东接见国民党方面的代表刘斐先生。刘斐开始非常紧张，见面后，毛泽东和刘斐寒暄起来。毛泽东问刘斐："你是湖南人吧？"刘斐答道："我是醴陵人。"醴陵与毛泽东的家乡是邻县。毛泽东高兴地说："老乡见老乡，两眼泪汪汪哩。"听了这话，刘斐紧张的心情很快就放松下来，拘束感完全消失了。

✎ 【案例】

浓浓乡情感动台商

一位湘籍台商宋某准备来湖南投资建厂，经过多次电话和邮件接洽，最终确定于2009年秋天正式来长沙进行谈判。2009年10月26日下午，宋某带领公司谈判团队乘机抵达长沙黄花机场，湖南省外资引进部门领导亲自到机场迎接，并安排入住长沙华天大酒店。

为了让客人适应环境，营造谈判气氛，10月27日，即台商来湘第二天，主方并没有立即安排谈判，而是先安排客方代表游览和参观了历史伟人毛泽东和刘少奇故居，并由己方谈判团队部分人员陪同。双方在谈判桌外的接触，为接下来的正式谈判营造了一个良好的气氛。

10月28日开始正式谈判，谈判地就选择在客人入住的华天大酒店二楼的会议室。早上8点谈判如期举行，主客双方一见面，主方主谈就用家乡话问候客人。浓浓的乡音感动了在场的每一位代表，很快就拉近了双方的距离，接着客方对主方安排参观伟人故居致以谢意，并发表了许多感慨。主方谈判负责人亲切地问道："各位台湾朋友，你们大概都是第一次来湖南吧，昨日休息得还好吗？吃、住是否习惯？有什么不便和要求，一定要告诉我们，千万不要客气呵！"

谈判就在这样充满浓浓乡情的友好气氛下开场了。正因为良好的开端和自始至终保持了友好合作的基调，这场谈判最终取得圆满成功，双方签订了投资2亿元人民币合作建厂的协议。

（2）以双方感兴趣的话题入题。如果开局阶段能够引出双方感兴趣的话题就很容易产生共鸣。要找到双方共同的话题，就必须在谈判前做好充分的准备，收集有关对方谈判代表的信息资料，了解对手的谈判风格和个性，以及个人专长及兴趣爱好。

被美国人誉为"销售权威"的霍伊拉先生就很善于这样做。一次他要去梅依百货公司谈一笔广告业务，事先了解到这个公司的总经理会驾驶飞机。于是，他在和这位总经理见面互相介绍后，便随意说了一句："您是在哪儿学会开飞机的？"一句话，触发了总经理的谈兴，总经理滔滔不绝地讲了起来，谈判气氛显得轻松愉快。结果不但广告业务有了着落，霍伊拉还被邀请去乘了总经理的自用飞机，和他交上了朋友。

（3）以介绍己方谈判代表入题。可由谈判小组负责人适当介绍己方谈判代表的姓名、经历、学历和年龄，以及在谈判中担任的角色等。介绍时可适当提高被介绍人的地位，让对方了解己方代表的基本情况，显示己方谈判团队实力，提高己方代表在对方心目中的地位。

例如，当介绍一位年轻的谈判代表时，可以这样说：这位是我们公司的技术工程师小张，毕业于中南大学，是中科院院士××先生的爱徒，我们公司的技术骨干，年轻有为啊！这次我们双方的合作项目中有关技术方面的事由他全权负责。这一简单介绍，一方面提高了小张在谈判中的地位，使之在以后的谈判中说话有分量；另一方面提高了整个团队的地位，因为连这么年轻的代表都是技术骨干，可见整个谈判队伍实力不容小觑。

（4）以介绍己方基本状况入题。开局阶段也可以向对方介绍一些有关本企业生产经营、企业规模、企业文化、企业在行业内的影响等的基本情况。要做好基本情况介绍，最好事先准备好资料复印件或幻灯片，生动形象地展示企业发展历史和获得的各种荣誉，以显示己方的雄厚实力和良好的品牌形象，坚定对方的合作信念。如果双方比较熟悉，而且谈判之前已经充分交换过意见，也可以直接以谈判目的、议事日程安排、进展速度和谈判人员组成情况等话题入题。

交谈的话题选择应该注意以下几点。

① 话题的选择"四原则"：一是要选择双方共同感兴趣的话题；二是话题的格调要高雅；

三是话题应该轻松；四是话题可以时尚。

② 话题的选择切记"六不"：一是不能非议国家和政府；二是不涉及秘密；三是不涉及交谈对象的内部事务；四是不在背后议论领导、同事和同行；五是不谈论格调不高的问题；六是不涉及私人问题（特别是在国际交往中）。

③ 职场交往中的"私人问题五不问"：第一不问收入；第二不问年纪；第三不问婚姻、家庭情况；第四不问健康状态；第五不问个人经历。

一位有经验的谈判者，能通过相互寒暄时的那些应酬话语掌握谈判对象的背景资料、性格爱好、处事方式、谈判经验及作风等，进而找到双方的共同语言，为相互间的心理沟通做好准备，这对谈判成功有着积极的意义。

2.2.2 开局表达

1. 开局的作用与任务

（1）开局阶段的作用。谈判开局对整个谈判过程起着至关重要的作用，不仅决定着双方在谈判过程中的力量对比，决定着双方在谈判过程中采取的态度与方式，同时也决定着双方对谈判局面的控制，进而决定着谈判的结果。

此阶段，谈判双方对谈判尚无实质性认识，因此，开局关系到双方谈判的诚意与积极性，关系到谈判的格调和发展趋势。一个良好的开局能奠定良好的谈判基础。

（2）开局阶段的基本任务。开局阶段的主要目标是对谈判程序和相关问题达成共识；双方谈判人员通过相互交流，营造友好合作的谈判气氛；分别表明己方的意愿和交易条件，摸清对方的情况和态度，为实质性磋商阶段打下基础。为达到以上目标，开局阶段有以下 3 项基本任务：谈判核心问题的说明；营造适当的谈判氛围；开场陈述。

2. 开局表达策略

（1）协商式开局策略。协商式开局策略是指以协商、肯定的语言进行陈述，使对方对己方产生好感，使双方互相理解，从而在友好、愉快的气氛中展开谈判工作。

协商式开局策略适用于谈判双方实力比较接近、双方过去没有商务往来的经历、第一次接触、都希望有一个好的开端的情况。要多用外交礼节性语言、中性话题，使双方在平等、合作的气氛中开局。比如，谈判一方以协商的口吻来征求谈判对手的意见，然后对对方意见表示赞同或认可，双方达成共识。要表示出充分尊重对方意见的态度，语言要友好礼貌，但又不刻意奉承对方。姿态上应该是不卑不亢，沉稳中不失热情，自信但不自傲，把握住适当的分寸，顺利打开局面。

采用协商性开局技巧，除了要注意对方的喜好以外，还要注意以下几点。

① 注意讲话的用语和语气。以一种协商的口吻来征求谈判对手的意见，然后对其意见表示赞同和认可，使对方忘掉彼此的争执，愿意去做己方建议他去做的事情。但要注意的是，用来征求对方意见的问题必须是对方意见不会影响己方利益的问题，而且在对对方意见表示赞同时态度不要过于献媚，表示的是尊重而不是奉承。

② 注意背景、色彩、色调、音乐和装饰品的搭配，要舒适明朗，色彩悦目。

③ 此技巧适合在高调气氛和自然气氛中运用，不宜在低调气氛中运用，不然会适得其反。

（2）坦诚式开局策略。坦诚式开局策略是指以开诚布公的方式向谈判对手陈述自己的观点或意愿，尽快打开谈判局面。

坦诚式开局策略适用于双方过去有过商务往来，而且关系很好，互相了解较深，将这种友好关系作为谈判的基础的情况。在陈述中可以真诚、热情地畅谈双方过去的友好合作关系，适当地称赞对方在商务往来中的良好信誉。由于双方关系比较密切，可以省去一些礼节性的外交辞令，坦率地陈述己方的观点及对对方的期望，使对方产生信任感。

坦诚式开局策略有时也可用于实力不如对方的谈判者。本方实力弱于对方，这是双方都了解的事实，因此没有必要掩盖。可坦率地表明己方存在的弱点，使对方理智地考虑谈判目标。这种坦诚也表达出实力较弱一方不惧怕对手的压力，充满自信和实事求是的精神，这比"打肿脸充胖子"、唱高调掩饰自己的弱点要好得多。

【案例】

"土朋友"对"洋先生"的真诚告白

通常，国外的企业对中国的企业，特别是对中国国有企业的管理体制不是非常了解，有的还存在一些偏见，认为中国企业是党委书记领导下的厂长负责制，虽然企业是党委书记领导，但党委书记一般不懂业务，只管路线和思想工作，类似于商务谈判这类业务事项都是厂长说了算，因此不认为党委书记具有业务决策权。

有一次，北京某区一位党委书记在同外商谈判时，发现对方对自己的身份持有强烈的戒备心理。这种状态妨碍了谈判的进行。于是，这位党委书记当机立断，站起来对对方说道："我是党委书记，但也懂经济、搞经济，并且拥有决策权。我们摊子小，并且实力不强，但人实在，愿意真诚与贵方合作。咱们谈得成也好，谈不成也好，至少你这个外来的'洋先生'可以交一个我这样的'土朋友'。"寥寥几句肺腑之言，一下子就打消了对方的疑惑，使谈判很快就顺利地向纵深方向发展。

（3）慎重式开局策略。慎重式开局策略是指以严谨、凝重的语言进行陈述，表达出对谈判的高度重视和鲜明的态度，目的在于使对方放弃某些不适当的意图，以达到把握谈判局面的目的。

慎重式开局策略适用于谈判双方过去有过商务往来，但对方曾有过不太令人满意的表现，己方要通过严谨、慎重的态度，引起对方对某些问题的重视的情况。例如，可对过去双方业务关系中对方的不妥之处表示遗憾，并希望能够通过本次合作改变这种状况。可用一些礼貌性的提问来确认对方的态度、想法，不急于拉近关系，注意与对方保持一定的距离。这种策略也适用于己方对谈判对手的某些情况存在疑问，需要经过简短的接触来摸底的情况。当然，慎重并不等于没有谈判诚意，也不等于冷漠和猜疑，这种策略正是为了寻求更有效的谈判成果而使用的。

【案例】

委婉拒绝对方要求

闻女士有一套两室一厅的房子，出租给了余女士，并签订了一年期的租赁合同。由于是二手房，所以室内有些线路和家电需要简单维修一下，双方协商，修理费用直接从租金里扣除。但是在后来的修理费中有一笔数额比较大的——余女士自作主张将热水器换成了一个大容量的新热水器。闻女士考虑到当时二手房空置率较高，出租情况并不是很好，尽管心中不快，但还是答应将这笔费用从租金里扣除。

一年后，合同到期了，余女士准备续租房子，两人又坐到一起谈判租赁事宜。闻女士吸取了上一租期的经验教训，一开始谈判就采取谨慎态度，是对室内的电器和设施进行了全面清查，逐项登记。而余女士又提出了新的要求，要增装一台空调，但租金维持不变。

闻女士听到余女士的要求并没有否定，而是说："你的要求很有道理，天气热，应该每个房间都有空调。但现在 3 间房中已有 2 台空调，你可以将就一下，克服点儿困难。"余女士则认为，现在租房子必须每个房间都安装空调。闻女士告诉她说："安装空调不是问题，如果每月租金增加 200 元，安装空调的费用可直接从租金里扣除。如果还是原来的租金，那安装空调的费用只好由你自己承担了。"余女士了解周边租房行情，加上她已经住过一年，对这里的环境也比较熟悉了，最终，在闻女士的坚持下双方签订了续租合同。

由于有了以往不愉快的经历，以及对余女士的了解，闻女士在本次续租谈判中成功地采取了慎重式开局策略，既维护了余女士的面子，又提出了增加房租的条件，委婉地拒绝了对方的要求。最终，在双方都能接受的条件下谈判成功。

（4）进攻式开局策略。进攻式开局策略是指通过语言或行为来表达己方强硬的姿态，从而获得谈判对手必要的尊重，并借以制造心理优势，使谈判顺利进行下去。

进攻式开局策略只有在特殊情况下才能使用。例如，发现谈判对手居高临下，以某种气势压人，有某种不尊重己方的倾向，如果任其发展下去，对己方是不利的，因此要变被动为主动，不能被对方气势压倒，采取以攻为守的策略，捍卫己方的尊严和正当权益，使双方站在平等的地位上进行谈判。要想运用好进攻式开局策略，必须注意有理、有利、有节，不能使谈判一开始就陷入僵局。要切中问题要害，对事不对人，既表现出己方的自尊、自信和认真的态度，又不能过于咄咄逼人，使谈判气氛过于紧张，一旦问题表达清楚，对方也有所改观，就应及时调节一下气氛，使双方重新建立起一种友好、轻松的谈判气氛。

【案例】

如何变被动为主动

日本一家著名的汽车公司在美国刚刚"登陆"时，急需找一家美国的代理商来为其销售产品，以弥补它们不了解美国市场的缺陷。经过沟通，双方约定好，由日方汽车公司派代表赴美国，与美方代理商进行谈判。

当日方汽车公司准备与美国的一家公司就此问题进行谈判时，日方汽车公司的谈判代表因为路上堵车而迟到了。美方代理商的代表紧紧抓住这件事不放，想以此为手段获取更多的优惠条件。日方汽车公司的代表发现无路可退，于是站起来说："我们十分抱歉耽误了您的时间，但是这绝非我们的本意，我们对美国的交通状况了解不足，所以导致了这个不愉快的结果。我希望双方不要再为这个无所谓的问题耽误宝贵的时间了，如果因为这件事怀疑到我们合作的诚意，那么，我们只好结束这次谈判。我相信，以我们所提出的优惠条件，在美国是不会找不到合作伙伴的。"

日方汽车公司代表的一席话说得美方代理商哑口无言，美方代理商也不想失去这次赚钱的机会，于是谈判顺利地进行下去。

在这个案例中，日方谈判代表采取进攻式开局策略，阻止了美方谈判代表谋求营造低调气氛的企图。进攻式开局策略可以扭转不利于己方的低调气氛，使之走向自然气氛或高调气氛。但是，进攻式开局策略也可能使谈判一开始就陷入僵局。

（5）挑剔式开局策略。挑剔式开局策略是指在谈判开局时，对对手的某项错误或礼仪失误严加指责，使其感到内疚，从而达到营造低调气氛，迫使对方做出让步的目的。挑剔式开局策略与进攻式开局策略是两种针锋相对的策略，如同进攻与防守一样。当一方用挑剔式开局策略开局，并不依不饶时，另一方可以采取进攻式开局策略，阻止对方继续进攻。挑剔式开局策略的运用同样必须谨慎，应采取对事不对人的原则。在指出对方错误时，既要让其感到压力，又不能使压力过头，以免激起对方的反攻，甚至使双方在开局阶段就陷入僵局。

📝【案例】

迟到的代价

巴西一家公司到美国去采购成套设备，但巴西谈判代表因为上街购物耽误了时间。当他们到达谈判地点时，比约定时间晚了 4 分钟。美方谈判代表对此极为不满，花了很长时间来指责巴西代表不遵守时间，没有信誉。表示如果再这样下去的话，以后将很难合作。

巴西代表由于感到理亏，只好不停地向美方谈判代表道歉。谈判开始后，美方谈判代表似乎还对巴西谈判代表来迟一事耿耿于怀，一时间令巴西谈判代表手足无措，谈判处处被动。巴西谈判代表因为无心与美方谈判代表讨价还价，对美方谈判代表的许多无理要求也没有静下心来认真考虑，匆匆忙忙就签订了合同。

等到合同签订以后，巴西谈判代表才发现自己吃了大亏，但为时已晚。

在这个案例中，美国谈判代表抓住巴西谈判代表迟到一事，成功地使用挑剔式开局策略，迫使巴西谈判代表自觉理亏，而理亏的代价就是在利益上让步。结果在美方谈判代表的紧逼之下，巴西谈判代表来不及认真思考，就连连让步，并匆忙签下了对美方有利的合同，为自己不守时的行为付出了巨大的代价。

2.2.3 开场陈述

📝【案例】

对方："我们先谈谈会谈的程序吧，××先生，您是否同意我的想法？"

己方："太好了，我们得把会谈的程序定下来。哦，是否也把今天的议题同程序一起考虑？确定了议题后再确定程序，会使程序更实在一些，您认为如何？"

己方巧妙地利用了会谈议题和会谈程序的关系，表面上没有否定对方的观点，但实际上陈述了自己的观点。

对方："下面我们交换一下彼此的情况，您看怎么样？"

己方："行，沟通一下彼此的情况有好处，不过今天的时间不多了，我们就用 1 小时谈，怎么样？"

己方没有明确表示要补充和完善对方的意见，但是通过时间条件的限制，表达了己方有意控制谈判时间的意图。

正如上述案例所述，在开场陈述时，绝不能明确表示否定和修改对方的意见；可通过一定的客观途径来陈述自己的意见，并且都带有征求对方新看法的要求。

所谓开场陈述，是指在开始阶段，双方就当次谈判的内容陈述各自的观点、立场及其建议。

开场陈述可以采取口头陈述或书面陈述的方式，但是无论哪种方式，都应该遵循一定的原则，说清楚一些问题。

开场陈述的任务是让双方把当次谈判所要涉及的内容全部提出来；同时，使双方彼此了解对方对当次谈判内容所持有的立场与观点，并在此基础上，就一些分歧分别发表建设性意见或提议。

1．开场陈述的内容

开场陈述的内容主要包括谈判双方在开始阶段理应表明的观点、立场、计划和建议。具体来说，它往往包括以下几个方面。

（1）表明己方的立场、原则。己方表明希望通过谈判获得的利益，以及其中哪些利益是至关重要的；己方可以采取何种方式为双方共同获得利益做出贡献；今后双方合作中可能会出现的成效或障碍；己方希望当次谈判应遵循的方针；等等。

（2）表达己方对问题的理解。己方认为当次会谈应涉及的主要问题，以及对这些问题的看法或建议等要表达出来。

（3）对对方建议的反应。如果对方开始陈述或者对方对己方的陈述提出了某些建议，那么，己方就必须对其建议或陈述做出应有的反应，借此了解对方意图。例如，考察对方是否真诚、是否值得信赖、能否遵守诺言；探测对方的合作诚意，初步了解对方的真实需要是什么；设法了解和分析对方在谈判中必然坚持的原则，以及在哪些方面可以做出让步。

总之，在开场陈述中，必须把双方所持有的对当次谈判所涉及的内容、观点、立场和建议向对方作一个基本的陈述。因此，谈判者所采用的陈述方法往往应是"横向铺开"，而不应是"纵向深入"地就某个问题深谈下去。

2．开场陈述的原则

在开场陈述中要给对方充分弄清己方意图的机会，然后听取对方的全面陈述并弄清对方的意图。为此，开场陈述中可遵循的原则如下。

（1）开场陈述要双方分别进行，并且在此阶段各方只阐述自己的立场、观点而不必阐述双方的共同利益。

（2）双方的注意力应放在自己的利益上，不要试图猜测对方的立场。

（3）开场陈述是原则性的而不是具体的。一般来说，开始阶段的谈判任务是向着横向发展而不是纵向发展，也就是说，只洽谈当次谈判中的原则性问题和陈述己方的基本立场、观点和建议，而不是就某一个具体问题作深入谈判。

（4）开场陈述应简明扼要，通俗易懂。这样既可避免对方误会，又可使双方有机会立即交谈下去，还可避免被冗长烦琐的发言搅昏头脑而影响谈判气氛。

（5）对方陈述时不要插话，待其陈述完毕后，再进行提问，只有等到问清对方的意图后，才陈述己方的建议和立场。

3．开场陈述的方式

开场陈述的方式一般有 3 种：第一种是由一方提出详细书面方案，双方据此发表意见；第二种是会晤时双方口头陈述；第三种是面对面提供书面陈述要点后口头陈述。在开场陈述时，到底采用哪一种方式，不能一概而论，应根据具体的谈判环境而定。

（1）书面陈述。

① 一般来讲，开始阶段的书面陈述应叙述方案提议方对当次谈判内容所持有的观点、立

场等问题。这样一来，不免使对方事先了解了方案提议方的意图，从而有助于对方更好地制定谈判对策。

② 一般来讲，书面文字大多使用较为正式的表达方式，从而有可能使建议缺乏灵活性和影响轻松气氛的建立。

③ 在谈判中，对有些交易条件的妥协或让步往往出于感情上的原因。因此，对于实力较弱的一方，越是使用书面文字，就越有可能难以充分利用"感情"因素去影响对方，从而就越有可能处于不利地位。那么，在此种场合下，若还是以书面文字来进行开场陈述，就显得多余。

优点：双方在面对面地谈判时，陈述目的明确、重点突出、不浪费时间，能较清晰地叙述复杂问题，对方在谈判前已了解己方陈述内容，已经预先知晓复杂的条款，已仔细考虑过己方的提案，双方容易尽快达成一致。

缺点：对方已事先了解己方意图，己方在谈判时缺乏灵活性，有约束感，对此可制定相应的谈判策略。

（2）口头陈述。会晤前双方不提交任何书面方案，仅仅在开场陈述时，由双方口头陈述各自的立场、观点和意见。这种陈述方式在谈判中也比较多见。采取该方式也并存着优缺点。

优点：

① 具有很大的灵活性。谈判者可根据对方在开始阶段所表现出来的立场、诚意及谈判中所出现的具体情况，去灵活变更自己的立场和策略，从而使谈判气氛有可能更加活跃。

② 更能发挥人的主观能动作用。因为采用此种方式的谈判双方，均有很多问题是事先无法估计的，大多需要临场发挥，因此，与上述第一种方式相比，谈判者本身的素质就显得更加重要，若是素质高，且临场发挥也好的话，就有可能处于主动地位；否则，就可能处于被动地位。

③ 可以更好地利用"感情"因素。一般来讲，采取口头方式陈述观点、立场比用书面方式陈述更能充分地利用感情因素。因为谈判一方可充分利用谈话的内容、语气、声调等方式及其对时机的把握等去建立某种人际关系，从而使对方不好意思提出异议。

缺点：

① 陈述时很容易失去问题的中心，且要叙述清楚一些复杂的问题往往不太容易。

② 很容易产生误解，如果不能很好地控制个人情绪的话，往往容易冲动，从而有可能使谈判陷入僵局。

③ 在开场陈述之前，要使对方看出己方的基本观点和立场，又不能使己方的全盘意图暴露在对方的面前，同时还需给予己方谈判者灵活机动的自主权。

（3）面对面提供书面陈述要点后口头陈述。在商务谈判之前，谈判双方没有任何书面文件往来，没给对方提供任何书面陈述。

优点：双方面对面地进行谈判时，己方在陈述前准备一份书面陈述要点给对方，使双方可围绕中心问题研讨，不跑题。

缺点：对方不了解己方意图，浪费双方的时间。

4．开场陈述的技巧

所谓开场陈述的技巧，是指在陈述中应根据不同的情况灵活机动地采取相应的措施。主要包括以下措施。

（1）当开场陈述是由对方提出一份书面方案时，需注意以下方面。

① 对每个问题都要认真查问，并引导对方尽量详细地说明方案中的内容及其细节，切忌不懂装懂地含糊过去。

② 务必把问题的每个要点搞清楚，即使需要再三询问也在所不惜，并且切忌过早地表示同意或反对对方的陈述。

③ 注意倾听，牢记对方陈述的要点。原则上讲，在对方陈述时不要构思己方的对策，也不要打断对方的话题，应创造条件使对方尽可能详尽地将其所有的立场、观点和想法毫无保留地陈述出来。

④ 在听清和了解对方意图后，要及时明确地表示己方的看法，并找出彼此之间需求的差距。这里要注意的是，己方的开场陈述是独立进行的，不要受对方书面方案或口头陈述所影响。

⑤ 要以谦虚诚恳的态度说话，切忌使用傲慢、无理及挑战性的语气说话；要坚持有理、有利、有节的原则，使开始阶段的谈判能在良好的气氛中进行。

⑥ 当遇到对方有某些概念性错误或故意制造一些不良气氛的情况时，应委婉地加以指出，并说明这样做对双方均无益，切忌不闻不问、过于迁就或激烈指责。同时当对方被己方说服之后，要注意顾全对方的面子。

⑦ 要有全局观念、不要固执于一点。整个谈判是一盘棋，要灵活运用"弃车保帅"的策略，以求全盘的优胜。

（2）当开场陈述是由己方提出一份书面方案时，需注意以下方面。

① 书面方案以己方在开始阶段必须陈述的内容为限，切忌毫无保留地暴露己方所有的立场、观点和意向。

② 在回答对方的提问前，尽量利用反问的方式，引导对方对己方所提出的反问发表意见，并且越多越好，然后综合对方的看法去回答对方的提问。

③ 在回答对方的提问时，首先应该弄清对方提问的目的，然后根据己方的策略慎重回答。回答问题时应明白：在商谈中有些问题是不必回答的，有些问题只回答一半即可，在没有弄清对方的提问之前，针对问题的实质作正面回答，往往是愚蠢的。

（3）当双方均未提出书面方案，仅采取口头陈述时，需注意以下方面。

① 陈述时，明确和牢记本阶段陈述的目的、任务和内容，按事先确定的陈述方法和策略，使本阶段的陈述一直围绕着本阶段的任务和问题的中心进行，切忌顾此失彼，弃重就轻。

② 尽量引导对方发表意见，并给予足够的时间让对方陈述其观点、立场后，在弄清对方意图的基础上，有的放矢地发表己方的陈述。

③ 掌握好本阶段的进度，要使谈判内容横向铺开，而不对具体问题作纵向深入地阐述。

5．开场陈述的注意事项

（1）开场陈述不是具体的而是原则性的，应简明扼要、准确易懂。

（2）谈判双方开场陈述的时间要尽量均衡。

（3）陈述过程所使用的语言要措辞得体且丰富、灵活。

（4）要善用语音、语调、语速、停顿等技巧创造良好的沟通效果。

（5）涉及价格、交货期、附加费用等时要避免使用上下限数字。

（6）由于某些原因导致的陈述错误要及时纠正。

【案例】

开场白

A公司是一家实力雄厚的房地产开发公司，在投资的过程中看中了B公司所拥有的一块极具升值潜力的地皮。而B公司正想通过出卖这块地皮获得资金。于是双方就土地转让问题展开谈判。

A公司代表："我公司的情况你们可能也有所了解，我公司是××公司、××公司合资创办的，经济实力雄厚，近年来在房地产开发领域业绩显著。在你们市去年开发的××花园收益很不错，听说你们的周总也是我们的买主。你们市的几家公司正在谋求与我们合作，想把他们手里的地皮转让给我们，但我们没有轻易表态。你们这块地皮对我们很有吸引力。前几天，我们公司的业务人员对该地区的住户进行了广泛的调查，基本上没什么大的问题。时间就是金钱。我们希望尽快就这个问题达成协议。不知你们的想法如何？"

B公司代表："很高兴能与你们公司有合作的机会。我们之间以前虽没打过交道，但对你们的情况还是有所了解的。我们遍布全国的办事处也有多家住的是你们建的房子，这可能也是一种缘分吧。我们确实有出卖这块地皮的意愿，但我们并不急于出手，因为除了你们公司外，还有××、××等一些公司也对这块地皮表示出了浓厚的兴趣，正积极地与我们接洽。当然了，如果你们的条件比较合理，我们还是愿意优先和你们合作的。我们可以帮助你们简化有关手续，使你们的工程能早日开工。"

2.2.4 气氛营造

尽管开局并不涉及实质性问题，但却很重要，因为它是谈判气氛形成的关键阶段，而谈判气氛的好坏直接影响着谈判进程和结果。为此，建立良好的谈判气氛在谈判中有着重要的作用。谈判人员的主观因素对谈判氛围的影响是直接的，在谈判初始阶段的首要任务就是发挥谈判人员的主观能动性，营造良好的谈判气氛。谈判气氛一般可通过相互介绍、寒暄时双方的面部表情、姿态、动作，说话的语气、态度等表现出来。谈判气氛的营造既能显示出双方谈判者对谈判的期望，也能显示出谈判的策略特点，因此也是双方互相摸底的重要阶段。

商务谈判开局气氛可分为3种情形，即高调气氛、低调气氛和自然气氛。其具体表现及营造方法如表2-5所示。

表2-5 商务谈判气氛类型

谈判气氛	主要表现	气氛营造条件	气氛营造方法
高调气氛	热烈、积极、友好	己方占有较大优势；双方企业有过业务往来，关系很好；双方谈判人员个人之间的关系友好；己方希望尽早与对方达成协议	情感攻击法、称赞法、幽默法、问题挑逗法
低调气氛	冷淡、对立、紧张；松弛、缓慢、持久	己方有讨价还价的筹码，但并不占绝对优势；双方企业有过业务往来，但本企业对对方企业的印象不佳	情感攻击法、沉默法、疲劳战术、指责法
自然气氛	平静、朴实、严谨	谈判双方势均力敌或实力相差不多；双方企业有过业务往来，但关系一般；双方企业在过去没有业务往来，是第一次业务接触	一般不需要刻意营造

1. 高调气氛

高调气氛是指谈判气氛比较热烈，谈判双方情绪积极、态度主动，愉快因素构成谈判情势主导因素的谈判开局气氛。高调气氛易于促进协议的达成。

（1）高调气氛的主要表现：热烈、积极、友好。谈判各方都采取积极主动的态度，抱有合作的诚意，心情愉快，语气充满热情；彼此都能理解对方的需要，对达成协议充满信心。

这种谈判气氛最有利于促成商务谈判，也是多数谈判人员努力营造的氛围。

（2）营造高调气氛的条件。

① 己方占有较大优势。

② 双方企业有过业务往来，关系很好。

③ 双方谈判人员个人之间的关系友好。

④ 己方希望尽早与对方达成协议。

（3）营造高调气氛的方法。

① 情感攻击法。通过某一特殊事件来引发普遍存在于人们心中的情感因素，使这种情感迸发出来，从而达到营造热烈、积极的谈判气氛的目的。

在正式的商务谈判前，以开诚布公、友好的姿态出现，行动、说话轻松自如；利用寒暄、私人问候、回忆以往愉快的合作经历等拉近彼此的情感，为制造轻松愉快的氛围打下基础。

② 称赞法。通过称赞对方来削弱对方的心理防线，从而激发出对方的谈判热情，调动对方的情绪，营造高调的气氛。

任何人都不会拒绝赞美，恰如其分的赞美可以提高对方谈判人员的积极情绪。

采用称赞法时应注意以下几点。

第一，选择恰当的称赞目标。选择称赞目标的基本原则是择其所好，即选择那些对方最引以为傲的，并希望己方注意的目标。

第二，选择恰当的称赞时机。如果时机选择得不好，称赞法往往适得其反。

第三，选择恰当的称赞方式。称赞方式一定要自然，不要让对方认为是在刻意奉承他，否则会引起对方的反感。

【案例】

金星啤酒要进入中山市场，首选中山市几家大餐饮企业作为进入的突破口。如何让这几家餐饮企业推荐金星啤酒或者将金星啤酒作为饭店的主要酒水，还真的需要下功夫做好老板的工作。这个任务落到了金星啤酒销售副经理小赵的身上。

小赵："哟，这么多空酒瓶！老板，一看中午客人喝空了这么多瓶酒，就知道您的生意做得红红火火。现在啤酒销量不错吧？"小赵说话语音洪量、真诚，让人听起来很受用。

马老板："马马虎虎，请问有什么事？"

小赵："噢，我是金星啤酒集团的小赵，早就听说您是中山餐饮业起步最早、做得最好的老板，今天来拜访您，跟您学学生意经，交个朋友。"

马老板："没有什么经验，只是踏踏实实地做生意罢了。"

小赵："这才是最宝贵的经验，也是做生意最基本的原则。正是因为您的实在、讲信誉，您的顾客才信任您，愿意和您打交道，您的生意才越做越大。"

马老板："还是你们文化人会总结。"

小赵："文化高不能决定事业的成功，关键是做事和做人，听说您就是凭着一个'义'字把生意做大的。"马老板一听很高兴，立即把小赵让到办公室里商谈，果然没有费多大的劲，小赵就和马老板签订了每年销售10万元啤酒的大订单。

在这个案例中，小赵运用借助赞美接近终端客户的技巧，拉近了与客户的关系和距离，加深了双方的沟通欲望，最终达成了双方满意的协议。

③ 幽默法。用幽默的方式来消除谈判对手的戒备心理，使其积极参与到谈判中来，从而营造高调的谈判气氛。

采用幽默法时应注意以下几点。

第一，选择恰当的时机，注意场合。

第二，采取适当的方式。要注意避人忌讳，玩笑应该有利于身心健康，增进友情，避免低级庸俗。

第三，要收发有度。要注意分清对象，因人而异。对性格开朗、喜欢说笑的人无须顾忌太多；但对内向、少言寡语的人要注意尺度。

④ 问题挑逗法。提出一些尖锐问题诱使对方与自己争论，通过争论使对方逐渐进入谈判角色。这种方法通常在对方谈判热情不高时采用，有些类似于"激将法"。但是，这种方法很难把握好火候，在使用时应慎重一些，要选择好退路。

2．低调气氛

低调气氛是指谈判气氛十分严肃、低落，谈判一方情绪消极、态度冷淡，不快因素构成谈判情势主导因素的谈判开局气氛。低调气氛会给谈判双方造成较大的心理压力，在这种情况下，心理承受能力弱的一方往往会妥协让步。

（1）低调气氛主要有两种表现。

① 冷淡、对立、紧张。谈判双方代表见面不关心、不热情，目光不相遇，相见不抬头，相近不握手；开口说话不投机，语带双关，甚至讥讽，企图压倒对方。这种气氛常见于索赔谈判。

② 松弛、缓慢、持久。谈判双方明显对谈判感到厌倦，进入谈判场地姗姗来迟，精神不振；相见时握手如例行公事、马虎了事；入座后左顾右盼，表情麻木，显出一种可谈可不谈的无所谓态度。这种谈判气氛常见于目的性不强或双方都预感达成共识需要很长时间的商务谈判。

（2）营造低调气氛的条件。

① 己方有讨价还价的筹码，但并不占绝对优势。谈判人员应做好充分的心理准备并要有较强的心理承受能力，始终显示一种内在的信心，展示一种顽强作战、不屈不挠的斗争精神，也可以向对方表示一定的合作姿态，同时要善于运用己方的筹码迫使对方让步。

② 双方企业有过业务往来，但本企业对对方企业的印象不佳。己方谈判人员在开局时，语言上在注意礼貌的同时，应保持严谨，甚至可以带一点冷峻；内容上可以对过去双方业务关系表示不满和遗憾，以及希望通过本次交易磋商来改变这种状况；姿态上应该充满正气，注意与对方保持一定的距离。

（3）营造低调气氛的方法。

① 情感攻击法。这里的情感攻击法与营造高调气氛的情感攻击法性质相同，即都是以情

感诱发作为营造气氛的手段，但两者的作用方向相反。在营造高调气氛的情感攻击中，是激起对方产生积极的情感，使得谈判开局充满热烈的气氛。而在营造低调气氛时，是要诱发对方产生消极情感，致使一种低沉、严肃的气氛笼罩在谈判开始阶段。

② 沉默法。沉默法是以沉默的方式来使谈判气氛"降温"，从而达到向对方施加心理压力的目的。采用沉默法时要注意以下两点。

第一，要有恰当的沉默理由。通常，人们采用的理由有假装对某项技术问题不理解，假装不理解对方对某个问题的陈述等。

第二，要沉默有度，适时进行反击，迫使对方让步。

③ 疲劳战术。疲劳战术是指使对方对某一个问题或某几个问题反复进行陈述，从生理和心理上使对手疲劳，降低对手的热情和谈判情绪。采用疲劳战术应注意以下两点。

第一，多准备一些问题，而且问题要合理。每个问题都能起到使对手疲劳的作用。

第二，避免激起对方的对立情绪而致使谈判破裂。

④ 指责法。指责法是指对对手的某项错误或礼仪失误严加指责，使其感到内疚，从而达到营造低调开局气氛的目的。

3. 自然气氛

自然气氛是指谈判双方情绪平稳，谈判气氛既不热烈也不消沉。自然气氛便于对谈判对手进行摸底。

（1）自然气氛的主要表现：平静、朴实、严谨。谈判既不热烈也不消沉，谈判人员情绪都比较平静、自然，各方主体都未刻意去营造。这种气氛多出现于对对方知之甚少，缺乏沟通与准备，且双方势均力敌的谈判。

（2）营造自然气氛的条件。

① 谈判双方势均力敌或实力相差不多。

② 双方企业有过业务往来，但关系一般。

③ 双方企业在过去没有业务往来，是第一次业务接触。

（3）营造自然气氛的方法。在实际谈判中，很多谈判是在这种气氛下开始的，一般不需要刻意去营造。但如果需要营造自然气氛，谈判者要注意自己的行为、礼仪，多听、多记、多观察，不要过早与谈判对手发生争议。要提前准备，询问自然，回答自然，需要回避时应采取适当的方式。

此外，营造自然的谈判气氛应注意以下事项。

① 注意自己的行为、礼仪。

② 不要与谈判对手就某一问题过早地发生争论。

③ 运用中性话题开场，缓和谈判气氛。

④ 尽可能正面回答对方的提问，如果不能回答，要采用恰当方式进行回避。

谈判气氛并不是一成不变的。在谈判中，谈判人员可根据需要来营造有利于自己的谈判气氛。

知识归纳

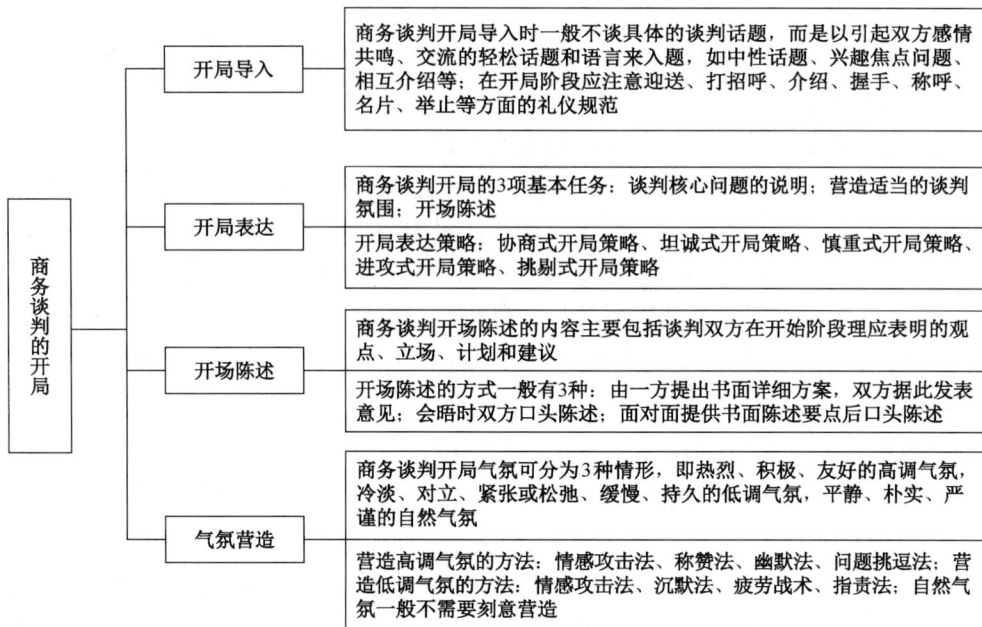

```
                    ┌─ 开局导入 ─── 商务谈判开局导入时一般不谈具体的谈判话题，而是以引起双方感情
                    │              共鸣、交流的轻松话题和语言来入题，如中性话题、兴趣焦点问题、
                    │              相互介绍等；在开局阶段应注意迎送、打招呼、介绍、握手、称呼、
                    │              名片、举止等方面的礼仪规范
                    │
                    │           ┌─ 商务谈判开局的3项基本任务：谈判核心问题的说明；营造适当的谈判
商                  │           │  氛围；开场陈述
务       ┌─ 开局表达 ┤
谈       │           └─ 开局表达策略：协商式开局策略、坦诚式开局策略、慎重式开局策略、
判 ──────┤              进攻式开局策略、挑剔式开局策略
的       │
开       │           ┌─ 商务谈判开场陈述的内容主要包括谈判双方在开始阶段理应表明的观
局       ├─ 开场陈述 ┤  点、立场、计划和建议
                    │           └─ 开场陈述的方式一般有3种：由一方提出书面详细方案，双方据此发表
                    │              意见；会晤时双方口头陈述；面对面提供书面陈述要点后口头陈述
                    │
                    │           ┌─ 商务谈判开局气氛可分为3种情形，即热烈、积极、友好的高调气氛，
                    │           │  冷淡、对立、紧张或松弛、缓慢、持久的低调气氛，平静、朴实、严
                    └─ 气氛营造 ┤  谨的自然气氛
                                └─ 营造高调气氛的方法：情感攻击法、称赞法、幽默法、问题挑逗法；营
                                   造低调气氛的方法：情感攻击法、沉默法、疲劳战术、指责法；自然气
                                   氛一般不需要刻意营造
```

思考与练习

一、单选题

1. 商务谈判开局的目标是（   ）。

　　A．确定报价　　　　　　　　　　　B．为谈判创造合适的气氛

　　C．给对方挖个"陷阱"　　　　　　　D．确定谈判的座次

2. 以下适用于谈判对手有某种不尊重己方的倾向，以某种气势压人的情况的是（   ）。

　　A．进攻式开局　　B．坦诚式开局　　C．保留式开局　　D．挑剔式开局

3. 协商式开局策略适用于（   ）。

　　A．高调气氛或低调气氛　　　　　　B．高调气氛或自然气氛

　　C．低调气氛或自然气氛　　　　　　D．高调气氛、低调气氛或自然气氛

4. 在商务谈判活动中握手的时间以（   ）秒为宜。

　　A．10　　　　　　B．20　　　　　　C．3～5　　　　　D．10～15

5. 送名片的方式是用（   ）。

　　A．双手或者右手　　B．双手　　　　C．右手　　　　　D．左手

二、多选题

1. 商务谈判的开局（   ）。

　　A．是实质性谈判的序幕　　　　　　B．是讨论实质性谈判的内容

　　C．奠定整个谈判的基调　　　　　　D．目标服务于终极谈判目标

2．正式介绍的国际惯例一般是（　　　）。

    A．先将年轻的介绍给年长的

    B．先将职务、身份较低的介绍给职务、身份较高的

    C．先将男性介绍给女性

    D．先将已婚的介绍给未婚的

3．低调气氛的表现主要有（　　　）。

    A．热烈、积极、友好的谈判气氛　　　B．冷淡、对立、紧张的谈判气氛

    C．松弛、缓慢、持久的谈判气氛　　　D．平静、朴实、严谨的谈判气氛

4．营造高调气氛的条件是（　　　）。

    A．己方占有较大优势

    B．己方有讨价还价的筹码，但并不占绝对优势

    C．双方企业有过业务往来，但关系一般

    D．双方企业在过去没有业务往来，是第一次业务接触

三、思考题

1．你认为什么是理想的谈判开局气氛？

2．商务谈判开局阶段都有哪些基本任务？

3．如何营造良好的谈判气氛？

4．开局的方式有哪些？各种方式都有哪些特点？

5．开场陈述的内容是什么？如何做好开场陈述？

6．开局时都需要掌握哪些礼仪？

7．迎送来宾应讲究的礼仪有哪些？

技能实训

任务训练一　商务谈判开局

实训目的

了解商务谈判开局的要点，运用商务谈判开局技巧和策略营造良好的谈判气氛。

实训组织

各小组根据己方商务谈判方案所设定的情境设计开局方案，并模拟演示。

实训成果

各小组按要求撰写商务谈判开局方案，并模拟演示。

实训效果评价

评价标准如表 2-6 所示。

表 2-6　开局效果评价表

评价指标	权重（分）	评价结果	备注
谈判气氛的设定与谈判项目相符	10		
开局策略选择得当，达到预期目标	20		
对开场陈述的理解准确	20		
开场陈述内容及方式恰当、合理	20		
开场礼仪得体、符合规范要求	10		
团队合作、积极参与、态度认真	20		
得分合计	100		

注意：教师可根据各组的开局方案及模拟演示时的表现进行现场点评。

任务训练二　迎送礼仪训练

实训目的

训练学生熟悉掌握如何遵循正确的礼仪礼节，迎送来宾。

实训组织

（1）假设您是东风汽车总公司总经理办公室主任，请制订接待客人的日程安排计划。

（2）小组成员现场模拟演示迎送情景。

实训成果

（1）接待客人的日程安排计划书。

（2）迎送现场模拟演示。

实训效果评价

评价标准如表 2-7 所示。

表 2-7　迎送礼仪评价表

评价内容	评价指标	权重（分）	学生评价（40%）	教师评价（60%）	备注
接待客人的日程安排计划书	接待活动各项工作及日程安排有序、恰当	30			
	接待人员安排符合礼节	10			
	计划书内容合理、结构完整	20			
迎送现场模拟演示	迎送过程礼仪得体、适当	20			
	组员参与度、协作配合度	20			
得分合计		100			
综合得分 总分=0.4×∑生+0.6×∑师 （满分100分）					

背景资料

韩国某汽车集团公司的金总经理（男，56岁，博士，高级工程师）、业务部韩部长（男，40岁）、职员陈先生（男，26岁）、翻译金女士（女，23岁）一行4人直接到东风汽车总公司洽谈合作事宜。

现需由东风汽车总公司总经理办公室主任制订接待客人的日程安排计划。

（1）参与接待的部门有其分工，如办公室负责接送、住宿、宴请、会场布置等相应工作，宣传部负责照相（摄像）和相关宣传报道工作，小车队安排车辆等相关工作。

（2）在日程活动安排中应详细写明时间、地点、活动安排、负责人及其事项。

（3）出席洽谈人员的组成。

（4）洽谈事项及其资料的准备。

任务训练三　商务谈判礼仪训练

实训目的

（1）理论联系实际，训练学生对商务谈判礼仪的正确认识，能正确理解和运用各类商务礼仪知识。

（2）锻炼学生对商务谈判礼仪知识的运用，使学生学会各种商务谈判活动的规范化礼仪。

实训组织

以下两种形式，任选其一。

（1）教师首先播放有关谈判的视频资料，然后学生分组讨论总结，找出所设场景中各谈判代表的礼仪表现是否规范。

（2）教师设定商务谈判情景，各小组现场模拟演练。

实训成果

（1）观看视频资料，各小组课堂讨论分析得出的结果。【实训组织（1）】

（2）现场情景模拟演示。【实训组织（2）】

实训效果评价

教师根据学生参与的态度、情景分析结果的全面性和准确性，以及情景模拟演示效果进行现场点评。

任务 2.3 商务谈判的磋商

学习目的 ◀

1. 了解影响报价的主要因素
2. 掌握报价的方法与技巧
3. 掌握讨价、还价、让步的策略与技巧
4. 掌握处理僵局的策略与技巧
5. 能灵活运用各种策略和技巧与对手进行磋商

任务描述 ◀

在商务谈判开局的基础上，谈判进入报价、讨价还价的实质性磋商阶段。本学习任务的内容是，在磋商阶段，谈判各方能够根据前期所获得的信息，运用各种报价、讨价还价的方法与技巧，在谈判交锋中利用各种策略破解谈判中出现的僵局，并适时、巧妙地进行有效的让步，试图达成对各项交易条件的一致意见。

任务实施范例 ◀

2.3.1 商务谈判的报价及策略运用

1. 报价的含义

报价即报出价格，又称提出条件，是指商务谈判磋商阶段开始时，谈判一方向另一方提出的基本交易条件。它有两重含义：从广义上讲，报价是指双方对所交易的标的物的价格提出的观点，其内容包括价格在内的关于整个交易的各项条件，如商品的数量、质量、包装、支付、保证条件等；从狭义上讲，报价是指双方对所交易的标的物的价格提出观点。在谈判中，价格问题是双方磋商的关键。

在国际贸易的函电谈判中，报价又称发盘或发价。发盘有两种形式，即发实盘和发虚盘。

（1）实盘。实盘是发盘人所作的承诺性表示，对发盘人具有约束力。在实盘所规定的有效期限内，除非发盘人先声明撤回或修正，否则，应负有效承诺责任。实盘一经受盘人在有效期内全盘接受，不需要再经发盘人的确认，就可以达成交易，构成双方具有约束力的合同。实盘必须具备以下 3 项条件。

① 内容清楚确切，没有含糊和模棱两可的词句。

② 买卖商品的主要交易条件是完整的，包括商品的名称、品质、规格、包装、数量、交货期、价格、支付方式等主要交易条件。

③ 发盘人没有任何其他保留条件，只要受盘人在有效期限内表示完全同意，即视为交易达成。

（2）虚盘。虚盘是发盘人所作的非承诺性表示，对发盘人不具有约束力。凡是不具备实盘的 3 项基本条件的发盘，都是虚盘。

① 发盘内容不明确，即发盘内容含混不清，没有肯定的订约表示，如"可能接受的价格""数量视我方供货的可能性"等。

② 主要交易条件不完备，即发盘中虽然没有含糊或模棱两可的词句，但未列出必须具备的主要交易条件，如数量、价格、交货期等内容。这种发盘，即使受盘人表示接受，也不能达成交易，仍需双方继续商定其他主要交易条件。

③ 有保留条件，即发盘的内容明确、完整，但发盘人列明有保留条件，如"以我方最后确认为准"等。这种发盘对发盘人没有约束力，在受盘人表示接受后，仍需发盘人表示确认后才算有效，否则合同不能成立。

2．报价的方式

商务谈判报价的方式主要有口头报价、书面报价和口头报价加书面报价补充 3 种。

（1）口头报价。口头报价是指在商务谈判报价中，谈判人员以口头语言向对方表达报价信息的一种方式。优点：具有较大的灵活性，谈判人员可根据谈判的进程进行调整，同时可充分利用个人的沟通技巧，以及通过察言观色、见机行事促成协议。缺点：对谈判人员素质要求较高，如果缺乏沟通技巧和经验则容易失去头绪；当失误时易被对方利用，甚至影响谈判进程。此外，对于一些复杂的数据、图表等，难以口头阐述清楚。

（2）书面报价。书面报价是指在商务谈判报价中，谈判人员以书面语言向对方表达报价信息的一种方式。商场里商品的价格牌实质上就是书面报价的一种典型方式。优点：可通过白纸黑字清晰地表明自己的报价意愿，可通过书面语言提供详尽的数据、图表、文字材料等对报价进行说明并支持书面报价；也使谈判对手具有充足的时间针对报价做出思考与准备，使谈判进程更加紧凑。缺点：报价不容易更改，限制了报价的灵活性。书面报价方式适于在己方谈判实力强或没有更好的报价方式可选择时使用，如在项目招投标报价时，要求必须在标书中提供书面报价。

（3）口头报价加书面报价补充。口头报价加书面报价补充是指在商务谈判报价中，谈判人员采用以口头向对方传达报价信息为主，以书面向对方传达报价信息为补充的报价方式。这是谈判人员在商务谈判中使用较多的一种方式。优点：集合了口头报价和书面报价的优点，既有一定的灵活性，能根据对方的需求及谈判态势进行一定的调整，又可通过书面报价的补充，将己方需要强调的部分内容用详尽的数据、图表进行报价与说明,用白纸黑字清晰地表明报价意愿。

3．报价的依据与原则

（1）报价的依据。不同商品的报价,为什么有高有低呢?同一种商品为什么此时报价高而彼时报价低呢?针对同一种商品同时与几个对手谈判,为什么对有些对手报价较高,而对另一些对手报价较低呢?为理解这些问题,首先要明确报价的依据是什么,即哪些因素决定着报价的高低及其高低程度。一般来说,商务谈判的报价受以下因素的影响。

① 商品价值。价格是价值的货币表现形式。因此,谈判中的报价虽然不是价值的确定,但也不能完全抛开价值因素而盲目报价。例如,在其他条件相同的情况下,电视机的报价比收音机的报价要高。在其他项目的谈判（如建筑承包项目谈判）中也要考虑不同项目所耗劳动的差别,确定不同的开盘价格。离开了价值,价格便失去了基础,因此,价值是报价的基本依据,在国内谈判或国际谈判中都是如此。考虑商品的价值,首先就是计算商品的成本。对卖方来说,不仅要考虑自己的生产成本（因为成本是成交价格的底限）,还要考虑同行业中其他生产者的生产成本。买方若不清楚卖方的生产成本,在报价之前,可根据有关资料做出大致的估计。

② 市场行情。这是报价决策的主要依据。任何交易都是在市场上进行的,市场因素的变动必然会对商品的价格产生影响,尤其是国际市场的行情经常处于不断变化之中。这种错综复杂的变化,都会通过价格的涨跌和波动表现出来。同时,价格的波动反过来又会影响市场的全面波动。因此,报价决策应当由谈判人员根据以往和现在所收集并掌握的、来自各种渠道的商业情报和市场信息,在比较分析、判断和预测的基础上加以制定,其主要内容包括:该商品当前的报价水平及供求状况是供不应求、供过于求,还是供求大致平衡?今后供求关系将发生什么变化,变化的速度如何?价格如何变动及变动的可能幅度有多大?此外,在该商品或其代用品的生产技术上如有重大突破因而有革新的征兆时,也应予以密切的注视。当然,市场行情的内涵除上述之外,还包括许多方面,如市场竞争状况。但就制定报价策略、妥善掌握报价幅度这一目的而言,上述市场供求关系及价格动态是应着重分析研究的对象。

③ 谈判对手的状况。这是报价决策的必要依据。谈判人员除了要了解价格形成的基础及所交易商品的市场行情外,还必须考虑谈判对手的情况,如他们的资信状况、经营能力、同己方交往的历史,以及其所在国商业习惯、政策法令及与国际贸易惯例的区别等。此外,在谈判过程进入报价阶段之前,还要进一步探测对方的意图、谈判态度和策略,以便调整己方的策略,掌握报价的幅度。

一般而言,产品的成本是影响报价的基本因素;市场行情尤其是竞争对手的报价,是确定商务谈判报价的主要依据。此外,谈判目标、成交条件（如产品品质、包装、数量、运输条件、支付方式、保险条款等）、企业营销策略等因素都会影响到商务谈判的报价。

（2）报价的原则。

① 最低可接纳水平原则:最差的但却勉强可以接受的最终谈判结果。例如,作为卖方,可以把要出售的某种商品的最低可接纳水平定为 5 万美元,如果售价高于 5 万美元,则肯定愿意成交;但若低于 5 万美元,则宁可保留这种商品而不愿意出售。又如,买方将购进的某种商品的最高可接纳水平定为 3 万美元,假如售价不高于 3 万美元则愿意成交;若高于 3 万美元,则宁可不要。报价前设立一个最低可接纳水平有下列好处:谈判者可据此避免拒绝有利条件;谈判者可据此避免接受不利条件;谈判者可据此避免一时的鲁莽行为;在有多个谈判人员参加谈判的场合,可据此避免谈判者各行其是。

② 利益最大化原则:在谈判中,不能仅从自身的角度去考虑问题,而是应兼顾双方的利

益，从而达到双赢的结果。报价做得好坏，直接影响到谈判者的利益。既要使对方有兴趣，又要最大限度地获得自身的利益，这是个矛盾。但是，很多谈判双方常能举杯共庆交易的成功，说明这个矛盾是可以"合理"解决的，关键是该怎样掌握这个"合理"的尺度。对于卖方来说，当然希望卖出的商品价格越高越好；而对于买方来说，则希望买进的商品在保证质量的前提下，其价格越低越好。但无论是买方还是卖方，一方的报价只有在被对方接受的情况下才能产生预期的结果，才能使买卖成交。这就是说，报价水平的高低并不是由任何一方随心所欲地决定的，它受到供求、竞争及谈判对手状况等各方面因素的制约。因此，谈判一方向另一方报价时，不仅要考虑按此报价所能获得的利益，还要考虑能否战胜竞争者及报价可以成功的概率。所以，报价决策的基本原则是通过反复比较和权衡，设法找到报价者所得利益与该报价被接受的成功率之间的最佳结合点。

③ 合情合理原则。报价要高，喊价要狠，但这并不意味着可以漫天要价，而是应控制在合理的界限内。对于卖方来说，如果己方报价过高，对方必然会认为己方缺乏谈判的诚意，可能立即终止谈判；也可能针锋相对地提出一个令己方根本无法认可的报价水平；或者对己方报价中不合理的部分提出质疑，迫使己方不得不做出让步。在这种情况下，即使己方又将交易条件降到一个比较合理的水平，但在对方看来仍然可能是极不合理的。对于买方来说，也不能漫天杀价，这会使对方感到己方没有常识，从而对己方失去信心，或将己方一一驳倒，使己方陷于难堪之境地，还可能赔上己方的信誉。

4．报价术

在商务谈判活动中，常用的有日式报价和欧式报价两种比较典型的报价术。

（1）日式报价。

【案例】

鼎丰公司欲以20万美元购买一部机器设备，当时有A、B、C、D四家公司前来洽谈。其中A公司提出以16万美元的价格出售产品，而其他公司提出的报价均高于16万美元，鼎丰公司急于购买机器设备，遂自动放弃了与B、C、D三家公司的接触与联系。等到谈判的时候，鼎丰公司发现虽然A公司提出的16万美元的价格很低，但在其他方面，如货款支付期限、支付方式，是否包含运费和保险费等，A公司的条件很苛刻，然而此时已晚矣！鼎丰公司只好与A公司谈判，最后以22万美元的价格成交。

日式报价的一般做法是，卖方将最低价格列在价格表上，以求首先引起买方的兴趣。由于这种低价格一般是以对卖方最有利的结算条件为前提条件的，并且，在这种低价格交易条件下，各个方面都很难全部满足买方的需求，如果买方要求改变有关条件，卖方就会相应地提高价格。因此，买卖双方最后成交的价格，往往高于价格表中的价格。

日式报价在面临众多外部对手时，是一种比较艺术和有策略的报价方式。因为一方面可以排斥竞争对手而将买方吸引过来，取得在与其他卖方竞争中的优势和胜利；另一方面，当其他卖方败下阵来纷纷走掉时，这时买方原有的买方市场的优势就不复存在了，原来是一个买方对多个卖方，谈判中显然优势在买方手中，而当其他卖方不存在的情况下，变成了一个买方对一个卖方的情况，双方谁也不占优势，从而可以坐下来细细地谈，而买方这时要达到一定的需求，只好任卖方一点一点地把价格抬高才能实现。

（2）欧式报价。欧式报价的一般做法是，卖方首先提出留有较大余地的价格，然后根据买卖双方的实力对比和该笔交易的外部竞争状况，通过给予各种优惠，如数量折扣、报价折扣、佣金和支付条件上的优惠（如延长支付期限、提供优惠信贷等）来逐步接近买方的市场和条件，最终达成成交目的。这种报价方法只要能够稳住买方，往往会有不错的结果。

在确定的合理价格范围内，高价要尽量高，低价要尽量低。要高（或低）得合情合理，更能够讲得通。卖方的起始报价，应是防御性的最高报价。所谓"最高可行价"，不是一个绝对的数字，在具体掌握上仍有较大的伸缩性，还要把报价的高低同谈判对手的意图、谈判作风，以及是否打算同己方真诚合作等因素结合起来考虑。

日式报价有利于竞争，欧式报价则比较符合人们的价格心理。多数人习惯于价格从高到低，逐步下降，而不是以相反的趋势变动。这两种报价方法实质上殊途同归，只有形式上的不同，而没有实质上的区别。

课堂思考

商务谈判中如何应对对方的日式报价与欧式报价？

5. 报价的顺序

【案例】

美国加州一家机械厂的老板哈罗德准备出售 3 台更新下来的机床，有一家公司闻讯前来洽购。哈罗德先生十分高兴，仔细一盘算，准备开价 360 万美元（每台 120 万美元）。当谈判进入实质阶段时，哈罗德先生正欲报价，却突然打住，暗想："可否先听听对方的想法？"结果对方在对这几台机器的磨损与故障进行了一系列分析和评价后说："看来，我公司最多只能以每台 140 万美元买下这 3 台机床，多一分钱也不行。"哈罗德先生大为惊喜，竭力掩饰住内心的欢喜，装着不满意，讨价还价了一番，最后自然是顺利成交。

商务谈判中谁先报价是个微妙的问题。报价的先后在某种程度上会产生实质性的影响。先报价、后报价各有其利弊。

（1）先报价。

有利之处：

① 先报价能够先声夺人，比反应性报价显得更有力量、更有信心。先报价者给出的价格如果出乎对方的意料或设想，往往会打乱对方原有的部署，使其失去信心。

② 先报价者给出的价格将为以后的讨价还价竖立起一个界碑。先报价实际上等于为谈判划定了一个框架或基准线，在一定程度上调整了对方对价格的期待，最终协议将在这个范围内达成。

③ 先报价可以占据主动地位，先施影响，并对谈判全过程的所有磋商行为持续发挥作用。因此，先报价比后报价的影响大得多。

不利之处：

① 当己方对市场行情及对手的意图没有足够的了解时，贸然先报价，往往起到限制自身期望值的作用。当对方得到报价之后，他们就有可能对自己已拟订的报价幅度进行有针对性的调整，通过修改他们原先拟订的价格得到额外的利益。

② 先报价的一方由于过早地暴露了自己手中的牌，处于明处，为对方暗中组织进攻、逼迫先报价一方沿着他们设定的道路走下去提供了方便。

例如：

己方："我方这种商品的报价是每吨 1000 美元。"

对方："每吨 1000 美元太高了。"

对方："在韩国，同类货物比你们的报价低得多，你们得降价。"

……

（2）后报价。

有利之处：对方在明处，己方在暗处，不易暴露己方的意图。可根据对方的报价及时地修改自己的策略，以争取最大的利益。

不利之处：被对方占据了主动地位，而且必须在对方划定的框架内谈判。

那么，谈判中究竟是应该先报价还是后报价呢？答案对买卖双方来说都不是绝对的，可依据谈判过程中双方的实力情况灵活把握。

（3）确定报价顺序时的注意事项。

① 如己方实力强于对方，或者在谈判过程中处于主动地位，己方先报价为宜（尤其是对方对本行业不熟悉时）；反之可考虑后报价，以观察对方并适当调整自己的实际期望目标。

② 在实力对等、冲突程度高的谈判场合"先下手为强"；在合作程度高的场合，如双方是长期友好合作的伙伴或都是商务谈判行家时，谁先报价则无所谓。

③ 如对方是谈判高手，则让对方先报价，避免让对方剥茧抽丝。

另外，商务性谈判的惯例如下。

① 发起谈判者与应邀者之间，一般应由发起者先报价。

② 投标者与招标者之间，一般应由投标者先报价。

③ 卖方与买方之间，一般应由卖方先报价。

6. 报价表达与解释

（1）报价表达。在谈判中，当己方向对方发盘时，应掌握恰当的报价表达方式，做到既准确表示己方的态度，又不致暴露己方的真正意图。

① 报价要严肃、坚定。发盘是报价方意愿的表示，因此，报价方必须严肃对待。在谈判进入报价阶段之前，要审慎、周密地考虑一番，想好什么样的报价水平最合适。一旦发盘报出以后，就应严肃对待，不可有任何动摇的表示。假如己方是卖方，即使对方宣称已从其他供货商得到低于己方所报价格的发盘，己方仍应毫不含糊地坚持已开出的价格。唯有如此，才能使人相信己方对谈判抱有认真和坚定的态度。否则，就会让对方察觉到己方对发盘缺乏信心，进而对己方施加压力，使己方处于被动地位。假如己方是买方，也要使对方相信，我们的低价是有根据的，并非随意杀价。

② 报价必须准确、明白。报价要非常明确，以便对方准确地了解己方的期望，有现成的报价单当然好，但若是口述报价，除了口头表达上要准确外，还可借助直观的方法进行报价。例如，在宣读报价的时候，拿出一张纸把数字写下来并让对方看，这样就能使报价更加明确无误，避免在数字上出现差错而造成损失。例如，我国某公司与外国商人成交零部件 5000 箱，5种型号，由于业务员粗心大意，全部报错了价格，少收外汇 18976 美元。合约已签，只能向客户说明原因，协商解决。虽然多次商谈，但客户只同意分担差价的一半，最终己方损失外汇 9000多美元。可见，报价表达得准确与否，直接关系到己方的收入。因此，一定要加强责任心，杜绝粗心大意、马虎从事的现象。

③ 不要主动对报价进行过多解释。报价方对自己所出的条件（除价格外，还包括其他各项交易条件），不要有任何信心不足的表示，更不能有半点歉意的表示，对所报之价不要加以解释或评论。谈判双方之间的关系是对立统一的关系。一方面，双方都想促成合同的签订，一方想买，另一方想卖，这是合作的基础。因此，在交易没有达成或宣布破裂之前，双方是不会终止沟通的。对于己方的报价，如有不清楚之处，对方会提出疑问，己方不必主动解释。另一方面，一方的得利可能形成另一方的损失，在这种情况下，双方都应尽量多了解对方的意图，少暴露自己的目标。在对方没有提出要求时就主动提供信息是不可取的。因为，一是就"解释"本身而言，对对方可能毫无意义，也许对方对报价本身并无疑问；二是言多必失。主动解释可能暴露己方意图，使对方觉察到己方所关心的或有所顾忌的问题。

（2）报价解释。报价解释是指报价方就其产品特点、价格的构成、报价的依据、计算公式等所做的介绍、说明或解释，对谈判双方很重要。从报价方来看，可利用报价解释充分表达价格的真实性和合理性，增强其说服力，迫使对方接受报价或缩小讨价的期望值；从交易对方来看，可通过报价方的解释了解报价的可信程度，找出漏洞和破绽，估量讨价还价的余地，找到进攻的突破口。通常一方报完价之后，另一方会要求其做报价解释。在解释时，一般采取不问不答、有问巧答、避虚就实、能言不书的原则。

① 不问不答。这是指对对方不主动问及的报价问题不要解释或答复，以免言多语失，让对方看轻自己，削弱自己在价格谈判中的地位。

② 有问巧答。报价后，对买方提出的疑点和问题，应有问必答，并坦诚、流畅、自然地予以回答，不可躲躲闪闪、吞吞吐吐，以免给人以不实之感，授人以压价的把柄而被穷追不舍。为此，谈判者应在报价前充分掌握各种相关资料、信息，并对对方可能提出的问题进行周密的分析、研究和准备，以通过价格解释表明报价的真实、可信。

③ 避虚就实。价格解释时，应对己方比较实在的部分多讲一些，因为这部分经得起推敲；对于比较虚的部分或者含水量较大的部分，应少讲或不讲，因为这正是可得的利润空间，极富弹性，对方总会想方设法挤出这里的水分，获得利益。若买方提出某些不好讲的问题，应尽量避其要害或转移视线，有的问题也可采取"拖"的办法：先诚恳地记下买方的问题，承诺过几天给予答复，过几天人家不找就算了，找了再变通解答。

④ 能言不书。价格解释时，能用口头解释的，就不用文字写；实在要写的，写在黑板上；非要落到纸上的，宜粗不宜细。否则，白纸黑字，具体详尽，想再解释、更改，就很被动。因为当自己表达有误时，口述和笔写的东西对自己的影响截然不同。

7. 报价的策略

（1）时机报价策略。在价格谈判中，报价时机也是一个策略性很强的问题。有时，卖方的报价比较合理，但并没有使买方产生交易的欲望，原因往往是买主首先关心的是此商品能否给他带来价值，能带来多大的价值，其次才是带来的价值与价格的比较。所以，在价格谈判中，应当首先让对方充分了解商品的使用价值和能为对方带来多少收益，待对方对此产生兴趣后再谈价格问题。实践证明，提出报价的最佳时机，一般是对方询问价格时，因为这说明对方已对商品产生了购买欲望，此时报价往往水到渠成，比较自然。

有时，在谈判开始的时候对方就询问价格，这时最好的策略应当是听而不闻。因为此时对方对商品或项目尚缺乏真正的兴趣，过早报价会增加谈判的阻力。这时应当首先谈该商品或项目的功能、作用，能为交易者带来什么样的好处和利益，当对方对此商品或项目产生兴趣、交易欲望已被调动起来时，再报价才比较合适。当然，对方坚持即时报价，也不能故意拖延；否则，就会使对方感到不受尊重甚至反感，此时应采取建设性的态度，把价格同对方可获得的好处和利益联系起来一起介绍，效果较好。

（2）起点报价策略。价格谈判的起点报价策略，通常是卖方报价起点要高，即"可能的最高价"；买方报价起点要低，即"可能的最低价"。这种做法已成为商务谈判中的惯例。同时，从心理学的角度看，谈判者都有一种要求得到比他们预期得到更多的心理倾向。实践证明，若卖方开价较高，则双方往往能在较高的价位成交；若买方出价较低，则双方可能在较低的价位成交。

对于卖方来讲，高报价的优势如下。

① 卖方的报价事实上给谈判的最后结果确立了一个终极上限。在谈判中，除非有极特殊、极充分的理由，否则报价之后再提价是要极力避免的，而且对方也不会接受报价后的提价。

② 采取高报价为卖方让步留有较大的余地，有利于卖方在必要情况下做出让步，打破僵局。

③ 报价高低影响对方对己方潜力的评价。报价越高，对方对己方潜力的评价越高；反之，越低。

④ 报价高低也直接反映了报价方的期望水平。一般来讲，期望水平高，报价也高，成功的可能性也大，获利也多。

买方采取低报价策略的原因如下。

第一，买方的报价是向对方表明要求的标准，尽管双方都知道这个标准将有所调整，但报价低会给对方造成很大的心理压力。

第二，买方报价的高低也反映了他的期望水平、自信与实力。

第三，报价低为谈判中的价格调整与让步留出了较大的余地。

（3）差别报价策略。由于购买数量、付款方式、交货期限、交货地点、客户性质等方面的不同，同一商品的购销价格也不同。这种价格差别，体现了商品交易中的市场需求导向，在报价策略中应重视运用。例如，对老客户或大批量购买的客户，为了巩固良好的客户关系或建立起稳定的交易联系，可适当实行价格折扣；对新客户，有时为了开拓新市场，也可适当给予折扣；对某些需求弹性较小的商品，可适当实行高价策略等。

（4）心理报价策略。对于普通商品，采用尾数报价方式，会给人价格计算精确、相对低廉的感觉，有利于顾客接受；而对于特殊商品，如名贵西服、珠宝、豪华轿车等，采用整数报价方式，会给人高贵、气派的感觉，迎合顾客的心理。心理报价策略在国内外都被广泛采用。

【拓展链接】心理报价策略

2.3.2 商务谈判的讨价还价及策略运用

所谓讨价还价，就是商务谈判一方报价以后，谈判双方之间发生的反复议价的行为。"讨价还价"有3层含义：一是讨价；二是还价；三是经历多次的反复磋商，一方或双方做出让步，才能促成交易双方达成一致意见。

1. 讨价

讨价是指谈判一方在首先报价并进行报价解释之后，另一方认为离自己的期望目标太远，或者不符合己方的期望目标，提出"重新报价"或"改善报价"的要求，即"再询盘"，俗称讨价。商务谈判中买方的讨价要求，有时具有目的的双重性：一是迫使卖方降低报价；二是误导对方的判断，改变对方的期望值，为己方的还价做好准备。

（1）讨价的方式。从宏观角度与微观角度来看，可分为总体讨价、具体讨价和针对性讨价3种方式。

① 总体讨价。总体讨价即要求从总体价格和内容方式方面重新报价，常常用于评论之后的第一次要价，或者用于较为复杂交易的第一次要价。双方从宏观的角度，主要凭"态度"压价，只笼统地提要求，而不显露掌握的准确材料。对方为了表示"良好态度"，也可能调整价格。例如，"贵方已听到了我们的意见，若不能重新报出具体的成交价格，我们的交易是很难成功的""请就我方刚才提出的意见，报出贵方改善的价格"等。

② 具体讨价。具体讨价是要求就分项价格和具体报价内容重新报价，常常用于对方第一次改善价格之后，或不易采用总体讨价方式时（如水分较大、内容简单）的报价，在评论完成后即进入有针对性的、要求明确的讨价。具体讨价的要求在于准确性与针对性，而不在于"全部"将自己的材料（调查比价的结果）都端出来，在做法上是将具体的讨论内容分成几块，如可按内容分成运输费、保险费、技术费、设备条件、资料、技术服务、培训、支付条件等；也可按评论结果分，各项内容按水分大小归类，水分大的放在一类、中等的放在一类、水分低的放在一类。分块是要求体现具体性，分类是要求准确性的务实做法，只有分好块、分好类，才好予以不同程度、不同理由的讨价。

具体讨价时应注意，不能任意地针对哪一块讨价。一般规律（成功的讨价规律）是从水分最大的那一块开始讨价，然后对水分中等的那一块讨价，最后谈水分较小的那一块。

例如，某高压硅堆生产线的报价，按分块原则，硬件包括生产线设备、备件、生产试车及试生产用的关键或全部原材料费用；软件包括技术经费、商务联络、技术资料、技术培训、技术指导、合同条件等。在这两大块中，又可按其水分大小继续分类。以硬件为例，既可对设备、备件、原材料三者本身所含内容予以评论区别并依此讨价，也可以设备为主，将该生产设备报价分为前工序（制作硅片的加工部分）设备、中间处理（制作硅片的清洗和化学处理部分）设备、后工序（芯片的分割、烧结、封装部分）设备3块。相比之下，中间处理设备的价格很高；后工序设备其次；前工序设备，因为通用设备较多，其价格较为合理。

③ 针对性讨价。针对性讨价是建立在总体讨价和具体讨价的基础上，针对个别不合理或水分较大的价格进行进一步讨价。

（2）讨价的次数。一般每一次讨价，如果能得到一次有改善的报价，则对买方有利。不过，大多数卖方都会坚守自己的价格立场。那么买方讨几次价为妥呢？这应根据价格分析的情况、卖方的报价解释情况和价格改善状况而定。只要卖方没有大幅度的明显让步，就说明他留有很大的余地；而且只要买方有诚意，卖方就会再次改善价格。只有不被卖方迷惑，买方才有可能争取到比较好的价格。一般确定讨价次数有以下3种策略。

① 总体讨价次数以3次或3次以上为宜。商务谈判磋商阶段，谈判双方的首次报价都含有策略性水分，报价方也都愿意做出改善报价的姿态，而且全面讨价涉及整体利益，金额较大，所以，在进行总体讨价时，讨价次数可多一些，以3次或3次以上为宜，当然有时要见好就收。

卖方为了自己的利润，一般在做了两次价格改善以后就不会再报价了，他们通常以委婉的方式表达不可以再让步了。例如，"这是我最后的立场""你们若是钱少，可以少买些"等。卖方有时语言诚恳，态度时而低下，时而强硬，表情十分感人，请求买方接受他第二次或第三次改善的价格，或要求买方还价。此时，买方要注意卖方的动向，不应为之迷惑而有所动，只要卖方没有实质性改善，买方就应根据报价的情况、来人的权限、卖方成交的决心、双方关系的好坏等尽力争取。

② 具体讨价次数一般不超过 2 次。具体讨价实际上是将总体讨价进行拆项，增加了讨价的次数。将每一次分项目的讨价数目加起来，将会是一个很大的数额。所以，分项目的具体讨价以不超过 2 次为宜。当然，如果感觉对方改善的价格存在明显不合理情况，则要坚持再讨价。

③ 针对性讨价次数以"事不过三"为宜。针对性讨价建立在总体讨价和具体讨价的基础之上，以"事不过三"为标准较为适宜。

（3）讨价的方法。

① 举证法。举证法又称引经据典法。为了加大讨价的力度，谈判者应以事实为依据，要求对方改善报价。引用的事实可以是当时市场的行情、竞争者提供的价格、对方的成本、过去的交易惯例、产品的质量与性能、研究成果、公认的结论等。总之，引用的事实必须是有说服力的证据，是对方难以反驳或难以查证的。

② 求疵法。讨价往往是针对对方报价条款的缺漏、差错、失误而展开的。有经验的谈判者都会以严格的标准要求对方，对其报价的条款加以挑剔以寻找对方的缺陷，并引经据典、列举旁证来降低对方的期望值，要求对方重新报价或改善报价。

③ 假设法。假设法以假设更优惠条件的语气来向对方讨价。例如，更大的购买量、更宽松的付款条件、更长的合作期间等优惠条件来向对方讨价，这种方法有利于摸清对方可以承受的大致底价。假设条件因其是假设，不一定会真正履行。

④ 多次法。讨价一般是针对对方策略性虚拟价格的水分进行的，它是买方要求卖方降价、卖方要求买方加价的一种表示法。不论是降价还是加价，一般都不可能一步到位，都需要分步实施。只要每一次讨价的结果都会使交易条件得到改善，即使对方的理由并不都符合逻辑，只要对己方有利都应该表示欢迎。

（4）讨价的态度与技巧。

① 讨价的态度。讨价应本着尊重对方的态度进行，以理服人，循循善诱，引导对方调整价格，为还价做好准备。如果在讨价还价阶段就采取强硬态度"硬压"，则会使谈判过早地进入僵局，从而给谈判结果带来不利影响。所以，在这个过程中应保持愉快的气氛，并做充分说明，以求最大的效果。买方应配合并鼓励卖方任何方式的调价。卖方常以"算错了""内部调整""与制造厂商量"为托词，对价格做部分调整。不过，此时的调价幅度不会很大，但作为买方，不论卖方的理由是有逻辑还是没逻辑，为自己的调价找什么借口，买方都应该欢迎，给对方"台阶下"，鼓励卖方降价，而不应揭穿或取笑对方。

② 讨价的技巧。讨价一般分为 3 个阶段，不同的阶段采用不同的讨价方法。

第一阶段，由于讨价刚开始，买方对卖方价格的具体情况尚欠了解，所以，讨价的方法是总体讨价，即要求对方从总体上调整报价。

第二阶段，讨价涉及具体内容，这时的讨价方法是针对性讨价，即在对方报价的基础上，找出明显不合理的、水分较大的项目，针对这些不合理的部分要求调整报价。

第三阶段，这是讨价的最后阶段，讨价方法又是总体讨价。因为经过针对性讨价，水分大的项目已经降下价来，这时只能从总体上要求对方调整价格。

讨价方在给出讨价表示并得到对方反应之后，必须对此进行策略性分析。若首次讨价就能得到对方调整报价的反应，这就说明对方报价中的策略性虚报部分可能较多，价格中所含水分较大，或者也可能表明对方急于促成交易的心理。但是一般来说，报价者开始都会固守自己的价格立场，不会轻易调价。另外，即使报价方做出调整报价的反应，还要分析其让步是否具有实质性内容。只要没有实质性改善，讨价方就应继续抓住报价中的实质性内容或关键的谬误不放，同时依据对方的权限、成交的决心继续实施讨价策略，进一步改变对方的期望。

2．还价

还价是针对谈判对手的报价，己方所给出的反应性报价的行为。还价以讨价为基础。在一方首先报价以后，另一方一般不会全盘接受，而是要根据对方的报价，在经过一次或几次讨价之后，估计其保留价格和策略性虚报部分，推测对方可能妥协的范围。然后根据己方的既定策略，提出己方可接受的价格，反馈给对方。如果说报价划定了讨价还价范围的一个边界，那么，还价将划定与其对立的另一个边界。双方将在这两个边界所规定的区间内展开激烈的讨价还价。

（1）还价前的准备。对方的报价连同主要的合同条款一旦向己方提出之后，己方应立即仔细过目，对其全部内容（包括细节部分）都要了如指掌。实际上，这些已经在报价阶段做到了，紧接着应从以下两个方面开展工作。

① 弄清对方为何如此报价，即弄清对方的真正期望。在弄清对方期望这一问题上，要了解怎样才能使对方得到满足，以及如何在谋得己方利益的同时，不断给对方以满足；还要研究对方报价中的哪些东西是对方必须得到的，而哪些是对方希望得到但不是非得到不可的；对方报价中哪些是比较次要的，而这些又恰恰是诱使己方让步的筹码。只有知己知彼，才能在讨价还价中处于主动地位。

为此，在这一阶段要做到以下几点：检查对方报价的全部内容，询问如此报价的原因和根据，以及在各项主要交易条件上有多大的灵活性；摸清对方报价意图，注意倾听对方的解释和答复，千万不要主观臆测对方的动机和意图，不要代别人讲话；记下对方的答复，但不要加以评论，避免过早、过深地陷入某一个具体的问题中，而要把谈判面铺得广一些；相反，当对方试图了解己方的意图时，应尽力使答复减小到最低限度，只告诉对方最基本的东西，掌握好哪些该说、哪些不该说。优秀的讨价还价者不会把手中的所有东西都摊开，不会完整、透彻地把他们需要什么，以及为什么需要这些东西都讲出来。只有在十分必要时，有经验的讨价还价者才会把自己的想法一点一点地透露出来。

② 判断谈判形势，对讨价还价的实力进行分析。这时，首先需要弄清双方的真正分歧，估计什么是对方的谈判重点。要区别以下几点：哪些是对方可以接受的，哪些是不能接受的；哪些是对方急于讨论的；在价格和其他主要条件上对方讨价还价的实力；可能成交的范围。假如双方分歧很大，己方可以拒绝对方的报价，如果决定继续下去，就要准备进入下一回合的谈判。此时要进行如下选择：由己方重新报价（口头或书面均可）；建议对方撤回原价，重新考虑一个比较实际的报价；改变交易形式，如对售价不进行变动，但对其他一些交易条件（如数量、品质、交货时间、支付方式等）进行改变。改变交易形式的目的是使之更适合成交的要求。接下来应采取下列具体做法来保证己方在还价过程中的总设想和意图得到贯彻。

a．列两张表。一张表包含己方原则上不能做出让步的问题和交易条件，可写成合同条款的形式；另一张表则包含己方可以考虑让步或给予优惠的那些具体项目，最好附上数字，表明让步幅度和范围。例如，己方可将 20 元人民币作为某商品的起始价格，由此逐渐加价，如 30 元、35 元、40 元、45 元，直到 50 元，并把 50 元定为让步上限，这就形成了一个阶梯式的让步数量范围。

b．列一张问题表。该表便于在会谈中掌握提问的顺序及什么时候该谈什么问题（有时是有一定规律的）。例如，在进口谈判中，己方往往在其他各项主要合同条款已逐项同对方拟订之后才抛出价格条款，与对方还价。

c. 一场谈判往往旷日持久，需要许多个回合的会谈。在还价阶段的每一回合谈判开始时，要努力营造一种新的气氛，根据需要随时调整并提出新的会议日程。在每一回合会谈结束时，对那些棘手的、双方相持不下的问题，可重申己方的立场或再提一个新的解决方案，供对方回去仔细考虑。

（2）还价的方式。

① 根据分析的对象不同，分为按分析比价还价和按分析成本还价。按分析比价还价是指己方不了解所谈产品本身的价值，而以其相近的同类产品的价格或竞争者产品的价格作为参考进行还价；按分析成本还价，是指己方能计算出所谈产品的成本，然后以此为基础再加上一定百分比的利润作为依据进行还价。

选取哪种还价方式取决于手中所掌握的比价材料，如果比价材料丰富且准确，选"按分析比价还价"，对买方来讲简便，对卖方来讲容易接受；反之，则按分析成本还价。如果比价材料准确，但不优惠，而卖方坚持比价，买方应从总的价格水平出发，视卖方具体情况而定。有的卖方总价格条件很优惠，态度坚定，买方则应实事求是，谨慎地抛出资料。有的卖方以真的现象、假的条件说服买方同意他的价格。例如，"我雇人装卸货，需要人工费"，这属实；但人工费的报价实际是多少，可能会出现假条件，以"隐藏"利润。如果买方明确提出给卖方利润，请卖方公开人工费数目及利润数额，卖方若为了掩盖不合理之处，常拒绝公开。对此，买方也只能"有选择地使用比价材料"。从总体上看，双方在利益的交锋中得到了"平衡"，但是在做法上，应避免"公开的欺骗"之嫌。卖方要注意运用"存在的事实"夸大成本、费用的技巧。相应的是买方要运用注重"比价真实感"并"贬低"卖方商品价值的策略。

无论是按分析比价还价，还是按分析成本还价，其具体做法均有分项还价和总体还价两种方法，须根据谈判双方的情况具体选择。

② 根据谈判中每次还价项目的多少，分为单项还价、分组还价和总体还价。单项还价，是以所报价格的最小项目还价，即指对主要设备或商品逐项、逐个进行还价，对技术费、培训费、技术咨询费、工程设计费、包装费、运输费逐项还价；分组还价是指把谈判对象划分成若干项目，并按每个项目报价中所含水分的多少分成几个档次，然后逐一还价；总体还价，又称一揽子还价，是指不区分报价中各部分所含水分的差异，均按同一个百分比还价。

【案例】

原定于 1995 年 12 月德国总理科尔访华前结束的上海地铁 2 号线（上海轨道交通 2 号线）商务谈判陷入了僵局。由于上海地铁 1 号线（上海轨道交通 1 号线）的良好合作，德国成为为上海地铁 2 号线项目提供政府贷款的首选国家，贷款总额高达 7.8 亿马克。但最后是否确定还要看对方提供的地铁设备的价格是否合理。形成僵局的原因是，对方的报价比中方能接受的价格高出 7500 万美元。

中方代表根据手中掌握的地铁车辆的国际行情，知道即使按中方的报价，德国公司仍然有钱可赚。同时，中方也清楚地知道，对方企图倚仗提供了政府贷款就漫天要价，把贷款的优惠，通过车辆的卖价又偷偷地拿回去了。

原来在北京的谈判进行了一轮又一轮。科尔如期访华，原定在北京签字的上海地铁 2 号线贷款协议未能如期签署。随着科尔来到上海，谈判也转移到上海进行，这时已经到了最后关头。德方代表制造舆论，扬言德国要撤回贷款。

了解内情的德国人，包括一些职位相当高的领导提出了警告：不要为了 7500 万美元，丢了 7.8 亿马克。

德方代表更是有恃无恐，甚至在谈判桌上拍桌子威胁中方代表，扬言再不签约，一切后果由中方负责。

面对来自各方的压力，中方代表非常冷静地做了一个手势说："Stop（停）！请你不要这样激动，也不要用这种要挟的态度。本人是美国哥伦比亚大学的博士，上海××大学管理学院的院长。对于国际融资的知识和规则懂得不比阁下少。我们现在不是乞求你们贷款，请你用平等的态度看待我们的分歧。"中方代表接着说："在国际融资中，贷款者和借款者应该是一种平等互利的关系，成功的融资谈判应该是双方都是赢家。"并且十分明确地告诉对方代表，如果不把车辆价格降下来，他将向上级汇报，中方将谋求其他国家的贷款；而谈判破裂的后果，将由德方负责。

由于中方代表拒绝在协议上签字，原定科尔访华期间签署的上海地铁 2 号线贷款协议，不仅未能在北京如期签署，结果在上海也未能签署。德方代表这才见了"真佛"！在以后的谈判中不得不缓和态度。在经过一轮又一轮的艰苦谈判后，德方代表最后同意把车辆价格下降 7500 万美元，整个地铁项目的报价也比原来的报价降低了 1.07 亿美元。中方代表坚持到了最后，也取得了最终的胜利。

（资料来源：李静玉，王晓芳．商务谈判实务[M]．北京：清华大学出版社，2016．）

由以上案例可见，运用还价方式时要注意：不要轻易地用总体还价方式，而应从重新报价改善明显的部分，或差距较小的部分，或金额较小的部分先做还价，这样有利于谈判顺利进行。

（3）还价的起点。确定还价的起点，就是解决以什么数额（或条件）作为第一个还价的问题。还价可分多次进行，但第一次对还价方来说至关重要，它涉及己方接受报价的基本态度、诚意和最初标准，也是探测报价方对还价最初反应的试金石。因此，应设置合理的还价起点，因为合理的还价起点能使维系双方交易命运的绳索紧而不断；而且，合理的还价起点使报价方跟着还价走，进入还价方所设计的"剧情"。一般来说，确定还价起点，要根据交易物的客观价格、交易双方的价格差距及还价的策略来进行。

① 交易物的客观价格通常是由生产或经营成本和适度的利润构成的。第一次还价首先应略高于（或至少应等于）其生产或经营成本，若在成本线以下，其后果可想而知。其次，应适当考虑报价方的利润，没有利润的话对方不可能接受还价。例如，卖方对其产品报价 200 万元（人民币，下同），其生产成本为 100 万元，利润率最低为 20%。那么该产品的客观价格可能在 120 万元左右。这时还价方可考虑将第一次还价定在 100 万元或 110 万元左右。假如定在 80 万元，对方是绝对难以接受的。

② 明确对方报价与己方预算成本价的差距，可使己方确立还价的次数、策略，进而得出第一次还价的数字。在正常情况下，双方价格差距较大，若幅度一定，则还价次数就会增多，而要减少还价次数，并使还价处于成交预算价以内，就要增大还价幅度。这需要还价者依据成本及差距的具体情况，确定还价起点的具体数额。

③ 还价时，采用何种策略，对还价的起点也有影响。如果是"横向铺开"，即在不同条件下还价或分组还价，则还价的余地较大，还价起点可根据策略和资料设置得适当小一点；如果是"纵向深入"，即在同一条件下还价或总体还价，则还价可根据所确定的百分比逐渐深入，还价起点可设置得适当大一些。

总之，还价起点的确定，不可凭主观想象或某个因素来进行，而应该综合考虑，以确保还价起点的成功。

（4）还价的次数。在价格谈判中，一方面，报价方很快接受对方的第一次还价是不可能的；另一方面，讨价还价不可能无休止地进行。这就存在一个还价次数多少才合适的问题。

一般来说，还价次数取决于由谈判双方价格差距产生的余地及讨价还价的难易程度。如果价格差距大，报价水分大，还价过松，尽管受到对方的抵抗与攻击的压力小一些，但己方手中的余地小了，还价的机会也会少；如果价格差距小，报价水分小，还价过紧，可能减少还价次数，但会遭到对方强烈的抵抗与猛烈的攻击，同样影响谈判的顺利进行。由此可见，研究还价次数的关键问题不是机械地得出几次为好，而是如何正确地利用有限的次数，达到预期的目标。

因此，在讨价还价的对阵中，应注意以下 4 个方面。

① 要在对方能够容忍的范围内，尽可能地加大还价幅度，以减少还价次数。

② 在时间和难度的权衡中，选择对自己有利的因素，发挥优势，确定还价次数。

③ 利用还价次数制造合理的"还价台阶"，即可调的价格档次，步步为营。

④ 不到谈判最后结束时，还价都必须留有余地，保留进一步还价的权利。

（5）还价的技巧。在讨价还价阶段，谈判双方从各自利益出发，唇枪舌剑，竭力使谈判朝着有利于自己的方向发展。一时间谈判桌上风起云涌、色彩纷呈，有时还会出现戏剧性变化。在激烈的争夺角逐中，谈判双方很容易感情冲动，稍不留神，就会引起谈判人员的个人冲突，生意因而告吹。因此，如何在瞬息万变的谈判中保持清醒的头脑，合情合理地进行讨价还价，是谈判人员需要解决的问题。

要保证谈判人员在激烈的角逐中不迷失方向，双方的谈判态度就必须是心平气和的。要保持态度的平和，谈判双方除需具备较高的个人修养之外，会谈外的审时度势、巧妙安排也是必不可少的。谈判人员只有充分预见、分析谈判过程中可能发生的种种情况，制订好应对措施，做到胸中有数，才能临阵不乱，在千变万化的形势面前从容镇定、心平气和地据理力争。

比较理想的讨价还价应具有以下特点：谈话范围广泛，双方有充分回旋的余地；是双方观点的交锋，而不是双方人员的冲突；诚心诚意地共同探讨解决问题的途径；灵活应对。还价的方式很多，不可被报价方牵着鼻子走。

例如，在谈判中，价格一时降不下来，则可根据具体情况，灵活运用其他交易条件，如改变支付方式，要求给予折扣及免费提供售后服务等。

再如，可根据报价方的价格解释情况及时间、态度、己方资料状况等，采用不同的还价方式：卖方价格解释清楚，己方手中比价材料丰富，卖方成交心切且有时间，可采用逐项还价方式；如果卖方解释不清，而买方掌握的价格资料少，卖方性急且时间紧，可根据价格差距档次分组还价，即价格高者压得多，以区别对待；如果卖方报价粗且态度强硬，或双方处于长时间的相持状态，但均有成交的愿望，在卖方已进行数次调价后，买方也可从"货物"或"软件"两大块还价，或者最后进行总体还价。

3．讨价还价的策略

（1）迫使对方让步的策略。

① 走马换将，又称车轮战。在谈判中，一方遇到关键性问题或与对方分歧严重时，借自己不能决定或其他理由，转由他人进行谈判。这里的他人或者是上级领导，或者是同伴、合伙人、委托人。通过更换谈判主体，有助于形成一种人数、气数、伦理的强势，可窥探对手的虚实；有意延长谈判时间，耗尽对手的精力，削弱对手的议价能力，给对方造成巨大的心理压力，促其做出更大让步。同时为自己留有充分的回旋余地，从而掌握谈判的主动权。作为谈判的对方需要重复地陈述情况、阐明观点；面对更换的谈判对手，需要重新谈判。这样会付出更多的

精力、体力和财力，时间一长，难免会出差错。这种方法比较适用于对方实力强、己方实力弱，且己方对市场行情不太了解或对所购买商品性能不太熟悉的情况。

② 以林遮木。以林遮木比喻人们被事物的总体所掩盖，忽略了事物的重点和要点。以林遮木策略就是，一方故意向另一方提供一大堆复杂、琐碎，甚至多半不切实际的信息、资料，致使对方埋头查找所提供的资料，却分辨不清哪些是与谈判内容有直接关系的材料，既浪费了时间、精力，又没有掌握所需情况，甚至还会被对方的假情报所迷惑。以林遮木的另一表现手法是故意向对方介绍较多的情况，分散对方的注意力，以遮盖真实意图或关键所在，造成对方错觉，争取过多的利益。运用该策略可以转移对方的视线，干扰对方的思维，消耗对方的体力与精力，最终实现乱中取胜。

③ 制造竞争。创造竞争条件是谈判中迫使对方让步的最有效武器和策略。当一方存在竞争对手时，其谈判的实力就大为减弱。因此，在谈判过程中，谈判人员应注意制造和保持对方的竞争局面。

制造竞争的具体做法：进行谈判前多考察几家厂商，同时邀请他们前来谈判，并在谈判过程中适当透露一些有关竞争对手的情况。在与一家厂商达成协议前，要保持竞争局面，不要过早地结束与其他厂商的谈判。即使对方实际上没有竞争对手，己方也可巧妙地制造假象来迷惑对方。

【案例】

某年，烟台市塑料编织袋厂厂长娄某从青岛得到消息，日本某纺织株式会社正准备向我国出售先进的塑料编织袋生产线，遂当即到进口过类似设备的青岛、潍坊等国营大厂实地考察，了解生产线的性能及运转情况，并确认引进的可行性。第二年3月，娄厂长与日本株式会社形成正式购买生产线的口头协议。4月5日，娄厂长在青岛开始与日方谈判。

谈判进入了实质性阶段，日方主要代表发言："我们经销的生产线，由日本最守信誉的3家公司生产，具有20世纪80年代先进水平，全套设备的总价是240万美元。"报完价，漠然一笑，摆出一副毋庸置疑的神气。娄厂长说："据我们了解，你们的设备性能与贵国××会社提供的产品完全一样，我省××厂购买的该设备，比贵方开价便宜一半。因此，我提请你重新出示价格。"

日方代表听罢，相视而望，首次谈判宣告结束。

一夜之间，日方代表针对各类设备的价格开出了详细清单，第二天报出总价180万美元。经过激烈的争论，总价降至130万美元。日方表示价格无法再压。随后在持续长达9天的谈判中，双方共计谈崩了35次，最终拉锯战并没有结束，双方互不妥协让步。

"是否到了该签字的时候了？"娄厂长苦苦思索着，后灵机一动，准备采用和另一家西方公司联系的策略。这一小小的动作立即被日方代表发现，总价立即降至120万美元。这个价格可以说相当不错了，但娄厂长了解到，当时正有几家外商同时在青岛竞销自己的塑料编织袋生产线，他觉得应紧紧把握这个机会，迫使对方做出进一步的让价。

谈判桌上的角逐呈白热化，娄厂长等中方代表在日方代表住地谈了整整一个上午，日方代表震怒了："娄先生，我们几次请示厂方，4次压价，从240万美元降到120万美元，比原价已降了50%，可以说已做到仁至义尽，如今你们还不签字，实在太苛刻、太无诚意了！"他气呼呼地把提包甩在桌上。娄厂长站起身，说道："先生，你们的价格，还有先生的态度，我们都是不能接受的。"说完，同样气呼呼地把提包甩在桌上，那提包有意没拉上锁链，经他这么一甩，里面那个西方某公司的设备资料与照片撒了一地。

日方代表见状大吃一惊，急忙拉住娄厂长满脸赔笑道："娄先生，我的权限已经到此为止，请让我请示之后，再商量商量。"娄厂长寸步不让："请转告贵厂方，这样的价格，我们不感兴趣。"说完，抽身便走。

次日，日方毫无动静，有人沉不住气了，而娄厂长很泰然："沉住气，明天上午会有消息来的。"果然不出所料，次日清早便传来消息，日方请中方暂不要和其他厂家谈判，厂方正和生产厂家协商，要几家一齐让价。下午，日方宴请中方并宣布了第5次压价，娄厂长迅速反应，要求再降价5%则可成交。娄厂长知道日方代表处在两头受挤的处境，便主动缓和气氛："你们是客人，理应由我们来宴请，这次宴请费用，我们包了，价格问题请再和东京那边恳请一下。"

日方代表经过再次请示，宣布最后开价再让3%，为110万美元，距离娄厂长的要求只差3万多美元了，娄厂长看到这已经是最后价格，再挤下去是不可能了，便与日方代表握手成交，同时，他提出日方来华安装设备所需费用一概由日方承担，这样一来，又把那3万多美元的差价挤下去不少。

④ 吹毛求疵。吹毛求疵策略是指针对商品（或服务）进行百般挑剔，千方百计地找缺陷、挑毛病，并尽力夸大其词，借此动摇对方的信心。该策略由于先用"苦"降低了对方的期望，再用"甜"满足了对方的心理需要，因而很容易实现谈判目标，使对方满意地签订合同，己方也可从中获得较大利益。在使用时要注意把握分寸，避免引起对方反感，认为己方无成交诚意而终止谈判。

⑤ 虚张声势。在有些谈判中，谈判者在让步时给对方造成一种错觉，似乎他们已经做出了巨大牺牲，但实际上只不过舍弃了一些微不足道的东西。本来满意了，但仍然装作不满意，不情愿成交，等待或要求对方再让步。

⑥ 软硬兼施。己方主谈人或负责人找一个借口暂时回避，让"强硬派"挂帅出场，将对方的注意力引向自己，采取强硬立场，唇枪舌剑，寸步不让，从气势上压倒对方，给对方在心理上造成错觉，迫使对方让步，或者索性将对方主谈人激怒，使其怒中失态。一旦己方主谈人估计已获得预期效果，即回到谈判桌边，但不要马上发表意见，而是以调和者缓和的语气和"诚恳"的态度继续与对方谈判。

⑦ 乘胜追击。用总结性话语鼓励对方："看，许多问题已经解决了，给你的优惠也是空前的，现在就剩这些了。如果不一并解决，那不就太可惜了吗？""4个难题已经解决了3个，剩下1个如果也能一并解决，其他的小问题就好办了，让我们再继续努力，好好讨论唯一的难题吧。如果就这样放弃了，大家都会觉得遗憾的。"以上这些说法往往能使人继续做出让步，争取交易成功。

⑧ 欲擒故纵。想与对方达成交易，却故意装作无所谓，使对方在压力下率先做出让步。

【案例】

刘某要在出国定居前将名下房产出售。经过几次磋商，他终于同从外地到本城经商的张某达成意向：40万元，一次付清。后来，张某看到了刘某不小心从皮包中掉出的出国护照等文件。他突然改变了态度，一会儿说房子的结构不理想，一会儿说他的计划还没有最后确定。总之，他不太想买房了，除非刘某愿意在价格上做出巨大的让步。刘某看穿了张某的心思，不肯就范，双方相持不下。

当时，刘某的行期日益逼近，另寻买主已不太可能，但刘某不动声色。当张某再一次上门试探时，刘某说："现在没有心思跟你讨价还价，过半年再说吧，如果那时你还想买我的房子，你再来找我。"说着还拿出了自己的飞机票让张某看。张某沉不住气了，当场拿出他准备好的 40 万元现金。其实，刘某也是最后一搏了，他做了最坏的准备——以 38 万元成交。

⑨ 最后通牒。最后通牒策略是指在谈判双方争执不下，对方不愿接受己方交易条件的情况 下，为了逼迫对方让步，而告知对方如果在一定的考虑期限内不接受己方的交易条件，己方就宣布谈判破裂并退出谈判。

使用最后通牒策略时应注意以下几点。

a．最后通牒的言辞不要过硬。言辞太犀利容易伤害对方的自尊心；而言辞比较委婉易于被对方考虑和接受。

b．最后通牒的时机要恰当。一般是在己方处于有利地位或最后关键时刻才宜使用最后通牒策略。经过旷日持久的谈判，对方花费大量人力、物力、财力和时间，一旦拒绝己方的要求，这些成本将付之东流。这样，对方会因无法担负失去这笔交易所造成的损失做出让步。

c．最后通牒要留有余地。还价中的最后通牒是迫使对方再做出让步的一种手段，并非若对方不接受条件，谈判即告破裂。若经最后较量，对方仍坚守立场，为实现交易，己方也可自找台阶下。

d．最后通牒既能提升也能损害提出一方的议价力量。如果对方相信，提出方就胜利了；如果不相信，提出方的气势就会被削弱。从对方的立场来讲，了解并掌握这一策略也是十分必要的。因为如果不了解最后通牒的奥妙，很可能被对方的虚张声势所迷惑，付出较大的代价。

（2）阻止对方进攻的策略。

① 限制。上级授权、公司政策、财政预算，以及交易的惯例限制了谈判人员所拥有的权利。一个谈判人员的权利受到限制后，可以很坦然地向对方的要求说"不"。如果告诉对方"我没有权利批准这项费用，只有我们的董事长能够批准，但目前他正在国外，联系不方便"，那么，对方就会意识到在这件事上无法让步了。精于谈判之道的人都信奉这样一句名言：在谈判中，受了限制的权利才是真正的权利。也可利用己方在财政方面所受的限制，向对方施加影响，达到防止其进攻目的的一种策略。例如，买方可能会说"我们很喜欢你们的产品，遗憾的是，公司预算只有这么多"。卖方则可以表示"我们成本就这么高，因此价格不能再低了"。向对方说明己方的困难甚至面临的窘境，往往能取得比较好的效果。

当对方要求就某一问题进行进一步解释时，己方可以用抱歉的语气告诉对方："实在对不起，有关这方面的详细资料手头暂时没有，或者没有备齐，因此暂时不能做出答复。"对方在听到这番话后，自然会暂时放下该问题，从而阻止对方咄咄逼人的进攻。

另外，如环境、技术要求、时间因素等方面的限制，也可用来阻止对方的进攻。

经验表明，该策略使用的频率与效率是成反比的。限制策略运用过多，会使对方怀疑己方的身份、能力及谈判诚意。如果对方认为己方不具有谈判中主要问题的决策权或缺乏谈判诚意，就会失去与己方谈判的兴趣。

② 不开先例。不开先例是指谈判当事人为了坚持和实现自己所提出的交易条件而引用对自己有利的先例来约束对方，从而使对方就范，接受自己的条件的一种策略。例如，"你们这个报价，我方实在无法接受，因为我们这种产品售价一直是××元""××公司是我们多年的老客户，我们一向给他们的折扣是 15%，因此，对你们来讲也是一样"。

采用这一策略时，必须注意另一方是否能获得必要的情报和信息来确切证明不开先例是否属实。如果对方有事实证据表明只是对他不开先例，那就会弄巧成拙、适得其反了。

③ 示弱。在一般情况下，人们总是同情弱者，不愿落井下石。示弱者在对方就某一问题提请让步，而其又无法以适当理由拒绝时，就装出一副可怜巴巴的样子，进行乞求。例如，若按对方要求去办，公司必将破产倒闭，或是他本人就会被公司解雇等，要求对方高抬贵手，放弃要求。

④ 休会。谈判对手步步紧逼，己方为避其锋芒，寻求解决之策，可提请休会。

（3）综合性策略。

① 投石问路。利用一些对对方具有吸引力的话题或突发性话题同对方交谈，或者使用所谓的谣言、私讯或有意泄密等手段，借此琢磨和探测对方的态度及反应。投石问路是买方在讨价还价中常用的一个策略。由此通常可以获得一些不易得到的资料，所以，在商务谈判中，该策略经常被采购商所采用。针对对方的报价，不急于还价，而是提出与价格有关的假设条件，请对方回答，以收集对还价有利的情报和寻找还价机会。所投之"石"包括：假如我们订货的数量加倍或减半呢？假如我们与你们签订长期订货合同呢？假如我们以现金支付或分期付款呢？假如我们按 FOB[船上交货（指定装运港）]或 CFR[成本加运费]或 CIF[成本加保险费加运费]的价格条件成交呢？假如工程由我们自己提供材料和工具呢？假如我们成套购买或仅购买主机或零部件呢？假如我们把货物的品质提高呢？假如我们自己提货呢？

通过以上的提问和对方的回答，有利于还价方了解其交易物的生产成本、设备折旧费的分摊方式、生产经营能力、价格政策乃至谈判策略，进而提出有利的还价。

② 抛砖引玉。这一策略的基本做法是在对方询价时，己方不开价，而是举一两个近期的达成交易的案例（己方与其他商家的交易或者市场上的交易），给出其成交价，进行价格暗示，反过来提请对方出价。

运用此策略的目的是将出价的球踢回对方，为己方争取好价格。运用得当，举例真实可信，可给己方带来额外收益，强化己方在谈判中的有利地位；但若提供的成交案例经不起推敲，则己方就有欺诈之嫌，从而使己方处于不利的谈判地位。所以，运用此策略时一定要注意：所举案例的成交价要有利于己方，成交案例与本交易要具有可比性，且需要提供证明材料。

③ 从小处入手。对于大型项目、成套设备和较复杂的交易，可采取分批还价的方式，一般可选择差距小的部分先还价。其好处是，还价相对容易被接受，引发谈判激情，树立谈判信心，了解对手风格。如果谈判出现僵持局面，不妨考虑在"小处"适当做一些让步，然后再对大项目、大金额的部分进行猛攻。例如，某一产品对方报价主机 50 万元，技术费 10 万元，零配件 5 万元，则还价可先从零配件或技术费入手。一旦谈判顺利，再谈主机价格，并且还价收紧，这样，有利于向对方施加压力，巩固谈判成果，取得价格谈判的主动权。

④ 利用竞争。在一些价格构成比较复杂的商品或大型劳务工程项目谈判中，还价一方为了争取最有利的价格和成交条件，可充分利用或制造对手竞争的局面。例如，采用"货比三家"的技巧，使多个卖方主动地做出报价解释，证明其报价及交易条件的合理性。这比单一的还价要有利。又如，在工程项目发包中，采用招标的方法，使各承包商为了战胜竞争对手从而争取中标，除了承诺提高工程质量外，还要尽量压低工程报价。

【案例】

某饭店改建，需要建造一个标准游泳池。该饭店采用招标方式，初步选定甲、乙、丙 3 个承包商。饭店负责人在得到 3 个承包商的标单后，发现每个方案所提供的温水设备、过滤网、抽水设备、装饰材料和价格均不相同。由于技术性强，选择十分困难。饭店负责人最后邀请 3

个承包商于同一天同一时间到达饭店，并在与他们相互认识并了解意图之后，依次进行了谈判。谈判中，甲方告诉饭店负责人：自己建造的游泳池质量最好，乙方通常使用陈旧的抽水设备，丙方信誉不好；乙方告诉饭店负责人：甲方和丙方提供的都是塑料管道，而自己提供的是铜管道；丙方则告诉饭店负责人：甲方和乙方使用的过滤网品质低劣，报价太高……饭店负责人通过这次谈判，达到了以下目的：了解了有关建造游泳池的知识；积累了与承包商还价的经验；最后在要求修改工程预算和施工方案的基础上，选定了价格最低的承包商。

由以上案例可见，利用竞争是行之有效的谈判策略，己方能在谈判中充分掌握主动权。

2.3.3 商务谈判的让步及策略运用

让步或妥协，是商务谈判磋商阶段的普遍现象，并非谈判失败的表现。在讨价还价的过程中，经常会碰到一些棘手的利益问题，当不能采取其他方式协调时，客观恰当的让步，懂得在适当的时机做出妥协来换取己方利益，是最终实现交易目标的一种行之有效的策略。谈判中必须坚持正确的谈判原则，选择适当的让步方式，才能做出有效让步。

1．让步的原则

（1）必要性原则。让步要分清轻重缓急，在最需要的时候让步。让步通常意味着妥协和某种利益的牺牲，做出让步的承诺就要失去一定的利益，不是迫不得已，不要轻易让步。要让对方感到让步的艰难。不要让对方轻易得到己方的让步，哪怕是微小的让步。

（2）互惠性原则。让步要维护己方的利益。让步的根本目的是保证和维护己方的利益：通过让步从对方获得利益补偿；通过让步换取对方更大的让步；通过让步来实现既定利益。

（3）适时有效原则。商务谈判活动是一项复杂性、综合性较强的活动，因此，谈判中的种种让步和妥协事先要有计划地安排，既不能任意打破让步计划，也不能随便退让。让步的时机能够影响谈判的效果。为了在谈判中争取主动，保留余地，一般不要首先在原则问题、重大问题上让步，也不要首先在对方还未迫切要求的事项上让步。如果让步过早，容易使对方认为是"顺带"得到的小让步，这将使对方得寸进尺；如果让步过晚，除非让步的价值非常大，否则将失去应有的作用。一般主要的让步应在成交期之前，以便影响成交机会，而次要的、象征性的让步可以放在最后时刻，作为最后的"甜头"。

（4）竞争性原则。把握交换让步的尺度。谈判中交换让步是一种习惯性的行为，但要注意：一方让步后应等待和争取对方让步，在对方让步前，绝对不要再让步。

（5）可挽回性原则。在商务谈判中，一旦出现让步失误，在协议尚未签订之前，应采取巧妙的方式予以收回，值得注意的是，收回让步一定要坦诚承认，及时收回，不可拖延，以免造成更大失误。

（6）适度性原则。要严格控制让步的次数、频率和幅度。一般认为，谈判中让步的次数不宜过多，过多不仅意味着利益损失大，而且影响谈判者的信誉、诚意和效率；频率也不可过快，过快容易激起对方的斗志；幅度更不可过大，过大可能会使对方感到己方报价的水分大，这样只能使对方进攻更猛烈。

2．让步的方式

在实际谈判中，让步方式没有固定的规定，因为实战中要受到市场供求状况、谈判策略、谈判环境、生产经营等因素的影响和制约。所以，谈判者应根据实际情况，灵活选择各种有效的让步方式。西方学者对让步已有比较深入的研究，他们把常见的让步方式分为8种，各种不同让步方式的含义、特点、优缺点和适用情况如表 2-8 所示。

表 2-8　8 种让步方式分析

让步方式	含　义	特　点	优　点	缺　点	适用情况
坚定型让步	在最后阶段一步让出全部可让利益	开始寸步不让，最后时刻一步让到位，态度果断	开始时向对方传递己方坚定的信念；最后会有险胜感而特别珍惜；给对方强硬又大方的印象	因谈判寸步不让，有可能失去伙伴，风险较大；容易给对方造成己方缺乏诚意的印象	适用于对谈判结果依赖性差、在谈判中占有优势的一方
等额型让步	等额让出可让利益	态度谨慎，步子稳健，挤一步让一步，让步数量和速度均等、稳定	不会让对方轻易占了便宜；便于双方充分讨价还价；与性情急躁或时间紧迫的对象谈判时有利	易使人产生疲劳厌倦感；效率低，谈判成本高；会使对方耐心等待，以获得更大让步	适用于缺乏谈判知识、谈判经验或较为陌生的谈判
递增型让步	让步幅度越来越大	态度软弱，为维持谈判关系牺牲己方利益	不会导致谈判破裂	对方期望越来越高，要求越来越高；导致对方态度强硬；造成己方重大损失	适用于本方处于绝对劣势，又急于获得谈判成功时；原则上不采用
挤压型让步	让步由大到小，逐渐下降，最后让出较小利益	自然坦率，符合商务谈判中讨价还价的规律	顺乎自然，易于接受；有利于促成谈判和局；防止对方获取超限利益	使对方感觉不十分友好；缺乏新鲜感，比较乏味	是谈判中普遍使用的让步策略
竞争型让步	先做出较大让步，然后逐期减让，最后让出很小利益	表示出强烈的妥协意愿，但让步也是有限的	给人以谈判诚意，具有诱惑力；在最后阶段表示出让步已不可能	在谈判前期提高了对方期望，容易使对方得寸进尺	适用于竞争性较强的谈判
憨厚型让步	开始时让步幅度很大，然后大幅度下降，后期出现反弹	给人以软弱老实之感，初期让出大部分利益，二期让出利益很小，三期原地不动，四期让出小利	可能换得对方较大回报；三期打消对方的较大期望，四期又让出小利，显示了诚意，比较艺术	开始表现软弱，会刺激对手得寸进尺；可能在三期对方被拒绝后导致谈判陷入僵局	适用于己方处于劣势，又强烈希望谈判成功的情况
冒险型让步	前两期让出全部可让利益，三期赔利相让，四期讨回赔利相让部分	风格果断诡诈，具有冒险性	开始时具有很大吸引力；三期具有诱惑力	开始时会导致对方期望升高；可能损害己方利益；四期讨回让利时，可能导致谈判破裂	适用于陷入僵局或危难性的谈判和具有丰富谈判经验的人
诚恳型让步	一开始就让出全部可让利益	态度诚恳、务实、坚定、坦率	一开始就亮出底牌，可以诚制胜；给对方合作感、信任感，富有诱惑力；谈判效率高，降低成本	让步操之过急，提高了对方期望；可能损失本来能够获得的利益；对方可能不理解而导致谈判陷入僵局	适用于己方处于劣势或谈判各方之间的关系比较友好的谈判

✎ 【案例】

　　甲与乙正为购买一套昂贵的立体声音响而进行讨价还价，该音响拥有先进的生产技术。因为乙卖的是新产品，乙想看看顾客对这种新产品的反应。假如甲的预算支出是 1500 元，甲第一次出价是 1000 元，第二次是 1400 元，那么，乙不会知道甲能承受的价格是多少。如果甲乙之间是互不信任的对立关系，乙会估计甲实际上能付1600元、1800元，甚至2000元。为什么？因为甲从1000元到1400元的上升幅度太大了。在别人看来，这是一位有钱的买主，所以乙认为甲的出价会超过1500元。假如甲发誓只有1500元，而且这是千真万确的，但是处在明显竞争的讨价还价当中，乙作为卖方是不会相信的，这一点确凿无疑。专家们的经验表明，减价行为的增额乃是真正权限的最精确的气压表。在这种情况下，甲怎样让乙知道他的最高出价是1500元呢？如果甲先出900元，乙拒绝了，接着出1200元，然后升到1350元，过一会儿又升到1425元，然后甲又不情愿地升到1435元……这样就很容易使乙相信甲只有1500元，因为甲不断地把递增幅度减小了。

3．让步的梯度设置

在讨价还价中，谈判者始终在争议价格区内较劲，需要对谈判进程有很好的控制，为了达到自己预期的目的和效果，必须把握好让步的梯度。谈判者应在谈判之前就对怎样让步胸有成竹，暗定计谋，到谈判实践时，再凭借准确的观察和超强的谈判能力，施展心中已有的让步方案。下面举一例进行分析说明：有一位卖主，他准备减价60元人民币，他将采用怎样的让步方式，如何去实施呢？下面，介绍一下如何以不同的让步梯度（见表2-9）达到同一个目的。

表2-9　让步梯度设置　　　　　　单位：元

让步方式	让步梯度特点	预定减价	第一次让步	第二次让步	第三次让步	第四次让步
一次到位让步	一次到位让步	60	0	0	0	60
逐步让步	等额让步	60	15	15	15	15
	递增让步	60	8	13	17	22
	小幅度递减让步	60	22	17	13	8
	中等幅度递减让步	60	26	20	12	2
	大幅度递减让步	60	49	10	0	1
	大幅度递减但略有反弹让步	60	50	10	-1	1
坦诚以待让步	坦诚以待让步	60	60	0	0	0

（1）一次到位让步（0，0，0，60）：坚定型让步。在谈判的前一阶段，谈判一方一直很坚决地不做出任何让步，但到了谈判后期却一次做出最大的让步。这种让步是对那些锲而不舍的谈判对手做出的。如果遇到的是一个比较软弱的谈判对手，可能他早就放弃讨价还价而妥协了，而一个坚强的谈判对手则会坚持不懈，不达目的决不罢休，继续迫使对方做出让步，他会先试探情况，最后争取最高让步。在这种谈判中，双方都要冒因立场过于坚决而出现僵局的危险。这种策略适用于投资小、依赖性差，或在商务谈判中占优势的一方。

（2）逐步让步。这是一种逐步让出可让之利并在适当时候果断停止让步，从而尽可能最大限度地获得利益的策略。这种让步策略在具体操作时又有不同的形式。

①　等额让步（15，15，15，15）：等额型让步。在让步的各个阶段中等额地让出可让利益，让步的数量和速度都是均等、稳定的。国际上将这种挤一步让一步的策略称为"色拉米"香肠式谈判让步策略。

这种策略的优点：对于双方充分讨价还价比较有利，容易在利益均沾的情况下达成协议。由于让步平稳、持久，坚持步步为营的原则，这样不仅使对方不会轻易占到便宜，而且如果遇到对方性急或没有时间长谈的情况则会因此占据谈判上风而获利。

采用这种策略的要求：步步为营，稳扎稳打；态度谨慎，言语适度；不张扬，不胆怯。

采用这种策略时要注意：它不仅效率低，通常还要消耗双方大量的精力和时间，从而使谈判成本增高，而且容易使人产生乏味疲劳之感。由于对方每讨价还价一次都会获得等额的一份利益，如果对方是个有耐心的人，这种让步策略会使他继续期待得到进一步让步。

实际谈判中一般不建议采用这种策略。在缺乏谈判知识或经验的情况下，以及在一些同陌生人进行的不熟悉的谈判中运用这种策略，效果会比较好。

② 递增让步（8，13，17，22）：递增型让步。这种策略是以谈判一方在谈判中每次递增让步幅度的形式实施的。这种让步策略往往会给妥协方造成重大的损失，因为它引导对手相信：只要坚持到底，更令人满意的希望在后头。看着让步越来越大，所挤出的水分越来越多，对方的期望随着时间的推移也越来越大，要求越来越苛刻，态度也越来越坚决，这对于妥协方很不利。这种策略适用于谈判陷入僵局时。

③ 小幅度递减让步（22，17，13，8）：挤压型让步。己方在谈判过程中，让步的额度逐渐减小，这有助于表示出己方越来越坚定的立场和态度，它虽然显示着己方愿意妥协，但是防卫严密，不会轻易做出让步；也提醒对方，他能得到的好处越来越少了。这种策略被普遍使用。

④ 中等幅度递减让步（26，20，12，2）：竞争型让步。这与小幅度递减让步策略基本相似，只是让步梯度的递减比较大一些。它表示出己方妥协的意愿比较强烈，但同时也告诉对方，己方所做出的让步是有限的。在谈判初期，这种做法有提高对方期望的危险。但是随着让步幅度较快减小，己方渐渐趋向于一个坚定的立场之时，危险也就逐渐降低了。这种策略适用于谈判高手。

⑤ 大幅度递减让步（49，10，0，1）：憨厚型让步。这种让步的形态比较危险，谈判一方一开始就做出很大让步，这将会迅速提高对方的期望值，而且这么大的让步也会让其感觉很意外。但是，接着妥协的一方可以拒绝让步，以及最后为达成交易用小小的让步来抵消这种对自己不利的效果，让对方清楚，即便再进一步地讨论也是徒劳无功的。这种策略适用于己方处于劣势，又强烈希望谈判成功的情况。

⑥ 大幅度递减但略有反弹让步（50，10，-1，1）：冒险型让步。这与大幅度递减让步策略极为相似，实际上它就是从大幅度递减让步策略演变而来的。它们的区别在于，谈判一方在拒绝让步时态度极为坚决，反而将其价格又略微升高一些，这是对谈判对手做出的一种对抗或反攻；其后，再次做出一点小小的让步，使对方欣喜若狂，更加珍惜，从而迅速达成交易。这种策略适用于陷入僵局或危难性的谈判和具有丰富谈判经验的人。

【案例】

2011年7月，中国南方某市工艺品公司作为供货方同某外商就工艺品买卖进行谈判。谈判开始后，工艺品公司谈判人员坚持900元（人民币）一件，态度十分强硬，而外商只出700元，且也是毫不示弱。谈判进行了两日，没有取得任何进展。外商提出休会后再谈一次，若再不能取得共识，谈判只能作罢。我方坚决不退让，眼看谈判即将破裂。第三天谈判开始，双方商定最后阶段谈判只定为3个小时，因为没有办法破解僵局，再拖延下去只能是浪费时间。谈判进行了两个多小时仍是毫无进展。

在谈判还剩下最后10分钟时，双方代表已做好了退场准备，这时工艺品公司首席代表突然响亮地宣布："这样吧，先生们，我们初次合作，谁都不愿出现不欢而散的结局，为表达我方诚意，我们愿把价格降至790元，但这绝对是最后的让步。"外商先是一惊，而后沉默了几分钟，就在谈判结束的钟声即将敲响之时，他们伸出了手说："成交了！"

（3）坦诚以待让步（60，0，0，0）：坦诚型让步。在让步阶段的一开始就全部让出可让利益，而在随后的阶段里无可再让。这种让步策略坦诚相见，比较容易使对方采取同样的回报行动来促成交易成功。同时，率先做出大幅度让步会给对方以合作感、信任感。直截了当地一步让利也有益于速战速决，降低谈判成本，提高谈判效率。

采用这种策略时要注意：相较于一次到位让步，有可能失掉本来能够力争到的利益；这种让步操之过急，会使对方的期望值增大而要进一步讨价还价，强硬而贪婪的对方更会得寸进尺，而由于己方可出让利益已经全部让出，因此，在后面的阶段中皆表现为拒绝，这样一来就可能导致僵局。这种方式适用于在谈判中处于劣势或是老客户、双方关系较好时的谈判。

4．让步的策略

（1）先苦后甜。先苦后甜是指在谈判中先用苛刻的条件使对方产生疑虑、压抑等心态，以大幅度降低对方的期望值，然后在实际谈判中逐步给予优惠或让步，使对方的心理得到满足而达成一致。先苦后甜策略的应用是有限度的，在决定采用时要注意避免"过犹不及"，所提出的条件不能过于苛刻，要掌握分寸。

（2）步步为营。步步为营是指谈判者在谈判过程中步步设防，试探着前进。己方做出了一点让步，就缠住对方不放，要求对方也做出让步，以消耗对方的锐气，坚守己方的阵地。使用步步为营技巧应注意：有理有据，使对方觉得情有可原；退让小而缓，使对方感到己方的每一次让步都是做出了重大牺牲。一般情况下，己方做出一次让步后，需坚持要对方也做出一次或多次对等（或是较大）的让步，然后己方才有可能做出新一轮的让步。

（3）唱红白脸。唱红白脸策略就是软硬兼施，唱白脸的人先与对方交锋，他通常强硬刻板，让对手产生极大的反感。当谈判进入僵持状态时，唱红脸的人则表现出体谅对方的难处，放弃己方的某些苛刻条件和要求，做出一定的让步。实际上做出这些让步之后，对剩下的那些条件和要求运用唱红白脸策略，恰恰是原来设计好的必须全力争取达到的目标。红白脸策略往往在对方缺乏经验，很需要与己方达成协议的情境下使用。实施时，扮演"白脸"的，既要表现得态度强硬，又要保持良好的形象；扮演"红脸"的应是主谈，他一方面要善于把握谈判的条件，另一方面要把握好出场的火候。一个人也可以扮演红白脸，比如说："如果我能做决定，我会非常愿意接受你的报价，可是我老板只关心价格。"

（4）声东击西。具体做法是在己方无关紧要的或不成问题的交易条件上纠缠不休、大做文章，通过这些次要问题的让步，在对方不知不觉中保证己方关键利益的实现。例如，对方最关心的是价格问题，而己方最关心的是交货时间。这时，谈判的焦点不直接放到价格和交货时间上，而是放到价格和运输方式上，通过运输方式的让步，满足对方的价格利益要求，同时在对方未察觉的情况下保证了交货时间的有利条件。

【案例】

我国某公司要从日本 A 公司引进一条生产线，在引进过程中双方进行谈判。谈判开始之后，日本 A 公司坚持要按过去卖给某家公司的价格来定价，坚决不让步，谈判陷入僵局。中方为了占据主动地位，开始与日本 B 公司频频接触，洽谈相同的项目，并有意将此情报传播出去。同时通过有关人员向 A 公司传递价格信息，A 公司信以为真，不愿失去这笔交易，很快接受中方提出的价格，这个价格比过去从其他厂商引进的价格低了 20%。

（5）互惠互利。谈判不仅仅有利于某一方的洽谈，一方做出了让步，必然期望对方对此有所补偿，获得更大的让步。

（6）无损让步。无损让步是己方的让步并不减少自己的利益，甚至实际未做任何让步，而对手却感到己方是在让步的技巧。无损让步是谈判的艺术。

2.3.4 商务谈判僵局处理技巧及策略运用

【案例】

福克兰与爱尔兰老妇的交锋

福克兰是美国鲍尔温交通公司的总裁，在他年轻的时候，由于他成功地处理了公司的一项搬迁业务而青云直上。当时，他是该公司机车厂的一名普通职员，在他的建议下，公司收购了一块地皮，准备用来建造一座办公大楼，而在这块地皮上居住的100多户居民都得因此而举家搬迁。居民中有一位爱尔兰老妇人却首先跳出来与机车厂作对。在她的带领下，许多人都拒绝搬走，而且这些人抱成一团，决心与机车厂周旋到底。福克兰对公司说："如果我们通过法律手段来解决这个问题，费时费钱。我们更不能用强硬的手段去驱逐他们，这样我们将会增加许多仇人，即使大楼建成，我们也将不得安宁。这件事还是交给我去处理吧！"福克兰找到这位爱尔兰老妇人时，她正坐在房前的石阶上。福克兰故意在老妇人面前忧郁地走来走去，以引起老妇人的注意。果然，老妇人开口说话了："年轻人，你有什么烦恼？"福克兰走上前去，他没有直接回答老妇人的问题，而是说："您坐在这里无所事事，真是太可惜了。我知道您具有非凡的领导才干，实在可以成就一番大事。听说公司将建造一座新大楼，您何不劝劝您的老邻居们，让他们找一个安乐的地方永久居住下去，这样，大家都会记住您的好。"福克兰这几句看似轻描淡写的话，却深深地打动了老妇人的心。不久，她就变成了全城最忙碌的人。她到处寻觅住房，指挥她的邻居搬迁，把一切办得稳稳妥妥的。而公司在搬迁过程中，仅付出了原来预算代价的一半。

从以上案例可以看出，在谈判进入交锋、妥协等实质性磋商阶段的时候，常常由于某些人为或突发原因，使得谈判双方相持不下，从而产生一种进退维谷的僵持局面。在这种情况下，如果谈判人员不善于找寻产生僵持局面的原因和解决方案，一味地听任其发展下去，就很可能导致谈判的破裂。能否打破僵局，就成为谈判能否继续进行下去的关键。

谈判僵局是指在商务谈判过程中，当双方对所谈问题的利益要求差距较大，各方又都不肯做出让步，导致双方因暂时不可调和的矛盾而形成的对峙，而使谈判呈现出一种不进不退的僵持局面。

在谈判过程中，谈判双方各自对利益的期望或对某一问题的立场和观点存在分歧，很难达成共识，而又都不愿做出妥协向对方让步时，谈判进程就会出现停顿，谈判即进入僵持状态。谈判僵局出现后对谈判双方的利益和情绪都会产生不良影响。谈判僵局会有两种后果：打破僵局继续谈判或谈判破裂，当然，后一种结果是双方都不愿看到的。

因此，要正确对待谈判中的僵局，了解谈判僵局出现的原因，避免僵局出现。一旦出现僵局，能够运用科学有效的策略和技巧打破僵局，重新使谈判顺利进行下去，就成为谈判者必须掌握的重要技能。

1. 僵局的类型

事实上，谈判之所以陷入僵局，并不完全是因为谈判双方存在着不可化解的矛盾，也就是说，谈判本身并不属于那种没有可行性的谈判。通常情况下，没有可行性的谈判会表现为以下3种情况。

（1）客观条件不具备。有些谈判由于客观上不具备履约条件，或虽具备客观条件但不可能达到目的，随着谈判的深入，这个问题就越发明朗化，从而直接导致了谈判的破裂。

（2）谈判的协议区不具备。在谈判中，协议区并不是一开始就非常明朗的，它是一个双方逐步探索的过程，在经过激烈的争论之后，谈判双方可能会发现，他们提出的条件根本没有达成一致的可能，因而谈判陷入僵局并最终导致破裂。

（3）商谈的价值不具备。这种情况的出现，常常由于事前的盲目和冲动导致，在没有做好调查和可行性研究的前提下，匆匆地举行谈判，双方在经过一番唇枪舌剑之后，精疲力竭地发现他们所进行的谈判实属耗资费神、毫无价值，于是悬崖勒马，果断地停止了谈判。

只要没有出现以上 3 种情况，商务谈判出现僵局的原因，一般有因意见分歧引起对立、因感情上的伤害而引起对立和谈判者策略性地故意制造僵局 3 类。

（1）意见性对立僵局。由于只因对某些具体问题的不同认识所引起，所以不管分歧多大，或者通过新的方法，或者寻求双方妥协，创造性地解决意见对立的希望还是很大的。

（2）情绪性对立僵局。谈判过程中，一方的讲话引起对方的反感，冲突升级，出现以牙还牙、唇枪舌剑、互不相让的局面。在这种情况下，由于谈判者感情上的伤害，其破解困难则要大得多。这主要是因为人在遭受屈辱之后，言行很容易走向极端。

（3）策略性僵局。策略性僵局又称人为僵局，一般是由谈判一方刻意制造的，希望借此给对方造成压力而为己方争取时间和创造优势的一种拖延。通常情况下，谈判者往往不愿冒使谈判陷入僵局的风险，因为制造僵局往往会改变谈判者在谈判中的处境。如果运用得当会获得意外的成功；反之，若运用不当，其后果也是不堪设想的。因此，除非谈判人员有较大把握和能力来控制僵局，否则最好不要轻易采用。

2．产生僵局的原因分析

（1）主观、客观上的反对意见。主观反对意见形成僵局，并不一定是由于谈判内容本身造成的，而是谈判对手只从自己本身的立场、爱好、习惯等方面提出意见造成的。人们总是自觉或不自觉地脱离客观实际，盲目地坚持自己的主观立场，甚至忘记了自己的出发点是什么。客观反对意见是谈判对手针对质量、价格、时间等条款提出的反对意见。由于谈判双方都固执己见，因此找不到一项超越双方利益的方案来打破这种僵局而使谈判陷入僵局。

（2）对对方的偏见或成见。这类意见是指对所谈议题提出一些不合乎逻辑或带有强烈感情色彩的意见。对这类枝节问题过于苛求，就会引起对方的强烈不满，造成僵局，甚至使谈判最终失败。

（3）滥施压力和圈套。在商务谈判中，常有人凭借自己的实力或个人争强好胜的性格，以心理战术的研究成果向对方施展阴谋诡计，设置圈套，迷惑对方，以达到平等条件下难以实现的谈判目标。这样就容易造成谈判僵局。

（4）外部环境变化。谈判中由于外部环境突然发生变化，如价格、通货膨胀等因素发生变化时，对已做出的承诺不好食言，但又无意签约，拖延至对方忍无可忍造成僵局。

（5）信息沟通障碍。谈判过程是一个信息沟通的过程，只有双方信息实现正确、全面、顺畅的沟通，才能互相深入了解，才能正确把握和理解对方的利益和条件。但是实际上双方的信息沟通会遇到种种障碍，造成信息沟通受阻或失真，使双方产生对立，从而陷入僵局。

信息沟通障碍是指双方在交流信息过程中由于主客观原因所造成的理解障碍。其主要表现为，由于双方文化背景差异所造成的观念障碍、习俗障碍、语言障碍；由于知识结构、教育程度的差异所造成的问题理解差异；由于心理、性格差异所造成的情感障碍；由于表达能力、表达方式的差异所造成的传播障碍；等等。信息沟通障碍使谈判双方不能准确、真实、全面地进行信息、观念、情感的沟通，甚至会产生误解和对立情绪，使谈判不能顺利进行下去。

（6）谈判人员素质低下。俗话说"事在人为"，谈判人员素质的高低往往成为谈判进行得顺利与否的决定性因素。有些僵局的产生，明显是由于谈判人员的素质欠缺，在使用策略时因时机掌握不好或运用不当，导致谈判进程受阻及僵局的出现。比如，在开局时使用进攻式开局策略，以给对方压力，但出言不逊，被对方抓住了把柄。再如，有时谈判代表不尊重对手，居高临下，傲慢无礼，引起对方反感，彼此不买账，使谈判陷入僵局。因此，无论是谈判人员工作作风方面的原因，还是谈判人员知识经验、策略技巧方面的不足或失误，都可能导致谈判陷入僵局。

（7）谈判一方故意制造。这是一种带有高度冒险性和危险性的谈判策略，即谈判的一方为了试探出对方的决心和实力或故意给对方施加压力而有意给对方出难题，混淆视听，甚至引起争吵，迫使对方放弃自己的谈判目标而向己方目标靠近，使谈判陷入僵局，其目的是使对方屈服，从而达成有利于己方的交易。

3．制造僵局的技巧

制造谈判僵局的技巧有提高要求、小题大做、增加议题和联盟。

（1）提高要求。提高要求是指在商务谈判过程中向对方提出较高的要求并要求对方一定要全面接受。谈判中，当己方向对方提出较高要求时，会出现对方只接受部分条件并要求己方也做出相应让步的情形，如果己方继续坚持自己所提出的较高要求，谈判就陷入了僵局。

（2）小题大做。小题大做是指谈判中己方故意将谈判议题中较小的或不太重要的问题当成较大或重要的问题与对方进行谈判，并一直坚持己方的立场、观点、利益，绝不向对方让步，谈判就会陷入僵局。使用小题大做的关键点是"做"字，一定要下功夫，恰到好处地把小议题"做"大。

（3）增加议题。增加议题是指在谈判中通过不断增加议题数量的方法，加大谈判双方的协商难度，使双方谈判陷入僵局。当己方处于弱势时，应通过不断增加议题，增加协商难度来使谈判陷入僵局，以强化己方在谈判中的实力和地位。

（4）联盟。联盟是指在商务谈判过程中，当己方实力较弱，想与对方谈判但对方不予理睬时，可通过与第三方或多个相关方结成同盟的方式，强化己方的谈判实力和地位，与对方形成非己方不可的谈判僵局。联盟就是把自己变大，坚定信心，增加谈判筹码。

4．打破僵局的策略与技巧

谈判中并不是自始至终都是一帆风顺的，出现僵局也是情理之中的事，谈判的僵局看似"山重水复疑无路"，但只要找出问题所在，是能够"柳暗花明又一村"的。事实上，许多谈判之所以陷入僵局，常常是由于谈判双方在立场、感情、原则上存在着一些分歧，而通过谈判者的努力，打通双方的心理渠道，逾越人为障碍，是能够取得谈判的成功的。而能够巧借谈判僵局促成谈判的谈判代表，往往是商务谈判桌上的高手。

（1）打破意见性对立僵局的技巧。

【案例】

曾有一家大公司要在某地建立一个分支机构，找到当地某电力公司，要求其以低价优惠供应电力，但对方态度很坚决，自恃是当地唯一一家电力公司，态度很强硬，谈判陷入了僵局。

这家大公司的主谈私下了解到电力公司对这次谈判非常重视，一旦双方签订了合同，便会使这家电力公司的经济效益起死回生，避免破产的厄运，这说明这次谈判的成败，对他们来说关系重大。这家大公司主谈便充分利用了这一信息，在谈判桌上也表现出绝不让步的姿态，声称："既然贵方无意与我方达成一致，我看这次谈判是没有多大希望了。与其花那么多钱，倒不如自己建个电厂划得来。过后，我会把这个想法报告给董事会的。"说完，便离席不谈了。电力公司谈判人员叫苦不迭，立刻改变了态度，主动表示愿意给予最优惠价格。至此，双方达成了协议。

在这场谈判中，起初主动权掌握在电力公司一方，但这家大公司主谈抓住了对方急于谈成的心理，要了一个花招，声称自己建电厂，也就是要退出谈判，给电力公司施加压力。因为若失去给这家公司供电的机会，不仅仅是损失一大笔钱的问题，而且这家电力公司面临着破产的威胁，所以，电力公司急忙改变态度，表示愿意以最优惠价格供电，从而使主动权掌握在大公司一方了。这样通过谈判技巧的运用，突破僵局，取得了成功。

在实践中常用的打破意见性对立僵局的技巧有以下几种。

① 借助有关事实和理由委婉地否定对方意见。一般包括以下 4 种具体的处理方法。

a．先肯定，后否定，即在回答对方提出的意见时，先对意见或其中一部分略加承认，然后引入有关信息和理由给予否定。

b．先利用，后转化，即谈判一方直接或间接利用对方的意见说服对方。

c．先提问，后否定，即谈判者不直接回答问题，而是提出问题，使对方来回答自己提出的反对意见，从而达到否定原来意见的目的。

d．先重复，后削弱，即谈判人员先用比较委婉的语气把对方的反对意见复述一次再回答，但复述的原意不能变，文字或顺序可颠倒。

② 求同存异。求同存异，就是撇开双方争执不休的问题，去谈容易达成一致意见的问题。在谈这类问题时要尽量使对方觉得满意，努力创造一种合作的谈判气氛。最后再谈争执的问题，事情可能就好商量一些。避重就轻、转移视线也不失为一个有效方法。有时谈判之所以出现僵局，是因为双方僵持在某个问题上。这时，可以把这个问题避开，磋商其他条款。例如，双方在价格条款上互不相让、僵持不下，可以把这一问题暂时抛在一边，洽谈交货日期、付款方式、运输、保险等条款。如果在这些问题的处理上，双方都比较满意，就可能坚定了解决问题的信心。如果一方特别满意，很可能对价格条款做出适当让步。

运用这种方法时应注意：最好先由对方主动改变话题打破僵局。这说明对方承受的压力比己方大，使己方既可摸清对方的新思路，又可以少做点让步；当经过相当时间的争执或沉默之后，己方没有把握对方会先改变话题，而僵局的持续给己方带来很大的压力时，可采用以下方法打破僵局。

a．说些笑话，缓和气氛。

b．改变付款方式。例如，一次交付；时间不等的分期付款；其他不同的付款方式。只要所付的总和一样，什么方式都可以。

c．另选商谈时间。例如，彼此约定好再商谈的时间，以便讨论较难解决的问题，因为到时可能会有更多的新资料或双方的态度已改变了。

d．改变售后服务的方式。

e．改变交易形态，使互相竞争、对立的情况改变为同心协力。

f．改变合同的形式。

g．确定一些规格或者在条件上稍加修改。

h．让对方有更多的选择余地。即使己方的建议根本不会被对方所选用，也会使一个近乎破裂的谈判缓和下来。

③ 运用技巧直接答复。运用技巧直接答复，一般包括例证法、说服法、合并法、反问法。

a．例证法是指谈判人员通过大量引入事实和数据资料文件，使对方改变初衷或削弱反对意见。

b．说服法就是用具有充分理由的语言使对方心服口服。这就要求谈判人员进入对方的世界中，即站在对方的立场上或背景下进行分析和推理，从关心对方的利益出发，让对方心悦诚服。

c．合并法是指谈判人员将对方提出的各种反对意见概括为一种，或者把几条反对意见放在同一时刻讨论。这样做可以起到削弱反对意见的效果。

d．反问法是谈判人员利用对方的反对意见来反问对方的一种方法。

④ 拖延回答。在谈判中经常会遇到比较棘手的问题而出现僵局，处理这些问题需要时间。因此，对这类问题，拖延一下再回答效果要好些。在下列情况下，一般应拖延回答。

a．不能马上给对方一个比较满意的答复。

b．反驳对方的反对意见缺乏足够的例证。

c．立即回答会使己方陷入矛盾之中。

d．对方的反对意见会随着谈判的深入而逐渐减少或削弱。

e．对方的反对意见离题甚远。

f．对方谈判人员由于心情不佳而提出的一些借口或反对意见。

⑤ 唱好红白脸。先是由唱白脸的人登场，他傲慢无礼、尖刻无比、强硬僵化，让对手产生极大的反感。然后，唱红脸的人出场，以合情合理的态度对待谈判对手，并巧妙地暗示：若谈判陷入僵局，那位"坏人"会再度登场。在这种情况下，谈判对手一方面不愿与那位"坏人"再度交手；另一方面被"好人"的礼遇迷惑，而答应他提出的要求。

运用红白脸技巧时应注意以下两点。

a．攻方主谈或负责人应扮演红脸，在谈判陷入僵局时，找借口暂时回避，让己方白脸代谈，采取强硬立场，从气势上压倒对方，让对方在心理上造成错觉，迫使对方让步，或将对方主谈激怒，使其怒中失态。

b．若已取得预期效果，攻方的主谈即回到谈判桌旁，但不必马上发表意见，而是让己方的"调和者"以缓和的语气、诚恳的态度调和己方白脸与对方的矛盾，实际上也是向己方主谈汇报刚才一段时间的谈判进展情况，以便继续巩固已取得的结果和优势。

攻方的主谈根据此时的情势，以亲切的态度，提出"合情合理"的条件（往往高于或等于原定计划），使对方接受。运用红白脸法，尤其要注意把握时机和分寸，配合默契；否则，会弄巧成拙。在谈判过程中，此法只能在不得已的情况下使用，切不可滥用。

⑥ 幕后交易。幕后交易是指谈判的一方预料谈判会陷入僵局或谈判已陷入僵局，却不想做较大的让步，于是有议定权的决策者转入幕后指挥，而让代理人替其进行谈判，以打破僵局的策略。

运用幕后交易策略时应注意以下几点。

a．选用的代理人的条件要合适，要根据不同的场合和谈判的内容选用适宜担当此任的代理人。代理人若选用失当，差不多可以说是未战先败了。不是所有谈判都可以请代理人的。有些关系全局的重大谈判，必须由有议定权的本人亲自出面。若委托给代理人，将无法达成协议，也会影响谈判的严肃性。

b．代理人进行谈判时，要善于使用权力有限的武器。这样，对方在要求上也不会苛刻，不至于得寸进尺。而且代理人说话顾忌更少，更便于提出要求，即使有时说得不当，最后也可以由有议定权的本人来收场。此外，有时候代理人先进行试探性的谈判，能更好地摸清对方的情况和要求，便于决策者在幕后"拍板"或亲自出马，进一步谈判。况且，即使代理人谈判失败了也不会影响谈判双方的关系。

c．对代理人的授权情况，要视问题的性质、重要程度和代理人的身份与能力而定。

（2）打破情绪性对立僵局的技巧。

【案例】

某种稀有产品是我国的特产，底价每千克 30 美元，外商 P 前来购买，A 是我方代表。第一天上午，外商看了样品、规格，双方初步谈了一下意向；下午，谈判开始，A 提出每千克 38 美元的要价，外商感到吃惊："价格这么高，是不是搞错了？"

"没有，没有搞错！"

在得到确实的回答以后，外商要求降低售价。双方各自陈述理由，谈了半天，价格只降了 1 美元，外商还是不满意，双方就这样僵持着。晚餐的时候传来消息，有一个紧急会议需要 A 去开，以后的谈判委派 B 来接任。

第二天上午，B 面带微笑与外商一起坐到谈判桌旁。他还亲自给外商递过去一杯中国绿茶。外商询问价格，B 笑着说："听说昨天你们已经谈妥，价格是 37 美元。"外商一听，连说："搞错了，搞错了，根本没有达成协议。"接着，再次开始价格拉锯战，到中午时，B 说："这样吧，我们再让 0.5 美元如何？我原来以为你们已经谈妥，我是受命前来商谈其他细节的，价格方面我没有足够的权限，下午 A 会回来。现在要么你同意这个价格，要么你与 A 再谈。"

外商顶了一句："那么 A 是否有决定权？"

"是的，A 有决定权。"

下午，A 没能及时返回，谈判暂停，安排外商游览当地名胜。

第三天上午，A 与外商再次谈判，提出的起价点是 37 美元，外商一听，又急又火："怎么昨天谈的不算呢？""可以，就以 36.5 美元成交！"A 说。

"不，不！你们怎么能指望我出 35 美元以上来买你们的产品呢？"情急之中，外商说漏了嘴，A 立刻抓住时机说："这么说，你愿意按每千克 35 美元的价格成交了？"

外商只好同意，这样，成交价要比底价高 16.7%。

从以上案例可以看出，处理谈判僵局最有效的途径是将形成僵局的因素消灭在萌芽状态。在实践中，常用的打破情绪性对立僵局的技巧如下。

① 休会。谈判出现僵局，双方情绪都比较激动、紧张，会谈一时也难以继续进行。这时，提出休会是一个较好的缓和办法，东道主可征得客人的同意，宣布休会。双方可借休会时机冷静下来，仔细考虑有争议的问题，也可召集各自的谈判小组成员，集思广益，商量具体的解决办法。

在运用休会策略时，应注意以下问题。

a．休会一般先由一方提出，只经过双方同意，这种策略才能发挥作用。要取得对方同意，首先要求提建议的一方把握好时机，看准对方态度的变化。如果对方也有休会的要求，很显然，双方一拍即合。其次要清楚并委婉地讲清需要，一般来说，参加商务谈判的各种人员都是有涵养的，不会回绝这一要求。

b．在提出休会建议的时候，谈判人员不是去休息，而是继续为谈判做准备工作。因此，应讲清休会的时间及休会后再谈的问题，但要尽量避免谈新的问题，先解决了眼前的事情再说。

c．休会期间双方应集中考虑的问题包括：谈判的议题取得了哪些进展？还有哪些方面有待深谈？双方态度有何变化？己方是否应调整一下策略？下一步谈些什么？己方有什么新的建议？等等。

② 运用真挚的感情打动对方。当谈判陷入僵局时，谈判双方因观点不同而出现情绪对立的情况，双方争执不下，谈判的一方可巧妙地运用感情因素和手段，缓和对方的情绪，影响和改变对方的态度及观点，使谈判顺利进行下去或改变对方的观点。

在运用感情策略时，应注意以下问题。

a．态度要诚恳。谈判的成功，不仅依赖于双方利益的互补和均衡，也依赖于双方感情上的融洽一致。诚恳的态度，往往能消除对方的疑虑，增加彼此的信任，削弱彼此的防御心理。

b．要襟怀坦白。襟怀坦白容易引起人们的亲切感和信任感，同时获得对方的尊重和让步。

c．真诚表现出对对方的情义。要显示出"生意不成情义在"的高姿态，这样反而会使对方感到对不起己方，从而主动做出让步。

③ 改变谈判环境。即使做了很大努力，采取了许多办法、措施，谈判僵局还是难以打破时，可以考虑改变一下谈判环境。

谈判室是正式的工作场所，容易形成一种严肃而又紧张的气氛。当双方就某一问题发生争执、各持己见、互不相让，甚至话不投机、横眉冷对时，这种环境更容易使人产生一种压抑、沉闷的感觉。在这种情况下，己方可建议暂时停止会谈或双方人员去游览、观光、出席宴会、观看文艺节目，也可以到游艺室、俱乐部等处娱乐、休息。这样，在轻松愉快的环境中，大家的心情自然也就放松了。更主要的是，通过游玩、休息、私下接触，双方可以进一步增进了解，清除彼此间的隔阂，增进友谊，也可以不拘形式地就僵持的问题继续交换意见，寓严肃的讨论于轻松活泼、融洽愉快的气氛之中。这时，彼此间心情愉快，人也变得慷慨大方。谈判桌上争论了几个小时无法解决的问题，在这儿也许就迎刃而解了。

经验表明，双方推心置腹的诚恳交谈对缓和僵局也十分有效。例如，强调双方成功合作的重要性、双方之间的共同利益、以往合作的愉快经历、友好的交往等，以促进对方态度的转化。在必要时，双方会谈的负责人也可以单独磋商。

④ 利用中间人调节。当出现了比较严重的僵持局面时，彼此间的感情可能都受到了伤害。因此，即使一方提出缓和建议，另一方在感情上也难以接受。在这种情况下，最好寻找一个双方都能够接受的中间人作为调节人。

在这里，调节人可以起到以下作用：提出符合实际的解决办法；出面邀请对立的双方继续会谈；刺激启发双方提出有创造性的建议；不带偏见地倾听和采纳双方的意见；综合双方观点，提出妥协的方案，促进交易达成。

调节人可以是公司内的人，也可以是公司外的人。最合适的调节人往往是和谈判双方都没有直接关系的第三方，一般要具有丰富的社会经验、较高的社会地位、渊博的学识和公正的品格。总之，调节人的威望越高，越能获得双方的信任，越能缓和双方的矛盾，达成谅解。

⑤ 调整谈判人员或改期再谈。当谈判僵持的双方已产生对立情绪，并不可调和时，可考虑更换谈判人员，或者请地位较高的人出面，协商谈判问题。

在更换谈判人员时，应注意以下问题。

a．如果需要撤销前任的于己方不利的允诺，替补者则可用新的主持者的身份，否定前任已做的让步或允诺，要求重新开始。

b．如果需要打破已形成或即将形成的僵局，替补者则可避开原来争吵不休的议题，另辟蹊径，更换议题；也可继承前任的有利因素，运用自己的新策略，更加有力地控制对方，迫使对方不得不做出让步；还可吸收前任的经验教训，改换策略，以调和者的身份，通过运用有说服力的资料、案例，去强调所谓公平、客观标准和双方共同的利益，使大事化小、小事化了，以赢得原已被激怒的对方的好感，为后续谈判的正常化打下基础。

c．如果对方成交心切，有求于己方时，己方即可通过替补者的出现和谈判的从头开始，给对方造成心理上的怕拖、怕变的压力，从而促使对方改变策略，接受原来所不同意的让步，使己方达到谈判的目的。

当谈判一时无法进行下去时，可考虑暂时中止谈判。在双方决定退席之前，可向对方重申一下己方所提的方案，使对方在冷静下来后有充分的时间去考虑。此外，还要明确下次再谈的时间和地点。

⑥ 态度冷静，不为意见不同而争吵。从心理学的角度来看，商务谈判双方的决定都是受理智和感情控制的，在谈判中会出现形形色色的反对意见，其中包括那些不合理的反对意见。在这种情况下，谈判人员一定要谨慎从事，切不可用愤懑的口吻反驳对方的意见。如果对别人的意见采取针锋相对的做法，或者谈判双方对某些议题出现争吵或冷嘲热讽，那么即使一方获胜也难以使对手心悦诚服，对立情绪难以消除，无法达成协议。

（3）打破策略性僵局的技巧。

① 正确辨别僵局性质。对于人为僵局的化解对策，应立足于确定其性质。只有认定该僵局系"人为"范畴，才可以相应措施合理处置，否则会犯错误。例如，A 公司要买 B 公司一台设备，而 C 公司也有同样的设备，为了打击 B 公司，在 A、B 公司进行谈判时，C 公司给 A 公司提供了一个较低而又不是其真实意思表示的价格，即潜在的虚假价格，这使得 A 公司获得了一个成本方面的虚假情报，于是在和 B 公司谈判时，就认为 B 公司在谈判中缺乏诚意，刻意地制造谈判障碍，而使谈判破裂，转而购买 C 公司的产品。因为 C 公司提供的价格过低，所以在生产中偷工减料，造成质量问题，使得 A 公司蒙受巨大的损失。所以，面对此类僵局就需要谈判者具有敏锐的眼光，并掌握大量可靠翔实的资料，善于辨别谈判期间关键情报的真假，这样才不至于因为己方的辨别失误而导致和对自己有利的谈判合作者的谈判以僵局收场，使己方蒙受损失。

② 恰当掌握火候。在人为僵局面前，应对的火候最为关键，火候的处理决定了打破僵局的代价的大小。掌握僵局的火候，基本技巧要注意 3 个方面：僵局延续时间、出手的先后和出手的条件。

a．僵局延续时间。僵局是把"双刃剑"，人为僵局有时会作茧自缚，此特点给时间赋予了力量。当时间延续对己方有利时，即要充分利用它，客观上逼迫对方撤销"戒严令"，恢复正常谈判；当时间延续对己方不利时，要尽力避免拖长。但必须用足自己可以利用的时间。当不够用时，要设法调整谈判日程，调度时间来补充打破僵局的需要，以减缓对手的时间压力。当双方时间、实力相当时，也要正确利用它，主要体现在策略性地使其显得比对方的还长，让其失去信心，主动改变僵持立场；或者先降低姿态，伴装力不如人，让对手先放宽僵局的价码，得手后再追击对手。

b．出手的先后。僵局中的出手就是放出退让条件。出手先后对谈判的主动与被动有很大影响。当"将军"造成僵局时，第一个出手的人应是"被将"的一方，因为他有"短"在"将军"一方的手中，不破解"将"就可能被过早"将死"；当因"勒紧条件"形成僵局时，第一个出手破解的人可以是提出"勒紧条件"的一方，也可以是"被勒紧"的一方，因为要求过分或有意坚守条件才造成僵局。

c. 出手的条件。在破解人为制造的僵局时，出手的条件是体现火候掌握程度的重要标志。出手条件的定位技巧主要反映力度与内容两个方面。

让步的力度，指让步的大小。因为僵局由要求引起，坚持则僵，妥协、让步则和。所以，打破僵局的应对策略中要考虑让步内容和幅度。让步力度一般均不大，仅表示意思而已。即便是在"将军"中的被动僵局，也不能大张旗鼓地去道歉，这样才能给自己留足继续谈判的余地。

例如，在某谈判中，双方因为"勒紧条件"使谈判陷入僵局。在应对该局面时，买方主动让步，但选择的是几个零配件的价格条件，而不是主机或其他较大的交易内容。当卖方与买方就这几个零配件价格达成一致后，气氛骤变。僵持局面荡然而去，双方即刻进入其他科目的谈判之中。该例反映，有多个科目可谈时，可选小的科目，以价值区分大小，来作为打破僵局的突破口。

让步的内容，指让步的方面。应对僵局时的让步内容通常是引起僵局的事由。例如，不敬引起的"将军"，就要在态度上让步；条件引起的僵局，就要在"勒紧条件"上放松。

③ 灵活运用多种方法和策略。除了辨别、掌握火候的处理之外，对付人为僵局还有方法多变的问题，也是解决这类僵局的有效措施。典型的方法有将与反将、退中求进等。力争变被动为主动，以守转攻；或者在被攻时可守也可攻。

a. "将"与"反将"。当"被将"时，可以"反将"对方，来摆脱被动或解除僵局；当"将"对手时，要考虑被对方"反将"的可能，这样方可有效使用"将军"的手段。

例如，在谈判中，双方论述某个条件时，卖方常常会讲："我方产品最具优势，其特点非其他同类商品可比。"买方常常会讲，"只要贵方的产品真正达到我方的要求，我们都是干这行业务的，懂什么是好货。"由于双方利益对立的特性，卖方总想以高价获得较多收益，并少担风险；而买方总想以低价成交——便宜，并获得较多的保证，为的是安全。因此，他们所讲的话不乏食言的时候，于是"将军"的由头与"被将"的把柄自然就产生了。

买方："贵方已讲了贵方产品性能非其他同类产品可比，现在我找到了可比的产品。贵方一定要改善性能。否则，我要再降低价格。"这样把卖方将住，不得到回报不放手，僵局由此而生。

卖方："是否系可比之产品，我方不得而知，我们需要具体的证据。"（不怕陷入僵局）

买方："贵方既是专家，同类商品自应知晓，我手中资料不便公开，但确有可比之产品。"

卖方："同类商品是有的，但是否可比？就我们掌握的情况来看，目前还未发现。如贵方发现了，希望告之，也增长我方见识，以利我方改进。"

此时，卖方已开始从"被将"的态势转入"反将"的态势，要求买方出示真实的可比产品的资料。而买方有两种可能：真拥有可比产品资料和并不拥有该资料。真拥有，就可以出示而摆脱对方的"反将"并支持自己的"将军"；不拥有，就要找遁词，否则，就被迫要"撤将"。对于卖方来讲，仅用了"反将"而不是实际条件摆脱困境。假设买方有资料，势必强化买方"将军"力度，此时谈判又会怎么发展呢？

卖方："谢谢贵方提供的可比商品的资料，我方将认真研究后再答复贵方。我建议先把该问题放一放，先谈别的问题，待他们研究完后再说。"

卖方先躲过锋芒，另辟谈判战场。若买方同意，也等于打破了僵局。若买方不同意转移目标，仍缠住不放，卖方仍可以将买方："既然贵方不愿意改换谈判议题，那么，请贵方先讲出可比产品与我方产品比较之后的看法。"

此话等于将球踢到了买方一边。如果买方认真做过比对，准确掌握了卖方产品的不足之处，那么，卖方无疑将陷入更加被动的局面——临近让条件的地步。如果买方没有认真做过比对或做的比对错误较多——失实或不准确，可想而知，卖方必然会要求等待或抓住不准确的地方予以反驳，其谈判局面对买方不利，那么卖方也意味着破解了僵局。

可见，"反将"的威力很大，在一段谈判中，"反将"的机会也较多，关键在于谈判者会不会捕捉。

b．退中求进。退中求进，指为了摆脱人为僵局而针对性地采取让步措施，同时要求对方做出某种让步的做法。

例如，勒紧条件造成僵局。当谈判任一方想摆脱僵局时均可采用此法。

勒紧条件一方："提出的条件是有道理的，我相信贵方已听明白了，若表述得不够清楚，我愿重复。我方对合作具有诚意，为了使谈判能向前发展，我方可以将原先提出的条件放一放，给贵方一点时间研究，但希望贵方无论如何应给出令我方满意，也体现贵方诚意的答复。"

作为制造僵局的一方，主动打破僵局时，以退求进、让中有求的手法无疑比较主动，既不使自己难堪，又给对方再出难题。

被勒紧条件的一方："贵方提出的要求实在太高了，远远超出了我方的预料。实事求是地讲，我方实在没兴趣去考虑贵方的要求，因为这个结论是显而易见的——不合理。不过，出于对贵方的尊重，出于与贵方交易的诚意，我方可以提出我方自己认为可能的条件，尽管它或许与贵方的期望相差很远，可这个条件反映了我方的努力，我方也希望贵方在这个问题的解决上做出让人信服的努力。"

被勒紧一方在针对对手的压迫让了一步之后，同时又通过反要求在该问题上进了一步。

2.3.5　商务谈判小结与再谈判

1．商务谈判小结

（1）商务谈判小结的目的。商务谈判小结是指谈判过程中双方对已经谈过的内容及双方的立场予以归纳整理的行为。商务谈判小结是谈判过程中的一个阶段，又是谈判的一个手段。商务谈判小结在确认协议点上具有法律作用，在安排分歧点上具有组织作用，因此对谈判双方具有重要意义。

进行商务谈判小结有着十分明确的条件与目的。盲目的小结毫无意义。从大量的谈判实践来看，商务谈判小结的目的有两个：清理谈判和引导谈判。

① 清理谈判。清理谈判是指廓清谈判局势并理出谈判结果的工作。它的作用在于保证谈判不乱，收获不失。

a．廓清谈判局势。参与谈判的人一般都具有一定专业知识，但谁也避免不了因认识、情绪、文化差异等因素的影响而造成的冲突。有时冲突能被谈判高手理智、迅速地解决，有时会固执地推向白热化，使谈判陷入混乱之中。此时通过商务谈判小结廓清局势，对清除混乱有极大的作用。比如，在谈判过程中，常常会有谈判高手借用体育比赛中的暂停手势，让争吵打住，继而提出休息和讨论，以控制场面并廓清谈判局势。

b．理出谈判结果。不论是谈判的议题，还是双方谈判中的沟通、妥协与理解，甚至对方表达的意思、体现的行为，都是谈判的结果。小结就是把这些不同的结果分类整理出来，把对方的妥协记入账，把己方的妥协记支出，把未进行的议题作为后面谈判的任务争取完成。

② 引导谈判。引导谈判是指在明确局势及某些议题或阶段谈判进展的情况下，确定下一步谈判的目标。由于谈判小结为双方所做，它的引导作用可以对一方，也可以对双方。

a．对一方的引导。任何一方都可以从谈判小结中看到谈判的形势，自己的地位、收获，对方的态度、条件，从而对进一步谈判的部署有新依据。当依靠从这些谈判小结获得的认识重新部署自己的谈判条件和策略时，谈判小结就实现了对单方面的引导。

b．对双方的引导。一般来讲，谈判双方在进行小结时，不要求对谈判条件达成共识，但对谈判形势——问题与态度会达成认识上的一致。例如，存在什么分歧及分歧的理由，双方应采取的态度与面临的任务等。这些十分客观的内容也是谈判对手不可回避的问题。清理出这些一致的认识后，也意味着提出了双方共同工作的方向，随后为了解决这些问题，双方谈判的议程也就出来了，谈判小结对双方的引导也就实现了。

（2）商务谈判小结的内容。商务谈判小结的内容是指为达到商务谈判小结的目的所需要的各种构成要素。没有具体内容的谈判小结只能是一个评论，没有意义。一般这些要素包括以下两点。

① 异同点。商务谈判小结异同点是双方谈判达成的协议与存在的分歧。依据谈判小结的阶段与时间，异同点可大可小、可多可少。然而谈判小结要求清理全面，使谈判双方对谈判小结中的谈判成果和谈判形势有客观、完整的认识，遗漏点将成为误会的引子。

② 分歧理由。谈判小结分歧理由是明确双方立场的支撑点。在明确过程中分成两个层次：一是双方明确自己坚持的是什么，为什么坚持，使双方明确无误地了解对方的态度与立场；二是己方的进一步小结将双方的理由予以分析，哪些是站得住脚的，哪些是没有依据的，从而正确客观地认识彼此，正确制定小结后阶段的谈判策略。

（3）商务谈判小结的方式。在商务谈判实践中，谈判小结的方式多种多样，各有优缺点，谈判者可根据需要加以选择使用，以保证谈判小结的质量。

① 口述式。口述式小结就是口头进行的归纳整理工作。该方式简便易行，但要求把握准确性和严肃性。信口开河、随口即改的小结会适得其反。口述式小结有3种不同的做法。

a．声明。口述中的声明是单方引起的清理行为，它旨在使双方思维进入同一方向或阶段，以达到推进谈判的目的。例如，某方说"请安静，我建议暂停××问题的争议，先谈××问题会更好""请打住，议题跑远了，应思考××问题"等。当对方响应了，并同意这么做了，这种声明式的口头小结即告完成。该方式快捷、易见效，不过需要掌握好时机，用词准确，切合双方利益。

b．滤题。口述中的滤题是逐一对所谈内容、状况进行归纳整理的行为。该方式的优点是能全面认识谈判形势，明确双方的进退结果；缺点是不易做到清晰、全面、准确。如果说的没有条理甚至遗漏，或含混不清，都将失去该方式的意义。

c．复核。口述中的复核是对某些重点问题或立场重复表述并要求确认的做法。复核可以主动做，也可以被动做。主动做时是重复或强调某条件、某理由；被动做时则是在解释、说明某条件、某理由；双方共同做时是互相的再次确认。有时复核后可能达成协议，至少明晰分歧所在，它的好处在于针对性强、立竿见影；不足之处是易暴露关注点，有可能增加谈判难度。

② 书面式。书面式小结是以书面形式进行归纳整理的做法。该方式的优点是准确无误；缺点是工作量大，尤其是两种语言时翻译工作量大。书面小结一般又有双方共拟小结文件和单方拟订小结文件两种类型。

③ 板书式。板书式小结是己方谈判时在白板、黑板或纸板上进行归纳整理的做法。该方式活泼、直观，但在运用时容易出错。而且己方做板书和对方做板书时要求是不同的。己方主动走上前做板书小结可以反映能力与自信，但应注意要多写对方承诺及己方要求，写双方达成一致的点或存在的分歧，写的过程中不做理解性的回答，不做讨价还价式的谈论。写板书时应有人配合，以协助审核。对方上台做板书小结反映其主动与自信，但会给己方带来机会，此时

应注意的是及时记录对方板书的小结内容，确切理解对方所写问题的本质，为此常伴有复述式的确认，如"让我重复一下，看贵方是不是此意……""如果我没听错的话，贵方的意思是……"，抓住时机，将模棱两可、可进可退的条件、态度向前推进。

（4）商务谈判小结的时机选择。商务谈判小结的时机选择得当与否，直接影响谈判效果。商务谈判小结时机的选择可按以下 3 种情况酌情选择。

① 按商务谈判进行的时间阶段或场次来选择。谈判阶段有初期、中期、后期之分；谈判场次有上午、下午或晚上之分；有时上下午谈判以中间休息时间为界，再分出两个半场。这些结束点都可以作为小结时机。

② 按谈判议题完成的情况来选择。议题可根据双方协商意见而定。例如，可将交易内容分出大类，如技术、服务、设备合同文本等；还可分出细类，如工艺、工程设计、技术指导和技术培训、合同正文与附件等。这些议题的完成同样可以作为谈判的小结时机。

③ 按谈判气氛及双方的谈判心理动向来选择。例如，谈判过程中紧张时、混乱时、兴奋时或沉闷时，都可以作为小结时机。紧张时的小结可缓解紧张气氛，也给双方以改变立场的台阶；混乱时的小结可澄清混乱的谈判局面，理出谈判头绪；兴奋时的小结可及时收获谈判结果，促进双方继续努力，一鼓作气地完成谈判任务；沉闷时的小结可找到谈判僵持的原因，提出方向，激发斗志，促使谈判继续进行。

2．商务谈判的再谈判

再谈判是指经过小结后的新一轮谈判，是前期谈判的恢复与继续，也是谈判的深入。因此，再谈判会更紧张，难度更大。组织好再谈判是非常重要的。

（1）再谈判的基础。再谈判的基础是指再谈判阶段的前提条件及其影响。再谈判是以过去的谈判为基础的，认识了基础才可以掌握和控制谈判的继续进行。再谈判的组织基础是过去谈判的进度与方向。谈判进度一般分为两种：总体进度，即商务谈判的进展情况，或者说已完成谈判任务的百分比；单项进度，即具体谈判议题完成情况。这两种谈判进度是再谈判阶段组织人力和时间的主要依据。

谈判方向是指通过小结阶段归纳出的异同点及其支撑理由，找出再谈判的目标与路线。目标也就是待解决的分歧点及可能解决的条件。路线则是指再谈判的手法，即再谈判从哪儿开始、到哪儿去，以及怎么谈下去等技术问题。

（2）再谈判的目标。再谈判的目标是指再谈判阶段应实现的谈判任务。从商务谈判组织或者从实现解决剩余分歧的谈判措施来讲，再谈判目标应当是了解对方的最后立场和调整己方的最后立场。两个谈判目标各有不同的谈判要求。

① 了解对方的最后立场。在再谈判中，了解对方的最后立场的常用谈判手法是问出所以然并逼出底牌。只有这样，再谈判才能有效。

问出所以然是指对谈判中的任何问题，无论是否赞同，均要求知道为什么，甚至"要问出为什么的为什么"，只有这样才能弄清哪些是不能考虑的谈判点，哪些是可以考虑但深浅未定的谈判点，哪些是对方准备放弃的谈判点，以及这些答案反映的最后立场。

逼出底牌除了谈判手段要求复杂多变外，还要突出一个"逼"字。"逼"可以通过横竖提要求和拼条件来实现。横竖提要求是在横向上不论谈判何种问题，均要求改善，即横扫对方立场；在竖向上打击某一点，以逼出对方的最后条件。拼条件是对横竖提要求的配合，通过投入条件的交换，逼使对方的最后立场能够显现得更加清晰。说是"拼"，实际上也是"引"，口手并用，逼劲更足。

② 调整自己的最后立场。从谈判的角度来讲，再谈判就是为调整己方的谈判立场找出"为

什么"。相对于原谈判方案，调整存在"调紧"（交易条件更严）与"调松"（交易条件更松）两种可能。当然，也会因原方案极有远见而无须调整。一般调整己方的谈判立场要考虑对方反应和双方实力的对比。如果对方反应弱、改善少，调整力度应小、态度要硬；如果对方反应强、改善多，则调整力度可大、态度可温和；如果对方对抗且无意改善，则可只调整谈判方案而非条件，消除对抗后再看谈判条件。从实力对比来看，如果己方处在"求人"地位又缺乏理由时，调整力度可大些；反之，则小。

知识归纳

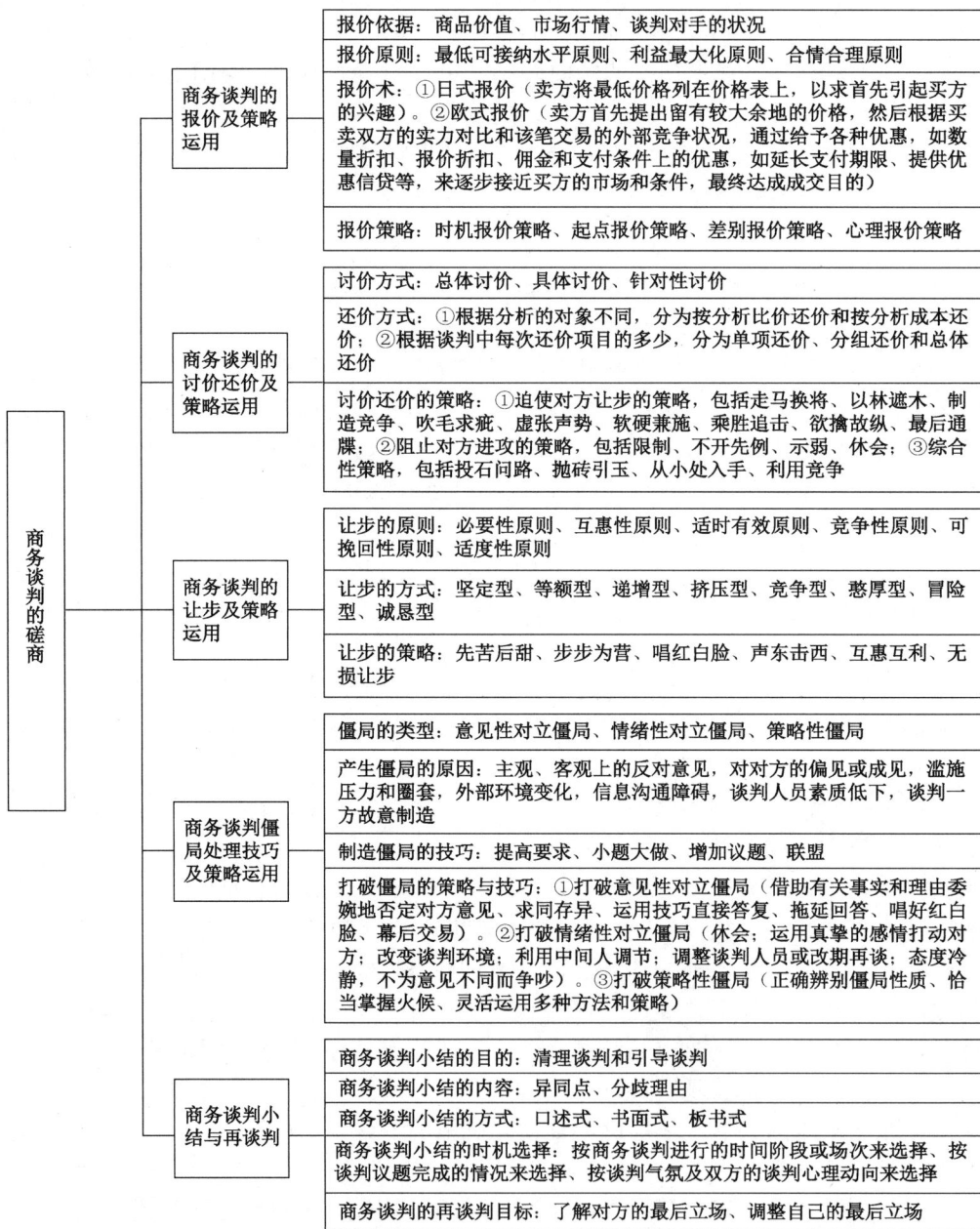

	商务谈判的报价及策略运用	报价依据：商品价值、市场行情、谈判对手的状况
		报价原则：最低可接纳水平原则、利益最大化原则、合情合理原则
		报价术：①日式报价（卖方将最低价格列在价格表上，以求首先引起买方的兴趣）。②欧式报价（卖方首先提出留有较大余地的价格，然后根据买卖双方的实力对比和该笔交易的外部竞争状况，通过给予各种优惠，如数量折扣、报价折扣、佣金和支付条件上的优惠，如延长支付期限、提供优惠信贷等，来逐步接近买方的市场和条件，最终达成成交目的）
		报价策略：时机报价策略、起点报价策略、差别报价策略、心理报价策略
商务谈判的磋商	商务谈判的讨价还价及策略运用	讨价方式：总体讨价、具体讨价、针对性讨价
		还价方式：①根据分析的对象不同，分为按分析比价还价和按分析成本还价；②根据谈判中每次还价项目的多少，分为单项还价、分组还价和总体还价
		讨价还价的策略：①迫使对方让步的策略，包括走马换将、以林遮木、制造竞争、吹毛求疵、虚张声势、软硬兼施、乘胜追击、欲擒故纵、最后通牒；②阻止对方进攻的策略，包括限制、不开先例、示弱、休会；③综合性策略，包括投石问路、抛砖引玉、从小处入手、利用竞争
	商务谈判的让步及策略运用	让步的原则：必要性原则、互惠性原则、适时有效原则、竞争性原则、可挽回性原则、适度性原则
		让步的方式：坚定型、等额型、递增型、挤压型、竞争型、憨厚型、冒险型、诚恳型
		让步的策略：先苦后甜、步步为营、唱红白脸、声东击西、互惠互利、无损让步
	商务谈判僵局处理技巧及策略运用	僵局的类型：意见性对立僵局、情绪性对立僵局、策略性僵局
		产生僵局的原因：主观、客观上的反对意见，对对方的偏见或成见，滥施压力和圈套，外部环境变化，信息沟通障碍，谈判人员素质低下，谈判一方故意制造
		制造僵局的技巧：提高要求、小题大做、增加议题、联盟
		打破僵局的策略与技巧：①打破意见性对立僵局（借助有关事实和理由委婉地否定对方意见、求同存异、运用技巧直接答复、拖延回答、唱好红白脸、幕后交易）。②打破情绪性对立僵局（休会；运用真挚的感情打动对方；改变谈判环境；利用中间人调节；调整谈判人员或改期再谈；态度冷静，不为意见不同而争吵）。③打破策略性僵局（正确辨别僵局性质、恰当掌握火候、灵活运用多种方法和策略）
	商务谈判小结与再谈判	商务谈判小结的目的：清理谈判和引导谈判
		商务谈判小结的内容：异同点、分歧理由
		商务谈判小结的方式：口述式、书面式、板书式
		商务谈判小结的时机选择：按商务谈判进行的时间阶段或场次来选择、按谈判议题完成的情况来选择、按谈判气氛及双方的谈判心理动向来选择
		商务谈判的再谈判目标：了解对方的最后立场、调整自己的最后立场

思考与练习

一、单选题

1. 商务谈判磋商的核心问题是（　　　）。
   A．交易价格　　　　B．商品质量　　　　C．交易条件　　　　D．支付方式

2. 谈判中，一方首先报价之后，另一方要求报价方改善报价的行为称为（　　　）。
   A．要价　　　　　　B．还价　　　　　　C．讨价　　　　　　D．议价

3. 日式报价一般采取（　　　）。
   A．高报价　　　　　B．低报价　　　　　C．中间价　　　　　D．日本价

4. 欧式报价一般采取（　　　）。
   A．高报价　　　　　B．低报价　　　　　C．中间价　　　　　D．欧洲价

5. 磋商中正确让步的方式是（　　　）。
   A．让步幅度由大变小　　　　　　　　B．收回让步
   C．等额让步　　　　　　　　　　　　D．让步幅度由小变大

6. 关于谈判中的僵局，以下说法正确的是（　　　）。
   A．对于谈判人员来说，出现僵局就意味着失败
   B．谈判中出现僵局频率最高的是关于质量问题的协商
   C．谈判者应正确对待僵局、处理僵局
   D．有时恰当地制造僵局可以达到谈判的目的

二、多选题

1. 报价解释的原则主要有（　　　）。
   A．不问不答　　　B．有问必答　　　C．能问不答　　　D．避虚就实

2. 在报价的策略运用上，最佳的报价时机是（　　　）。
   A．开始进行价格谈判时　　　　　　B．对方询问产品效用时
   C．对方产生交易欲望时　　　　　　D．对方询问商品价格时

3. 讨价的方式有（　　　）。
   A．总体讨价　　　B．分项讨价　　　C．弹性讨价　　　D．动态讨价

4. 让步的意义是（　　　）。
   A．是讨价还价中必然的、普遍的现象
   B．本身就是达到谈判目的的一种策略
   C．能把握时机和控制分寸
   D．对方不做让步，己方不做无谓的让步

5. 商务谈判小结的目的是（　　　）。
   A．清理谈判　　　B．准备退出谈判　　C．引导谈判　　D．确定报价

6. 迫使对方让步的策略有（　　　）。
   A．利用竞争　　　B．最后通牒　　　C．投石问路　　　D．吹毛求疵

7. 阻止对方进攻的策略有（　　　）。
   A．权力有限　　　B．不开先例　　　C．财政有限　　　D．休会策略

8. 打破僵局的策略有（　　　）。
   A．休会　　　　　B．幕后交易　　　C．拖延时间　　　D．唱好红白脸

三、思考题

1．价格谈判中影响报价的具体因素有哪些？

2．日式报价和欧式报价有什么区别？分别适用于什么样的情况？

3．先报价和后报价各有什么优势和劣势？

4．如何把握总体讨价策略和具体讨价策略？

5．让步的原则有哪些？让步的方式有哪几种？各有何特点？

6．谈判僵局产生的原因有哪些？如何打破僵局？

7．商务谈判小结的内容有哪些？小结的形式有哪几种？

8．商务谈判的再谈判指的是什么？

✎ 技能实训

任务训练一　商务谈判报价

实训目的

培养学生抓住合适的时机，确定合适的报价起点，运用报价策略与报价技巧，实施报价并探测谈判临界价格。

实训组织

（1）各小组在开局的基础上，确定报价方案。

（2）各小组根据报价方案模拟实施。

实训成果

成果如表 2-10 所示。

表 2-10　商务谈判报价方案表

任　务	主　要　内　容
报价的基础	对方需求： 市场行情： 成本构成：
报价的先后	
报价的起点与时机	
报价的方法	
报价的策略	

实训效果评价

评价标准如表 2-11 所示。

表 2-11　商务谈判报价评价表

评　价　指　标	权　重 （分）	学 生 评 价 （40%）	教 师 评 价 （60%）	备　　注
报价前的信息准备充分	10			
报价基础确定合理，符合实际	20			
报价方式选择得当，遵守报价原则	20			
报价策略的选择与运用恰当	20			
探测到的价格底线接近实际	10			

续表

评 价 指 标	权　重 （分）	学生评价 （40%）	教师评价 （60%）	备　注
团队合作、积极参与、态度认真	20			
得分合计	100			
综合得分 总分=0.4×∑生+0.6×∑师 （满分 100 分）				

任务训练二　商务谈判讨价还价

实训目的

培养学生运用各种策略与技巧进行讨价还价；训练学生能正确对待打破各类谈判僵局，能选择有效的让步方式，推动与控制谈判进程；学会选择适当的方式与时间进行必要的谈判小结。

实训组织

（1）各小组在开局的基础上，确定磋商中的讨价还价（包括让步）方案。

（2）各小组根据讨价还价方案模拟实施。

实训成果

成果如表 2-12 所示。

表 2-12　商务谈判讨价还价方案表

任　　务	主　要　内　容
还价的起点	
讨价、还价的方法	
讨价、还价的策略	
让步方式与设置让步幅度、梯度	
打破僵局的策略与技巧	
谈判小结的方式与时机	

实训效果评价

评价标准如表 2-13 所示。

表 2-13　商务谈判讨价还价评价表

评 价 指 标	权　重 （分）	学生评价 （40%）	教师评价 （60%）	备　注
还价起点确定合理	10			
讨价还价方法、策略选择与运用得当	15			
让步方式的选择与让步幅度、梯度设置科学合理	20			
打破僵局的策略选择与运用灵活得当	15			
谈判小结及时恰当，方式科学合理	10			
团队合作、积极参与、态度认真	30			
得分合计	100			
综合得分 总分=0.4×∑生+0.6×∑师 （满分 100 分）				

 **任务 2.4** 商务谈判的终结

学习目的 ◀

1. 了解谈判的终结方式和结果
2. 掌握促成交易的策略
3. 能判断对方的成交意图并恰当运用成交策略,择机成交

任务描述 ◀

在经过几轮的磋商较量之后,谈判各方的利益分歧越来越小,就交易的各项条款意见逐渐趋于一致,谈判将进入终结阶段。本学习任务内容是,在谈判终结阶段,谈判者准确判断和选择谈判的终结时机,正确地选择谈判的终结方式,适当地运用策略促成最后的交易。

任务实施范例 ◀

2.4.1 商务谈判的终结时机

商务谈判何时终结?是否已到终结的时机?这是商务谈判结束阶段极为重要的问题。谈判者必须正确判断谈判终结的时机,才能运用好结束阶段的策略。错误的判断可能会使谈判变成一锅"夹生饭",使己方付出的大量劳动付之东流;也可能毫无意义地拖延谈判成交时间,丧失成交机遇。谈判终结时机可从以下 4 个方面判断。

(1)从谈判涉及的交易条件来判断。这个方法是指从谈判所涉及的交易条件解决状况来分析并判定整个谈判是否已进入终结阶段。谈判的中心任务是交易条件的洽谈,在磋商阶段双方进行了多轮的讨价还价,临近终结阶段要考察交易条件经过多轮谈判之后是否达到以下 3 条标准,如果已经达到,那么就可判断谈判终结时机已到。

① 考察交易条件中的分歧数。首先,从数量上看,如果双方已达成一致的交易条件占据绝大多数,所剩的分歧数量仅占极小部分,就可以判定谈判已进入终结阶段。因为量变会导致质变,当达到共识的问题数量已经大大超过分歧数量时,谈判性质已经从磋商阶段转变为终结阶段,或者说成交阶段。其次,从质量上看,如果交易条件中最关键、最重要的问题都已经达成一致,仅剩下一些非实质性的无关大局的分歧点,就可以判定谈判已进入终结阶段。谈判中的关键性问题常常会起决定性作用,也常常需要耗费大量的时间和精力。谈判是否即将成功,主要看关键性问题是否达成了共识。如果仅仅在一些次要问题上达成共识,而关键性问题还存在很大差距,是不能判定进入终结阶段的。

② 考察谈判对手的交易条件是否进入己方成交线。成交线是指己方可以接受的最低交易条件,是达成协议的下限。如果对方认同的交易条件已经进入己方成交线范围之内,谈判自然进入终结阶段。因为双方已经出现在最低限度达成交易的可能性,只有紧紧抓住这个时机,继

续努力维护或改善这种状态，才能实现谈判的成功。当然，有时己方还想争取到更好一些的交易条件，但是己方已经看到可以接受的成果，这无疑是值得珍惜的宝贵成果，是不能轻易放弃的。如果能争取到更优惠的条件当然更好，但是考虑到各方面因素，此时不可强求最佳成果而重新形成双方对立的局面，使有利的时机丢掉。因此，谈判交易条件已进入己方成交线时，就意味着终结阶段的开始。

③ 考察双方在交易条件上的一致性。谈判双方在交易条件上全部或基本达成一致，而且个别问题如何做技术处理也达成共识，可以判定终结阶段的到来。首先，双方在交易条件上达成一致，不仅指价格，还包括对其他相关问题所持的观点、态度、做法、原则都有了共识。其次，个别问题的技术处理也应使双方认可，因为个别问题的技术处理如果不恰当、不严密、有缺陷、有分歧，就会使谈判者在协议达成后提出异议，使谈判重燃战火，甚至使已达成的协议被推翻，使前面的劳动成果付之东流。因此，在交易条件基本达成一致的基础上，个别问题的技术处理也达成一致意见，才能判定谈判终结阶段的到来。

（2）从谈判时间来判断。谈判的过程必须在一定时间内终结，当谈判结束时间即将到来，自然就进入终结阶段。受时间的影响，谈判者应调整各自的战术方针，抓紧最后的时间做出有效的成果。时间判断有以下 3 个标准。

① 双方约定的谈判时间。在谈判之初，双方一起确定整个谈判所需要的时间，谈判进程完全按约定的时间安排，当谈判已接近规定的时间时，自然进入谈判终结阶段。双方约定多长时间要看谈判规模大小、谈判内容多少、谈判所处的环境形势，以及双方政治、经济、市场的需要和本企业利益。如果双方实力差距不是很大，有较好的合作意愿，紧密配合，利益差异不是很悬殊，就容易在约定时间内达成协议，否则就比较困难。按约定时间终结谈判对双方都有时间的紧迫感，促使双方提高工作效率，避免长时间地纠缠一些问题而争辩不休。如果在约定时间内不能达成协议，一般也应该遵守约定的时间将谈判告一段落，或者另约时间继续谈判，或者宣布谈判破裂，双方再重新寻找新的合作伙伴。

② 单方限定的谈判时间。随着由谈判一方限定的谈判时间的终结，谈判随之终结。在谈判中占有优势的一方，或是出于对己方利益的考虑需要在一定时间内结束谈判；或是还有其他可选择的合作者，因此请求或通告对方在己方希望的时间内终结谈判。单方限定谈判时间无疑对被限定方施加某种压力，被限定方可以随从，也可以不随从。关键要看交易条件是否符合己方谈判目标，如果认为条件合适，又不希望失去这次交易机会，可以随从，但要防止对方以此向己方提出不合理要求。另外，也可利用对方对时间限定的重视性，向对方争取更优惠的条件，以对方优惠条件来换取己方在时间限定上的配合。如果以限定谈判时间为手段向对方施加不合理要求，会引起对方的抵触情绪，破坏平等合作的谈判气氛，从而造成谈判破裂。

③ 形势突变的谈判时间。本来双方已经约定好谈判时间，但是在谈判进行过程中形势发生突然变化，如市场行情突变、外汇行情大起大落、公司内部发生重大事件等，谈判者突然改变原有计划，如要求提前终结谈判。这是由于谈判的外部环境在不断发展变化，谈判进程不可能不受这些变化的影响。

（3）从谈判策略来判断。谈判过程中有多种多样的策略，如果谈判策略实施后决定谈判必然进入终结阶段，这种策略就叫终结策略。终结策略对谈判终结有特殊的导向作用和影响力，它表现出一种最终的冲击力量，具有终结的信号作用。常见的终结策略有以下两种。

① 最后立场策略。谈判者经过多次磋商之后仍无结果，己方阐明己方最后的立场，讲清只能让步到某种条件，如果对方不接受，谈判即宣布破裂；如果对方接受该条件，那么谈判

成交。这种最后立场策略可以作为谈判终结的判定。己方阐明自己的最后立场，成败在此一举，如果对方不想使谈判破裂，只能让步接受该条件。如果双方并没有经过充分的磋商，还不具备进入终结阶段的条件，己方提出最后立场就含有恐吓的意味，让对方俯首听从，这样并不能达到预期目标，反而过早地暴露己方的最低限度条件，使己方陷入被动局面，这是不可取的。

② 折中进退策略。折中进退策略是指将双方条件差距之和取中间条件作为双方共同前进或妥协的策略。例如，谈判双方经过多次磋商互有让步，但还存在残余问题，而谈判时间已消耗很多，为了尽快达成一致，实现合作，己方提出一个比较简单易行的方案，即双方都以同样的幅度妥协退让，如果对方接受此建议，即可判定谈判终结。

折中进退策略虽然不够科学，但是在双方很难说服对方、各自坚持己方条件的情况下，也是寻求尽快解决分歧的一种方法。其目的就是化解双方矛盾差距，比较公平地让双方分别承担相同的义务，避免在残余问题上过多地耗费时间和精力。

（4）从谈判者发出的信号来判断。收尾在很大程度上是一种掌握火候的艺术。有时一场谈判旷日持久却进展甚微，然后由于某种原因大量的问题会神速地得到解决，双方互作一些让步，而最后的细节在几分钟内即可拍板。一项交易将要明确时，双方会处于一种即将完成的激活状态，这种激活状态的出现，往往由于己方发出成交信号所致。

各个谈判者使用的成交信号是不尽相同的，但常见的有以下几种。

① 谈判者用最少的言辞阐明自己的立场，谈话中表达出一定的承诺意愿，但不包含讹诈的成分。例如，"好，这是我最好的主张，现在就看你的了"。

② 谈判者所提的建议是完整的、绝对的，没有不明确之处。这时，如果他们的建议未被接受，除非中止谈判，否则没有出路。

③ 谈判者在阐述自己的立场时，完全是一种最后决定的语调。坐直身体，双臂交叉，文件放在一边，两眼紧盯对方，不卑不亢，没有任何紧张的表示。

④ 回答对方的任何问题尽可能简单，常常只回答一个"是"或"否"。使用短语，很少谈论据，表明确实没有折中的余地。

⑤ 一再向对方保证，现在结束谈判对他有利，并告诉他一些好的理由。

发出这些信号，目的是使对方行动起来，脱离勉勉强强或优柔寡断的状态，促成谈判达成一致协议。这时应注意，不要过分地使用高压政策，否则有些谈判对手就会退步；不要过分地表示出希望成交的热情，否则对方就会寸步不让，反向进攻。

2.4.2 商务谈判的终结方式及结果

1. 商务谈判的终结方式

商务谈判的终结方式不外乎 3 种：成交、中止、破裂。

（1）成交。成交即谈判双方达成协议，交易得到实现。成交的前提是双方经过多次磋商对交易条件达成共识，对全部或绝大部分问题没有实质上的分歧。成交方式是双方签订具有高度约束力和可操作性的协议书，为双方的商务交易活动提供操作原则和方式。由于商务谈判内容、形式、地点不同，因此，成交的具体做法也是有区别的。

（2）中止。中止谈判是谈判双方因为某种原因未能达成全部或部分成交协议而由双方约定或单方要求暂时终结谈判的方式。当整个谈判进入最后阶段，且解决最后分歧时发生中止，就是终局性中止，并且作为一种谈判结束的方式被采用。中止可分为有约期中止与无约期中止。

① 有约期中止。有约期中止谈判是指双方在中止谈判时对恢复谈判的时间予以约定的中止方式。如果双方认为成交价格超过了原规定计划或让步幅度超过了预定的权限，或者尚需上级部门的批准，使谈判难以达成协议，而双方均有成交的意向和可能，于是经过协商，一致同意中止谈判。这种中止是一种积极姿态的中止，它的目的是促使双方创造条件最后达成协议。

② 无约期中止。无约期中止谈判是指双方在中止谈判时对恢复谈判的时间无具体约定的中止方式。无约期中止的典型是冷冻政策。在谈判中，或者由于交易条件差距太大，或者由于特殊困难存在，双方又有成交的需要而不愿使谈判破裂，于是双方采用冷冻政策暂时中止谈判。此外，如果双方对造成谈判中止的原因无法控制时，也会采取无约期中止的做法。例如，当发生国家政策突然变化、经济形势发生重大变化等超越谈判者意志之外的重大事件时，谈判双方难以约定具体的恢复谈判的时间，只能表述为"一旦政策允许""一旦形势许可"，然后择机恢复谈判。这种中止对谈判最终达成协议造成一定的干扰和拖延，双方均出于无奈，是被动式中止方式。

（3）破裂。破裂是指双方经过最后的努力仍然不能达成共识和签订协议，交易不成，或友好而别，或愤然而去，从而结束谈判。谈判破裂的前提是双方经过多次努力之后，没有任何磋商的余地，至少在谈判范围内的交易已无任何希望，谈判再进行下去已无任何意义。谈判破裂依据双方的态度可分为友好破裂结束谈判和对立破裂结束谈判两种。

① 友好破裂结束谈判。友好破裂结束谈判是指双方互相体谅对方面临的困难，讲明难以逾越的实际障碍而友好地结束谈判的做法。在友好破裂方式中，双方没有过分的敌意态度，只是各自坚持自己的交易条件和利益，在多次努力之后最终仍然达不成协议。双方态度始终是友好的，能充分理解对方的立场和原则，能理智地承认双方在客观利益上的分歧，对谈判破裂抱着遗憾的态度。谈判破裂并没有使双方关系破裂，反而通过充分的了解和沟通，产生了进一步合作的愿望，为今后双方再度合作留下可能的机会。一般提倡这种友好的破裂方式。

② 对立破裂结束谈判。对立破裂结束谈判是指双方或单方在对立的情绪中愤然结束未达成任何协议的谈判。造成对立破裂的原因有很多，如对对方的态度强烈不满，情绪激愤；在对待对方时不注意交易利益实质性内容，较多责怪对方的语言、态度和行为；一方以高压方式强迫对手接受己方条件，一旦对方拒绝，便不容商量而断然破裂；双方条件差距很大，互相指责对方没有诚意，难以沟通和理解，造成破裂；等等。无论何种原因，双方在对立情绪中使谈判破裂毕竟不是好事，这种破裂不仅没有达成任何协议，而且使双方关系恶化，今后很难再次合作。所以，在破裂不可避免的情况下，首先，要尽力使双方情绪冷静下来，不要使用过激的语言，尽量使双方能以友好态度结束谈判，至少不要使双方关系恶化；其次，要摆事实讲道理，不要攻击对方，要以理服人，以情感人，以礼待人，这样才能体现出谈判者良好的修养和风度。

2. 商务谈判的各种可能结果

商务谈判结果可从两个方面来看：一是双方是否达成交易；二是经过谈判，双方关系发生何种变化。这两个方面是密切相关的。根据这两个方面可以得出以下 6 种谈判结果。

（1）达成交易，并改善了关系。双方谈判目标顺利完成，并且实现交易，双方关系在原有基础上得到了改善，促进了今后进一步的合作。这是最理想的谈判结果，既实现了眼前利益，又为双方的长远发展奠定了良好基础。要实现这种结果，双方首先要抱着真诚合作的态度进行谈判，同时谈判中双方都能为对方着想并做出一定的让步。

（2）达成交易，但关系没有变化。双方谈判结果是达成交易，但是双方关系并没有改善，也没有恶化。这也是不错的谈判结果。因为双方力求此次交易能实现各自利益，并且没有刻意去追求建立长期合作关系，也没有太大的矛盾造成不良后果，双方平等相待、互有让步，实现交易成功。

（3）达成交易，但关系恶化。虽然达成了交易，但是双方都付出了一定的代价，双方关系遭到一定的破坏或产生阴影。这种结果从眼前利益来看是不错的，但是对今后长期合作是不利的，或者说，是以牺牲双方关系换取了交易成果。这是一种短期行为，"一锤子买卖"，对双方长远发展没有好处，但为了眼前的切实利益而孤注一掷也可能出于无奈。

（4）没有成交，但改善了关系。正所谓"不打不相识"，虽然在谈判过程中双方未达成交易，但通过双方的交流，促进了彼此的了解，建立了良好的信任关系，为今后双方成功合作奠定了良好的基础。虽然没有实现近期利益，但这也是一个不错的结果。正所谓"放长线钓大鱼"，商场上要站得高看得远，才会有发展的空间。

（5）没有成交，关系也没有变化。这是一次毫无结果的谈判，双方既没有达成交易，也没有改善或恶化双方关系。这种近乎平淡无味的谈判没有取得任何成果，也没有造成任何不良后果。双方都彬彬有礼地坚持己方的交易条件，没有做出有效的让步，也没有激烈的相互攻击，在今后的合作中也有可能进一步发展双方关系。

（6）没有成交，但关系恶化。这是最差的结果，谈判双方在对立的情绪中宣布谈判破裂。双方既没有达成交易，又使原有关系遭到破坏；既没有实现眼前的实际利益，又对长远合作关系造成不良的影响。这种结果是谈判者都不愿意看到的，所以应该避免这种结果出现。当然，在某种特殊情况下，出于对己方利益的保护，对己方尊严的维护，坚持己方条件不退让，并且反击对方的高压政策和不合理要求，虽然使双方关系恶化，但这也是一种迫不得已的做法。

2.4.3 商务谈判的终结策略

1. 谈判终结的技术准备

（1）回顾终结阶段之前的谈判。在交易达成的会谈之前，应进行最后的回顾和总结，其主要内容如下。

① 是否所有的内容都已谈妥，是否还有一些未能解决的问题，以及对这些问题的最后处理方案。

② 所有交易条件的谈判结果是否已经达到己方期望的交易结果或谈判目标。

③ 最后的让步项目和幅度。

④ 采用何种特殊的结尾技巧。

⑤ 着手安排交易记录事宜。

回顾的时间和形式取决于谈判的规模。它可以安排在一天谈判结束后的休息时间里，也可以安排在一个正式会议上。谈判者在对谈判的基本内容进行回顾总结之后就要对全面交易条件进行最后确定，双方都需要做最终的报价和最后的让步。

（2）确定最终报价及最后让步。

① 最终报价。最终报价时，谈判者要非常谨慎。因为，报价过早会被对方认为还有可能做另一次让步，等待再获取利益的机会；报价过晚，会对局面不起作用或影响太小。

为了选好时机，最好把最后的让步分成两步走：主要部分在最后期限之前提出，刚好给对方留下一定的时间回顾和考虑；次要让步，如果有必要的话，应作为最后的"甜头"，安排在最后时刻做出。

② 最后让步。最后让步时，要注意以下 3 点。

a．严格把握最后让步的幅度。

b．最后让步幅度必须足以成为最后成交的标志。在决定最后让步幅度时，主要因素是看对方接受让步的这个人在其组织中的级别。合适的让步幅度是，对较高职位的人刚好满足他维护其地位和尊严的需要；对较低职位的人，以使对方的上司不至于指责他未能坚持为度。

c．最后的让步和要求同时存在。除非己方的让步是全面接受对方的最后要求，否则必须让对方知道，不管在己方做出最后让步之前或还是在做出让步的全过程中，都希望对方予以响应，做出相应的让步。谈判者向对方发出这种信号的方法如下：谈判者做出让步时，可示意对方这是他本人的意思，这个让步很可能受上级的批评，所以要求对方予以相应的回报；不直接地给予让步，而是指出他愿意这样做，但要以对方的让步作为交换。

（3）做谈判记录及整理。在谈判中，双方一般都要做洽谈记录。重要的内容要点应交换后整理成简报或纪要，向双方公布，这样可以确保协议不致以后被撕毁。因为，这种文件具有一定的法律效力，在以后可能发生的纠纷中尤为有用。

在一项长期而复杂、有时甚至要延伸到若干次会议的大型谈判中，每当一个问题谈妥之时，都需要通读双方的记录，核查是否一致，不应存在任何含混不清的地方，这在激烈的谈判中尤为必要。一般谈判者都争取己方做记录，因为谁保存记录，谁就掌握一定的主动权。如果对方向己方出示其会谈记录，那就必须认真检查、核实。因为，如果有错误的记录予以公布，同样具有法律效力，可作为谈判的原始记录存档。因此，在签约前，谈判者必须对双方的谈判记录进行核实。这种核实包括两方面：一是核实双方的洽谈记录是否一致，应认真查看对方记录，将自己的记录与对方的加以比较，若发生偏差，就应加以指出，要求修正；二是要查对双方洽谈记录的重点是否突出、正确。检查之后的记录是起草书面协议的主要依据。

2．谈判终结的操纵

谈判到什么地步可以告一段落呢？照理说，应该是彼此认为对方已经不可能再让步，继续努力亦无济于事时，便开始做出终结谈判的决定。

做最后决定可能凭借事实或直觉判断。重要的是谈判双方对谈判的期望，以及终结谈判的后续事宜。下面提供的 10 个技巧，将有助于和对手最终达成协议。

（1）表现出对终结谈判的积极态度。重复询问对方："既然我们对所有问题都已达成共识，为什么不现在签署协议呢？"

（2）持续询问对方，如不能达成协议，问题何在？或许在对方的回答里，可以找到走出困境的线索。

（3）假定谈判已经顺利达成协议。如果是买方，准备一支笔把协议要点记下来，并询问对方开立支票的日期；如果是卖方，则询问买家货品该送往何处。

（4）和对方商量协议的具体内容，如遣词用字、运送方式等，以示谈判双方在主要议题和价格上已取得共识。

（5）强调如果不即刻达成协议的话，可能会导致一些损失。有些人对能得到什么无动于衷，却非常在意有所损失。例如，假如你是卖方，则可以告诉对方，你提供这么优厚的条件，基本上已经逾越了你的权限，所以如果对方不马上答应，等你老板来了，可能就没这么好说话了。而且，实话说，还有很多人在排队等待这个千载难逢的机会呢！

（6）在要求结束谈判时，更要注意对方的反应，此时，话不宜过多，话太多会让对方觉得你紧张、情绪不稳定，从而对与你即将达成的交易产生疑虑。

（7）反复告诉对方，取得协议是相当明智的抉择。尽量把理由说得更有说服力，还可以提供一项特别的诱因，促使对方提早结束谈判，如赠送折价券、允许分期付款、提供设备等。

（8）以行动表示。业务人员开始动笔填写订单，买方给卖方购货凭证，并相互握手。行动可以具体展现你对达成协议的诚意。

（9）以陈述故事的方式告诉对方，某某人因错失达成协议的机会，以致陷入痛苦的困境，从而衬托双方成交是多么难得。

（10）除非屡遭拒绝，否则不要轻言放弃。

【拓展链接】谈判破裂的正确处理

2.4.4　商务谈判成交的促成

1. 成交机会的把握

谈判双方在谈判了无数个回合后，双方该让步的已经让步了，该减价的也都减价了，此时谈判到了关键时刻，必须把握成交机会。当双方都认为对方已做出了能够做出的让步，再谈下去也不会有什么新结果时，这时成交的机会就到了，谈判也就该结束了。

那么，如何判断对方有成交的愿望呢？主要从以下几个方面考虑。

（1）对方由对一般问题的探讨延伸到对细节的探讨。例如，当向客户推销某种商品时，客户忽然问："你们的交货期是多长时间？"这是一种有意表现出来的成交迹象，要抓住机会明确地要求对方购买。

（2）以建议的形式表示他的遗憾。当客户仔细打量、反复查看商品后，像是自言自语地说："要是再加上一个支架就好了。"这说明客户对商品很中意，但却发现有不理想的地方，但只是枝节问题或小毛病，无碍大局。这时最好马上承诺做一些修改，同时要求与对方成交。

（3）当介绍商品的使用功能时，客户随声附和，接过话来，讲得甚至更具体时，这也是可能成交的信号。这时就要鼓励客户试用一下。例如，当向客户介绍某种研磨器时，对方说："我以前也曾用过类似的，但功能没有这么多，你这款研磨器能打豆浆吗？要是可以的话，每天都可以喝新鲜的豆浆了，还可以节省时间。"接下来就要巧妙接过他的话题了。

（4）当对方的谈判小组成员开始由紧张转向松弛，相互之间会意地点头，用眼睛示意时，这也许就是在表示：我们可以成交了。

2. 促成交易的策略

（1）主动暗示策略。在条件基本成熟时，欲定局一方可以主动向对方做出间接或直接的暗示，然后再进行一些诱导式提问，促使对方签约。

先看间接暗示形式。例如，"请贵方不要错过这次机会，现在订货，我们可以在本月内交货，您需要多少货物？"今年春天来得早，天气早暖，对吗？如果您现在做出决定，我们可以在 3 个月内把冷冻设备安装好。您需要多大的冷冻面积？"

欲定局一方也可以采取直接暗示形式。例如，可以使用这样一些短语："这是我们做出的最后让步，贵方是接受还是不接受呢？"或者"这是我方最后一次提出的不可更改的价格。"这一类言语会直接告诉对方定局的信息，防止对方再进行还盘。当然，这必须选定最恰当的时机，而且应该知道在做出这种定局表示时，对方也是急于做成交易的。否则，当对方向后缩时，己方就不得不用损失自己信用的办法来促成交易了。

总之，在己方做出间接或直接的暗示时，所要做的事情就是把自己摆在一种似乎不可动摇的位置上，应该尽量使用短句和带有结论性的语调，尽可能减少己方的论据，对对方的问题则予以简洁的回答。此外，也可利用肢体语言表明态度，如坐直身子，将文件收拾好，做好准备离去的样子，促使对方做出积极的反应。

（2）提供选择策略。通过提供两种或两种以上的不同选择，引导对方选择成交方案。采用这种策略的目的，是通过把成交的主动权交给对方来促使对方消除疑虑，下定决心，做出定局的决定；运用提供选择策略，可以在不损失己方基本利益的前提下提供给对方各种不同条款的选择方案。例如，"你们需要 200 台还是 300 台彩色电视机？"（数量条款）"你们是决定购买单门的还是双门的电冰箱？"（品种条款）。此外，也可同时提供多项条款的不同选择。例如，"你们可以在以下两种方案中做出选择：一是即时付清货款，商品单价为 450 元；二是延期 2 个月付款，商品单价为 500 元。"这种价格与支付条款的结合，提供了一个与原有方案大同小异且又容易被对方接受的选择方案。

【案例】

选择公平合理的交货方式

某出口商曾就某高级技术设备的交货地点与国外买方发生争执。出口商要求在自己一方的工厂交货，买方则坚持只能在货物交到买方工地后方可接受，其中涉及 3 个遥远的工地。最后，出口商建议先在他的工厂做临时交接，然后在买方的中心仓库进行最后交货。这个建议最后被买方接受了。

买方接受的原因是得到了以下几方面的满足。

（1）从字面上看，比出口商原来的条款有所改进。

（2）维护了进口方的权益，设备只能在运抵买方国后才能作为最后交货标志。

（3）不会引起法律部门的异议，因为这样做基本符合过去其他合同的先例。

买方有权按出口商的检验程序和规格复验。如果设备到达买方中心仓库后 30 天内未能进行复验，应视同交接完毕。

（3）利益劝诱策略。谈判的一方可以通过许诺，答应给对方以某种利益来催促对方接受成交。例如，可以告诉对方："如果现在订约，可以给贵方在现有总价上 2% 的价格折扣"；还可以提前送货，或允许试用等，以诱使对方尽快做出最后决定。

采用这种策略时，一是注意强调这种利益的许诺是与最后的成交紧密联系的，以对方同意成交为条件，通常应安排在最后时刻做出；二是注意这种利益许诺的尺度，一般不宜过大，要使对方感到这是谈判讨价还价之外的优惠；三是注意寻找适当的机会。例如，最后谈判是由对方管理部门的重要人员出面，而不是以前本企业与之洽谈过的一般谈判人员时，采用这种策略的效果会更好，相当于给对方企业高管一个很大的情面，有利于建立双方长期友好的合作关系。

（4）分担差额策略。在谈判的最后时刻，双方如果对一些重要条件仍有分歧，而且这种分歧较难统一时，为了加速交易的达成，双方可通过采取分担差额的技巧来解决最后的难题。分担差额并不一定是从正中分开，可能是 2/3 给自己，而 1/3 给对方。如果己方首先提出这种解决办法的话，那么要确保己方事先一定能得到对方的保证，同意以某种方式向己方靠拢，可以说："为了解决这一问题，如果我们准备以某种方式更靠近你们一点，贵方是不是也准备以某种方式向我们靠拢呢？"如果不这样做，对方就会反用分担差额策略。例如，对方可能会把己方的建议倒过来，对方得 2/3，己方得 1/3，或者提出一半对一半的提议。然后确认己方的新立场，而他们自己则根本不做任何行动上的承诺，一动不动地停留在他们原来的立场上，对己方来说再返回到自己过去的立场上就困难了。因为对方现在已经了解到己方是愿意退让的，靠着坚持不变的方法，他们没准儿会得到更多的利益。一般来说，第一位表明最后要求数字的谈判者会是一位输掉谈判的人。这是因为另外一方会提出另外一些过分的数字，然后提出双方分担差额，从而使最后的解决方案接近于他们所期望的结果。

✎ 【案例】

切勿主动提出折中

A 是一位建筑承包商，他一直在努力寻找改建的工作。B 是一家改建项目发包商。A 在 B 的改建项目招标中有幸中标了，A、B 双方进入了正式谈判阶段。A 方对承包的改建项目报价为 8.6 万元（人民币，下同），B 方还价为 7.5 万元。经过一段时间的谈判，B 方提价到 8 万元，A 方又提出 8.4 万元。A 方有一种强烈的预感，如果自己主动提出折中的话，对方可能会表示同意，那就意味着以 8.2 万元成交。

这时 A 方凭着长期承揽项目的谈判经验，坚持不先提出折中，而让对方提出折中。A 方这样说："好吧，我想不应该就这么完了，我们双方在价格谈判上花了这么长时间，现在价格也非常接近了，如果因为 4000 元的分歧使得谈判破裂，那是我们双方的损失。"由于 A 方不断强调已经花费的大量时间，以及双方之间只有些微小的价格分歧，最后 B 方说："那么，我们折中吧。"这正是 A 方期待的结果。

A 方故意显得有些迟钝，说道："折中，什么意思？""我要 8.4 万元，你给 8 万元。现在你说你会提到 8.2 万元，我听见的是这个意思吗？"

"是的。"B 方说，"如果你能降到 8.2 万元，我们就成交。"这样 A 方就已经改变了 8 万元和 8.2 万元之间的谈判幅度，变成现在的 8.2 万元与 8.4 万元。于是，A 方说："8.2 万元听起来不错，比 8 万元更合适一些。不过，我得同我们的合作伙伴商量一下，看看他们是否同意，我会告诉他们你们的出价是 8.2 万元，看看我们能否成交，明天给你回话。"

第二天，A 方对 B 方说："我的合伙人现在真的很难缠！我本来相信自己能让他们接受 8.2 万元这个价格，而且昨晚我又花了两个小时的时间过了一遍数据。但是他们坚持说如果比 8.4 万元少一分钱，我们都会亏本。但庆幸的是我们只有 2000 元的分歧。"双方又僵持了一会儿，最终 B 方说："这是我们最后一次让步了，双方各让一步吧，8.3 万元。如果贵方接受，我们就签订合同，否则就只好另找承包商了。"最终以 8.3 万元成交。

在这个案例中，由于 A 方始终让 B 方先提出折中，经过了两次折中后，双方让步的比例并不是在正中的 1/2 处。如果希望在价格谈判中占得优势，就永远不要首先提出折中，而是鼓励对方这样做。

在谈判中，若对方试图让己方首先提出折中，己方可以请示上级领导或运用红白脸策略："听起来还算合理，但我没有权利。你给个价格，我回去同我们的人商量一下，看看能否让他们接受。"切记：不要落入"陷阱"，认为折中是公平的事情。

（5）分析机会策略。在定局阶段，一方可以为对方分析签约与不签约的利害得失，并强调现在的时机是有利的。例如，卖方可以向买方分析物价即将上涨的背景，如果拖延时间，迟迟不能成交，这将会给买方或双方造成损失。只要语言得当，不让对方产生受威胁感，就能赢得买方的信赖和感激，从而在物价波动前夕获得大批订单。再如，欲使外商尽快下决心对我国的某个项目或企业投资，可以在定局前分析现在进行投资的环境和条件如何宽松和优惠，投资效率如何高，如果丧失现在投资的良机，将会损失多少利益等，以促使外商尽快定局。

✏️ 【案例】

机不可失，时不再来

意大利某电子公司欲向中国某进出口公司出售半导体生产用的设备，遂派人来北京与中方洽谈。其设备性能良好，适合中方用户。双方很快就设备性能指标达成协议，随即进入价格磋商阶段。

中方："设备性能可以，但价格不行，希望降价。"

意方："货好，价也高，这很自然，不能降。"

中方："不降不行。"

意方："东方人真爱讨价还价，我们意大利人讲义气，就降 0.5%。"

中方："谢谢贵方的义气之举，但贵方价格不合理。"

意方："怎么不合理？"

中方："贵方以中等性能要高等价，而不是适配价。"

意方："贵方不是对我方的设备很满意吗？"

中方："是的，这是因为它适合我们的需要，但并不意味着这是最先进的设备。如用贵方报的价，我们可以买到比贵方设备性能更好的设备。"

由于价格分歧，双方进入休会状态。

休息一会儿后，双方再谈。意方报了一个改善 3% 的价格，中方认为还没有达到成交线，要求意方再降。意方坚决不同意，要求中方还价，中方给出了再降 15% 的条件。意方听到中方的条件，沉默了一会儿。从包里掏出一张机票说："贵方的条件太苛刻，我方难以接受。为了表示诚意，我方再降 2%。贵方若同意，我方就与贵方签订合同；贵方若不同意，这是我明天

14 点回国的机票，按时走人。"说完，站起来就要走，临走时留下一句话："我住在友谊宾馆某楼某号房间，贵方有了决定，请在明日中午 12 点前给我打电话。"

中方在意方离开后，认真研究成交方案，认为 5.5%的降价仍不能接受，至少应降到 7%，也就是还差 1.5%。如何进行再谈判呢？于是，中方先调查明天 14 点是否有飞往意大利的航班或飞往欧洲的航班，以探其虚实，结果没有。第二天早上 10 点左右，中方让翻译给意方宾馆打电话，告诉他，昨天贵方改善的条件反映了贵方的诚意，我方表示赞赏。作为一种响应，我方也可以改变原立场，只要求贵方降 10%。意方看到中方让了 5%，而 10%与其内定价格还有较大差距，但比原来要求的 15%已经有了较大让步，认为可以再谈判了。于是，希望马上与中方见面。中方赶到宾馆，到其房间谈起来，没有太多的寒暄，开门见山。双方认为还有差距，但双方均愿意成交。意方分析：现在汇率变化很快，欧元对人民币汇率不断下降，如果贵方不当机立断，签订合同，说不定明天因汇率原因，可能损失的就不止 5%。中国有句俗话：机不可失，时不再来！中方对市场行情及汇率进行了调查，觉得对方分析得十分有理，但也清楚对方同样急需打开中国市场，便也给意方分析了这次进入中国市场的机会。

只有一条路——互相让步，你多我少，还是我多你少？双方推断：在此之前双方各让了 5%，对等，最后一搏是否也应对等？最终双方同意降 5%的一半，即以降 7.5%成交，双方都把握住了各自的机会。

（6）分段决定策略。为了避免谈判在定局时产生大的矛盾和阻力，可以把谈判的定局工作分段进行，即把需要决定的较大规模的买卖或重要的条件分成几部分，让对方分段决定。例如，"上次我们已经谈妥了交易的主要条件，这次我们又全面讨论了各个条款的情况，下次，我们是否可以讨论合同条款的书写问题？"此外，在大型和高级谈判中，可把重大的原则问题和细节问题区别开来，上层领导洽谈基本原则，中、基层人员洽谈具体、辅助事项，进行原则的落实。分段决定减轻了主谈的压力，真正体现了步步为营的谈判思想，使得复杂的大宗交易可在轻松、和谐的状态下不知不觉地达成。

（7）诱导反对策略。当谈判的一方对交易发生了浓厚的兴趣，但仍犹豫不决时，心中必有某种反对意见。另外，当谈判接近尾声时，意欲成交的一方往往总是要提出某种反对意见，或增加谈判筹码，作为一种成交前的表示。因此，对于另一方来说，只有及时启发、诱导对方尽早说出这些意见，才有可能解决问题，促成交易。运用诱导反对策略的关键，在于正确地认识对方意欲成交前的各种反对的表现形式，以便适时采取行动。

一般来说，对方成交前有反对意见，又不直接说出来的表现形式如下。

① 对交易无任何肯定意见或否定意见，并明确表示暂缓交易。

② 对交易有肯定意见，已产生兴趣，但仍表示要"等一等"。

③ 对方象征性地再次提出以前谈判中提出过或已经基本解决的反对意见。

④ 对方提出自己权力有限，不能决定，要向上级请示。

出现这些情况时，己方可诱导对方说出反对意见，解决对方的反对意见就可以顺利促成交易了。

例如，当对方对交易条件没有提出明确的反对意见时，己方可以提议："如果对方没有反对意见，我们就签订合作协议吧。"这时，对方说："不急，我们还要向上级汇报请示。" 己方就可诱导对方说："你们难道没有决定权吗？"对方回答："那倒不是，只是在价格上已经突破了上级规定的底线，所以需要请示。"己方继续问："除了价格突破了底线，还有其他问题吗？"对方回答："我们希望交货期能够提前一些。"我们可以继续发问："除了这些还有什么问题吗？"

对方说："没有了。"一般最终的意见是对方真正的想法，是成交前必须解决的问题。这时我们基本判断可以用时间来换取价格的优惠。因此，己方可以这样向对方解释："你们订的货物生产周期较长，如果需要提前交货，肯定就得加班加点，生产成本必定增加，因此，价格也要相应增加。基于双方长期合作，我们不再增加此批货物的价格，仍按我们最后商定的价格并提前一周发货，如果同意，就签订合同。"

当然，采用诱导反对策略，有时能够解决问题，促成交易；有时却不一定能够直接解决问题，但它对充分了解对方定局前的真实想法和隐藏的真正动机，进一步促成定局方面仍然有着积极的作用。

（8）循循善诱策略。循循善诱策略是指运用严密的逻辑思维，提出一系列问题，诱导对方对问题做出肯定回答，最后成功地达成交易的一种策略。

【案例】

循循善诱策略的运用

买方："总之，我不需要你们提供的大型卡车，我们需要的是中小型卡车。"

卖方："请问您需要运输的货物平均质量为多少？"

买方："那很难说，两吨左右吧。"

卖方："有时多，有时少，对吗？"

买方："是这样。"

卖方："你们的经营旺季是在冬季，运输地区主要是在丘陵地区吧？"

买方："是的。"

卖方："您在决定购买卡车时，是否主要关注装载量和卡车的使用寿命？"

买方："对，另外价格也要考虑。"

卖方："正是这样，我们前面所说的一切和我这里的一些数字，正好可以说明装载量、使用寿命、价格和收益比例关系……"

买方："让我仔细看一看。"

卖方："怎么样，您现在是否可以做出决定了？"

通过提问的方式让买方进入卖方设计好的思路，这时卖方的提议就像是买方在给自己下命令——这正是我需要的条件，那就购买这种型号的车吧，性价比很高的。

（9）场外交易策略。场外交易策略是指当谈判进入最后结束阶段，双方将最后遗留的个别问题的分歧意见放下，东道主一方安排一些旅游、酒宴、娱乐项目，以缓解谈判气氛，争取达成协议的做法。在谈判后期，如果仍然把个别分歧问题摆到谈判桌上来商讨，往往难以达成协议。场外轻松、友好、融洽的气氛和情绪则容易缓和双方剑拔弩张的紧张局面，轻松自在地谈论自己感兴趣的话题、交流私人感情，从而有助于化解谈判桌上遗留的问题，双方也会很大度地相互做出让步而促成交易。需要指出的是，商务谈判场外交易的运用，一定要注意谈判对手的不同习惯。有的国家的商人忌讳在酒桌上谈生意，所以必须事先弄清楚，以防弄巧成拙。

（10）最后立场策略。谈判者经过多次磋商仍无结果，即阐明己方最后的立场，讲清楚只能让到某种程度，如果对方不接受，谈判即告破裂。一方阐明自己的最后立场，成败在此一举，如果对方不想使谈判破裂，只能让步接受己方条件。

【拓展链接】谈判收尾总结

知识归纳

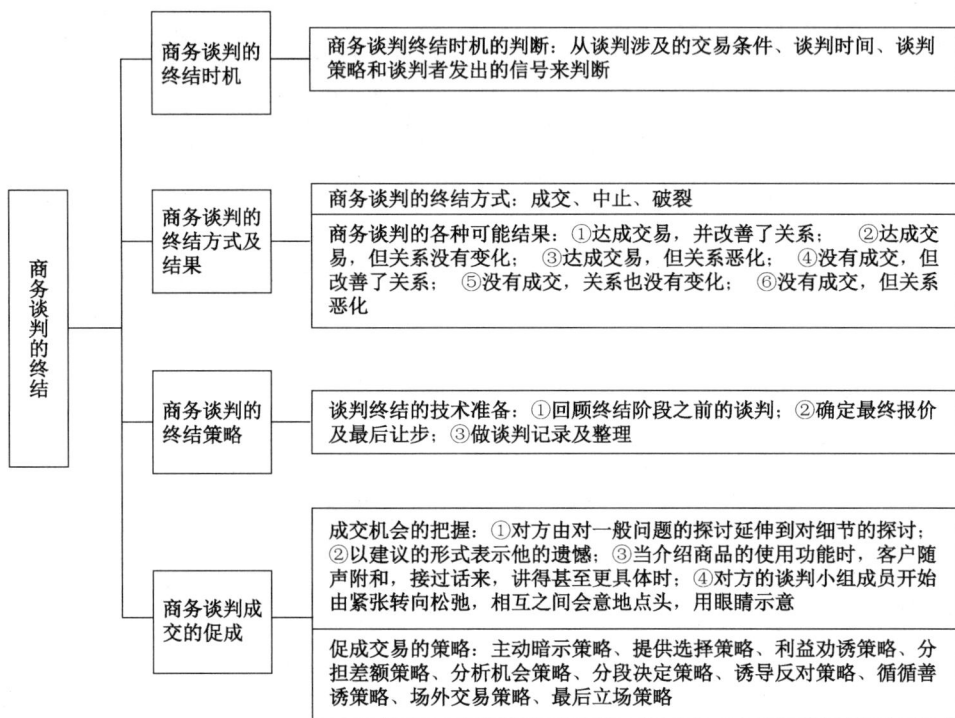

思考与练习

一、单选题

1．谈判不一定都能够以成交圆满结束。因此，谈判者要做好充分的心理准备，从容面对谈判的各种结束形式和可能结果。谈判可能出现的结果有（　　　）。

　　A．成交、破裂　　B．成交、中止　　　C．成交、中止、破裂

2．以下关于谈判中止的说法正确的是（　　　）。

　　A．谈判双方经过最后的努力依然无法达成协议而结束谈判

　　B．谈判双方达成协议，交易得到实现

　　C．谈判双方因为某种原因未能达成全部或部分成交协议而由双方约定或单方要求暂时终结谈判

　　D．中止方式是双方签订具有高度约束力和可操作性的协议书

二、多选题

1．谈判进入成交阶段的主要标志有（　　　）。

A．谈判目标基本实现　　　　　　B．接近谈判约定的时间

C．发出了成交信号　　　　　　　D．使用了最后通牒策略

2．下列各项中，可以判断对方有成交的意愿，谈判人员要注意把握住机会的是（　　）。

A．对方由对一般问题的探讨延伸到对细节的探讨

B．以建议的形式表示他的遗憾

C．当介绍商品的使用功能时，客户随声附和，接过话来，讲得甚至更具体

D．对方的谈判小组成员开始由紧张转向松弛，相互之间会意地点头，用眼睛示意

3．谈判进入结束阶段时，要把握好成交机会。及时促成交易的策略包括（　　）。

A．主动暗示　　　B．提供选择　　　C．分析机会　　　D．利益劝诱

三、思考题

1．如何判定商务谈判的终结？

2．谈判可能出现的结果有哪些情况？

3．促成交易的主要策略及内容有哪些？

4．如何正确处理谈判破裂？

技能实训

任务训练　商务谈判的终结

实训目的

通过模拟谈判，使学生能够准确地判断和恰当选择谈判的终结时机，正确地选择谈判终结方式，运用各种策略技巧，促成交易。

实训组织

（1）各小组在根据前期讨价还价的结果进行磋商之后，设计终结谈判的方案。

（2）各小组根据谈判终结的设计方案模拟实施。

实训成果

成果如表 2-14 所示。

表 2-14　商务谈判终结方案表

任　　务	主　要　内　容
明确尚未得到解决的问题	
各项交易条件的最后确定	
终结谈判的策略与技巧	

实训效果评价

评价标准如表 2-15 所示。

表 2-15　商务谈判终结方案与实施评价表

评 价 指 标	权　重（分）	学生评价（40%）	教师评价（60%）	备　注
谈判终结时机的选择恰当合理	20			
捕捉成交信号准确	20			
成交的策略技巧运用恰当有效	20			
结束谈判的节奏把握恰当，有礼有节	20			

续表

评价指标	权 重 （分）	学生评价 （40%）	教师评价 （60%）	备 注
团队合作、积极参与、态度认真	20			
得分合计	100			
综合得分 总分=0.4×∑生+0.6×∑师 （满分100分）				

任务 2.5　商务谈判合同的签订与履行

学习目的 ◀

1. 掌握商务谈判合同的构成和基本内容
2. 熟悉商务谈判合同的签订过程
3. 了解规避合同风险的方式
4. 掌握有效合同的确认条件
5. 掌握无效合同的处理方法
6. 学会辨别一般的合同风险或陷阱
7. 能按照商务谈判合同要求合理合法地履行义务并处理纠纷

任务描述 ◀

在谈判各方当事人经过磋商达成共识以后，谈判即告结束。如果双方实现成交，谈判的内容及结果就要以一定的法律形式固定下来，为将来各方在交易过程中合理处理相互关系提供可靠的依据，因此谈判各方要签订合同。该合同具有一定的法律效力，对谈判各方在今后的交易合作过程中的行为有一定的约束力。本学习任务的内容是，熟悉商务谈判合同的内容、结构及写作要求，掌握合同履行过程中的各种法律常识，能够采取合理合法的方式进行合同履行中问题与纠纷的处理。

任务实施范例 ◀

2.5.1　商务谈判合同的概念与构成

1. 商务谈判合同的概念

合同又称契约，具有广义和狭义两种含义。广义的合同是指当事人之间订立的发生一定权利和义务关系的协议；狭义的合同专指"当事人之间设立、变更、终止民事关系的协议"。《中华人民共和国合同法》第 2 条规定："合同是平等主体的自然人、法人、其他组织之间设立、变更、终止民事权利义务关系的协议。"作为一种法律行为，合同的订立与履行始终受到法律的保护和监督。

商务合同又称经济合同，它是谈判成果的具体体现，是交易双方为明确各自的权利与义务，以书面形式确立的具有约束力的法律性文件。

2．商务谈判合同的总体构成

商务谈判合同的格式与一般文章一样，由标题部分和行文部分组成，行文部分又因文章的起承转合而相应地分为开头、正文和结尾 3 个行文层次，这 3 个层次又可称为约首、条款和约尾。约首、约尾和合同的其他各项条款一样，也是书面合同的组成部分，具有法律或行政约束力。

（1）标题即合同名称，提示合同的性质和种类。标题的位置在合同首页上方居中的位置。

（2）约首包括需方、供方的单位名称（分别简称为甲方、乙方），签订合同的日期、地点及此项经济活动的目的等（日期、地点不一定要放在约首，也可以放在约尾）。

（3）条款包括开头和主体部分。开头部分又称引言，说明订立合同的目的、根据等，应力求简明扼要。主体部分又称具体内容部分、基本条款部分，写当事人协商一致的内容，形成合同书的正式条文。

（4）约尾实际上是合同的补充条款或是为了工作方便而提供的信息，一般包括下列内容。

① 本合同一式×份，供方×份，需方×份，或供需方上级各×份。

② 合同规定生效和作废的条件与日期。一般规定合同有效期为×年，自合同签订之日起生效，×年×月×日作废或履行完毕时作废；或限期前×月另行协商续订；或根据计划协商续订，或根据生产需要协商续订。

③ 双方单位的地址、电话等信息。

④ 双方单位盖章，应加盖单位章或合同专用章。

⑤ 法定代表人及经办人签名或盖章。

2.5.2 商务谈判合同的签订

1．商务谈判备忘录的撰写

备忘录，顾名思义是商务谈判中用来记录和提示谈判成果及进程的公文，是商务谈判中不可缺少的一种文书。在经济活动中，备忘录的签订往往是解读谈判的重要指南，特别是跨国公司之间签订的备忘录，甚至会对某个行业的发展产生重大的影响。

（1）备忘录的含义和用途。备忘录是一种用来记录有关活动或事务，或就某个问题提出自己的意见及看法，启发或提醒对方以免忘却的记事性文书。备忘录是公文函件中等级比较低的公文。在商务活动中，它一般用来补充正式文件的不足。

备忘录可用于个人事务的记录，也可作为商务谈判或企业合作的记录。

（2）备忘录的特点。

① 事务性。备忘录所记录的事情有两类：一类是如实记录现实中曾经发生过的真相，如商务谈判中双方的承诺、一致或不一致的意见等；另一类是提前记下计划办理的事项，如总经理的要求、重要活动安排等。

② 提醒性。备忘录具有就某件事情提示当事人避免忘却的特性。

（3）备忘录的类型。备忘录可分为以下 3 种类型。

① 个人备忘录。这属于个人事务的备忘录，记录的事情其他人不参与。

② 交往式备忘录。这是记录人际交往活动的备忘录，这种备忘录必须真实地记录各种情况，包括对当事人有利或不利的情况。商务谈判备忘录就是其中的一种。

③ 计划式备忘录。这是一种提醒将来要做什么事的备忘录。

（4）备忘录的结构。

① 标题。商务谈判备忘录的标题通常有两种写法：一种直接写文种名称，即"备忘录"；另一种由单位、事由和文种组成，如"××公司与××集团公司合作开发机电产品会谈备忘录"。

② 正文。商务谈判备忘录正文一般有3个要点：导言、主体和结尾，分别介绍如下。

a．导言。导言部分记录谈判的基本情况，包括双方单位名称、谈判代表姓名（与外商谈判需注明国别），会谈时间、地点、项目等。

b．主体。主体部分记录双方谈判情况，包括讨论的事项、一致或不一致的意见和观点、做出的有关承诺。主体内容的记录类似于意向书的写法，通常采用分条列项式记录。

c．结尾。备忘录一般不另写结尾。

③ 落款。由参加谈判的各方代表签字认可并标明时间。

（5）备忘录注意事项。

① 注意商务谈判纪要与商务谈判备忘录的区别。一是效力不同。商务谈判纪要一经双方签字，就具有一定的约束力；而商务谈判备忘录没有约束力，只起提示备忘的作用。二是内容不同。商务谈判纪要中记录的主要是谈判双方达成的一致意见；而商务谈判备忘录中所载的则不一定是谈判达成的一致意见，可能是为了下一次谈判、洽谈或磋商而提示的问题。

② 内容要翔实、具体而完备。商务谈判备忘录应当完整地记录前期谈判的所有内容，记录取得的一致意见和已达成一致意见的项目，以备日后查阅。因此，遗漏和省略任何项目都是一种错误或失误。

③ 语言要朴实、客观、准确。商务谈判备忘录是一种商务公文，因此语言要力求精练、客观，一般用第三人称记录，不能夸大其词，也不能有推测和揣摩之意，同时，此类文本也无须过多华丽辞藻的修饰，做到准确、客观、朴实即可。

2．商务谈判合同的签订过程

合同的签订过程，就是双方当事人对合同内容进行相互协商、谈判取得一致意见后订立合约的过程。合同的签订过程，从法律上可分为订约提议（要约）和接受提议（承诺）两个主要步骤。

【拓展链接】要约与承诺

从谈判的实践情况来看，在谈判的最后签约阶段，谈判人员应严格按照以下程序操作。

（1）最后回顾及整理谈判记录。商务谈判后，首先要进行谈判内容的最后回顾，双方整理好谈判记录，查对无误后由双方共同确认。经确认的记录是起草书面协议（合同）的主要依据。

（2）正式起草谈判书面协议（合同）。谈判双方意见达成一致后要签订书面协议（合同），把谈判结果以书面形式的正式文件确定下来，作为以后双方实施交易的依据，所以谈判协议也叫成交确认书。协议将严格规定各方的权利和义务，保障双方的权益和交易的顺利进行。因此，协议条款的起草必须认真仔细，要求表述准确，内容全面，不允许有产生歧义的可能，更不允许疏忽或遗漏，以免出现后患。在正式签字前应对协议（合同）的文本进行审核，要注意文本内容与谈判结果、谈判记录是否一致，还要注意文本与附件在内容上是否一致。若发现有不一致之处，应及时沟通或重新磋商，给予纠正，务必使协议文本能真实地反映谈判的结果。

（3）确定签署人。签署人的选择主要出自对协议（合同）履行的保证，在签订一般的交易协议（合同）时，签署人的确认分为以下 4 种情况。

① 成交金额不大、内容一般的协议（合同）由业务员或部门经理签署。

② 成交金额较大但内容一般的协议（合同）由部门经理签署。

③ 成交金额大且内容又很重要的协议（合同）由公司经理签署。

④ 涉及政府政策或涉及面较广的协议（合同）由政府代表、企业代表共同签署。

签署人应出示由企业最高领导人签发的授权书，若签署人就是最高领导人，则要证实其身份。对签署人的确认是己方在协议阶段借以保护自身利益的最后机会，若对对方某些情况有疑问，则应设法调查了解，或要求对协议（合同）进行公证，以免上当受骗。

（4）正式签署协议（合同）。商务谈判的协议（合同），一般只要经过双方授权签署人签字即可。签署重大协议（合同）时，还要举行签字仪式，有时还邀请高级领导及媒体新闻界人士参加。

商务合同是对当事人具有约束力的法律性文件，也是履约过程中解决矛盾纠纷的主要依据。因此，谈判双方都必须非常重视合同的签订，不仅要严肃认真地讨论每一个条款，还要慎重地对待签合同的最后阶段。因为，在合同签订的最后阶段，每个漏洞都有可能影响合同的实际履行，进而造成无可挽回的损失。所以，在合同签订的过程中，应遵照以上程序进行，并且还要特别注意以下 10 个主要问题。

① 要确认双方当事人是否具有签约资格，特别是代理谈判。

② 双方确认按照相关事项拟成的条款，是否与订立合同的目的相符。

③ 订立合同的条款要符合有关法律规定和要求。

④ 确定的合同条款，其内容不得违反我国法律和社会共同利益。

⑤ 合同的违约责任条款必须明确、具体。

⑥ 对对方提出的免责条款要慎重研究，弄清其范围，才能表示是否同意。

⑦ 仔细拟定适用的法律条款和仲裁条款。

⑧ 进行跨国商务谈判时，要注意协议里中外文本的一致性。

⑨ 要认真细致地检查细节性条款的具体内容，不能出现任何差错。

⑩ 举行签字仪式时，要注意工作流程中的相关礼仪。

3. 签约仪式的程序与礼仪

【案例】

谈判中国旗该怎么摆放（悬挂）

小李大学毕业后在南方某家公司工作。由于其踏实肯干、业务成绩突出，即将被提升为业务经理。最近，小李同美国一家跨国公司谈妥一笔大生意，双方在达成协议之后，决定正式为此举行一次签约仪式。小李眼看成功在望，就派工作人员准备签约仪式。工作人员准备了签字桌、双方国旗等，并按照中国"以左为上"的做法把美国公司的国旗放在签字桌的左侧，将中方国旗摆到签字桌的右侧。当美方代表团来到签约场地时，看到这样的场景立即拂袖而去，一场即将达成的生意临场变卦。总经理很生气，小李的提升计划也被搁浅。

原因何在？签约仪式的场所布置应符合一定的礼仪规范。摆放、悬挂双方国旗时，右为客方国旗，左为本国国旗。本案例中，本来到手的生意因国旗摆放错位导致对方误解而告吹，实在遗憾；小李因对签约礼仪不够重视而没有得到提升，实在可惜。

谈判过程的最后阶段是签约，签约也有一定的礼仪和规范需要遵循。

（1）签约的方式。签约包括以下 3 种方式。

① 直接签约：是指双方法人代表针对洽谈达成的协议直接签订合同的方式。大部分交易都采用这种方式。

② 指定签约：是指第三人在取得一方代表就某项交易的委托授权证明后，按照委托书的授权范围签订合同的方式。

③ 会议签约：是指双方法人代表或法人委托人就某项交易进行洽谈并达成协议后签订合同的方式。有时主管部门征得所属企业的同意，也可在会议上代其签订协议。

（2）签约的准备。签字过程是整个协议或合同签署仪式的重点，它时间不长，但往往比较正式，程序规范，气氛庄重、热烈。在签约仪式前，应做好文本的准备工作，包括定稿、翻译、校对、印刷、装订等，还包括签字笔、吸墨器等工具，指派助签人员，安排洽谈仪式程序和其他有关细节。正式参加签约仪式的一般是各方参与谈判的全体人员，有时还邀请各方的高层领导出席，以示正式和庄重。签约仪式的场所布置应有所考究，符合一定的礼仪规范。

（3）签字仪式的正式程序。

① 签字仪式正式开始。有关各方人员应按礼宾次序进入签字厅，主签人员入座后，各方人员按身份顺序入位排列。

② 各方的助签人员协助签字人员打开文本，用手指明签字位置。

③ 双方代表各在己方的文本上签字。

④ 助签人员互相交换对方签署的合同文本，双方代表再在对方文本上签字。

⑤ 互相签字之后，双方再互换文本。

⑥ 各方签字人员应紧紧握手，互致祝贺。另外，还可现场相互交换各方刚才使用的签字笔以示纪念。其他随行人员则应以热烈的掌声表示喜悦和祝贺。

⑦ 共饮香槟酒互相道贺。交换已签的合同文本后，有关人员，尤其是签字人员，应当场碰杯，共饮香槟酒，这是国际上通行的用以增添喜庆色彩的做法。最后，还要在签字厅合影留念。

⑧ 退场。首先请双方最高领导退场，然后请客方退场，主方最后退场。主方人员应将客方人员送至电梯口或大楼门口，握手道别，目送其离开。

⑨ 如安排了新闻发布会，签字仪式结束后，双方也可共同接受媒体的采访。

（4）签字厅的布置。可将会议室、洽谈室、会客厅临时改成签字厅。签字厅布置应该整洁庄重。将长方形签字桌（或会议桌）横放在签字厅内，台面摆设绿色台布；座椅应该根据签字方的情况来摆放。签署双边合同时，在正面对门的一边就座，除桌椅外，其他家具陈设则可免去（见图 2-6 和图 2-7）。

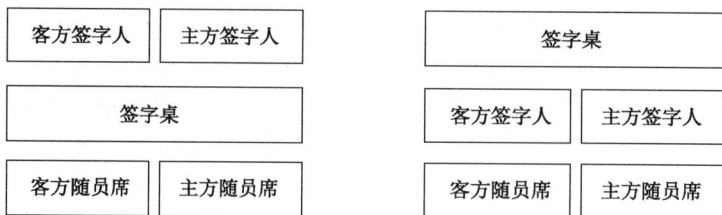

图 2-6　签署双边合同时的座次安排一

签字席

签字桌

签字各方所有人员席

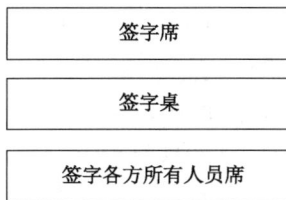

图 2-7　签署双边合同时的座次安排二

（5）签约的禁忌。签约是谈判的最后一个环节，如果把握不好，就可能使洽谈前功尽弃。因此，要特别注意签约的 6 个禁忌。

① 协议不完整，存在矛盾、漏洞或有含糊之处。

② 文本有错漏，翻译不准确，印刷、装订不好，正本数量不够。

③ 签约的助签人员没有做好准备，文具、物品准备不充分。

④ 双方参加签约仪式的人员，尤其是主签人员不对等。

⑤ 签约仪式的场所布置不庄重，准备仓促，座次安排不规范，国旗倒置或悬挂不同比例的国旗。

⑥ 签约的顺序颠倒、程序错漏等。

4. 商务谈判合同风险的规避

（1）合同担保。合同担保是指合同双方当事人的一方或第三方以确保合同的切实履行为目的，应另一方要求而采取的保证措施，这是促使合同得以全面履行的法律手段。

① 保证担保。保证担保是指保证人与合同当事人一方达成协议，由保证人担保当事人一方履行合同义务的全部或一部分。当债务人不履行被保证的义务时，债权人有权向保证人请求履行或赔偿损失。保证担保是由第三方以连带承担赔偿责任的形式来保证义务方履行合同的行为。

② 定金担保。定金担保是指合同的一方为了证明合同的成立和确保合同的履行，向对方预先支付一定的金额。定金的数额由双方协商交付总金额的一定比例或一定绝对数额的货币。如果给付定金的一方不履行经济合同，则失去定金的所有权，无权要求偿还定金；而接受定金的一方如果不履行谈判合同，按照对等原则，则应当双倍偿还定金；如果双方均有过失，从而使合同无效，则原数退还定金。

③ 留置权担保。留置权是依照合同规定，合同当事人一方因合同关系而留置对方当事人的财物，作为担保合同履行的一种方式。实践中，这种担保表现为运输企业、仓储保管企业在对方不按期或不如数缴纳费用时有权留置义务方财物，超过偿付费用期限后可以变卖，费用从所得中清偿，多余的必须退还给对方。留置权这种担保形式，在运用时必须有明文规定，不得随便使用。

④ 抵押权担保。抵押权又称质权，是当事人一方或第三人为履行合同向对方提供的财产担保。当负有合同义务的一方不履行义务时，权利人可以在法律许可的范围内，变卖义务人事先提供的抵押物以清偿价款；若有剩余，则退给抵押人或存于银行，由抵押人领取；不够给付应当清偿的数额时，权利人有权让负有清偿义务的一方补足。我国很少采用抵押权这种担保形式，但在国际经济交往中较为普遍采用。

⑤ 违约金担保。违约金就是指当一方当事人不履行或不适当履行合同，必须给违约者一种经济制裁时，付给对方的一定数量的货币资金。违约金担保是一种强制性担保，只要一方有不履行合同的行为，即使对方没有受到损失，也要按照法律合同的约定支付违约金。

（2）合同鉴证。合同鉴证是指有关合同管理机关根据双方当事人的申请，依据国家法律、法令和政策，对商务谈判合同的合法性、可行性和真实性等进行审查、鉴定和证明的一种制度。合同双方当事人在签订合同后，根据自愿原则，有鉴证的要求，就可以在协议签订地或合同履行地的工商行政管理部门提出鉴证申请。若仅有一方当事人要求鉴证，程序也相同。

申请鉴证也可以委托他人办理。当事人双方或一方向鉴证机关申请鉴证的同时，要提供一系列证明材料，以便鉴证人审查。这些材料包括谈判合同的正副本、营业执照正副本、签约企业法定代理人或委托人的资质资格证明及其他有关材料。在办完以上手续后，鉴证机关开始对合同进行鉴证，经过审查，符合鉴证条件要求的，即予以鉴证。

（3）合同公证。合同公证是指公证机关根据当事人的申请，依法对谈判合同进行审查，证明其真实性、合法性，并赋予法律上的证据效力的司法监督制度。合同的公证，对保护当事人的合法权益、预防纠纷、防止无效合同、促进合同的履行具有重要作用。

🌸【拓展链接】如何辨别与防范合同订立中的"陷阱"

5. 商务合同有效成立的条件与无效的确认、处理

（1）商务合同有效成立的条件。一切商务活动都是以契约为中心来进行的。商务契约又称商务合同，我国也称为经济合同。商务合同一经依法成立，当事人就要承担履行合同规定的义务和责任，否则就构成违约行为，各国法律对此都有相应的规定。

商务合同依法有效成立，应具备以下几个条件。

① 当事人必须具备订立经济合同的行为能力。《经济合同法》明确规定，订立合同的双方当事人必须是具备正常行为能力的自然人或法人。如果当事人是自然人，那么应当是成年人，而且不是被法院剥夺或限制行为能力的人；如果当事人为法人，则应当是法人代表或经法人代表授权的人。只有在这种情况下订立的经济合同才能依法成立。

② 合同的内容和目的必须合法。《经济合同法》同时规定，凡是不符合法律要求的合同都是无效合同。凡属违反国家法律、违反国家政策和国家利益或公共社会利益的合同都是无效的。

③ 合同签订的程序和手续必须合法。《经济合同法》明文规定，只有在当事人双方自愿的基础上，本着平等协商的原则签订的合同才能成立。如果一方采取欺诈或威胁的手段让对方签订合同，则所签订的合同属于无效合同。

④ 合同双方应当等价有偿。所谓等价有偿是指合同双方的当事人既享有一定的权利，也承担相应的义务；而不是某一方只享受权利，不承担义务，或者享受的权利大于承担的义务，存在权利与义务的不对等。对于某些单方拟订的"霸王条款合同"，即使是在双方表面自愿的情况下签订的，也可以视为无效合同。例如，某企业劳动合同中明确规定本企业因工作需要可能随时加班，加班不超过 2 小时不得计算加班费。这显然属于霸王条款，这样的合同即使签了，也应该是无效的。

（2）无效商务合同的确认。一般而言，凡未完全满足商务合同有效成立条件的合同都属于无效合同。按照我国《经济合同法》的规定，下列 4 类商务合同无效。

① 违反国家法律、政策法令的经济合同。超越经营范围、违反法定形式、主体不合格等的合同均属违法合同。例如，非金融单位以合同形式对外从事放贷业务，其合同属于违反国家政策规定的合同。

② 采取欺诈、胁迫等手段签订的经济合同。欺诈是指当事人一方故意制造假象或隐瞒真

相，使对方当事人在造成错觉后签订合同的行为。从表面上看，这种合同是在双方自愿的情况下签订的，但实质上却是一方使用欺诈手段，而对方在毫不知情的情况下被动签订的，故属于在欺诈行为下所签订的合同。胁迫是指当事人一方使用暴力或威胁手段，强迫对方签订合同的行为。在这种情况下签订的合同属于无效合同。

③ 代理人超越代理权限或以代理人的名义同自己或同自己所代理的其他人签订的合同。代理关系是一种法律关系，代理人与被代理人之间相互享有权利和承担义务；代理人享有代理权，其代理权以授权范围内的事项为限，代理人的行为不得超越代理权的范围。

为了维护被代理人的合法权益，防止代理人以代理身份为己谋私，凡是以被代理人的名义同其本人签订的合同都属于无效合同；此外，同一代理人同时以两个被代理人的名义签订的合同，也属于无效合同。

④ 违反国家利益或社会公共利益的经济合同。国家利益和社会公共利益从本质上讲是一致的，但两者又有些微差别。国家利益具有全局性、整体性特点，一般在对外经济合同中涉及。例如，以倒卖出口许可证为由签订的合同，就属于违反国家利益的合同。而社会公共利益通常具有局部的或对内的特点。例如，餐饮店与地沟油加工商签订的购销合同，就属于违反社会公共利益的合同。

经济合同无效的确认权，属于人民法院和工商行政管理部门，其他单位或个人无权确认。经济合同一经确认无效，其规定的权利和义务即无效，没有履行的不得履行，正在履行的立即终止履行；属于部分无效经济合同的，其无效部分终止履行。

（3）无效商务合同的处理。经济合同一经确认无效，应从两个方面对其进行处理：一是对无效经济合同所引起的财产后果进行处理；二是对无效经济合同中的违法单位和个人进行处理。

① 对无效经济合同所引起的财产后果的处理。

a. 返还财产。经济合同被确认无效后，当事人依据该合同所取得的财产是不合法的，法律不承认也不保护，所以应返还给对方。如果原物不存在，则应按原物价值赔偿损失。

b. 赔偿损失。经济合同被确认无效后，要根据过错责任原则，有过错的一方赔偿对方因此而受到的经济损失。如双方都有过错，则各自承担相应的责任。

c. 追缴财产收归国库所有。这是指将故意违反国家利益或社会公共利益所签订的经济合同的当事人已经取得的财产收归国库所有。如果属于一方故意，故意的一方应将从对方取得的财产返还给对方，非故意的一方已经从对方取得或约定取得的财产，则应收归国库所有。如果双方都是故意的，则应追缴双方已经取得的或约定取得的财产。

d. 代理人自行负责。代理人违反法律要求而代签的经济合同，其财产后果由代理人自己承担，被代理人不承担责任。

② 对无效经济合同中的违法单位和个人的处理。

根据《经济合同法》的有关规定，对无效经济合同所涉及的违法或犯罪行为的单位和个人，应区别不同情况，采取不同的方式予以处理。

a. 对有一般违法行为的单位和个人，应给予经济上的制裁或行政上的处分。

b. 对于订立假经济合同或倒卖经济合同，或利用经济合同买空卖空、转仓渔利、非法转让、行贿受贿，以及其他危害国家利益和社会公共利益的违法行为及无照经营、擅自扩大经营范围、违反国家政策和计划，错误性质严重，但尚未构成犯罪的违法行为，应予以停业、罚款、吊销许可证或执照等行政处罚。

c. 对那些严重危害国家利益和社会公共利益，要追究刑事责任的个人，应移交公安、检察机关查处。

2.5.3 商务谈判合同的履行

【案例】

合同履行的重要性

周先生是国内一家知名电子材料生产企业的销售人员，最近瞄准了一家全球知名的跨国公司客户，经过一个多月的接触和多次谈判，双方签订了长期供货合作协议，周先生非常高兴，因为这是一个十分难得的优质大客户。周先生打算以出色的服务维护好这个大客户，10天以后，该客户的第一个订单传真过来，对方要求的交货期是自下订单当日算起两周后的月底，周先生想到这是重要客户，要做好一切服务，于是提前一周送货上门。送货后的第四天，该公司采购部给周先生发来一份传真，传真写的是要求周先生所在公司支付仓储费用及其他人工费用共11780元，理由是周先生所在公司提前送货，没有按照合同的规定执行，给对方增加了额外费用和麻烦。

1. 商务谈判合同的履行原则

商务谈判合同的履行是指合同当事人双方实现或完成合同中规定的权利和义务关系的法律行为。合同双方当事人要正确履行合同规定的义务并享受相应的权利，必须遵循实际履行、适当履行、协作履行及情势变更原则。

（1）实际履行原则。实际履行又称实物履行，是指当事人必须严格按照合同所规定的标的来履行。合同写的是什么标的，就一定要交付什么标的，不能故意更换标的而用其他物品、款项代替，也不能折合现金来代替。只有当实际履行在事实上已经不可能或不必要时，或者法律规定一方违约只要赔偿损失的情况下，才能仅以偿付违约金、赔偿金作为补偿，但这并不能视为代替履行。例如，在货物运输合同中，因承运方的过错，运输过程中货物丢失、短少或损坏，承运方就只能按实物的实际损失价值赔偿。不可能再以实物来履行时，才可以免除原标的履行。在贯彻实际履行原则时，应该从实际出发，不可过分机械地执行该原则。例如，在购销合同中，某些季节性强的产品，如电风扇、雨具等，供方未能按期交货，已过了销货旺季，此时供方的继续履行对需方不仅没有实际意义，还会造成积压浪费，需方可只要求供方偿付违约金、赔偿金，而不再要求交货。

（2）适当履行原则。适当履行原则是指当事人按照合同规定的标的，按质量、数量、期限、地点、方式、价格和包装要求等，用适当的方法全面履行合同。义务人不得以次充好，以假充真，否则权利人有权拒绝接受。当事人只有按合同的这些规定去切实履行，才是全面完成了合同任务；没有按规定去履行合同每一项条款的行为，都是违约行为。

（3）协作履行原则。协作履行原则是指当事人双方要团结协作、互相帮助来完成经济合同规定的任务。谈判合同当事人双方各自有其规定的经济权利和经济义务，具体的经济利益也有所不同，但订立经济合同的目的则是互惠互利，愿望是一致的。因此，当事人不仅要按实际履行原则和适当履行原则承担自己的义务，还应对另一方当事人履行义务表示关心，并提供方便和帮助，进行必需的督促和检查，对可能引起合同履行障碍的行为要及时提出和制止。如果在履行过程中发生分歧，双方要按照法律和合同的规定及时协商解决，避免扩大分歧而影响合同的履行。

（4）情势变更原则。情势变更原则是指合同有效成立后，因为某些不可归责于双方当事人的原因导致情势发生重大变化，致使继续履行合同会显失公平，因此当事人可请求法院或仲裁机构变更或解除合同的原则。

2．买卖双方的履约责任

（1）卖方的履约责任。

① 交付货物。卖方必须按合同规定全面履行交付货物的责任。要求所交付的货物的品质、包装和数量及交付货物的方式、地点和时间必须符合合同的规定，符合适用的法律和双方在合同中采用的或公认的国际惯例，以及双方在实践中形成的习惯做法。

② 移交与货物有关的单据。向买方移交单据是卖方的履约责任。货物单据往往是买方提取货物、办理有关检验手续、缴纳税费、向承运人或保险公司请求属于其责任范围内的损害赔偿必不可少的文件。卖方移交单据的时间、地点、方式按合同规定严格执行。

③ 转移货物所有权。卖方出售货物，收取货款，有责任把货物的所有权通过一定的程序转移给买方。

（2）买方的履约责任。

① 支付货款。支付货款是买方的主要责任。买方必须按照合同规定的时间、地点、付款方式支付货款。

② 受领货物。根据合同的规定，当卖方交付货物时买方应及时受领货物。如果因买方的疏忽或公然拒不受领货物而给卖方造成了经济损失，买方必须承担赔偿责任。

（3）合同履行中应注意的事项。尽管谈判者对合同做了十分周到的考虑，但在合同的执行过程中总会有一些无法预料的事情发生，这时就要本着"互相了解、互相信任、互惠互利、长期合作"的精神，来做好合同的履行工作。

① 履行合同条款的权利和义务时一定要注意时效性，防止和规避出现违约现象，出现问题应及时调整，化解风险。

② 合同一旦签订生效，应交合同管理部门及具体相关部门，按时履行合同条款所规定的义务。对出现违反合同条款的情况及时通知企业负责人。

③ 加强验收手续。无论是货物贸易、服务、咨询，还是工程竣工等均应严格执行验收手续，同时以书面形式保留验收资料。

3．商务谈判合同的变更

合同的变更，是对原订合同的内容进行修改或补充。它是指合同在没有履行或没有完全履行之前，由于实现合同的条件发生变化，合同关系的当事人依据法律规定的条件和程序对原合同的某些条款进行修改或补充。

（1）当事人协商一致，可以变更合同。在一般情况下，在进行合同的变更前必须双方协商一致，并在原来合同的基础上达成新的协议。在协议未达成以前，原合同关系仍然有效。法律、行政法规规定变更合同应当办理批准、登记等手续的，依照法律规定执行。

（2）当事人一方有权请求人民法院或仲裁机构变更或撤销合同的情况：因重大误解订立的；在订立合同时显失公平的；一方以欺诈、胁迫的手段或乘人之危，使对方在违背真实意愿的情况下订立的合同。

4．商务谈判合同的解除

（1）合同的解除方式。

① 协议解除。协议解除是指当事人双方经过协商同意将合同解除。合同的解除取决于当

事人双方意思表示一致，而不基于当事人一方的意思表示，也不需要有解除权，完全是在一个新的合同中约定解除原合同。

② 行使解除权。解除权是指当事人在合同中约定，合同履行过程中出现某种情况时，当事人有解除合同的权利。

③ 法院裁定。在遵循情势变更原则解除合同时，由法院裁决合同解除。有下列情形之一的，当事人可以解除合同。

a. 因不可抗力致使不能实现合同目的。

b. 在履行期限届满之前，当事人一方明确表示或以自己的行为表明不履行主要义务。

c. 当事人一方延迟履行主要义务，经催告后在合理期限内仍未履行。

d. 当事人一方延迟履行义务或有其他违约行为致使不能实现合同目的。

e. 法律规定的其他情形。

（2）合同解除的法律效力。合同解除后，尚未履行的，终止履行；已经履行的，根据履行情况和合同性质，当事人可以要求恢复原状、采取其他补救措施，并有权要求赔偿损失。

除法律另有规定或当事人另有约定外，债权人可请求损害赔偿的范围，不仅包括债务人不履行的损害赔偿，还包括因合同解除而产生的损害赔偿。因合同解除产生的所应赔偿的损害一般包括：债权人订立合同所支出的必要费用；债权人因失去同他人订立合同的机会所造成的损失；债权人已经履行合同义务时，债务人因拒不履行给付义务给债权人造成的损失；债权人已经受领债务人的给付物时，因返还该物而支出的必要费用。

【案例】

某旅行社和王先生签订了去内蒙古旅游的合同，王先生交纳了全部团费。合同对住宿的约定是，住蒙古包一晚，住三星级酒店三晚。合同签订后的第四天，由于未能招揽到足够的游客，旅行社取消了团队行程。旅行社通知王先生，请他随另一家旅行社去内蒙古旅游，并且住宿已经变更为住蒙古包两晚，住三星级酒店两晚。王先生拒绝了旅行社的要求，并向旅游管理部门投诉。

旅行社在两个方面违反了《中华人民共和国合同法》的规定：一是旅行社转让合同义务时，没有取得旅游者王先生的同意；二是转让后的旅游合同对原合同住宿标准和档次做了实质性的改变，旅行社的违约显而易见。

5. 商务谈判合同的转让

谈判合同除了可以变更和解除外，还可以转让。谈判合同的转让，并非转让合同本身，而是指合同主体的转让，具体地说，就是合同中一方当事人由于某种原因退出原来的经济法律关系，在征得原合同当事人同意并不变更合同内容、条款的情况下，可将合同规定的权利、义务转让给第三方。

谈判合同的转让和变更是不同的。转让不改变合同的内容，仅仅改变合同的主体。而合同的变更则恰恰相反，它不改变合同的主体，只改变合同的内容。合同的转让要首先保证原合同当事人同意，而合同的变更则不需要这个前提。

有些特殊的合同转让，还必须经过有关部门的同意。例如，涉及国家指令性计划的产品，转让合同除了要事先征得原当事人的同意，还要征得下达该计划的业务主管部门的同意才能转让；否则，转让无效。

最后，合同的转让必须符合法律要求，不得违背国家的有关法令政策，不得侵犯国家的公共利益。此外，在转让前，还要审查第三方的权利、行为能力及经营范围，如果发现第三方没有转让合同中规定的经营项目就不得转让；否则，转让应视为非法与无效。

【案例】

游客张先生和某国际旅行社签订了出境旅游合同。由于有重要客户需要接待，张先生无法如约前往旅游。根据合同约定，假如张先生就此放弃旅游，损失会很大。张先生向旅行社提出，由张先生的朋友李先生顶替该名额。由于时间紧迫，无法及时办理护照、签证等相关手续，旅行社拒绝了张先生的要求。在协商未果的情况下，张先生向旅游管理部门投诉。

在这个案例中，张先生是作为债权人转让权利，因此只需要通知债务人即可，张先生只要通知旅行社自己的合同权利已经转让给了李先生，旅行社必须无条件接受，不得以任何理由加以拒绝。

6. 商务谈判合同纠纷的处理

在合同履行过程中，由于一方或多方的原因，或者由于不可抗力的原因，会发生合同条款乃至条款之间关系方面的争论。合同纠纷不仅是商务谈判过程中的一个阶段，同时在处理合同纠纷中，也要运用到各种谈判知识，也就是说，谈判纠纷的处理本身也会构成一场新的谈判。从我国的法律规定来看，多数的合同矛盾纠纷都是通过协商、调解、仲裁来解决的，也有最后由法院审理进行解决的。

（1）协商。所谓合同纠纷的协商，就是在发生合同纠纷时，由双方当事人在自愿、互谅的基础上，按照《中华人民共和国合同法》及合同条款的有关规定，直接进行磋商，通过摆事实、讲道理取得一致意见，自行解决合同纠纷。

双方当事人在协商解决合同纠纷的过程中，应注意以下问题。

① 双方的态度要端正、诚恳。应本着与人为善、解决纠纷的态度去协商解决，本着实事求是的精神，既不要缩小自己的责任，也不要夸大对方的责任。

② 通过协商达成的协议，一定要符合国家的法律、政策；否则，即使达成了协议也是无效的。为此，各个经济组织，都应是执行政策、法令的模范，任何违反政策、法令的行为都是不允许的。对在处理合同纠纷过程中发现的投机倒把、买空卖空、欺诈行骗等违法行为，要毫不留情，坚决揭露。

③ 协商解决纠纷一定要坚持原则，绝不允许损害国家和集体的利益，特别是不能影响国家计划的完成。

④ 协商一定要在平等的前提下进行。签订合同的双方当事人在法律地位上是平等的，绝不允许任何一方享有特权，坚决反对以大压小、以强欺弱，对那些只要求对方履行义务，不规定自己应负责任的"霸王合同"，应予抵制。

⑤ 在协商解决合同纠纷的过程中，还要防止拉关系、搞私利等不正之风。现在已经发现有些地方在协商解决合同纠纷的过程中，出现慷国家之慨以饱私囊的情况。对于这种损害国家和集体利益的行为必须坚决反对，凡情节严重的，须依法惩处。

总之，合同双方当事人要在坚持友好、平等、合法原则的前提下，从有利于国家利益、有利于加强团结协作、有利于发展生产经营出发，互谅互让，协商解决合同纠纷。

（2）调解。所谓合同纠纷的调解，是指发生合同纠纷时，当事人双方协商不成，根据一方当事人的申请，在国家规定的合同管理机关的主持下，通过对当事人进行说服教育，促使当事人双方相互让步，并以双方当事人自愿达成协议为先决条件，达到平息争端的目的。通过调解方法使问题得到恰当的解决，是合同管理机关解决合同纠纷的基本方法。合同纠纷的调解应按以下程序进行。

① 提出调解申请。当合同发生纠纷时，当事人任何一方都可以向对方所在地合同管理机关申请调解。先由提出调解要求的一方填写《合同纠纷调解申请书》，要求申请书中的原诉单位和被诉单位的名称必须与合同中的名称一致，申诉代表人必须与合同中的签约代表一致。如果签约代表更换，或委托别人代为出面参加调解，必须在申请书中注明。

② 接受调解申请。合同管理机关收到《合同纠纷调解申请书》之后，先进行案情登记，仔细审查合同的内容和条款有无问题。同时，要做好调查研究工作，在摸清纠纷产生的原因的基础上，决定可否受理。如果属于受理范围，方可受理。受理后，开出两份《合同纠纷调解通知书》，并随每份附空白《调处合同纠纷代表资格证明书》一份；分送发生纠纷的双方当事人，同时将原诉方的《合同调解申请书》抄件一并传送给被申诉方，通知准备答辩。最后，通知双方在指定的时间和地点进行调解。

③ 进行调解。双方参加调解的代表必须持盖有本单位公章的《调处合同纠纷代表资格证明书》。如果哪方不按规定的时间到指定的地点接受调处，即算自动接受调处协议，并即予实行。

调解时，要客观地、细致地、实事求是地做好当事人的思想工作，弄清纠纷的原因、双方争执的焦点和各自应负的责任。调解必须基于双方自愿，不得强迫，以便使问题得到公平、合理的解决。调解结束，要制作调解笔录和调解书。

④ 制作调解书。合同管理机关通过调解方式达成协议后，制作具有法律效力的文书，即调解书。调解书是按自愿、合法的原则制作的，它与仲裁书具有同等的法律效力，双方当事人必须执行。

调解书应写明以下内容：当事人的名称、地址；代理人的姓名、职务；纠纷的事实、责任；协议内容和费用的承担方式等。调解书由仲裁员署名，代理人签字，并加盖合同管理机关的印章，分发给双方。

⑤ 产生法律效力。调解书由双方当事人签字，合同管理机关盖章后生效，即具有法律上的约束力。如果一方或双方对调解协议反悔，可在收到调解书之日起 15 日内，向国家规定的管理机关申请仲裁，也可直接向人民法院起诉。在法定期间内，若当事人收到调解书后不申请仲裁，也不起诉，当事人就应自动履行。

（3）仲裁。所谓仲裁，也称"公断"，是指当事人双方对某一问题或事件争执不下时，由无直接利害关系的第三方做出具有约束力的裁决。

合同纠纷的仲裁，就是由国家规定的合同管理机关根据合同当事人的申请，在查清事实、分清是非的基础上，根据法律对合同纠纷做出仲裁，制作仲裁决定书交双方执行。

仲裁程序是指仲裁案件自开始至终止的过程中，有关仲裁机构、仲裁庭、仲裁员、申诉人、被诉人、其他关系人，以及与法院之间的相互关系和活动的规定。从实践情况来看，我国大体是按以下程序来仲裁合同纠纷的。

① 提出仲裁申请。合同纠纷发生后，当事人应及时协商解决，或者请上级主管机关调解，协商不成时，可向仲裁机关提出仲裁申请。申请仲裁合同纠纷案件，必须按规定内容填写并递交申请书及其副本，同时抄送被诉单位及其有关单位。

申请仲裁应从知道或应知道权利被侵害之日起一年内提出，超过期限的，一般不予受理。

② 接受仲裁申请。仲裁机关在接到申请书后，在进行仲裁之前，应做好以下准备工作：审查申请手续是否完备；将仲裁申请书副本送交被申请仲裁人；限期进行答辩和提出有关证据；审查被申请仲裁人的答辩和有关证据；告诉双方当事人应有的辩护和请求回避的权利。经过初

步审查，认为案情重大或其他特殊理由需要由高一级仲裁机关处理的，可请求移送。

③ 进行答辩。被诉单位在接到申请书副本的 10 日内提出书面答辩。答辩内容要针对申诉方所提出的问题，并提供人证、物证及有关材料。无论申诉或答辩都必须不夸大、不缩小，坚持实事求是的原则。

④ 调查和取证。仲裁员必须认真审阅申诉书和答辩书，进行调查研究，搜集证据，弄清纠纷发生的时间、地点、原因、经过、结果及争执的焦点等。当事人、证人、关系人在外地，需要委托所在地管理机关代为调查的，应提出调查项目和要求，受委托的管理机关应抓紧时间，认真办理，及时回复。

仲裁机关有权调阅企业与案件有关的文件档案资料和原始凭证。有的案件需要现场勘察或对物证进行技术鉴定时，应通知有关人员到场，必要时可邀请有关单位派员协助。在处理案件时，为避免造成更严重的财产损失，仲裁机关还可根据当事人的申请做出保全措施的裁定。

⑤ 进行调解。仲裁机关在处理案件时，应当先行调解，调解可由仲裁员一人主持，也可由仲裁庭主持。调解笔录和达成的协议应由当事人和参加调解的人员签名或盖章，对某些重要调解案件，根据协议可由仲裁机关制作调解书，经盖公章后发给当事人。调解书和仲裁书具有同等效力。

⑥ 组织仲裁。对合同纠纷如经调解无效的，可由仲裁机关的该案仲裁小组进行裁决。

在裁决前应将裁决时间、地点以书面形式通知当事人，当事人应按时参加。申请仲裁人两次通知不到时，即视为撤诉；被申请仲裁人两次通知不到时，可进行缺席仲裁。仲裁庭应当认真听取当事人的陈述和辩论，出示有关证据，然后依申诉人、被诉人的顺序征询双方的最后意见。调解不成时，由仲裁庭评议后裁决，并按照规定的内容要求制作仲裁决定书，加盖公章后通知双方当事人。

在仲裁合同纠纷案件过程中，发现需要追究刑事责任的，可由仲裁机关转交当地司法机关处理。

⑦ 仲裁的监督和执行。工商行政管理局的局长、副局长对已发生法律效力的裁决，若发现确有错误，可以指令重新裁决。上级仲裁机关对下级仲裁机关已发生法律效力的裁决，若发现确有错误，有权撤销原裁决，指令重新裁决。重新裁决时，应当另行组成仲裁庭进行。已发生法律效力的仲裁决定，应由仲裁机关监督执行，如果当事人拒不执行，应通知有关银行从当事人账户中扣留或划拨需要支付的款项。

（4）审理。所谓合同纠纷的审理，是指经济审判机关根据当事人一方的请求，依法处理合同纠纷案件而进行的职能活动。

合同发生纠纷，无论是否经过仲裁，当事人凡直接向人民法院提起诉讼的，人民法院应予以受理。人民法院经济审判庭根据当事人一方的申诉，依照《中华人民共和国民事诉讼法》的规定，对合同纠纷案件经过调查研究，取得与纠纷案件有关的可靠证据，在弄清事实的基础上，依法进行调解或对争议做出判决。这是人民法院按照法律规定，通过对合同纠纷案件进行审理这一执法活动对当事人的合法权益给予法律上的保护。

7. 索赔与理赔

（1）索赔与理赔的特点。买卖双方在履行合同的过程中发生争议，对争议的处理往往归结为索赔与理赔，即交易一方认定对方违约对己方造成损害而向对方索取赔偿；被索赔的一方则对索赔的要求进行处理。索赔和理赔涉及面广，业务技术性强，需要审慎对待。进行索赔与理赔工作，当事方需要采用一定的形式进行，与合同谈判相比，索赔与理赔磋商的性质是截然不同的。

① 双方的心情和态度不同。合同谈判是为达到共同目的或目标而进行的，双方都从合作的愿望出发，本着积极合作的态度，努力寻求一致点。而索赔与理赔磋商是因合同执行中发生争议而引起的，双方为了维护己方的利益，尽量把违约责任推给对方。一旦一方提出索赔要求，另一方总企图全部或部分拒绝赔偿。

② 内容和要求不同。合同谈判主要是解决怎样统一思想、寻求合作目标、达成协议的问题。而索赔与理赔的重点是解决分清责任、索赔与理赔的具体数量问题。

③ 方法不同。合同谈判可以开门见山，一开始就接触实质性目标和条件。索赔与理赔谈判则要先弄清事实，分清责任，然后才能磋商具体赔偿问题。

（2）索赔与理赔的准备。索赔与理赔的谈判比合同谈判更艰巨、更复杂。因此，从事此项工作的有关人员需要有充分的思想准备，并做好细致的准备工作，主要包括以下内容。

① 按规定期限取得索赔证据。必须在合同规定的索赔期限内提出有力的索赔证据。因此，必须在货物到达后，立即进行检测和鉴定，需要提出索赔的一方要在规定期限内向对方提出索赔要求。

② 查明造成损害的实际情况，分清责任。一般来说，与索赔争议有关的责任人有卖方、买方、承运部门、保险公司及其他负责人。若事故不明，无法确定责任归属人或责任对象，不仅解决不了索赔问题，还会误事。这里所说的事故包括所交货物的数量出现短缺，品质、规格不符，因交货延迟致使买方遭受损失，因包装不良而使货物破损等情况。买方要提出索赔，首先必须确定出现以上情况的责任究竟是在卖方还是在承运部门。如果是由于卖方疏忽、故意少装或以低劣产品蒙混交易，则索赔对象为卖方；如果是运输部门的责任，则应根据托运文件及其条件、规定与运输部门交涉。

③ 认真准备必需的证据和各项资料。索赔谈判涉及许多技术问题，需要大量的资料。除需要商品检验机构出具的质量检验证明外，必要的索赔证据还包括提单、发票、保险单、装箱单、磅码单正本或副本、索赔清单等。

④ 认真制订索赔方案。在索赔方案中除要列明索赔案情和附以必要的证件外，还要制订出索赔的策略。一般索赔方案要由企业主管业务的领导审核，涉外的重大索赔案件要由上级领导机构审核。

（3）索赔与理赔的原则。

① 实事求是原则。严格按照合同规定的条款，是什么问题就解决什么问题，应该索赔或理赔多少，就索赔或理赔多少，不可任意扩大或缩小。

② 友好协商原则。尽可能通过友好协商的方式解决双方的争议。在交易活动中索赔时有发生，不能因为一次索赔把关系搞得很紧张而影响以后的贸易往来。当然，如果通过友好协商仍不能解决问题，也应区别情况，采取调解、仲裁或诉讼的方式解决。

③ 公平合理原则。在索赔与理赔的谈判中，不要借机给对方出难题，通过索赔与理赔谈判，既要有助于问题的解决，又要注意维护和发展双方的长期业务关系。

④ 有理有节原则。索赔与理赔谈判的依据是原谈判合同中规定的损害赔偿的条款。赔偿条款分为两种。一种是罚金条款，即规定在一方违反合同规定的义务的情况下，应向对方支付约定的金额，作为向对方遭受损失的赔偿。这种条款一般适用于不按期交货或延期接受货物而使对方遭受损失的赔偿。但在支付罚金后，并不意味着免除应尽的合同义务，合同的条款仍须继续执行。另一种是异议索赔条款，即规定一方违反合同规定的义务时，另一方提出有关索赔依据、索赔办法和索赔时间。异议索赔条款通常适用于品种、质量、数量方面的损失索赔。只有严格按照合同条款进行索赔、理赔谈判，才能做到有理、有利、有节，使谈判取得预期效果。

【案例】

中国某贸易公司与法国某公司签订了货物贸易合同，进口热轧卷板 5000 吨。随后，中方开具了信用证明，合同约定的装运期为 2017 年 6 月 30 日，其中第 14 条规定，如果卖方不能按合同规定日期交付，对买方的补救办法包括：一是解除合同，确保其利益不受损失；二是卖方经买方同意，延期交付货物，买方给予延长 15 天的优惠期，但卖方需支付违约金 77500 美元。但在合同执行中，法方又要求修改了信用证明的部分条款，将货物名称由"热轧卷板"改为"热轧铁板"，单价上升为 313 美元/吨，总额为 1565000 美元。但法方在收到信用证明后未能如期交货，中方提起仲裁请求。内容包括：①要求支付合同约定的违约金 77500 美元；②支付开证费 50000 元人民币；③支付应得利润 1915000 元人民币。理由是中方公司在 2017 年 5 月 7 日与最终用户签订了购销热轧卷板合同，单价为人民币 3690 元/吨，总货款为 18450000 元人民币。但由于法方未按时交货，造成中方无法履行与客户的合同，利润损失达 1915000 元人民币。

法方公司辩称，他们没有交付热轧卷板是由于他们的供货商没有如约履行合同，并非他们的故意行为。要求支付违约金事宜，法方认为中方已经要求解除合同，违约金问题便不存在。至于给中方企业造成的利润损失，法方事前并不知道中方与其他公司签订了销售热轧卷板的购销合同。《联合国国际货物买卖合同公约》与《中华人民共和国合同法》都规定，合同双方订立合同时，对不可预见的损失不负责任，因此，也不予赔偿。

（4）索赔与理赔谈判的技巧。对待索赔与理赔谈判，买卖双方的态度是不同的。一般索赔一方表现为积极、主动、心情迫切，希望问题解决得越快越好；而理赔一方则常常表现为消极、被动，能拖就拖，能不赔就不赔，能少赔就少赔。因此，索赔与理赔谈判往往是激烈的，这就要求参与人员既要坚持原则，又要注意方法。

① 把握好时机。如上所述，提出索赔的一方要在规定的期限内提出索赔要求。关于索赔期限，除原合同中有特殊规定外，通常规定货物索赔期限为货物到达目的地后的 30～45 天。超过了这个期限，即使能提供充分有力的证据，对方也会拒绝受理。

② 划清责任在先，讨论索赔在后。在索赔谈判中，要先把合同争议弄清楚，分析原因，明确责任，在此基础上再讨论索赔问题。在处理贸易争议和索赔中，不仅要掌握对方理赔的态度和可能采取的对策，还要了解有关法律、货运、储存、检验和公证手段等情况。如是关于进出口业务的索赔，还要掌握国际贸易管理方面的知识，以便掌握谈判的主动权。

③ 要善于利用对方维护其信誉的心理。一个有声誉的企业，会希望尽快解决索赔纠纷，不愿意在这些问题上纠缠，以免事态扩大影响到企业业务的开展。索赔一方如能及时掌握这一点，就应当适时地给对方施加一些压力，如制造舆论，提出要通过仲裁或法律手段解决等，以求对方及早做出让步，从而获得满意的索赔结果。

④ 分寸适度。在索赔、理赔谈判中，既要据理力争，又要表现出充分的耐心，不要急于求成，以免造成僵局。不到万不得已，不要轻易申请仲裁或诉讼，以免影响双方以后的合作。

【案例】

3 月 4 日中午，李总驾驶一辆福州本田雅阁轿车到天怡大酒店用餐，天怡大酒店由泊车员统一负责停放客人车辆。由于酒店泊车员驾驶不慎，李总的雅阁轿车撞上了酒店石柱，车辆严重受损。

商务谈判实务 ◀

李总要求天怡大酒店赔偿 4 万元车辆损失费，天怡大酒店请保险公司王先生鉴定车辆受损情况后提出赔偿 2.5 万元车辆损失费。李总问为什么只赔偿 2.5 万元。保险公司王先生说："汽车修理费 4 000 元，汽车零件费 2 万元。"李总说："我已向朋友咨询过，车辆损失赔偿还应该包含车辆贬值损失费，为什么没有赔偿车辆贬值损失费？"天怡大酒店和保险公司王先生以"根本没听说过赔偿车辆贬值损失费"为由不予赔偿。李总决定向法院起诉天怡大酒店。

法院受理了李总的诉讼并委托车辆认证中心对福州本田雅阁轿车贬值损失情况进行了鉴定，鉴定结果为车辆修复后部分功能受损，贬值 2.5 万余元。最终法院判决天怡大酒店赔偿李总 4.9 万余元，包括汽车修理费 4 000 元，汽车零件费 2 万元，车辆贬值损失费 2.5 万余元。李总胜诉。

知识归纳

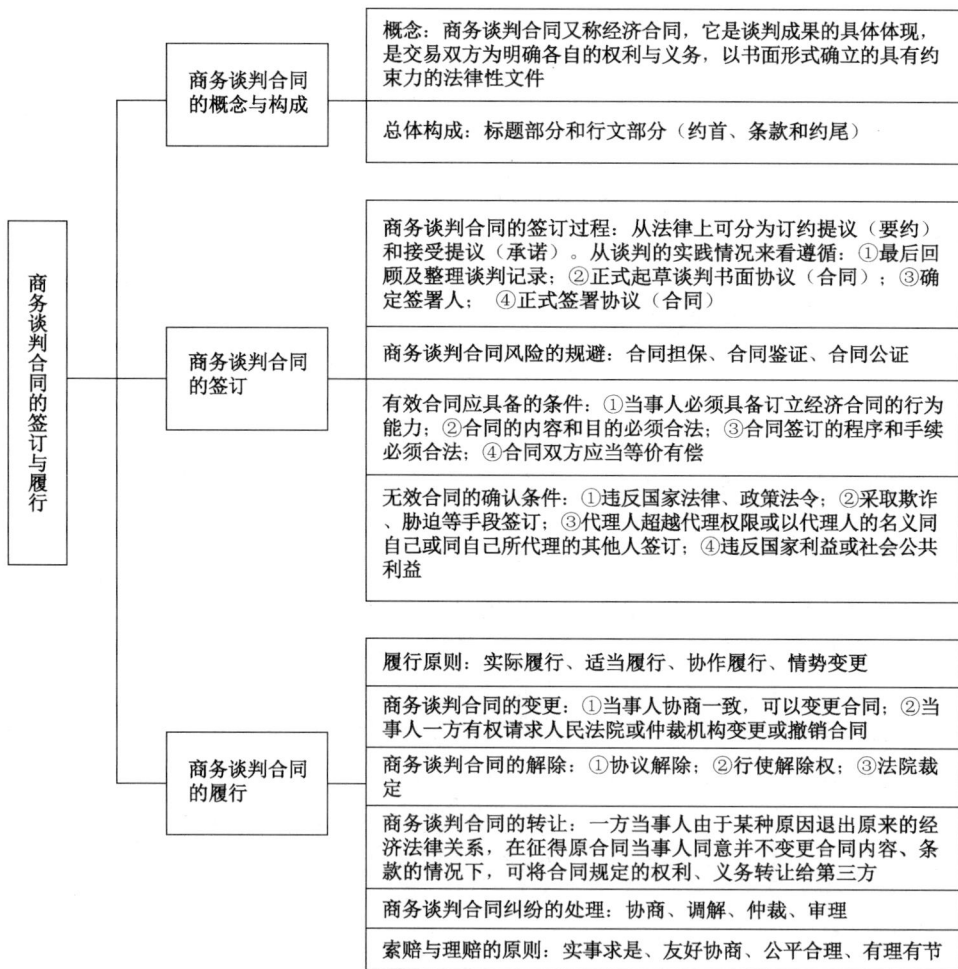

	商务谈判合同的概念与构成	**概念**：商务谈判合同又称经济合同，它是谈判成果的具体体现，是交易双方为明确各自的权利与义务，以书面形式确立的具有约束力的法律性文件
		总体构成：标题部分和行文部分（约首、条款和约尾）
商务谈判合同的签订与履行	商务谈判合同的签订	商务谈判合同的签订过程：从法律上可分为订约提议（要约）和接受提议（承诺）。从谈判的实践情况来看遵循：①最后回顾及整理谈判记录；②正式起草谈判书面协议（合同）；③确定签署人；④正式签署协议（合同）
		商务谈判合同风险的规避：合同担保、合同鉴证、合同公证
		有效合同应具备的条件：①当事人必须具备订立经济合同的行为能力；②合同的内容和目的必须合法；③合同签订的程序和手续必须合法；④合同双方应当等价有偿
		无效合同的确认条件：①违反国家法律、政策法令；②采取欺诈、胁迫等手段签订；③代理人超越代理权限或以代理人的名义同自己或同自己所代理的其他人签订；④违反国家利益或社会公共利益
	商务谈判合同的履行	履行原则：实际履行、适当履行、协作履行、情势变更
		商务谈判合同的变更：①当事人协商一致，可以变更合同；②当事人一方有权请求人民法院或仲裁机构变更或撤销合同
		商务谈判合同的解除：①协议解除；②行使解除权；③法院裁定
		商务谈判合同的转让：一方当事人由于某种原因退出原来的经济法律关系，在征得原合同当事人同意并不变更合同内容、条款的情况下，可将合同规定的权利、义务转让给第三方
		商务谈判合同纠纷的处理：协商、调解、仲裁、审理
		索赔与理赔的原则：实事求是、友好协商、公平合理、有理有节

思考与练习

一、单选题

1．一般而言，有效合同必须具备除（　　）以外的多个条件。

　　A．合同的内容和目的必须合法

　　B．当事人必须具备订立经济合同的行为能力

　　C．合同签订的程序和手续必须合法

　　D．没有不可抗力

2．除（　　）以外的合同都可以确认为无效合同。

　　A．违反国家法律、政策法令的经济合同

　　B．采取欺诈、胁迫等手段签订的经济合同

　　C．代理人超越代理权限或以代理人的名义同自己或同自己所代理的其他人签订的合同

　　D．合乎社会公德

二、多选题

1．商务合同的正文部分包括的主要内容有（　　）。

　　A．合同标的　　　B．合同有效期限　　C．违约责任　　　D．价格与支付条件

2．合同风险的规避方式有（　　）。

　　A．合同担保　　　B．合同鉴定　　　　C．合同履行　　　D．合同公证

3．商务合同一经双方签订，就具有法律效力，双方必须严格履行，其履行的原则为（　　）。

　　A．实际履行原则　B．适当履行原则　　C．协作履行原则　D．情势变更原则

4．商务合同中可能出现各种纠纷和障碍，对合同纠纷处理的方式通常有（　　）。

　　A．协商　　　　　B．调解　　　　　　C．仲裁　　　　　D．审理

三、思考题

1．商务合同签订的程序是什么？各环节要做哪些具体工作？

2．商务合同的特点及主要条款是什么？

3．什么情况下经济合同需要变更和解除？

4．什么情况下经济合同可以转让？

5．商务合同履行过程中会产生哪些纠纷？如何正确处理合同纠纷？

6．履行商务合同必须遵循哪些原则？其具体要求是什么？

7．签约时的禁忌有哪些？

技能实训

任务训练一　商务谈判签约

实训目的

训练学生能按照合同的内容结构及写作要求起草合同文本，能按照合同签字仪式签订合同。

实训组织

（1）各小组按照合同签订的程序实施拟订合同的任务。

（2）各小组进行签约仪式的模拟演练。

实训成果

商务谈判合同及签约仪式模拟。

实训效果评价

评价标准如表 2-16 所示。

表 2-16　商务谈判签约评价表

评价指标		权重（分）	学生评价（40%）	教师评价（60%）	备注
商务合同文本	合同条款完整（体例选择恰当）	20			
	合同内容合理、合法	10			
	合同条款文字规范，表述准确，无歧义	10			
签约程序及礼仪	起草合同的程序科学、合理	20			
	合同签订仪式规范	10			
	签字过程中的礼仪表现规范得体	10			
团队合作、积极参与、态度认真		20			
得分合计		100			
综合得分 总分=0.4×∑生+0.6×∑师 （满分 100 分）					

任务训练二　模拟商务谈判履约

实训目的

使学生掌握谈判合同履行的原则、双方责任与内容，能准确判断一般合同履行中存在的问题，能选择合适的途径解决和处理合同的纠纷。

实训组织

（1）将学习小组结对，分别扮演买方企业与卖方企业。

（2）每两个模拟公司互为谈判对手，确定买卖双方的履约责任和义务。

（3）假定履约过程中卖方受到不可抗力等客观因素影响，如台风、地震等，买卖双方进行沟通和谈判。

实训成果

场景演示脚本，模拟演示协商履约过程。

实训效果评价

教师现场评价所设计的履约内容是否规范适当，对履约过程中应尽的责任和义务的协商是否合理全面。

项目 3

涉外商务谈判

学习要点

1. 文化差异对谈判的影响
2. 不同国家和地区商人的谈判风格
3. 国际商务谈判的基本礼仪

学习目标

1. 理解文化差异对商务谈判的影响
2. 熟悉不同国家和地区商人的谈判风格
3. 掌握国际商务谈判中的常用礼仪
4. 能正确对待谈判中的文化差异并加以利用
5. 能根据不同对手的谈判风格采用相应的对策和方法
6. 能在商务活动中正确运用相关礼仪

引导情境

李敏所在的北京某贸易有限公司最近要与美国一家全球性规模的跨国集团洽谈一笔大生意。公司对此非常重视，邀请美国的商务代表来京协商相关事宜。基于李敏入职以来的突出表现，公司安排李敏作为本次谈判的主要成员之一。虽然之前有参与多次大型谈判的历练，但面对这样重要的跨国商务谈判，李敏还是第一次，因此她心里有些忐忑。从谈判的前期准备、正式的谈判过程、签约及最后的送别，各个环节都不能有差错，为此，李敏专门恶补了一下关于跨国谈判的知识。

商务谈判作为人际交往中的特殊形式，必然会涉及来自不同地域、民族、社会文化的谈判主体的交往与接触，进而产生文化的相互适应问题。在商务谈判中，人们之间的交往要符合一定的礼仪规范，懂得必要的礼节与礼仪，这是谈判人员必须具备的基本素质。跨文化谈判是一种属于不同文化的不同思维方式、感情方式和行为方式的谈判；而且谈判过程涉及不同文化规范中未被意识到的力量，而这种力量可能会削弱有效的沟通和交流。在跨文化谈判中，我们对此要认真考虑，不能掉以轻心，否则，轻则会影响谈判进程，重则会使谈判不欢而散，这是谈判双方都不愿看到的结果。

项目分析

人无礼不生，事无礼不成，国无礼不宁。——荀子

任务 3.1 **不同国家和地区谈判的文化差异分析**

学习目的 ◀

1. 理解文化差异对商务谈判的影响
2. 掌握国际商务谈判中文化差异的应对策略
3. 了解和熟悉各国商人的谈判风格
4. 能灵活运用各种策略和技巧与不同风格的代表交流谈判

任务描述 ◀

随着经济全球化与区域化的发展，各个国家为了发展经济都必须积极地参与到国际商务活动中去，国际商务谈判就不可避免。与国内商务谈判相比，国际商务谈判有其鲜明的特征，存在较多的差异，尤其是各国商人由于文化背景不同，谈判风格迥异。因此，有必要了解东西方文化差异的主要表现，以及这些文化差异对国际商务谈判的影响。另外，许多国家和地区在国

际商务谈判中都具有独特的谈判风格，了解并掌握这些国家和地区商人的谈判风格与合作禁忌对谈判工作的进行有着积极的作用。由于地域、语言、思维逻辑、组织、经济等因素的影响，世界各国之间，甚至同一个国家不同地区之间存在着巨大的文化差异。因此，不同文化的接触必然存在着文化的相互适应性问题。本学习任务要求学生认识国际商务谈判，了解文化差异对国际商务谈判的影响，能够解读不同国家和地区商人的谈判风格。

任务实施范例 ◀

3.1.1 文化差异对商务谈判的影响

文化在国际商务谈判中的作用至关重要。由于世界各国历史传统、政治制度、经济状况、文化背景、风俗习惯，以及价值观念存在明显差异，所以各国谈判者在商务谈判中都会形成不同的谈判风格和习惯。每一个谈判人员来到谈判桌前时，都带着自己深深的文化烙印，因而在进行国际商务谈判之前，谈判人员必须熟悉各国文化的差异，认真研究对方谈判人员的文化背景及其特点，把握对方的语言及非语言习惯、价值观、思维方式、行为方式和心理特征，做好充分的准备，以此建立并加强自己的谈判实力，并能在谈判中因势利导，从而左右逢源，掌握谈判的主动权，在对外商务谈判中不辱使命，进而取得谈判的成功。

1. 文化差异对谈判人员的思维方式的影响

在一切谈判活动中，人的思维始终在发挥作用，可以说思维是谈判的原动力。但是，由于世界各国文化差异的影响，各个国家的谈判人员的思维方式是不同的。例如，以东方文化和英美文化为例，英美文化偏好抽象分析思维，美国学者斯图亚特曾指出，美国人具有抽象分析和实用的思维取向，他们的思维过程是从具体事实出发，进行归纳概括，从中得出结论性的东西；欧洲人则看重思想和理论，他们的演绎型思维方式侧重的是感知世界，喜欢运用逻辑手段从一个概念推导出另一个概念，依赖思想的力量；东方文化偏好形象思维和综合思维，习惯将对象的各个部分连合为整体，将它的属性、方面、联系等结合起来考虑。

由于谈判人员思维方式的差异，不同文化的谈判者呈现出决策上的差异，形成顺序决策方法和通盘决策方法间的冲突。然而，谈判最终成功与否是由决策决定的。谈判代表所属的文化是个人甚至团队决策的一个重要因素。当面临一项复杂的谈判任务时，采用顺序决策方法的西方文化，特别是英美人常常将大任务分解为一系列小任务，将价格、交货、担保和服务合同等问题分次解决，每次解决一个问题，从头至尾都有让步和承诺，最后的协议就是一连串小协议的总和。采用通盘决策方法的东方文化则注重对所有问题整体讨论，不存在明显的次序之分，通常要到谈判的最后，才会在所有问题上做出让步和承诺，从而达成一揽子协议。例如，在美国，如果一半的问题定下来了，那么谈判就算完成了一半，但是在日本，这时好像什么事也没定下来，然后，突然间一切又全都定下来了，结果是美国商人常常在日本人宣布协议之前做出了不必要的让步，美国商人所犯的这种错误反映出来的是双方思维决策方式上的差异。

此外，在国际商务谈判中，经常会有一些正式或非正式的社交活动，如喝茶、喝咖啡、宴请等。这些活动受文化因素的影响很大，看似简单的聊天或者娱乐，其实这些活动可能对商务谈判的最终决策起着至关重要的作用，如阿拉伯人在社交活动中常邀请对方喝咖啡。按他们的习惯，客人不喝咖啡是很失礼的行为，拒绝一杯咖啡会造成严重麻烦。曾经有一位美国商人拒绝了沙特阿拉伯人请他喝咖啡的友好提议，这种拒绝在阿拉伯世界被认为是对邀请人的侮辱。结果这位美国商人因此而丧失了一次有利可图的商机。

2. 文化差异对谈判的群体观念的影响

现代国际商务谈判大多是谈判小组的群体行动，这需要小组成员具有较强的群体观念，在谈判过程中相互配合。同样，文化差异对谈判的群体观念也有不同程度的影响。比如，日本人群体观念非常强。日本文化所塑造的日本人的价值观念与精神取向都是集体主义的，以集体为核心。正因为如此，日本人的谈判决策非常有特点，绝大部分美国人和欧洲人都认为日本人的决策时间很长，究其原因，就是群体意识的影响；相反，德国人、法国人则很看重个人的作用，而很少考虑集体的力量，这是由于他们的组织机构正确、简单，实行个人负责制，个人权利很大，在商务体制中也正是由于个人决策负责，所以谈判的效率很高，即使是专业性很强的谈判，他们也能一人独当几面。美国人的群体观念不强，他们的谈判小组是个松散的联合体，在谈判发生争执时，日方谈判小组成员全力支持首席代表一人发言，以小组的整体性与对方抗衡，表现出强烈的群体观念。而美方谈判小组的每个成员则竞相发言，比较松散。可见，美国人和日本人分别代表了东西方文化两种不同的群体观念，当两个日本人在一起时，会倾向于形成一个共同的整体，形成一体化的集体力量而一致对外；而当两个美国人在一起时，他们会相互尊重对方的思维空间，决不会合二为一，而是相互尊重，互不干预，表现出彼此独立的个性。

3. 文化差异对谈判方式的影响

谈判有横向和纵向两种方式。横向谈判方式是采用横向铺开的方法，即首先列出要涉及的所有议题，然后对各项议题同时讨论，同时取得进展。纵向谈判则是确定所谈问题后，依次对各个议题进行讨论。在国际商务谈判中，美国人是纵向谈判的代表，这是其大国地位在谈判人员心理上的反映。美国谈判代表，在谈判方式上总有一种"一揽子交易"的气概，使对手感到相形见绌。法国人则主要应用横向谈判，他们喜欢先为议题画一个轮廓，然后确定议题中的各个方面，再达成协议。这与美国人逐个进行议题商谈的方式正好相反，反映出其"边跑边想的人种"的性格特征。澳大利亚学者罗伯特·M.马奇先生曾在教授美国和日本研究生"国际商务谈判"课程中进行过模拟谈判。在准备阶段，日本小组不考虑如何主动去说服对方，而是集中讨论如何防守，谈判中日本人则默默无语，处于防守态势；美国小组却赤裸裸地显示出强烈的求胜欲望，热切地主动交谈。这正是两种民族性格的鲜明对比。

4. 文化因素对谈判结构的影响

谈判的结构成分，就像法律框架和组织设置，都是远远离不开文化的。这些结构性因素包括谈判参与方数量、所认知的危险问题的数量、参与方之间的权利分配，以及相对于旁观者来说谈判过程的透明程度。在中国的商务谈判中，外方代表通常由一人组成，而中方会有若干人进入谈判室。外方代表不仅要同中方的对手进行谈判，还要间接或者直接地同其他方（如相关的负责人和政府）进行谈判。在权利分配方面，中国谈判者会认为作为买方的谈判者处于谈判中的强势地位，那么，毫无疑问地处于强势地位的谈判方可以相对更有优势地提出有利于本方的提议。而对于西方人来说，谈判的双方是平等的，所谈判的内容是平等的钱物交易，这在中国谈判方看来是不可接受的。

5. 文化差异对谈判风格的影响

国际商务谈判既是不同文化的碰撞，也是一种国际文化的交流方式。谈判风格是谈判者在谈判活动中所表现出的主要气度和作风，谈判风格体现在谈判者在谈判过程中的行为、举止和控制谈判进程的方法、手段上。谈判者的谈判风格带有深深的文化烙印，文化不仅决定着谈判者的伦理道德规范，而且影响着谈判者的思维方式和个性行为，从而使得不同文化背景的谈判者的谈判风格截然不同。以中西方文化基础上的谈判风格为例，在谈判中，中国商人喜欢在处理细节问题之前先就双方关系的一般原则取得一致意见，把具体问题安排到以后的谈判中去解决，即"先谈原则，后谈细节"。而西方商人，如美国商人则往往是"先谈细节，避免讨论原则"。西方人认为细节是问题的本质，细节不清楚，问题实际上就没有得到解决，原则只不过是一些仪式性的声明而已。所以，他们比较愿意在细节上多动脑筋，对于原则性的讨论比较松懈。然而事实表明，由于中西方商人对谈判原则的重视程度不同，先谈原则必然会对后面的细节讨论产生制约作用。这种差异常常导致中西方商人交流中的困难。另外，西方人比较强调集体的权力，即"分权"，强调个体的责任；而中国人比较强调集体的责任，强调个体的权利，即"集权"。中国人比较重立场，而西方人比较重利益。中国人由于自己的国民性，把面子看得极重，在谈判中对于立场特别敏感。立场争执往往会使谈判陷入僵局，导致彼此的尖锐对立。西方人对利益看得比立场更为重要。

"十里不同风，百里不同俗"，各地之间风俗差异很大，如果没有考虑到对方的风俗习惯，而只是单纯地考虑自己的想法，可能会导致谈判双方产生极大的误会，使得谈判陷入僵局，并最终导致谈判破裂。然而，随着当今世界经济一体化和通信的高速发展，以及各国商人之间频繁的往来接触，他们相互影响，取长补短，有些商人的谈判风格已不是十分明显了。因此，谈判人员既应了解并熟悉不同国家和地区商人之间谈判风格的差异，又应根据临时出现的情况在实际商务谈判中随机应变，适当地调整自己的谈判方式以达到预期的目的，取得谈判的成功。

3.1.2 商务谈判中文化差异的应对策略

【案例】

怎么让他们跳船

几个商人正在一条船上召开国际贸易洽谈会，突然船开始下沉。

"快去叫那些人穿上救生衣，跳下船去。"船长命令大副。

几分钟后，大副回来了。"那些家伙不肯跳。"他报告说。

于是，船长只得亲自出马。

不一会儿，船长回来告诉大副："他们已经跳下船了。"

"那么，您用了什么方法呢？"大副忍不住问道。

"我告诉英国人跳水是有益于健康的运动，告诉法国人那样做很时髦，告诉德国人那是命令……"

"那您是怎么说服那帮美国人的呢？"

"这也很容易，"船长说，"我就说已经帮他们上了保险。"

1. 尊重文化差异，树立正确的国际商务谈判意识

在国际商务谈判中，客观地存在着文化差异，它在谈判双方的商务活动中起着主要作用，只有宽容地对待文化差异，才能顺利地完成谈判。要削弱文化差异，就要对对方的文化进行了解，并且尊重和欣赏之。如果对对方的文化感兴趣，就会发现对方的文化价值。因此，跨文化谈判人员应当尽量尊重彼此之间的文化差异。在认识及尊重对方文化习俗差异的基础上进行换

位思考，站在对方的角度和立场上思考问题。只有当文化的共性被发掘出来时，跨文化的商务谈判才会充满乐趣。在这种情况下达成的协议不仅会使双方互惠互利，而且在两个不同文化背景下的公司之间很可能建立起长期的合作关系。

国际商务谈判意识是促使谈判走向成功的灵魂。谈判者谈判意识的正确与否，将直接影响到谈判方针的确定、谈判策略的选择，影响到谈判中的行为准则。国际商务谈判人员必须树立跨文化谈判意识，面对不同的谈判风格要采取不同的谈判技巧，善于从对方的角度看问题，以使自己适应不同的谈判风格。这样就使得国际商务谈判的内涵得到了升华，由原来的利益再分配转变成文化价值的共享。

2. 通晓国际商法和国际商务惯例，提高法律意识

国际商务谈判的政策性特点要求谈判者必须熟悉国家的政策，尤其是外交政策和对外经济贸易政策，把国家与民族的利益置于崇高的地位。同时更要了解国际商法，遵守国际商务惯例。

在现代社会，所有的商务活动都要在法律关系下进行，但由于社会经济文化背景的不同，使中西方的法律观念存在明显区别。中国受到等级观念、本位思想及关系意识的影响，法制观念比较薄弱。西方国家法制完善，人们的法律意识根深蒂固。因此，中国应该健全法制观念，提高国民的法律意识。

3. 做好国际商务谈判前的调查和准备工作，避免沟通障碍

谈判者要在谈判中处于主动地位，就必须做好充分的准备工作。只有做好充分准备，才能在谈判中灵活处理，随机应变，避免谈判中发生大的冲突。由于国际商务谈判涉及的范围广，要准备的工作也多，通常包括谈判者本身的情况分析和对对手的情况分析、谈判人员的组成、谈判目标的拟订，必要时还要进行模拟谈判等。在谈判的准备过程中，谈判者不但要对自身情况进行全面分析，还要设法全面了解谈判对手的情况，做到"知彼知己，百战不殆"。自身情况分析主要指进行谈判项目的可行性研究。对谈判对手情况的了解包括对手实力情况，对手所在国的政策、法规、思维方式、风俗习惯及对手的人员背景状况等。

4. 掌握不同国家和地区的商务谈判技巧，取得谈判成功

不同的文化造就不同的性格和行为，形成不同的谈判风格，不同的风格主要表现在谈判过程中的行为、举止和实施控制谈判进程的方法、手段上。在国际商务谈判过程中，文化背景、文化心态、风俗习惯等的差异，往往被很多人忽略，而常常正是文化因素的影响，决定了商务谈判活动的成败。在进行谈判时，各个民族都是平等的。无论对手所处的文化环境看起来有多么不可思议或无法理解甚至荒谬，谈判时都应该彼此尊重。在正确的谈判意识的指导下，涉外谈判者必须掌握谈判对手的谈判风格，灵活应变，对症下药，使国际商务谈判向有利于己方的方向发展。

3.1.3 世界主要国家和地区商人的谈判风格分析

1. 日本商人的谈判风格

日本是个资源匮乏、人口密集的岛国，日本人有民族危机感，因此，国民经济对整个国际市场的依赖程度很深。日本人是东方民族经商的代表，其文化深受中国文化的影响，儒家思想中的等级观念、忠孝思想、宗法观念等深深植根于日本人的内心深处，在行为方式中可处处体现出来。同时，日本人又在中国文化的基础上创造出其独特的东西，现代的日本人兼有东西方

观念，具有鲜明特点。他们讲究礼仪，注重人际关系；等级观念强，性格内向，不轻信人；有责任感，群体意识强；工作认真，慎重，有耐心；精明能干，进取心强，勇于开拓；讲究实际，吃苦耐劳，富有实干精神。

日本人的谈判风格主要有以下几个特点。

（1）集体意识强，决策慎重。日本人具有强烈的团体意识和成功的愿望。日本商人的集体意识和团队精神在世界上是首屈一指的。单个日本人与其他民族的人相比，在思维、能力、创新精神或心理素质方面往往都不见得出类拔萃，但是，日本人一旦结为一个团体，这个团体的力量就会十分强大。日本有许多家族式企业，它们使个人、家庭和企业紧密相连，使个人对集体产生强烈的依赖感、归属感和忠诚心，使企业组织内部有高度的统一性和协调性。与欧美企业相比，日本企业并未实行高层集权。在日本企业中，决策往往不是由最高领导层武断地做出的，而是要在公司内部反复磋商，凡有关人员都有发言权。实际上，日本企业内部做出决定的方法，是吸收中层领导和基层管理者的意见，常常通过"仪书"的方式来进行内部的协商和决策。"仪书"实际上也就是一种意见征询书，当企业有某种事务需要决策时，便将其情况写成书面材料在企业内有关人员（主要是中层领导和基层管理者）手中传阅，征询意见。传阅后，再由有关负责人集中各方面的意见作出决策。

这种内部沟通与决策的程序特点在于，一旦某一事项由包括各级成员在内的大集体做出决定之后，付诸实施极为迅速，不会有太大阻力。由于实行自下而上的集体决策，决策的过程与时间就比较长，这常常导致谈判过程中出现这样的情况：一旦遇到某些问题时，日本人除非是事前已有准备或已经协商过，一般很少由某人当场明确表态，拍板定论。如果不了解这一点，就容易闹误会。

集体观念使得日本人不太欣赏个人主义者，其谈判都是率团进行的，同时也希望对方率团参加，并且人数相等。如果对方没有做到这一点，他们就会认为这是极大的失礼。

（2）等级观念深厚。日本人的等级观念根深蒂固，他们非常重视尊卑秩序。日本企业都有尊老的倾向。一般能担任公司代表的人都是有 15～20 年经验的人，他们讲究资历，不愿与年轻的对手商谈，因为他们不相信对方年轻的代表会有真正的决策权。日本商人走出国门进行商务谈判时，总希望对方接待人员的地位能与自己的地位相当。在日本谈判团内，等级意识也很严重，一般都是谈判组成员奋力争取、讨价还价，最后由"头面人物"出面稍作让步，达到谈判目的。还应注意的一点是，日本妇女在社会中的地位较低，一般都不允许参与大公司的经营管理活动；日本人在一些重要场合也是不带女伴的。所以遇到正式谈判，一般不宜让妇女参加，否则他们可能会表示怀疑，甚至流露出不满。利用日本人这种尊老敬长的心理，与日方谈判时，派出场的人员最好官阶、地位都比对方高一级，这样从对话、谈判条件、人际相处等方面均会有利于谈判的进行。

（3）讲究礼仪，重面子。待人接物非常讲究礼仪是日本文化的特征之一，所以时常称日本是礼仪之国。这也反映在日语中有关敬语的使用非常复杂，对想学好日语的人来讲是一桩头疼的事。同时，日本人等级观念非常强，即很讲究自己的身份、地位，以及与有关当事人的关系。失礼对日本人来讲可不是一桩小事，尤其是在交易过程中，失礼往往会使日本人内心不安、不愉快，最终可能会影响双方的感情交流和合作关系，以至于使得谈判难以顺利进行。因此，在与日本人进行交易谈判时，一定要注意自己的地位、身份，以及对方的地位与身份。对不同身份、地位的人，要给予不同程度的礼遇。

日本人非常讲究面子。比如，日本人在谈判过程中，即使对对方的某个方面提议或方案有不同的想法，在一般情况下也很少直接地予以拒绝或反驳，而是通过迂回的方式来陈述他的观点，或支支吾吾、打哈哈以示为难。日本人在给别人面子时，毫无疑问，他自己更珍重自己的面子。

因此，与日本人谈判时，应把保全面子作为谈判需要注意的首要问题。具体有以下几方面需要注意。

① 千万不要直接指责日本人，否则会有损于相互之间的合作关系。较好的办法是把自己的建议间接地表示出来，或采取某种方式让日本人自己谈起棘手的话题，或通过中间人去交涉令人不快的问题。

② 不要直截了当地拒绝日本人。

③ 不要当众提出令日本人难堪或他们不愿回答的问题。

④ 要十分注意送礼方面的问题。日本人送礼很大方，认为送礼表示一种礼貌，又表示一种心意，礼物价值的大小与身份的高低是密切联系在一起的，对高级管理人员来说，一百美元较理想，中级管理人员五十美元为宜。若总裁收到的礼物与副总裁收到的礼物的价值相等，那么前者觉得受污辱，而后者感到尴尬。

⑤ 日本商人重视交换名片。

（4）固执、坚韧、有耐心。在商务活动中，日本人常常毫不退让地坚持原有条件，一次又一次地商谈，始终重复原有的主张，谦恭的外表下隐藏着誓不屈服妥协的决心。日本人的这种不妥协，是由于日本公司的决策机制和雇佣制度而形成的。日本公司一般实行集体决策机制，谈判代表团并没有随意商谈的自由。日本公司多实行终身雇佣制，雇员都清楚地意识到：他自己的成功最终与企业的成功息息相关，因此他们唯恐在谈判中失败而给公司带来无端的风险。日本人在谈判中的固执己见，还由于他们相信坚持不懈能克服多数障碍，他们的不屈不挠会使谈判对手厌倦并妥协。因此，日本企业中有一种流行的说法：坚毅能攻破任何堡垒。美国谈判学专家马奇曾评论说：即使是微不足道的小事，日本人也要强调"付出了莫大努力""付出了极大牺牲""在难以妥协的情况下做出了让步"。其目的在于使自己的最终行为正当化。所以，不到最后，日本谈判者只要能找到一点办法，他们就认为有可能突破对方。

日本人的耐心在谈判界很出名。相对于注重时间效率的欧美人，日本人的决策过程相当缓慢。实际上，这是日本人考虑周全、决策谨慎小心的反映。为了一笔理想的交易，他们可以毫无怨言地等上两三个月。只要能达到他们理想的目标，或取得更好的结果，时间对于他们来讲不是第一位的。因此，在谈判中，日本人往往善于搞"蘑菇战"，在实施拖延战术的过程中，想方设法地了解对方的意图，而对于对方的提问，他们或保持沉默或含糊其辞，使对方很难搞清他们的意图。如果对方急于求成，他们就会拼命杀价，还常常把对方折磨得精疲力竭。曾有这样一个事例，日本一家公司派出一个代表团去美国洽谈业务，洽谈一开始，美方代表滔滔不绝地说个没完，想迅速达成协议，而日本代表则一声不吭，只是把美方的发言全记录下来，第一次谈判就这样结束了。一个月后，日方又派出第二个代表团去美国，进行第二轮谈判，这批代表仿佛不知道以前讨论的是什么问题，谈判又从头开始，美方依然滔滔不绝，日方又是记录下就回去了。之后，日方又派出第三、第四、第五个代表团访美，都是如法炮制。一年过去了，日方毫无反应，美方只能抱怨日方没有诚意。正当美方感到没有希望时，日方派来了第六个代表团。这次，日方一反常态，在美方代表毫无思想准备的情况下，突然拍板表态，弄得美方措手不及，十分被动，损失不小。

（5）注重人际关系，尽量避免法律诉讼。日本商人可谓人际关系的专家，他们善于把生意关系人性化。在日本人的观念中，个人之间的关系占据了统治地位。日本商人很注意在交易谈判中建立和谐的人际关系。他们重视对谈判对手的信任，而不重视合同本身。他们在商务谈判过程中，往往将相当一部分精力和时间花在人际关系中，因为他们愿意逐渐熟悉与他们做生意的人，并愿意同他们长期打交道。他们不赞成也不习惯直接的、纯粹的商务活动。如果有人想开门见山直接进入商务谈判而不愿开展人际交往活动，那么他就会处处碰壁，欲速则不达。因此，与日本人进行交易谈判，如果是第一次洽谈，或者洽谈的内容很重要，那么在谈判开始的时候，必须安排地位较高的负责人拜访日本企业中同等地位的负责人，以引起日本企业对两个企业之间交易关系的重视。在拜会中，一般不要谈重要的事项，也不要涉及具体的实质性问题。因此与日本商人打交道，应该设法让日本人产生信任感，创造一种信任的气氛，对日方提出的要求，应持温和宽容的态度，以体现关心他们的利益。

同日本人做生意，相互信任是合作成功的重要基础，只要有可能，日本的谈判代表团里就尽量不包含律师。因为日本人觉得每走一步都要同律师商量的人是不值得信赖的。日本在很长的历史中，不是靠法律，而是求助权威的仲裁解决争端。直到今天，当合同双方发生争执时，日本人仍通常不选择诉讼这一途径。在日本人看来，美国人遇事就诉讼的本能简直就是那种带有血腥味的鲨鱼式的反击。虽然日本人的这种观念也在逐渐转变，开始越来越多地使用法律来保护自己的利益，但由于日本缺少足够的法官和律师，要法院受理起诉很不容易，且诉讼时间经常被拖延，诉讼费也特别昂贵。所以，日本谈判者都善于捕捉有利机会，也很喜欢短且含糊其辞的合同，以便随着形势的变化做出不同的解释。值得注意的是，在国际商务谈判中，日方经常会主动承担协议或合同的整理工作。他们勤勉的工作精神是令人佩服的，但日本人对其中某些用词的细微变化就可能与原意差之千里。因此，对日本人的这种勤勉，应持既赞扬又"审视"的态度，以免发生误会，甚至吃亏。

2. 美国商人的谈判风格

美国是个年轻的移民国家，这种背景使得美国人受传统束缚较少，性格开朗，乐于接受新事物、新思想，也形成了美国人不以资历、身份，而以能力、实绩来评价人的心理模式。在早期的移民和开发西部的过程中，美国人形成了坚毅、乐观、自信、勇于进取的开拓精神。另外，由于深受犹太民族追求商业利益秉性的影响，美国人的民族性格中还含有很明显的重实际、重功利的色彩。这种民族性格使美国人形成了特点鲜明的谈判风格。

（1）自信乐观，开朗幽默。美国谈判者有着与生俱来的自信和优越感，他们总是十分有信心地步入谈判会场，不断发表自己的意见和提出自己的权益要求，往往不太顾及对方而显得气势上咄咄逼人，而且语言表达直率，喜欢开玩笑。这种心态常常会在谈判桌上形成一种优势——无论其年龄或资历如何，似乎都不把对方放在眼里（其实不一定）。他们坦率外露，善于直接向对方表露出真挚、热忱的感情，这种情绪也容易感染别人，对此应充分利用，以创造良好的谈判气氛，并以相应的态度对对方予以鼓励，创造成功机会。

美国人的幽默久负盛名。曾有这样的故事流传：几个人在餐厅盛满啤酒的杯中发现了苍蝇，英国人会以绅士风度吩咐侍者换一杯啤酒；法国人会将杯中啤酒倾倒一空；西班牙人不去喝它，只留下钞票，不声不响地离开餐厅；日本人会令侍者把餐厅经理找来，训斥一顿；阿拉伯人会把侍者叫来，把啤酒杯递给他，说"我请你喝"；美国人则会对侍者说"以后请将啤酒和苍蝇分别放置，由喜欢苍蝇的客人自行将苍蝇放进啤酒，你觉得怎样？"在谈判过程中，美国人也喜欢用轻松幽默的语言表达信息，或讲讲笑话。

（2）直截了当，干脆利落。在美国人看来，直截了当是尊重对方的表现。在谈判桌上，美国人精力充沛，头脑灵活，喜欢迅速切入正题，会在不知不觉中将一般性交谈迅速引向实质性洽商，并且一个事实接一个事实地讨论。他们不喜欢拐弯抹角，不讲客套话，并总是兴致勃勃的，乐于以积极的态度来谋求自己的利益。为追求物质上的实际利益，他们善于使用策略，玩弄各种手法。正因为他们自己精于此道，所以他们十分欣赏那些说话直言快语、干脆利落，又精于讨价还价，为取得经济利益而施展策略的人。也正因为美国人具有这种干脆的态度，与美国人谈判，表示意见要直接，"是"与"否"必须表达清楚。如果美国人提出的条款、意见是无法接受的，就必须明确告诉他们不能接受，不得含糊其辞，使他们存有希望。

谈判中的直率也好，暗示也好，看起来是谈判风格不同，实际上是文化差异问题。东方人认为直接拒绝对方、表明己方的要求，会损害对方的面子和僵化彼此之间的关系，像美国人那样感情爆发、直率、激烈的言辞是缺乏修养的表现。同样，东方人所推崇的谦虚、有耐性、有涵养，可能会被美国人认为是虚伪、客套、耍花招。

（3）重视效率，珍惜时间。美国经济发达、生活节奏快，这使得美国人特别珍惜时间，注重效率。在美国人的观念中，时间也是商品，时间商品的价值常常精确到以分计算。因此，美国人习惯于约好时间，双方见面后直接进入正题，他们认为直截了当就是效率，是尊重对方的表现，这表明自己知道对方很忙，不愿意浪费对方的宝贵时间。美国人认为，最成功的谈判者就是熟练掌握把一切事物用最简洁、最令人信服的语言表达出来的技巧的人。然而，英国谈判者却常常吃惊地发现，时间在全世界并非都是金钱，许多国家的谈判者对效率标准的认识同美国人的认识不同。常常出现这样的情况，美国人认为一天就能解决的问题，而其他国家的人用一个星期也未必能解决。

因此，在商务活动中，美国人常常抱怨其他国家的谈判对手拖延，缺乏工作效率，而其他国家的谈判者却埋怨美国人缺少耐心。客观地说，美国人谈判开门见山，干净利落，如果对方也是这种风格，确实会很有工作效率。但是，如果对方了解美方的心理，故意耐心地与美方周旋，美方为了达成交易，常常会主动作出一些让步，这样，注重时间效率却成了美国谈判者的一大弱点。同注重时间效率的特点相适应，美国谈判者强调商务活动中的短期效益。在他们看来，三年后赚钱的项目绝对是长期项目，甚至一年的时间在许多美国人看来也似乎太长了；而与此相对的短期交易却有着风险小、资金周转迅速、利润来得快的好处。

（4）重合同，法律观念强。美国人的法律意识强烈，他们认为交易最重要的是经济利益，而保证自己的利益最公正、最妥善的解决办法就是依靠法律，依靠合同，其他的都是靠不住的，律师在谈判中扮演着很重要的角色。因此，他们在进行商务谈判时，特别是在国外进行商务谈判时，一定会带上自己的律师。他们特别看重合同，会十分认真地讨论合同条款，对法律条款一般不轻易让步，而且特别重视合同违约的赔偿条款。他们习惯于按合同条款逐项讨论，直至完全谈妥，一旦双方在执行合同条款中出现意外情况，就按双方事先同意的责任条款处理。因此，美国人在商务谈判中对于合同问题的讨论特别详细、具体，也关心合同适用的法律，以便在执行合同过程中能顺利地解决各种问题。

（5）讲究谋略，追求实利。在谈判活动中，美国商人十分讲究谋略，会以卓越的智谋和策略，成功地进行讨价还价，从而追求和实现经济利益。对此，美国商人丝毫也不掩饰。不过，由于美国商人对谈判成功充满自信，所以，总希望自己能够战胜对方高手，即战胜那些与自己一样精明的谈判者。在这种时候，他们或许会对自己的对手肃然起敬，其心情也为之振奋不已。这反映了美国商人所特有的侠义气概。

美国人做交易，往往以获取经济利益为最终目标。美国是个年轻的国家，美国人虽然尊重自己的传统，但这些传统并非根深蒂固，他们只有在传统不干扰生意的情况下，才遵循传统，否则，传统就会被撇在一旁，如果采取某种做法有利于合理而有效的目标，他们会毫不犹豫地放弃传统做法，因为他们看重的是实际利益，只有在经济上取得成功才是最重要的。

（6）全盘平衡，一揽子交易。美国，由于其经济大国的地位非常突出，因而，在谈判方案上也会表现出财大气粗，喜欢搞全盘平衡，进行一揽子交易。所谓一揽子交易，主要是指美国商人在谈判某一项目时，不是孤立地谈它的生产或销售，而是从设计、开发、生产、工程，甚至销售该项目涉及的产品等的一系列办法，该企业的形象信誉、素质、实力和公共关系状况等方面一起谈，最后达成一揽子方案。美国人对一揽子交易兴趣十足，富有经验，并且在气势上咄咄逼人。作为卖方，美国谈判者希望对方按他的要求签订一揽子协议；作为买方，他希望对方能提出一揽子条件。

3．部分欧洲商人的谈判风格

欧洲是资本主义的发源地，经济发展水平较高。欧洲的面积虽然不大，却集中了众多发达国家，而且风格迥异。欧洲人，尤其是西欧商人的谈判风格与美国商人有共同的一面，比如，具有优势感，谈判时推崇个人主义，在谈判中一般是个人领导，个人具有一定的权利，但由于文化传统、语言的差异，各国间也多有差别。从下面这则小故事中就可以以小见大，概略领会一下这方面的差异。

在瑞士一处旅游胜地的山坡上，竖立着一块写有 3 种语言的牌子。其中用德语写道：禁止摘花；用英语写道：请勿掐花；而用法语这样写道：爱花的人，会将花留在山上。3 种不同的措辞，正代表了 3 个民族各自的民族性格：德国人的纪律性，英国人的绅士之风，法国人的浪漫。下面就一起来了解一下几个主要欧洲国家商人的谈判风格。

（1）德国商人的谈判风格。德国位于欧洲中部，是世界上最发达的资本主义国家之一。1990年，联邦德国与民主德国合并为统一的德国，虽然统一前由于意识形态的差异，联邦德国人和民主德国人在价值观念、思维方式等方面存在着许多差别，但从整个民族的特点来看，德国人具有自信、谨慎、保守、刻板、严谨的特点，以及办事富有计划性、注重工作效率、做事雷厉风行、有军旅作风、追求完美等特征。诚实和正直是德国人最欣赏的作风。德国人身上所具有的这种日耳曼民族的性格特征在谈判桌上得到充分的展现。具体的谈判风格主要体现为以下几点。

① 准备工作充分周到。德国商人重视收集谈判对手的资料，准备充分周到。日耳曼民族的思维具有系统性、逻辑性，这一点充分体现在他们充分、周到的准备工作上。在进行谈判前，德国商人一定会做充分、周到、具体、全面的专业准备，他们不仅要调查研究要购买或销售的产品，而且要仔细研究对方的公司，看对方能否作为一个潜在的商业伙伴。内容包括对方公司所处的大环境、公司的信誉、资金状况、管理状况、生产能力等。他们不同于那种只要有利可图就与之做生意的公司，不喜欢与声誉欠佳的公司打交道。此外，由于德国企业融资多依靠银行，所以，德国商人在资金问题上尤其保守，不愿意冒风险。同时，德国人希望谈判对手也能做充分准备，否则会招致反感和不满。

② 办事果断，注重效率。德国人还有一种名副其实的讲究效率的声誉。在国际商界中，德国商人的办事效率是有口皆碑的。他们企业的技术标准极其精确，对于出售或购买的产品都要求最高的质量。如果同德国人做生意，一定要让他们相信公司的产品可以满足交易规定的各方面的一贯高标准。德国人认为，"研究研究""考虑考虑""过段时间再说"等拖拉的行为，对一个谈判者和生意人来说简直是耻辱。他们的座右铭是"马上解决"。在优秀的德国人的办公桌上，看不到搁了很久又悬而未决的文件。他们认为，判断一个谈判者是否有能力的办法很简单，只要看看他桌上的文件是否快速有效地处理了。如果文件堆积了一大堆，大多是"待调查""待讨论""待研究"，或是拖了又拖的事，那就可以断定此人至少不是一个称职的谈判人员。

在谈判条件上，德国人喜欢明确地表示出他希望达到的交易，准确地框定交易的方式，列出谈判的议题，提出内容详尽的报价表，并对一些不可知因素加以预测。在谈判过程中，无论是对问题的陈述还是报价都非常明确、坚决、果断，毫不拖泥带水，使得谈判按日程规定，环环相扣，有条不紊地向前进行，体现出高度的办事效率。

③ 诚信守时，重视合同履行。德国人重视社会规范和纪律，素有"契约之民"的雅称。商务活动中，他们签订合同非常慎重，一旦签约，他们总是严守合同信用，努力按合同条款一丝不苟地去执行，无论发生什么问题都不会轻易毁约，其履约率可以说是世界上比较高的。因此，德国商人在国际市场上有着极好的信誉和形象，签约后往往会及时履约，这主要是因为宗教对德国人性格的影响很大。

德国人有很强的时间观念，非常守时，厌恶且鄙视不准时的行为。如果在谈判时迟到，那么德国人那种不信任的反感心理就会表露无遗。同时，德国人对合作方交货期限的要求也很苛刻，在合同中，一般附有违期时的严厉惩罚条款。在签订合同之后，对交货日期或付款日期应严格遵守，任何要求宽延或变更的做法都是不会被理睬的。

④ 自信而固执，讨价还价余地小。德国工业发达，企业技术标准精确严格，产品质量堪称世界一流，对此，德国人引以为豪。因此，在对外商务活动中，德国人常常不自觉地拿本国产品作为衡量的标准，总是强调自己方案的可行性，不愿让步，有时甚至十分固执，毫无讨价还价的余地。一般而言，德国人的让步幅度不会超过20%，由此也暴露出他们性格中审慎、稳重有余而灵活性不足的一面。

⑤ 重视发展长久关系，求稳心理强。德国的经济实力很强，因此，德国商人蔑视冒险投机行为，而看中投资项目、资金及预期的经济效益的稳定可靠。德国商人重视合作对象的资信商誉，希望通过一笔生意，与对方从此建立长久的贸易伙伴关系，而不喜欢做"一锤子买卖"。为了增进双方的信任，德国商人通常喜欢在生意正式敲定之前，利用共进午餐、晚餐，共同到社交场合娱乐、到郊外度假等方式，同对方代表团成员个人之间增进了解，加深关系。一旦认定对方值得信赖，双方长期合作的机会将大大增加。

（2）英国商人的谈判风格。英国是世界上资本主义发展最早的国家之一。英国人"曾经称霸过"世界的大国民意识仍旧很强，总是一副悠然自得的样子。同时，他们又依然保留着岛国民族的特性，比较保守、害羞，并且显得傲慢、矜持，给人难以接近的印象。

① 绅士风度与等级观念。英国人谈吐文明，举止高雅，遵循社会公德，很有礼让精神。无论是在谈判场内还是在谈判场外，英国谈判者都很注重体现个人修养。同时，他们也很关注对方的修养和风度，如果对方能在谈判中显示出良好的教养和风度，就会很快赢得他们的尊重，为谈判成功打下良好的基础。此外，英国人的绅士风度还表现在他们谈判时不易动怒，也不轻易放下架子，喜欢程序性的谈判，一招一式严守规定，注重逻辑性，喜用逻辑推理表明自己的想法。他们听取意见时随和，采纳意见时却不痛快，处理复杂问题时比较冷静。这种外交色彩浓厚的谈判风格常使谈判节奏受到一定制约，但以简单的直截了当又不失礼貌的谈判手法会使他们为证明自己并不拖拉而配合对方，从而加快节奏。绅士风度常使英国谈判者受到一种形象的约束，甚至成为他们的心理压力，对此应充分利用。

由于受古老的等级观念影响，尽管英国是老牌资本主义国家，但英国人的等级观念依然非常深厚。不同阶层的人们，其言行举止均体现出一定的差异。例如，上流社会的人喜欢阅读《时报》《金融时报》，中产阶层的人喜欢阅读《每日电讯报》，下层的人则阅读《太阳报》《每日镜报》。他们颇为看重与自己身份对等的人谈问题，因此洽谈生意时尽量同对话人的等级诸如官衔、年龄、文化教育程度、社会地位等对等，以求平衡，表示出平等和尊重。这对于推进对话、加强讨价还价的力量有一定的作用。相应地，在经济交往中，英国人比较注重对方的身份、经历，而不像美国人那样更看重对方在谈判中的表现。

② 冷静而自信。英国人在谈判初期，尤其是在初次接触时，常与谈判对手保持一定的距离，绝不轻易表露感情。随着时间的推移，他们才与对手慢慢接近、熟悉起来，这时对手会逐渐发现，他们精明灵活，善于应变，长于交际，待人和善，容易相处。他们常常在开场陈述时十分坦率，愿意让对方了解他们的有关立场和观点，同时也常常考虑对方的立场、行动，对于建设性意见反映积极。在商务谈判中，英国人往往表现得沉默、冷静、谨慎、自信，而不是激动、冒险、夸夸其谈。英国人生性内向而含蓄，尤其是受过高等教育的人，表现得很自谦。他们把夸夸其谈的人视为缺乏教养，把自吹自擂的人视为低级趣味，在闲谈时很少表现自己，偶尔发表意见时，也往往以"以我看来，似乎是……""如果我没有记错……"等措辞作为开场白。

英国商界赞同这样一句话："不要说'我们公司没有这种商品'，应该说'只要您需要，我们尽量替您想办法'。"这一点表现了他们十足的自信心。他们的自信心强，还特别表现在讨价还价上，如果出现分歧，他们往往固执己见，不轻易让步，让人觉得他们持有一种非此即彼、不允许讨价还价的谈判态度。

③ 缺乏灵活性。在商务活动中，英国人招待客人的时间往往较长。当受到英国人款待后，一定要写信表示谢意，否则会被视为不懂礼貌。与英国人约会，若是过去不曾谋面的，一定要先写信告之面谈目的，然后再去约时间。一旦确定约会时间，就必须按时赴约，因为英国人做生意颇讲信用，凡事要规规矩矩，不懂礼貌或不重诺守约，以后办事就难以顺利进行。英国人在商务活动中有些明显的缺点，如他们经常不遵守交货时间而造成延迟，据说这一点"举世闻名"。这使得他们在谈判中比较被动，外国谈判者会利用这一点迫使他们接受一些苛刻的交易条件，如索赔条款等。

④ 忌谈政治，宜谈天气。与英国人初识，最安全的话题是天气，切记不要谈论政治。英国由英格兰、苏格兰、威尔士、北爱尔兰组成，4 个民族在感情上有许多微妙之处。而一般提到的英格兰，一般是指整个联合王国，但在正式场合使用就显得不妥，因为这样会不自觉地漠视了其他 3 个民族。所以，在正式场合不宜称英国人为英格兰人，涉及女王时要说"女王"或正规地说"大不列颠及北爱尔兰联合王国女王"，而不应说"英格兰女王"。在和英国人交谈时，话题尽量不要涉及爱尔兰的前途、共和制和君主制的优劣、乔治三世，以及大英帝国的崩溃原因等政治色彩较浓的问题，比较安全的话题是天气、旅游、动物等。

因此，英国人无论熟悉程度如何，见面后都有一个共同的话题即天气。有人说，谈论天气是英国民族的主要消闲方式。这与英国天气的特殊性有关系。据说，只有英国才能在一天中体验到四季的变化。外国人常常会看到英国人在阳光明媚的早上出门时穿雨衣、带雨伞。

（3）法国商人的谈判风格。法兰西民族在近代史上有其社会科学、文学、科学技术上的卓越成就，民族自豪感特别强。法国商人性格开朗、眼界豁达，对事物比较敏感，为人友善，处事时而固执、时而随和，他们具有依靠坚定的意志以谋取自己利益的高超谈判本领。

① 强烈的民族荣誉感和自豪感。法国人对本民族的灿烂文化和悠久历史感到无比骄傲。他们时常把祖国的光荣历史挂在嘴边，诸如，他们拥有巴黎公社、波拿巴王朝、法兰西共和国的历史等。重视历史的习惯使法国谈判人员也很注意商业与外交的历史关系和交易的历史状况，即过去的交易谈判情况。传统友好国家的谈判者会为双方外交关系的历史所鼓舞或制约，因此利用历史的观念可以排除一定的现实干扰。此外，法国人认为法语是世界上最高贵的语言，在大多数的交易中，即使他们的英语讲得很好，他们往往也会坚持用法语来谈判，只有恰好他

们是在国外而且在商业上有所求时，他们才会有所让步。因此，如果想和法国人长期做生意，最好学一些法语，或者在洽谈时选择一名好的法语翻译。

② 注重人际关系，有人情味。法国人天性比较开朗，注重人情味。有人说，在法国，"人际关系是用信赖的链条牢牢地互相联结的"。法国人很重视交易过程中的人际关系。他们擅长交际，举行家庭宴会是他们对客人隆重的款待。在社交活动中，他们很顾全对方的面子。在商务活动中，法国人也喜欢建立个人之间的友谊，并且影响生意。一般而言，在尚未相互成为朋友之前，法国人是不会与对方做大宗生意的。法国商人谈生意不习惯一开始就进入正题，往往先聊一些社会新闻、文化艺术方面的话题，以融洽气氛，只有当他们认为感情培养起来后，才逐渐转入正式话题，一旦到了决策阶段，他们却精神高度集中，运用法兰西人特有的才智来应对各种情形。

③ 重视个人力量，个人权限较大。在法国人的观念中，强调依赖自己的力量，而较少考虑集团和社会的力量。法国的公司，很多以家族公司起家，组织机构比较简单，实行个人负责制，个人权限极大。商务谈判中，多是由个人决策，每个人负责的范围很广，即使是专业性很强的洽商，也常常一人独当几面。

④ 偏好横向谈判方式，签约、履约较随意。法国商人偏好横向谈判方式，当主要问题谈妥之后，他们就催促对方签约。他们认为，关键问题已经解决，细节问题可以留待日后商讨或发现问题时再谈。因此，在协议的签订与具体的执行过程中常有一些改变，双方的交易往往因此而产生摩擦。因为在法国人的观念里，他们认为双方签署的是交易的大致内容，如果协议执行起来对他们有利，他们会欣然接受，并要求对方严格履行；如果协议执行对他们不利，他们就会毁约，要求修改并重新签署。

⑤ 时间观念不强。法国人的时间观念不是很强，在公共场合下，如正式宴会，有种非正式的习俗，那就是主客身份越高，他（或她）来得越迟。法国人的时间意识是单方面的，在商务谈判中，他们经常迟到，却总能找到许多冠冕堂皇的理由。但是，如果别人由于什么原因而迟到，他们就会非常冷淡地接待。所以，如果有求于他们就不要迟到，否则是不会被他们原谅的；相反，如果法国人迟到了，就要学会忍耐。

⑥ 注重着装。法国的时装引领世界潮流，巴黎被誉为"世界时装之都"，法国人引以为豪。法国的男士和女士都穿戴得极为讲究，在他们看来，衣着代表一个人的修养和身份。法国商人希望谈判时，对方也能注意着装。因此，同法国人洽谈生意时，要尽量多花点心思在着装上。

（4）意大利商人的谈判风格。意大利是欧洲的一个文明古国，也是发达的资本主义国家之一。与法国人不同，意大利人的国家意识比较淡薄，法国人常为祖国感到自豪，但意大利人却不习惯提国名，而是更愿意提故乡的名字。虽然如此，意大利商人与法国商人还是有许多共同之处。在商务活动中，两国人都非常重视商人个人的作用。意大利的商业交往大部分都是公司之间的交往，在商务谈判时，往往是出面谈判的人决定一切，意大利商人个人在交往活动中比其他任何国家的商人都更有自主权，所以，与谈判对手关系的好坏是能否达成协议的决定因素之一。

① 性格外向、情绪多变。意大利人的民族性格是外向的，喜怒常常表现得很明显。在谈判时，意大利人的手势较多，肩膀、胳膊、手甚至整个身体都随着说话而扭动，以至于有人说，意大利人是天生的表演者。意大利人比德国人少一些刻板，比英国人多一些热情，但在处理事务时，通常不动感情。他们的决策过程也比较缓慢，但不同于日本人，他们并非要与同僚商量，而是不愿仓促表态。此外，意大利人喜好争论，常常会为很小的事情而大声争吵、互不相让。如果允许的话，他们会整天争论不休。

② 时间观念不强。与欧洲其他一些国家的商人类似，意大利商人对时间也不是特别看重。他们约会、赴宴经常迟到，并且习以为常，即使是精心组织的重要活动，也不一定能保证如期而至。有时甚至不打招呼就不赴约，或单方面推迟会期。他们工作时有点松松垮垮，不讲效率，但是，他们在做生意时是绝对不会马虎的。此外，对于他们特别重视的合作，情况可能会有所不同。

③ 崇尚时髦，却又注重节约。意大利是个时尚的民族，这从意大利的建筑、时装上就能看得出来。意大利人给人的印象往往是衣冠楚楚、潇洒自如。他们的办公室往往设备豪华，而生活很舒适，如起居、饮食都很注重。令人感到有些矛盾的却是，在商务活动中，意大利人非常注重价格，与商品的质量、性能、交货日期相比，他们更关心的是花更少的钱买到质量、性能都说得过去的商品。如果他们是卖方，只要能有理想的成交价，他们就会千方百计地满足客户的要求。

④ 重视个人力量。意大利人与法国人有许多共同之处，其中之一就是都非常重视个人的作用。

⑤ 南北差异明显。意大利南部和北部在很多方面存在差别。经济上，北方发达，南部落后；在对外意见中北部占了绝大部分。北方商人中，以德、法两国血统的人居多，因此他们融合了德国商人的精明能干和法国商人的健谈与以自我为中心。北方商人的文化素质、外贸业务能力较高，且资信程度也较好，而在南部，人们的商业意识则较淡薄。

（5）俄罗斯商人的谈判风格。

① 固守传统，缺乏灵活性。苏联是个外贸管制国家，是高度计划的外贸体制。任何企业或个人都不可能自行进口或出口任何产品，所有的进出口计划都是经过专门讨论决定，并经过一系列审批、检查、管理和监督环节的。在这种高度计划体制中，人们已习惯于照章办事，上传下达，忽视了个人创造性的发挥。苏联解体后，俄罗斯在由计划经济向市场经济的转变过程中进程最快，外贸政策有了巨大变化，企业有了进出口自主权，对外贸易大幅增长。政府给予外国投资者的优惠政策，大大地吸引了欧美投资者。但是，在涉外谈判中，一些俄罗斯人还是带有明显的计划体制的烙印，在进行正式洽商时，他们喜欢按计划办事，如果对方的让步与他们原定的具体目标相吻合，容易达成协议；如果有差距，他们让步特别困难，甚至他们明知自己的要求不符合客观标准，也不妥协让步。

一些俄罗斯人缺乏灵活性，还因为他们的计划制订与审批要经过许多部门、许多环节。这必然要延长决策与反馈的时间，这种传统体制也僵化了人的头脑。尽管现在体制上有了较大的变革，但还没有形成正常的经营秩序和健全的管理体制。由于体制严格的计划性束缚了人的个性能力的发挥，而且这种体制要求经办人员对所购进商品的适用性、可靠性和质量进行审查，并要对所做出的决策承担全部责任，因此，他们非常谨慎，缺少敏锐性和创新精神，喜欢墨守成规。

② 对技术细节感兴趣。俄罗斯人的谈判能力很强，这源于苏联的传统，对于这一点，美国人、日本人都感受至深。俄罗斯人特别重视谈判项目中的技术内容和索赔条款。这是因为引进技术要具有先进性、实用性，由于技术引进项目通常都比较复杂，对方在报价中又可能会有较大的水分，为了尽可能以较低的价格购买最有用的技术，他们特别重视技术的具体细节，索要的东西也包罗万象，如详细的车间设计图纸、零件清单、设备装配图纸、原材料证明书、化学药品和各种试剂样品、各种产品的技术说明、维修指南等。所以，在与俄罗斯人进行洽商时，要有充分的准备，可能会就产品的技术问题进行反复大量的磋商。另外，为了能及时准确地对技术进行阐述，在谈判过程中要配置技术方面的专家。同时要十分注意合同用语的使用，语言

要精确，不能随便承诺某些不能达到的条件。对合同中的索赔条款也要十分慎重。

③ 善于在价格上讨价还价。俄罗斯人十分善于与外国人做生意。说得简单一点，他们非常善于寻找合作与竞争的伙伴，也非常善于讨价还价。如果他们想引进某个项目，首先要对外招标，引来数家竞争者，从而不慌不忙地进行选择，并采取各种离间手段，让争取合同的对手之间竞相压价，相互残杀，最后从中渔利。

俄罗斯人在讨价还价上堪称行家里手。许多比较务实的欧美生意人都认为，不管报价是多么公平合理，怎样精确计算，他们也是不会相信的，而是要千方百计地挤出其中的水分，达到他们认为理想的结果。所以，专家建议，对俄罗斯人的报价策略有两种形式：一种是报出标准价格，然后力争做最小的让步。可以事先印好一份标准价格表，表上所有价格都包含适当的溢价，给以后的谈判留下余地。第二种策略是在公开的标准价格上加上一定的溢价（如 15%），并说明这样做的理由是同其做生意承担的额外费用和风险。因为在政治体制不稳的环境中做生意的风险与费用是难以估量的。一般来讲，第二种策略要好一些，因为如果在报价之初就定死一个价格，几个星期甚至数月后，情况可能会发生很大的变化。

俄罗斯人开低价常用的一个办法就是"我们第一次向你订货，希望你给个最优惠价，以后我们会长期向你订货。""如果你们给我们以最低价格，我们会在其他方面予以补偿。"以此来引诱对方降低价格。要避免这种价格"陷阱"，专家的忠告是，不要太实在，报个虚价，并咬牙坚持到底。

④ 多采用易货贸易形式。俄罗斯人喜欢在外贸交易中采用易货贸易形式。由于易货贸易形式比较多，如转手贸易安排、补偿贸易、清算账户贸易等，这样就使贸易谈判活动变得十分复杂。

在对外贸易中，俄罗斯人采用易货贸易形式的也比较巧妙。他们一开始并不一定提出货款要以他们的产品来支付，因为这样一来，对需要用硬通货做交易的公司缺乏吸引力，也使自己处于劣势地位。他们在与外国商人谈判时，拼命压低对方的报价后，才开始提出用他们的产品来支付对方的全部或部分货款。由于外国商人已与俄罗斯人进行了广泛的接触，谈判的主要条款都已商议妥当，所以他们使出这一招时，往往使对手感到很为难，也容易妥协让步。20 世纪80 年代末，中俄两国之间易货贸易发展十分迅速，后来，俄罗斯开始限制生产资料等自然资料的外流，使易货贸易的势头有所减缓。

需要指出的是，如果俄罗斯人提出，只有接受他们的易货商品，或者帮助他们把某些商品销售给支付硬通货的第三方时，他们才能支付，那么一定要认真考虑其中所涉及的时间、风险和费用。易货是一种好的交易形式，但当交易的商品没有市场时，还不如没有这种交易。

⑤ 注重礼仪。俄罗斯是礼仪之邦，注重个人之间的关系，愿意与熟人做生意。他们的商业关系是建立在个人关系基础上的。俄罗斯人注重仪表，喜欢打扮。在商务活动中，他们特别注意对方的言谈举止，如果对方仪表不错，他们会比较欣赏；相反，如果对方不修边幅就坐到谈判桌上，他们会反感。所以在与俄罗斯人交往时，要赢得他们的好感、诚意与信任。

4．阿拉伯商人的谈判风格

阿拉伯地区包括西亚、北非的 20 多个国家，这些国家经济单一，工业基础薄弱，但大多盛产石油，靠出口石油获取了巨额利润，人均国民收入居世界前列，拥有巨大的消费能力和投资实力。阿拉伯凝聚力的核心是阿拉伯语和伊斯兰教，会讲阿拉伯语，理解并尊重伊斯兰教的教义和习俗，是取得阿拉伯人信任的捷径。伊斯兰教在外人看来不过是一种宗教形式，但对阿拉伯人来说却是他们历史的活的记忆，并对现实生活起着重要的支配作用。

阿拉伯人的谈判风格主要有以下几个特点。

（1）谈判节奏较慢。阿拉伯人的谈判节奏较为缓慢。他们不喜欢通过打电话来谈生意。从某种意义上说，与阿拉伯人的一次谈判只是同他们进行磋商的一部分，因为他们往往要花很长时间才能做出谈判的最终决策。如果为了寻找合作伙伴前去拜访阿拉伯人，第一次很可能不但得不到自己期望出现的结果，还会被他们的健谈所迷惑，有时甚至第二次乃至第三次都接触不到实质性话题。遇到这种情况，要显得耐心而镇静。一般来说，阿拉伯人看了某项建议后，会去证实是否可行，如果可行，他们会在适当的时候安排由专家主持的会谈。如果这时显得很急躁，不断催促，往往欲速则不达，因为闲散的阿拉伯人一旦感到别人把他挤进了繁忙的日程中，他就很可能将其挤出他的日程。

（2）重信誉，讲交情。在阿拉伯商人眼中，信誉是最重要的，做生意必须首先赢得他们的好感和信任。因此，他们不喜欢一见面就谈生意，往往要经过较长时间的良好氛围的交谈，在建立起朋友关系后，才开展切入主题的正式谈判。对此，最好把何时开始谈生意的主动权交给阿拉伯人。阿拉伯人十分好客，在商务谈判过程中，如果有不速的来访者，他们会停下谈判，热情接待来访者，只有在来访者走后，他们才会重新谈判。对这种做法，外国谈判者常有受冷落的感觉，但在阿拉伯人看来，这很正常，如果因为商务缠身而怠慢了来访者，那才是最大的不敬。对此，应学会适应并见机行事，从而获得阿拉伯人的信赖。好客的传统，使得阿拉伯人的大门对外国客商同样也是随时敞开的，适当运用拜访策略，会增进彼此的感情，有助于交易的开展。

此外，在阿拉伯商人看来，虽然赚钱很重要，但在某种意义上，他们认为，金钱并不是首要的、唯一的。如果外国谈判者在会谈中表露出的态度是向阿拉伯人提供一个发财的机会，他们有可能会被激怒。最好的做法是表明自己需要他们的帮助以做成一笔生意，因为他们自认为阔绰有余，讨厌别人说他们有意发财，但不会拒绝帮助别人。还有，阿拉伯人鄙视行贿。馈赠有中国特色的纪念品，对方会很高兴，但如果送贵重财物给对成交有决定权的人物，则往往会弄巧成拙。

（3）喜欢讨价还价。阿拉伯人有个习惯是做生意要讨价还价，没有讨价还价就不是一场"严肃的谈判"，无论地摊、小店、大店均可以讨价还价。标牌价仅是卖主的"报价"，不还价即买走东西的人，还不如讨价还价后什么也未买的人受卖主的尊重。其逻辑是，前者小看他，后者尊重他。例如，摆地摊卖皮革的商人对与他讨价还价的人会认真对待，价格与说明像连珠炮似地甩出，即使未成，仅一耸肩、一摊双手表示无力做到即罢；面对浏览而不理睬他的顾客，他会在对方转身后做个怪相以示不屈的态度；对一递钱就走的顾客，则会以若有所失的眼光送走对方。不过，对待阿拉伯人的讨价还价要注意两类不同做法：漫天要价与追求利润。前者喜欢高叫一声，顾客可以就地还价，大刀阔斧；后者虽有余地，但其态度主要是追求利润。应适度还价，仅在还价立场上做文章。

（4）当地代理商十分重要。与阿拉伯人做生意，寻找当地代理商是十分必要的。阿拉伯各国政府坚持让外国公司通过阿拉伯代理商开展业务。代理商操着纯正的阿拉伯语，熟悉国情民风，有着广泛的社会关系网，特别是同你所要洽谈的公司有着直接或间接的联系，这些都是外国谈判者所缺少的。尤其是大型交易，中间商不但可以帮你从政府处争来赚钱的项目，还可以为实施项目打通各个环节。可以说，没有得力的阿拉伯代理商，外国公司就很难做成长久的生意。

（5）中下级人员在决策中发挥着较大的作用。在阿拉伯国家中，谈判决策由上层人员负责，但中下级谈判人员向上级提供的意见或建议却得到高度重视，他们在谈判中起着重要作用。阿拉伯人等级观念强烈，其工商企业的总经理和政府部长们往往自视为战略家和总监，不愿处理日常的文书工作及其他琐事。许多富有的阿拉伯人是靠金钱和家庭关系获得决策者的地位的，而不是依靠自己的能力，因此他们的实际业务经验少得可怜，有的甚至对公司有关方面的运转情况一无所知，不得不依靠自己的助手和其他工作人员。所以，外商在谈判中往往要同时与两种人打交道，首先是决策者，他们只对宏观问题感兴趣；其次是专家及技术人员，他们希望对方尽可能提供一些结构严谨、内容翔实的资料以便仔细加以论证。与阿拉伯人做生意时千万别忽视了后者的作用。

5．中国商人的谈判风格

中国是一个拥有五千多年悠久历史的国家，也是四大文明古国之一，在思想上深受儒家文化的影响。中国人注重礼仪和礼节，重人情，素有"礼仪之邦"的美称。中国人吃苦耐劳，具有很强的韧性；谈吐含蓄，不轻易直接表露自己的真实感情；工作节奏总体不快；比较保守，不轻易冒险，且足智多谋；中国商人性格温和、稳健、老成而又不乏幽默。具体的谈判风格表现为以下几点。

（1）重视礼仪，注重礼节。中国人接待客人非常热情和慷慨，几乎每一个到中国访问的人都能感受到温暖和亲切的感觉。中国商人在谈判时，习惯于以礼相待。在洽谈生意时，常常要求在本国进行，这样做，就能控制议事日程，掌握谈判的步调。同时，能够使他们在谈判过程中通过仔细观察对方，让客人相信他们的诚意，从而建立彼此坦诚和信任的友好关系。

（2）注重谈判关系的建立。中国商人十分注重人际关系。在中国，建立关系是寻求信任和安全感的一种表现。在商业领域和社会交往的各个环节都渗透着关系，也就是说，关系成为人们所依赖的与他人和社会进行沟通联系的一个重要渠道。在做东道主时，他们并不急于谈判，而是耐心地认识和熟悉对方，并尽可能地建立一种长久而牢固的关系。一般情况下借助于一定的中介，找到具有决策权的主管人员。建立关系之后，中国商人往往通过一些社交活动来达到相互的沟通与理解。这些活动通常有宴请、观光、购物等。

（3）工作节奏较慢，时间观念不强。勤劳是中华民族的传统美德，中国人虽然吃苦耐劳，但工作节奏并不快。谈判时，中国人往往会派出为数众多的洽谈人员，但人多常常会拖延谈判时间。与中国人谈判可将日程安排得紧凑些，争取更多的工作时间，对这一点，中国人往往会予以满足。紧凑的日程增加了交换意见的机会，在某种意义上也增加了成功的机会。

中国人对时间的流逝并不十分敏感。人们喜欢有条不紊、按部就班，信奉欲速则不达，防止揠苗助长、急躁妄为。如果时机不成熟，他们宁可按兵不动，也不草率行事。当然，随着市场经济的深入发展，中国人的时间观念正在逐渐加强，工作效率正在不断提高。

（4）为人处世含蓄委婉。中国人说话方式较为含蓄委婉，不喜欢直截了当地表明自己的想法和态度。在商务谈判中，中国商人不喜欢直接、强硬的交流方式，对对方提出的要求常常采取含糊其辞、模棱两可的方法作答，或利用反问转移重点。在谈判的开局阶段，中国商人很少讲述自己的立场和看法，也很少提出自己对产品的要求和建议，他们总是要求对方介绍产品的性能，然后认真倾听对方关于交易的想法、观点和建议。一旦对方提出了自己的观点、立场，说出产品的有关特点后，谈判就进入了实质性阶段。在这一阶段，中国商人要求首先达成一般原则框架，完成这项任务之后，才详细地洽谈具体细节。他们认为，这可以避免争吵，以便更快地达成协议。一般原则框架通常借助意向书和会谈记录。中国人在谈判中都有详细的会议记录，即使谈判人员中途被全部撤换，中方代表仍然对以前的洽谈内容了如指掌。

（5）善于把握原则性与灵活性。中国人对问题的原则性和灵活性把握得很有分寸。他们在谈判时注重利益均衡。当谈判进入实质性阶段后，中国商人往往会要求首先以意向书的形式达成一个原则框架，然后才洽谈具体细节。中国商人在原则问题上寸步不让，表现得非常固执。谈判中如果发现原则框架中的某条原则受到了挑战，或谈判内容不符合长期目标，或提出的建议与计划不适合，中国商人的态度就会严肃起来并表现出不屈不挠的决心。同时，在具体事务上，他们则表现出极大的灵活性。由于中国商人追求"平等"与"平衡"，所以在谈判中无论什么条件都要比较一下得与失。与中国人做交易，谈判各种性质的交易条件都应有一本明细账。这样，在进退之中可以随时进行准确评估，减少混乱之中的失衡，减少不必要的谈判弯路，特别要避免无谓的谈判危机。

中国香港、澳门、台湾地区的商人受中国传统文化和世界各国文化的影响，一方面他们具有中国人勤劳智慧的特点，另一方面这些地区的商业气息极强。这些地区的商人在商业交易中善于与对方拉关系、套近乎；也擅长施以小恩小惠。他们报价灵活，水分很大，常常一降再降给对方造成错觉，使对方感到他们已做了最大让步，其实成交价往往仍高于基本价。因此与他们谈判前，应充分了解产品的市场行情。与港澳台地区的商人做生意时，惯于"放长线，钓大鱼"，常常表示愿赠送一些设备，如复印机、电子音响及其他个人礼品，或表示愿提供无息贷款或提供考察费用等。港澳台地区的公司或企业多如牛毛，其中不乏皮包公司，因此要注意资信调查，谨防上当受骗。另外，港澳台地区的商人较注重眼前利益，若市场行情有变化，他们就会想方设法钻合同的空子。因此，要认真仔细地制定合同的每一项条款，确保合同能得到切实的执行。

知识归纳

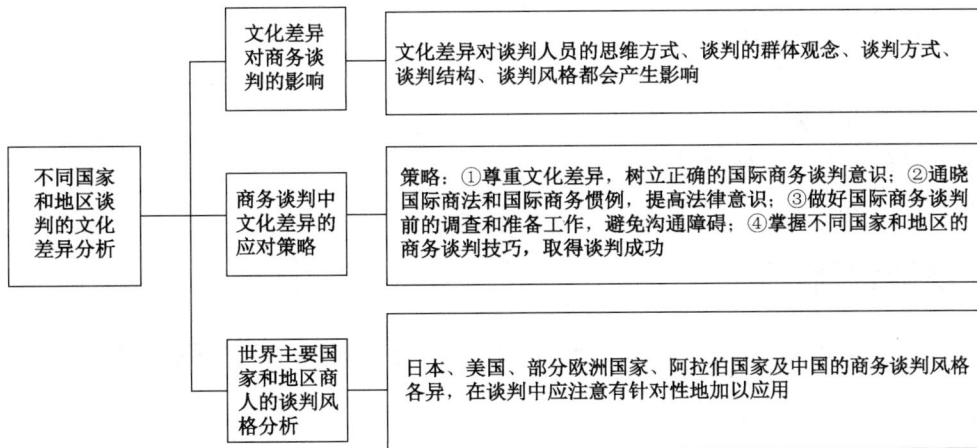

思考与练习

一、单选题

1. 商务谈判活动中偏向横向式谈判的是（　　　　）。

　　A. 美国商人　　　B. 英国商人　　　C. 法国商人　　　D. 日本商人

2. 不喜欢无休止地讨价还价的是（　　　　）。

    A．东欧商人   B．英国商人   C．俄罗斯商人   D．日本商人

3．被称为"契约之邦"的国家是（   ）。

    A．英国   B．日本   C．德国   D．美国

4．下列关于各国商人谈判风格的说法中，正确的是（   ）。

    A．德国商人崇尚契约，严守信用   B．法国商人注重效率，时间观念强

    C．俄罗斯商人不喜欢讨价还价   D．日本商人按部就班

二、多选题

1．下列关于跨文化谈判的描述正确的是（   ）。

    A．跨文化谈判是跨越国界的谈判

    B．跨文化谈判与国内谈判存在密切联系

    C．跨文化谈判与国内谈判存在质的区别

    D．跨文化谈判的谈判主体存在一定的文化差异与文化冲突

2．美国人的谈判风格是（   ）。

    A．高傲矜持，坦率自信   B．注重效率，珍惜时间

    C．喜欢搞一揽子交易   D．通常不愿选择法律途径解决问题

3．在商务活动中，（   ）人时间观念不强。

    A．美国   B．意大利   C．日本   D．法国

三、思考题

1．文化差异会对商务谈判产生哪些重要影响？

2．美国商人有哪些谈判风格？

3．日本商人有哪些谈判风格？

4．德国商人有哪些谈判风格？

5．英国商人有哪些谈判风格？

6．法国商人有哪些谈判风格？

7．意大利商人有哪些谈判风格？

8．俄罗斯商人有哪些谈判风格？

9．阿拉伯商人有哪些谈判风格？

📝 技能实训

任务训练   商务谈判文化差异和风格差异案例分析

实训目的

运用商务谈判文化差异及各国谈判风格差异知识，进行案例分析，培养分析能力及运用理论解决实际问题的能力。

实训组织

学生讨论、分析案例，总结所得的结论，在课堂上分享。

实训成果

课堂现场分享案例分析结论。

实训效果评价

教师根据学生对案例内容的理解及结合商务谈判文化差异相关知识分析案例的正确性、合理性，给予点评。

背景资料

【案例一】日本与澳大利亚的煤铁谈判

日本的钢铁和煤炭资源短缺，渴望购买煤和铁。澳大利亚生产煤和铁，并且在国际贸易中不愁找不到买主。按理说，日本商人应该到澳大利亚去谈生意。但日本商人总是想尽办法把澳大利亚商人请到日本去谈生意。

澳大利亚商人一般都比较谨慎，讲究礼仪，不会过分侵犯东道主的权益。澳大利亚商人到了日本，使日本方面和澳大利亚方面在谈判桌上的相互地位发生了显著的变化。澳大利亚商人过惯了富裕的舒适生活，他们的谈判代表到了日本之后没几天，就急于想回到故乡别墅的游泳池、海滨和妻儿身旁去，在谈判桌上常常表现出急躁的情绪；而作为东道主的日本谈判代表则不慌不忙地讨价还价，他们掌握了谈判桌上的主动权。结果日本方面仅仅花费了少量款待做"鱼饵"，就钓到了"大鱼"，取得了大量谈判桌上难以获得的东西。

【问题】

（1）该案例体现了澳大利亚商人具有哪些谈判风格？

（2）日本商人是怎样利用澳大利亚商人的特点促使煤铁谈判获得成功的？

【案例二】尊重文化差异是取得谈判胜利的保证

美国一家石油公司经理几乎断送了一笔重要的石油买卖。关于事情的经过，请听他的自述："我会见石油输出国组织的一位阿拉伯代表，和他商谈协议书上的一些细节问题。谈话时，他逐渐地朝我靠拢过来，直到离我只有 15 厘米才停下来。当时，我并没有意识到什么，我对中东地区的风俗习惯不太熟悉。我往后退了退，在我们两人之间保持着一个我认为是适当的距离——60 厘米左右。这时，只见他略略迟疑了一下，皱了皱眉头，随即又向我靠近过来。我不安地又退了一步。突然，我发现我的助手正焦急地盯着我，并摇头向我示意。感谢上帝，我终于明白了他的意思。我站住不动了，在一个我觉得最别扭、最不舒服的位置上谈妥了这笔交易。"

【问题】

（1）阿拉伯代表为什么对美国代表的后退皱起了眉头？美国代表的助手在向他示意什么？

（2）该项谈判最终成功的关键是什么？在关于国际商务谈判文化差异方面，本案例给了我们哪些启示？

任务 3.2 涉外商务谈判基本礼俗

学习目的 ◀

1. 熟悉涉外商务谈判过程中常用的基本礼仪与礼节
2. 了解涉外商务谈判相关活动中应注意的礼仪、礼节与禁忌
3. 能根据涉外商务谈判的需要表现适当的礼仪
4. 初步具备在涉外商务谈判场合恰当运用各项人际交往方式的能力

商务谈判实务 ◀

任务描述 ◀

商务礼仪会影响到双方的修养、身份、能力等方面的评价，甚至影响到谈判的结果。国际商务谈判由于本身的商业性、涉外性和正规性，对礼仪方面有着一些特殊的要求。在商务谈判中，如果不了解这些不同的谈判礼俗，就可能产生误解，轻则引起笑话，重则可能因此而失去许多谈判成功的契机。了解和掌握涉外商务谈判交往中的礼仪与礼节，承认并尊重双方的文化，建立良好的双边关系，是涉外商务谈判成功的第一步。本学习任务引领学生熟悉和掌握涉外商务谈判相关活动中常用的礼仪、礼节及一些世界主要国家的风俗禁忌。

任务实施范例 ◀

3.2.1 涉外商务礼仪的基本原则

在国际商务谈判中礼仪非常重要，甚至可以说关系到商务谈判的成功与否，因此，商务谈判中礼仪的一些基本原则是非常重要的，应该引起重视。下面介绍一下涉外交往中礼仪的一些基本原则。

1. 相互尊敬原则

【案例】

邓小平客随主"变"

邓小平同志素有吸烟的习惯，而且习惯先点燃一支烟再与他人交谈。1985年9月20日上午，邓小平同志会见新加坡总理李光耀先生，在会客厅，当工作人员把香烟递给他时，他断然拒绝说："烟，今天不吸了。"在座的人惊奇地问："您今天为什么不吸烟了？"邓小平回答说："李光耀总理闻不得烟味。"原来，这是邓小平在1978年访问新加坡时知道的。当时，他拜会李光耀总理和李光耀总理回拜他时，他都没有抽烟，并且风趣地说："客随主'变'嘛"！从这件小事中，我们看到了邓小平同志尊重宾客的风俗习惯和平等待人的良好修养，这也是涉外礼仪的基本要求。

自古以来，人敬我一尺，我敬人一丈，一直为人们所尊奉。尊敬是礼仪的情感基础。在当今人际交往中，人与人是相互平等的，无论职务高低、年龄长幼、民族大小、种族强弱，人格上没有贵贱之分。尊敬领导，尊敬长辈，尊敬客户，尊敬宾朋并不卑下，而是一种讲究礼仪的表现。只有尊敬对方，才能获得对方的尊敬。只有相互尊敬，才能建立和保持和谐愉快的人际关系，才会给彼此的合作提供良好的基础。所谓和气生财，就是这个道理。以礼待人还是一种自重的表现，任何时候都应该以礼待人、以理服人。

2. 入乡随俗原则

在国际商务交往中，要真正做到尊重交往对象，首先必须了解和尊重对方所独有的风俗习惯。在前往其他国家和地区进行商务活动时，要事先了解对方，知晓不同政治背景和宗教信仰、不同文化背景、不同风土人情和风俗习惯所形成的不同商业习惯。

首先，应该掌握民族禁忌。世界上许多民族都有自己民族的禁忌，如美国人不吃大蒜，俄罗斯人不吃海蜇、墨鱼，英国人不吃狗肉和动物的内脏，日本人不吃皮蛋，等等。其次，应该掌握宗教禁忌。在所有的禁忌中，宗教方面的饮食禁忌最为严格，而且绝对不容许有丝毫违犯，如穆斯林忌食猪肉、忌饮酒，印度教徒忌食牛肉，犹太教徒忌食非反刍动物，等等。最后，对于不同地区、不同国度具体的、特殊的民俗与禁忌也应了如指掌，以便区别对待。

3．不卑不亢原则

在国际商务谈判中，要做到不卑不亢，谦虚适度。每一个人在参与国际交往时，都必须意识到，自己在外国人的眼里，代表着自己的国家、代表着自己的民族、代表着自己所在的单位。因此，其言行应该从容得体、堂堂正正，既不应该表现得妄自菲薄、畏惧自卑、低三下四，也不应该表现得自大狂傲、放肆嚣张、不够谦逊。

4．尊重隐私原则

所谓个人隐私，简单地说，指的就是一个人出于个人尊严和其他方面的考虑，而不愿意公开，不希望外人了解或打听的个人秘密、个人事宜。在国际商务谈判中，一定要把尊重隐私作为国际礼仪的一项原则来看待。在和别人交谈与沟通时，要自觉有意识地回避与隐私相关的问题。但是"十里不同风，百里不同俗"，在国际交往中，各国的文化和习俗差异很大，关于隐私的理解也大不一样，只有明白什么是隐私才能把握好分寸，充分做到尊重他人的个人隐私，也保护好自己的隐私。一般来说，在对外交往中不要涉及与收入、年龄、健康、婚姻、信仰和政见等相关的话题，这些都属于隐私的范畴。比如说年龄问题，大家都知道女孩子特别忌讳。其实，不仅仅女孩子如此，西方国家的老年人也特别忌讳，因为"老"在西方是"没用"的意思，有被社会淘汰的意思，这与中国人尊老敬老，老年人喜欢说自己"老"的习惯完全相反。

5．爱护环境原则

在国际商务交往中，之所以要特别注意爱护环境的问题，一方面，因为这是踏实做人所应具备的基本的社会公德之一；另一方面，它已经成为世界舆论关注的焦点问题之一。在世界各国，已经出现了各种不同形式的爱护环境组织，"环境保护主义"风靡一时，成为国际风头正劲的当代思潮。在国外，尤其是发达国家，若是有人在口头上或行为上与爱护环境唱反调，必然会遭到舆论攻击。

6．以右为尊原则

在国际交往中，如果需要人们按左右并排排列时，其具体位置的左右大都有尊卑之分、主次优劣之别。依照国际惯例，多人进行排列时，最基本的规则是右高左低，即以右为上，以左为下；以右为尊，以左为卑。

7．信守约定原则

在一切涉外商务交往中，都必须认真严格地遵守自己的所有承诺，说话务必算数，许诺一定要兑现，约会则必须如约而至。在商务交往中，尤其是在跨国家、跨地区、跨文化背景下的商务交往中，遵行信守约定的原则，是建立良好商务关系的基本前提，也是取信于人的主要要求之一。

3.2.2 涉外商务礼仪

国际商务谈判礼仪除了前文各项目中所涉及的个人礼仪、开局见面礼仪和签约礼仪外，下面仅就涉外谈判中常用的一些其他礼仪，以及世界主要国家和地区的礼俗进行介绍。

1. 见面礼仪

握手是中国人最常用的一种见面礼，也是国际上通用的礼节。但在有些国家见面时并不握手，而是采用鞠躬礼、合十礼、拥抱礼、亲吻礼等方式。

（1）鞠躬礼。鞠躬礼盛行于日本、朝鲜等国。在日本，人们习惯行 60°～90° 的鞠躬礼，双手扶膝，表示问候。

（2）合十礼。合十礼通行于南亚和东南亚信奉佛教的国家。合十礼，是将两个手掌在胸前对合，掌尖和鼻尖基本平视，手掌向外倾斜，头略低。

（3）拥抱礼。这是欧美各国熟人、朋友之间表示亲密感情的一种礼节。其方式为两人相对而立，右臂偏上，左臂偏下，右手扶对方左后肩，左手扶对方右后腰，按各自的方位，两人头部及上身都向左相互拥抱，然后头部及上身向右拥抱，再次向左拥抱后，礼毕。

（4）亲吻礼。亲吻礼多见于西方、东欧、阿拉伯国家，是上级对下级，长辈对晚辈，以及朋友、夫妻之间表示亲密、爱抚的一种礼节。通常是在受礼者脸上或额头上亲一下。

2. 宴请礼仪

在商务谈判中，谈判双方互相宴请或进行招待，是整个谈判过程中不可缺少的组成部分。举行宴会或招待会，可以制造一种轻松融和的气氛。在这种气氛中，能够加深双方的了解，增进彼此的友谊，也为谈判成功打下良好的基础。礼仪在宴请中占据十分重要的地位。

（1）宴请的形式。在国际商务谈判中，可视不同情况采取不同形式的宴会或招待会等。

① 宴会。宴会是较为隆重的正餐，一般包括国宴、正式宴会、便宴、家宴等。按举行的时间来分，又可分为早宴、午宴、晚宴。其隆重程度、出席规格及菜肴的品种与质量等均有区别。一般来讲，晚上举行的宴会较白天举行的宴会更为隆重。

a. 国宴：国家元首或政府首脑为国家庆典或为外国元首、政府首脑来访而举行的正式宴会，因而规格最高。宴会厅悬挂双方国旗，安排乐队奏国歌及席间乐，席间致辞或祝酒。

b. 正式宴会：宾主均按身份排位就座，讲究排场。有些正式宴会十分讲究。例如，对服饰规格、餐具、酒水、菜道、陈设，以及服务人员的装束、仪表等都有严格的要求。

c. 便宴：非正式宴会。这类宴会形式简单，可以不安排座位，不安排正式讲话，席间气氛也比较随便、亲切。

d. 家宴：在家中设宴招待客人。

上述各种宴会形式，除国宴外，在商务谈判中都可选用，尤其是小型的正式宴会和便宴更切实际。另外，在必要时设家宴招待商务谈判对手的要员，可能会使谈判发生良好转机。

② 招待会。招待会是指各种不备正餐，较为灵活的宴请形式，备有食品、酒水饮料，通常可以自由活动，不排座位。常见的形式有冷餐会（自助餐）和酒会（鸡尾酒会）。由于这两种方式自由、方便，不受正式宴会上任何礼仪的限制，所以，在现代国际商务谈判中被越来越多地采用。

③ 茶会。这是一种简单的招待形式，多在 16:00 左右举行。茶会通常设在客厅，而不在餐厅，厅内设茶几、座椅，不排座次。在国际商务谈判中，经常自觉或不自觉地用茶会形式招待对方。

④ 工作进餐。这是现代交往中经常采用的一种非正式宴请形式，利用进餐时间，边吃边谈问题。这类活动一般只请与工作有关的人员，并且往往安排席位。按时间来分，工作进餐可分为工作早餐、工作午餐和工作晚餐。在国际商务谈判中，当日程安排不开时，可采用这种形

式，因为这种形式往往能缓解对抗，促进问题的解决。

（2）宴请活动的组织工作。成功的宴请都和成功的组织分不开，一般来讲，宴请的组织工作包括以下主要内容。

① 确定宴请的目的。宴请的目的多种多样，可以为某人，也可为某件事，如为某人某团，为某工程的破土与竣工，为商务谈判中双方合作的开始或成功，为谈判中某环节、某阶段问题的磋商或成功解决等。总之，目的要明确。

② 确定宴请的名义与对象。名义与对象主要由主客双方的身份来确定，即主宾双方身份要对等。国际商务谈判中多以一方主谈人的名义出面邀请对方主谈人及其随员。

③ 确定宴请的范围。宴请的范围指请哪些方面的人士，请哪一级别，请多少人。主人请什么人作陪，其确定要考虑宴请的性质、主宾身份、惯例等多种因素；确定后即可草拟具体邀请名单。

④ 确定宴请的形式。采用何种宴请形式，主要取决于习惯做法及需要。目前，各国的礼宾工作，以及各种谈判交际活动中的宴请工作都在简化，范围也趋向偏小，形式更加简便。酒会、冷餐会被广泛采用，具体选用哪一种可视情况而定。

⑤ 确定宴请的时间、地点。时间的选择应对主、宾双方都适宜。注意不要选择对方的重大节假日、有重要活动或有禁忌的日子。最好先口头面约或电话联系，以征求对方的意见。至于地点的选择，正式的、隆重的宴请活动一般安排在高级宾馆、大厦内举行。其他可按宴请的性质、规模大小、形式、主人意愿及实际可能而定。选定的场所要能容纳全体人员。

⑥ 发出邀请及请柬格式。组织宴请活动时，一般都发请柬，这既礼貌，又便于客人备忘。便宴亦可约妥而不发请柬，工作进餐一般不发请柬。请柬一般要提前一至两周发出，有的地方还需再提前，以便被邀人士有所准备。请柬的内容包括活动形式，举行的时间、地点，主人的姓名。请柬行文不加标点，新提到的人名、单位名、节目名等都应用全称。中文请柬行文中不提被邀请人姓名，应写在封面上，主人名应写在落款处。请柬格式与行文，中外文体差异很大，在使用时不要硬译。请柬可以印刷也可以手写，但手写字迹要美观清晰，信封上被邀请人的姓名、职务等书写要准确。

⑦ 订席。席上酒菜要根据宴请形式和规格及规定的预算标准而定。选菜应考虑主宾的爱好与禁忌。若席中有个别人有特殊需要，也可单独为其上菜。事先应列菜单，并征求主管负责人的意见。

⑧ 安排席位。正式宴会一般均排席位，也可只排部分客人的席位，其他人只排桌次或自由入座。在入席前要通知到每位来宾，现场还要有人引座。按国际惯例，桌次的高低以离主桌的位置远近而定，右高左低。同一桌上，席位高低以离主人座位远近而定。我国习惯于按职务排列，如有夫人出席，常把女方排在一起，即主宾坐男主人右上方，其夫人坐在女主人右上方。国外习惯男女穿插安排，以女主人为准，主宾在女主人右上方，主宾夫人在男主人右上方。

⑨ 布置现场。宴会厅、休息厅的布置取决于活动的形式、性质。官方的和其他正式的活动场所的布置应严肃、庄重、大方，不要用彩灯、霓虹灯装饰，可少量点缀鲜花、刻花等。宴会可用圆桌、长桌或方桌，桌子之间的距离要适当，各座位之间的距离也要相等。冷餐会常用方桌靠四周陈设，也可根据情况摆在中间。座位要略多于全体人数，以便客人自由就座。酒会一般摆小圆桌或茶几，以便摆放花瓶、烟灰缸、干果、小吃等，只在四周设些椅子供妇女和年迈体弱者所用。

⑩ 准备餐具。总的来说，应根据宴会的人数、菜肴数目准备足够的餐具。餐桌上的一切用品都要十分清洁、卫生。桌布、餐巾都应洗净、熨平，各种器皿、筷子、刀叉都要预先洗净、

擦亮。若是宴会,还应备好每道菜撤换用的菜盘。在宴请外商时,用中餐,以中餐西吃为宜,此时要准备必要的西餐餐具及酱油、醋等佐料,通常一桌放数份。桌上应备有烟灰缸、牙签等。

(3)宴请程序及现场工作。

① 主人一般在门口迎接客人,与客人握手后,由工作人员引入休息厅,无休息厅可直接入宴会厅,但不入座。休息厅内应有相应身份的人员照料,由招待人员送饮料。

② 主宾到达后,由主人陪同进入休息厅与其他客人见面。若其他客人尚未到齐,可由其他迎宾人员代表主人在门口迎接。

③ 主人陪同主宾进入宴会厅,全体客人就座,宴会即开始。吃完水果,主人与主宾起立,宴会即告结束。

④ 主宾告辞,主人送至门口。主宾离去后,原迎宾人员顺序排列,与其他客人握别。

⑤ 工作人员应提前到现场检查准备工作。

(4)赴宴礼仪。

① 应邀。接到宴会的邀请,能否出席要根据邀请方的具体要求,尽早、尽快以电话或信函答复对方,以便主人安排。在接受邀请之后,不要随意改动,万一有特殊情况不能出席,尤其是主宾应及早向主人解释、道歉。应邀出席一项活动之前,要核实宴请的主人,活动举办的时间、地点,是否邀请了配偶,以及主人对服装的要求等,以免失礼。

② 掌握出席时间。出席宴请活动,抵达时间的迟早、逗留时间的长短,在某种程度上反映了对主人的尊重,这要根据活动的性质及有关习惯掌握。一般来说,客人应略早抵达或按主人要求抵达。确实有事需提前退席,应向主人说明后悄悄离去,或事先打招呼,届时离去。

③ 抵达。抵达宴请地点,先到衣帽间,脱下大衣和帽子,然后前往主人迎宾处,主动向主人问好,若是喜事,还应表示祝贺。

④ 入座。应听从主人安排,即客随主便。要先弄清自己的桌次、座次再入席,不要乱坐。如邻座有年长者与妇女,应主动协助他们先坐下。

⑤ 交谈。无论是主人、陪客或宾客,都应与同桌人交谈,特别是左右邻座。邻座如不相识,可先自我介绍。

⑥ 祝酒。作为主宾参加宴请,应先了解对方的祝酒习惯,即为何人、在何时祝酒等,以便做必要的准备。碰杯时,主宾与主人先碰,人多时可同时举杯示意,不一定碰杯。祝酒时注意不必交叉碰杯。在主人和主宾致辞、祝酒时应暂停进餐,停止交谈,注意倾听,不要借机抽烟等。若主人和主宾来桌前敬酒,应起立举杯。碰杯时,要目视对方示意。宴会上切忌饮酒过量,否则会失言失态。

⑦ 致谢。在出席私人宴请活动之后,应致以便函或名片以示感谢。

⑧ 意外情况的处理。宴会进行中,由于不慎发生异常情况时,如餐具摔落、打翻酒水等,要沉着应付,可向邻座人说声"对不起"。掉落的餐具由服务员另送一副,若打翻的酒水溅到邻座人身上,应表示歉意,并协助其擦掉。若对方是女士,只要把干净餐巾或手帕递上即可,由她自己擦去。

(5)餐桌上的餐姿、餐巾与餐具礼节。

① 餐桌前的坐姿和仪态很重要。身体与餐桌之间要保持适当的距离,太远不易处理食物,太近则易使手肘过弯而影响邻座。理想的坐姿是身体挺而不僵,仪态自然,既不呆板,也不轻浮。

② 用餐时一般不要把桌面弄得很凌乱。适度的文雅与细心,可以防止餐桌上许多不快之事发生,且能获取众人的赏识与尊敬。

③ 进餐前用餐巾纸擦拭餐具是极不礼貌的陋习。如果发现不洁餐具，可要求服务员调换。

④ 餐巾须等主人动手摊开使用时，客人才能将它摊开置于膝盖上。餐巾的主要作用是防止油污、汤水滴到衣服上，其次是用来轻擦嘴边油污，但不可用它擦脸、擦汗或除去口中之食物，餐巾纸亦同。用餐完毕后将餐巾放于座前桌上左边，不可胡乱扭成一团。

⑤ 用中餐宴请外商时，既要摆碗筷，也要放刀叉，以中餐西吃为宜。西餐刀叉的使用是右手持刀，左手持叉，将食物切成小块后用叉送入口中。

⑥ 吃西餐时，按刀叉顺序由外往里取用，每道菜吃完后，将刀叉并拢平放于盘中，以示吃完；否则摆成"八"字或交叉型，刀口向内。

⑦ 切菜时，不要用力过猛撞击盘子发出声响。切带骨或带壳食物时，叉子一定要把食物叉牢，刀要紧贴叉边下切，以免滑开。不易叉的食物，可用刀将其轻轻推上再叉。

⑧ 汤用深盘或小碗盛放，喝汤应用汤匙由内向外舀起送入口中，即将喝尽时可将盘向外略托起。除喝汤外，不用匙进食。

（6）餐桌上的吃喝礼节。

① 送到自己面前的食物，或多或少都得用一点，特别合口味的食物也不能一次食用过多，不合口的食物也不要显出厌恶的表情。

② 在用西餐时，吃不完夹在盘中的食物是失礼的行为，所以，取食应量力而行。

③ 吃西餐中的肉类，要边切边吃，切一次吃一口。不要把自己用过的餐具放在大家共同吃的食物旁边。

④ 面条之类的食物，可用叉、筷卷起一口之量食之，不要发出"咝咝"的吸食声。吃鸡、龙虾等食物时，经主人示意，可用手撕开来吃。

⑤ 喝汤时，宜先试温，待凉后再用，忌用口吹，或"咝咝"出声，要用勺喝汤。不要双手端起像喝水一样，发出咕咚咕咚的声音。

⑥ 口内的骨头、鱼刺等，不要直接外吐，应用餐巾掩口，用手或筷子取出，或轻轻吐在叉上，放在盘内。

⑦ 口内有食物时，切勿说话。正餐中不宜当众用牙签剔牙，可用餐巾掩嘴。抽烟须先征得主人或邻座的同意。

⑧ 要随主人行动而起立离座。餐后至少喝过咖啡或茶后才能告辞。有的主人为每位出席者备有小纪念品或一朵鲜花。宴会结束时，主人招呼客人带上，这时，可以说一两句赞扬小礼品的话，但不必郑重表示感谢。

3. 馈赠礼仪

互送礼品是一种礼仪的体现，也是一种感情的传递，能使双方之间架起一座互通友谊的桥梁。在与外国人的交往中，送礼是必要的，是联络感情、广交朋友、增进友谊的一种方式，但是，送礼时的热情要适度，有时过分热情反倒适得其反。所以，在对外送礼上，主要应该防止这样几个问题：第一，防止过多；第二，防止过于贵重，使别人不敢轻易接受；第三，防止体积过大，要方便携带。一般而言，赠送礼品的礼仪主要包含礼品的挑选、馈赠的方法、礼品的接受这3个方面的内容。

（1）礼品的挑选。在礼品的挑选上，要对送礼对象的爱好、兴趣做些简单的调查，因人而异，投其所好。此外，还要注意对方的风俗习惯、宗教信仰，了解一下对方基本的忌讳，如来自信奉伊斯兰教的国家，不要送其酒、猪皮等产品。送花时，西方国家比较忌讳双数，喜欢单数，一般不送单一的花种，多花种会让颜色搭配得更加丰富，看起来更漂亮。各国对颜色都有忌讳，一般认为白色是纯洁的象征；黑色是肃穆的象征；黄色是和谐的象征；而红色和蓝色是吉祥如意的象征。很多国家以黑色作为葬礼的颜色；比利时人忌蓝色；巴西人以棕黄色为凶丧之色，认为人死好比黄叶从树上落下来。在馈赠行为当中，主角当然非礼品莫属。挑选赠送给外国友人礼品时，一般要注意以下 4 点。

① 突出礼品的纪念性。在涉外交往中，送礼依然要讲究"礼轻情义重"。有时，"江南无所有，聊赠一枝梅"往往更受对方欢迎。因为在许多国家里，都不时兴赠送过于贵重的礼品。反之，则很可能会让受礼者产生受贿之感。

② 体现礼品的民族性。有人曾说"最有民族特色的东西，往往是最好的"。向外宾赠送礼品，其实也是一样。中国人司空见惯的风筝、二胡、笛子、剪纸、筷子、图章、书画、茶叶等，一旦到了外国人手里，往往便会备受青睐，身价倍增。

③ 明确礼品的针对性。送礼的针对性是指挑选礼品时应当因人、因事而异。因人而异，指的是选择礼品时，务必要充分了解受礼人的性格、爱好、修养与品位，尽量使礼品得到受礼人的欢迎。因事而异，则指的是在不同的情况下，向受礼人所赠送的礼品应当有所不同。比如说，在国事访问中，宜向国宾赠送鲜花、艺术品；在出席家宴时，宜向女主人赠送鲜花、土特产和工艺品，或是向主人的孩子赠送糖果、玩具等；在探望病患时，则宜向对方赠送鲜花、水果、书刊等。

④ 重视礼品的差异性。向外国人赠送礼品，是绝对不能有悖于对方的风俗习惯的。因此，务必要将此视为送礼之时的大事，此即涉外礼品的差异性问题。要解决好这一问题，就要了解受礼人所在国的风俗习惯，在挑选时，主动回避对方有可能存在的 6 个方面的禁忌：一是与礼品有关的禁忌；二是与礼品色彩有关的禁忌；三是与礼品图案有关的禁忌；四是与礼品形状有关的禁忌；五是与礼品数目有关的禁忌；六是与礼品包装有关的禁忌。这 6 个方面的禁忌，有时亦称"择礼六忌"。

（2）馈赠的方法。向外籍人士赠送礼品，不仅要重视具体品种的选择，而且一定要注意赠送礼品时的方法。根据礼仪惯例，注意涉外交往中馈赠的方法，具体是指在礼品的包装、送礼的时机、送礼的途径这些方面，必须表现出中规中矩，不乱章法。

① 重视礼品的包装。以前，中国人送礼，只重货色，不重包装。不管多么高档的礼品，大都"赤条条来去无牵挂"，或者顶多用报纸一包，硬纸盒一装了事。这种做法，是不符合国际惯例的。在国际交往中，礼品的包装是礼品的有机组成部分之一，它被视为礼品的外衣，送礼时不可或缺。否则，就会被视为随意应付受礼人，甚至还会导致礼品自身因此而"贬值"。有鉴于此，送给外国友人的礼品，一定要事先进行精心的包装，对包装时所用的一切材料，都要尽量择优而用。与此同时，送给外国人礼品的外包装，在其色彩、图案、形状乃至缎带结法等方面，都要与尊重受礼人的风俗习惯联系在一起考虑。

② 把握送礼的时机。在涉外交往中，由于主宾双方关系不同，具体所处的时间、地点及送礼目的不同，送礼的具体时机自然也不能千篇一律。依照国际惯例，把握送礼的最佳时机是非常重要的，应对具体情况进行具体分析。在会见或会谈时，如果准备向主人赠送礼品，一般应当选择在起身告辞之时进行。向交往对象道喜、道贺时，如拟向对方赠送礼品，通常应当在双方见面之初相赠。出席宴会时向主人赠送礼品，可在起身辞行时进行，也可选择在餐后吃水果之时进行。观看文艺演出时，可酌情为主要演员预备一些礼品，并且在演出结束后登台祝贺时当面赠送。游览观光时，如果参观单位向自己赠送了礼品，最好在当时向对方适当地回赠一些礼品。为专门的接待人员、工作人员准备的礼品，一般应当在抵达当地后尽早赠送给对方。

③ 区分送礼的途径。送礼的途径，此处是指如何将礼品送交受礼人。在涉外交往中，送礼的途径主要被区分为两种：一种是当面亲自赠送，另一种则是委托他人转送。这两种送礼的途径往往适用于不同的情况。有时，它们各自往往还有某些特殊的要求。在一般情况下，送给外国友人的礼品，大都可以由送礼人亲自当面交给受礼人。有些时候，如向外国友人赠送贺礼、喜礼，或者向重要的外籍人士赠送礼品，亦可专程派遣礼宾人员前往转交，或者通过外交渠道转送。如果有必要，礼品可以被提前送达受礼人的手中。通常，送给外国人礼品时，尤其是委托他人转送给外国人礼品时，应附上一张送礼人的名片，它既可以放在礼品盒内，也可以放在一封写有受礼人姓名的信封里，然后再设法将这个信封固定在礼品的外包装上。有可能的话，尽量不要采用邮寄这一途径向外国人赠送礼品。

（3）礼品的接受。接受礼物时，西方国家的朋友喜欢当面打开，而且讲几句赞赏的话。在商务礼仪中接受外国友人赠送的礼品，大致有如下 3 个方面的问题需要注意。

① 欣然接受。当外国友人向自己赠送礼品时，一般应当大大方方、高高兴兴地接受。没有必要跟对方推来推去，过分地进行客套。在接受礼品时，应当起身站立，面含笑容，以双手接过礼品，然后与对方握手，并且郑重其事地为此而向对方道谢。在接受礼品时，面无任何表情，用左手去接礼品，接受礼品后不向送礼人致以谢意，都是非常失礼的表现。

② 启封赞赏。在国际社会，特别是在许多西方国家中，受礼人在接受礼品时，通常大都习惯于当着送礼人的面立即拆启礼品的包装，然后认真地对礼品进行欣赏。这种中国人以前难以接受的做法，现在已经逐渐演化为受礼人在接受礼品时必须讲究的一种礼节。在许多国家，接受礼品之后若不当场启封，或是暂且将礼品放在一旁，都会被视为失礼。在涉外交往中接受礼品时，对此要予以注意。

③ 事后再谢。接受外方人员赠送的礼品后，尤其接受了对方所赠送的较为贵重的礼品后，最好在一周之内写信或打电话给送礼人，向对方正式致谢。若礼品是由他人代为转交的，则上述做法更是必不可缺的。以后有机会再与送礼人相见时，不妨在适当之时，再次当面向对方表示一下自己的谢意。或者是告诉对方，他送给自己的礼品，自己不仅十分喜欢，而且经常使用。这种令对方感到他的礼品"物有所值"、备受重视的做法，会令对方极其开心。

3.2.3　世界部分国家的习俗与禁忌

1. 日本

日本人在任何场合都彬彬有礼，非常顾及对方的面子，绝对不会使对方感到尴尬。初次见面时不谈工作、相互引见、自我介绍、互换名片已成为一套惯用礼仪。因此，如去日本，必须随身多带名片。在商业宴会上的日本人如有急事可能不会做正式告别便悄然离去，他们认为做正式告别会扰乱宴会气氛，是对其他宴客不礼貌的行为。

到日本人家里做客，应在门厅里摘下帽子和手套，并脱去鞋子。客人通常给女主人带一束花，同时也带一盒点心或糖果。日本人把人情看得很重，如接受了日本人丰厚的赠礼，就应设法找机会报答，否则会很尴尬。

日本人十分重视清洁，大都每天洗澡。不仅如此，日本人还有请人一起去浴室洗澡的习惯。用他们的话来讲，这叫"裸体相交"。他们认为，这一做法可以使人减少束缚，坦诚相交。由于日本人坚信"优胜劣汰"，所以在交际中他们十分尊重强者。

称呼日本人时，可称为"先生""小姐"或"夫人"。也可在其姓氏之后加上一个"君"字，将其尊称为"某某君"。只有在很正式的情况下称呼日本人时才使用其全名。

在交际场合，日本人的信条是"不要给别人添麻烦"。因此，他们忌讳高声谈笑。但是在外人面前，他们则大都要满面笑容，而不论自己是否开心。日本人认为，这也是做人的一种基本礼貌。

日本人有着敬重"7"这一数字的习俗，可是却把"4"与"9"视为不吉数字。

在三人并排合影时，日本人谁都不愿意在中间站立。他们认定，被人夹着是不祥的征兆。

日本人很爱给人送小礼物，但下列物品不应被包括在内：梳子、圆珠笔、T恤衫、火柴、广告帽。

即便自己是吸烟者，日本人也不愿意让别人给自己敬烟。同时，他们也绝对不会给别人敬烟。

同他人相对视时，日本人觉得注视对方双眼是失礼的。因此，他们绝不会直勾勾地盯视对方，而通常只会看着对方的双肩或脖子。

当日本人用右手的拇指与食指合成一个圆圈时，绝对不是像英国人或美国人那样表示OK，而是表示"钱"。

2．英国

英国商人的态度往往是十分严肃的。在英国因为有世袭头衔，如爵士、公爵、子爵，所以，英国人喜欢别人称呼他们的荣誉头衔。在称呼一个英国人之前的聪明做法是，先看别人如何称呼，再跟着学。

与英国人交谈时，切勿涉及英王、王室、教会，以及英国各地区之间的矛盾，特别是不要对女王、王位继承、英美关系和北爱尔兰独立问题说三道四。外来人最聪明的话题是谈论动物。

英国人一下班就不谈论公事，最讨厌的是在就餐时谈论公事。还有，在英国，不要系带条纹的领带，以免与英国各学校的制服领带相仿，因为只有在这个学校学习过的学生才有资格用学校的制服领带。另外，在手势的使用方面也与一些国家不同。

由于种种原因，英国各个地区的人都十分重视自己的民族自尊。他们对于"英国人"这一笼统的称呼极为反感，认为它明显是以偏概全。以"英格兰人"称呼等同于其全国各民族，无异于抹杀了其他民族的个性。因此，与他们进行交往时，一定要具体情况具体对待，将其分别称为"英格兰人""苏格兰人""威尔士人"或"北爱尔兰人"。不过，要是采用"不列颠人"这一统称，往往也能行得通。

在色彩方面，英国人偏爱蓝色、红色与白色，所反感的色彩主要是墨绿色。

英国人在图案方面的禁忌甚多。人像及大象、孔雀、猫头鹰等图案都会令他们大为反感。在握手、干杯或摆放餐具时无意之中出现了类似十字架的图案，他们也认为是十分晦气的。

英国人所忌讳的数字与日期主要是"13"与"星期五"。当二者恰巧碰在一起时，不少英国人都会产生大难临头之感。对"666"，他们也十分忌讳。

在英国，"左撇子"被视为"笨人"，走路时人们讲究首先伸出右脚。

与英国人打交道时，需要了解的英国人的主要民俗禁忌还有下列5点：忌讳当众打喷嚏；忌讳用同一根火柴连续点燃3支香烟；忌讳把鞋子放在桌子上；忌讳在屋子里撑伞；忌讳从梯子下面走过。

在人际交往中，英国人不欢迎贵重的礼物。涉及私生活的服饰、肥皂、香水，带有公司标志与广告的物品，也不宜送给英国人。鲜花、威士忌、巧克力、工艺品及音乐会票，则是送给英国人的适当之选。

在英国，动手拍打别人，跷起"二郎腿"，右手拇指与食指构成"V"形时手背向外，都是非常失礼的动作。英国人用食指将下眼皮往下微微一扒时，表示自己所做的事被人识破了；当他们用手敲鼻子时，表示的是秘密；而耸动肩部，则表示疑问或者不感兴趣。

3．美国

美国男人见面都是握手，妇女之间也握手。如彼此关系很熟，妇女之间，男女之间都亲吻面颊。与美国妇女握手见面时，应让对方主动。在美国的商务往来上，男士不要给女士送香水、衣物和化妆品，这样会引起不必要的麻烦。

在与美国商人接触时，即便在非正式场合，谈话涉及生意时也必须谨慎。因为他认为你说的话是算数的。美国人不喜欢别人问每月收入，但乐意谈其优越的居住条件。送礼在美国法律上有严格规定：业务交往中送礼的费用只能减免 25 美分的税收。

美国人所喜爱的色彩是白色、蓝色和黄色。由于黑色在美国主要用于丧葬活动，因此美国人对之比较忌讳。

美国人所讨厌的数字是"666""13"和"3"，他们不喜欢的日期也是"星期五"。

与美国人打交道时，一般都会发现，他们大都比较喜欢运用手势或其他体态语言来表达自己的情感。不过，下列体态语言却为美国人所忌用：盯视他人；冲着别人伸舌头；用食指指点交往对象；用食指横在喉头之前；竖起拇指并以之指向身后；竖起中指。美国人认为，此类体态语言都具有侮辱他人之意。

美国人在公共场合和他人面前，绝对不会蹲在地上，或是双腿叉开而坐。这两个动作，均被视为失仪之举。

美国人在跟同性打交道时，有不少讲究。在美国，成年的同性共居于一室之中，在公共场合携手而行或是勾肩搭背，在舞厅里相邀共舞等，都有同性恋之嫌。

跟美国人相处时，与之保持适当的距离是有必要的。美国人认为，个人空间神圣而不容冒犯。因此，在美国碰了别人要及时道歉，坐在他人身边先要征得对方认可，因为谈话时距对方过近是失敬于人的。一般而言，与美国人交往时，与之保持 50～150 厘米的距离是比较适当的。

4．法国

在人际交往中，法国人所采用的见面礼节主要有握手礼、拥抱礼和亲吻礼。就一般而言，法国人所行的亲吻礼不但使用得最多、最广泛，而且在其具体做法上也有一定的特点。

正式称呼法国人的姓名时，宜只称其姓氏，或是姓与名兼称。家人、熟人、朋友、同事、同学之间，应直呼其名。对于关系至为密切者，则宜直呼其爱称。

与法国人谈生意时要尽量避免涉及家庭，更不要询问生意做得好坏，因为法国人不喜欢过多地提及个人的问题。法国的礼节要求把自己的身份印在名片上。

法国人很重视弘扬法兰西文化，如能用法语与其交谈，将会有意想不到的效果，故在一般情况下最好讲法语。

在法国，避免谈论政治和金钱，就像不要涉及对方个人的私事一样。另外，法国人对自己的烹调技术津津乐道，作为客人应对每一道菜肴表示赞赏。

在人际交往中，法国人的形体语言极为丰富。在交谈时，他们喜欢与对方站得近一些，并喜欢以手势进行辅助。

法国人对核桃十分厌恶，认定它代表着不吉利。对黑桃图案，他们也深为厌恶。

法国人大都喜爱蓝色、白色与红色，对于粉红色也比较喜欢。他们所忌讳的色彩主要是黄色与墨绿色。

法国人所忌讳的数字是"666""13"，他们忌讳的日期也是"星期五"。

法国人对礼物十分看重，但又有其特别的讲究。他们认为，初次见面就向别人送礼，往往会令对方产生疑虑，因而是不善交际的表现。在接受礼品时，若不当着送礼者的面打开其包装，则是一种无礼的、粗鲁的行为。此外，他们还不太重视"礼尚往来"。

向法国人赠送礼品时，宜选具有艺术品位和纪念意义的物品。但是，不宜以刀、剑、剪、餐具，或是带有明显广告标志的物品作为礼品。男士向关系一般的女士赠送香水，也被法国人视为不合适之举。

5. 德国

德国人在其人际交往中对礼节非常重视，注重形式。在社交场合，德国人通常都采用握手礼作为见面礼节。与德国人握手时，有必要特别注意下述两点：一是握手时务必坦然地注视对方；二是握手的时间宜稍长一些，晃动的次数宜稍多一些，握手时所用的力量宜稍大一些。此外，与亲朋好友见面时，德国人往往会施拥抱礼。在德国，亲吻礼多用于夫妻、情侣之间，并非广泛采用。有些上了年纪的人与人相逢时，则往往习惯于脱帽致意。

重视称呼是德国人在人际交往中的一个鲜明特点。对德国人称呼不当，通常会令对方大为不快。对有头衔的商人，一定要称呼其头衔。另外，见面和离开时，一定要握手，不握手是极大的失礼。在送花时，不要送玫瑰，因其有浪漫的含义。在双方交谈时，不要议论打垒球、篮球、英式橄榄球，而最好谈些有关德国的原野、个人的业余爱好，以及足球之类的问题。

与德国人交谈时，切勿疏忽对"您"与"你"这两种人称代词的使用。对于初次见面的成年人或老年人，务必称之为"您"；对于熟人、朋友、同龄者，方可以"你"相称。在德国，称"您"表示尊重，称"你"则表示地位平等、关系密切。

德国人对黑色、灰色比较喜欢，对于红色，以及渗有红色或红、黑相间之色，则不感兴趣。对于"666""13"与"星期五"，德国人极度厌恶。

向德国人赠送礼品时，不宜选择刀、剑、剪、餐刀和餐叉。以褐色、白色、黑色的包装纸和彩带包装、捆扎礼品，也是不允许的。

6. 中东地区

与中东商人谈生意时不要涉及国际石油政策和中东的政治问题。中东商人一般都信奉伊斯兰教，所以，在服饰和谈吐中要十分注意不要触犯他们的教义。在谈论公事前，阿拉伯人通常要喝一杯咖啡或一杯薄荷茶。吃饭、喝茶千万不要用左手。

中东地区的人对男女着装打扮要求很严格，就像对待法律一样。在中东地区，如能找合适的机会按阿拉伯人的宗教礼节向他们打招呼，对方会认为这是对他最真诚的恭维。

阿拉伯人不吃猪肉，禁止养猪。同时，不要谈狗，更不要送带动物图案的礼物，因为在他们看来，动物形象会带来厄运。

不要给阿拉伯人的妻子送礼物，而给其孩子送礼会特别受欢迎。如果向阿拉伯人送一本古兰经，主人会欣然同意。

还有很多贸易国家的礼俗与禁忌值得我们了解和研究，但因篇幅有限，在此不一一列举。虽然各国的习惯各异，没有统一的标准，但是对于一个地区或国家还是可以找到共同之处的。了解一个国家的风俗习惯越多，在同这些国家和地区的商人交往时就越有益处。

知识归纳

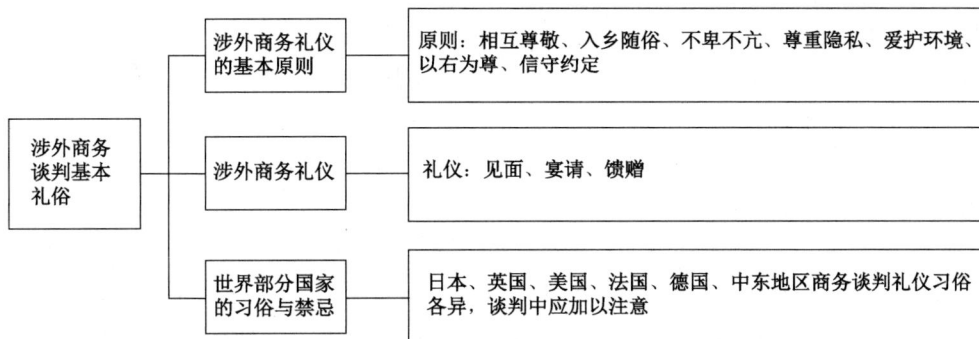

思考与练习

一、单选题

1. 忌谈狗，忌赠送带动物图案的礼物的国家是（　　）。
    A．美国　　　　　　B．阿拉伯　　　　　C．法国　　　　　　　D．日本
2. 即便自己是吸烟者，也不愿意接受别人敬烟的国家是（　　）。
    A．英国　　　　　　B．日本　　　　　　C．德国　　　　　　　D．美国

二、多选题

1. 国际上通行的宴会形式有（　　）。
    A．宴会　　　　　　B．招待会　　　　　C．茶会　　　　　　　D．工作餐
2. 在商务交往中，馈赠时应注意的礼节有（　　）。
    A．注意礼品的包装　　　　　　　　B．注意送礼品的场合
    C．注意馈赠时的态度和动作　　　　D．注意礼品的特殊要求
3. 对"666""13""星期五"都忌讳的国家有（　　）。
    A．英国　　　　　　B．中国　　　　　　C．德国　　　　　　　D．美国

三、思考题

1. 涉外商务谈判礼仪的基本原则有哪些？
2. 同日本人谈判要注意哪些禁忌？
3. 从互联网上搜索各国商人的禁忌习俗。

技能实训

任务训练一　商务谈判礼俗案例分析

实训目的

运用商务谈判文化差异及各国谈判礼仪风俗特点，进行案例分析，培养分析能力及运用理论解决实际问题的能力。

实训组织

学生讨论、分析案例，总结分析所得的结论，课堂分享。

实训成果

课堂现场分享案例分析的结论。

实训效果评价

教师根据学生对案例内容的理解及结合商务谈判文化差异、谈判礼仪相关知识分析案例的正确性、合理性，给予点评。

背景资料

【案例】

张一今年大学毕业，刚到一家外贸公司工作，经理就交给他一项任务，让他负责接待一下最近将来公司的一个法国谈判小组。经理说这笔交易很重要，让他好好接待。

张一想这还不容易，大学时经常接待外地同学，难度不大。于是他粗略地想了一些接待顺序，就准备开始他的接待。张一提前打电话和法国人核实了一下来访的人数、乘坐的航班及到达的时间。然后，张一向单位要了一辆车，用打印机打了一张 A4 纸的接待牌，还特地买了一套新衣服，到花店订了一束花。张一暗自得意，一切都在有条不紊地进行。

到了对方来的那一天，张一准时到达了机场，谁知对方左等不来，右等也不来。他左右看了一下，有几位外国人比他还倒霉，等人比他等得还久。他想该不就是这几位吧？于是又竖了竖手中的接待牌，对方没反应。等到人群散去很久，张一仍然没有接到。于是，张一去问讯处问了一下，问讯处说该国际航班已提前 15 分钟降落。

张一怕出岔，赶紧打电话回公司，公司回答说没有人来。张一只好接着等，周围只剩下那几位外国人了，他想问一问也好，谁知一问，就是这几位，张一赶紧道歉，并献上由 8 朵花组成的一束玫瑰，对方的女士看看他，一副很好笑的样子接受了鲜花。张一心想，有什么好笑的。接着，张一引导客人上车，客人们便大包小包地上了车。

张一让司机把车直接开到公司指定的酒店，谁知因为旅游旺季，酒店早已客满，而张一没有预订，当然没有房间。张一只好把他们一行拉到一个离公司较远的酒店，这家条件要差一些。至此，对方已露出非常不快的神情。张一把他们送到房间，一心将功补过的他决定和客人好好聊聊，这样可以让他们消消气。谁知在客人房间待了半个多小时，对方已经有点不耐烦了。张一一看，好像又吃力不讨好了，心想以前同学来我们都聊通宵呢。张一于是告辞并和他们约定 19:00 饭店大厅等，公司经理准备宴请他们。

到了 19:00，张一在大厅等待客人，谁知又没等到。张一只好请服务员去通知对方。这样，19:30 人才陆续来齐。到了宴会地点，经理已经在宴会大厅门口准备迎接客人，张一一见，赶紧给双方作了介绍，双方寒暄后进入宴会厅，张一一看宴会桌，不免有些得意：幸亏我提前作了准备，把他们都排好了座位，这样总万无一失了吧。

谁知经理一看对方的主谈人，赶紧请对方坐到正对大门的座位，让张一坐到刚才那个背对大门的座位，并狠狠瞪了张一一眼。张一有点莫名其妙，心想：又错了吗？突然，有位客人问："我的座位在哪里？"原来张一忙中出错，把他的名字给漏了。法国人露出了一副很不高兴的样子。好在经理赶紧打圆场，神情愉快地和对方聊起一些趣事，对方这才不再板着面孔。

一心想弥补的张一在席间决定陪客人吃好喝好，频频敬酒，弄得对方有点尴尬，经理及时制止了张一。席间，张一还发现自己点的饭店的招牌菜——辣炒泥鳅，对方人员几乎没动。张一拼命劝对方尝尝，经理面露愠色地告诉张一不要劝，张一不知自己又错在了哪里。好在谈锋颇健的经理在席间和客人聊得很愉快，客人很快就忘记了这些小插曲。

等双方散席后，经理当夜更换了负责接待的人员，并对张一说："你差点坏了我的大事，从明天起，请你另谋高就。"张一就这样被炒了鱿鱼，但他始终不明白自己究竟都错在哪里了？

【问题】

请你帮张一分析一下，他的错出在哪里？正确的做法应该怎样？

任务训练二　　涉外谈判礼仪训练

实训目的

运用商务谈判礼仪基本知识，各小组进行方案设计并在课堂上现场演示，培养学生掌握恰当得体的涉外商务礼仪。

实训组织

学生分组讨论后，进行方案设计；课堂 PPT 展示及现场演示，综合评价。

实训成果

涉外商务谈判过程礼仪设计方案及现场演示。

实训效果评价

教师对学生设计的方案进行现场点评：方案设计的条理性，设计方案及现场演示中对各环节基本礼仪礼节使用的合理性、交往过程中的礼俗禁忌的正确性。

背景资料

如果你是公司的公关部经理。公司最近要购买生产设备，下周有一家日本的企业——恒泰株式会社派人前来洽谈业务，对方来两个人：刘部长（营销部经理）和李部长（市场部经理）。作为公关部经理，这场商务谈判需要你来准备。请你从着装、介绍、握手、名片、入座、接待、谈判、宴会、送客等方面细述。（注意条理要清晰）

附录

商务谈判实战演练

附录 A 湖南省高等职业教育市场营销专业技能考核
——商务谈判测试流程

一、撰写商务谈判计划书（60分钟）

商务谈判准备阶段的一项重要工作就是撰写商务谈判计划书，因此，技能抽考时抽到相应商务谈判试题和谈判中的主体方后，必须根据谈判背景资料提供的信息进行认真分析，明确谈判主题、谈判的主方和客方，站在某一谈判方的角度，根据商务谈判计划的内容撰写谈判计划，为谈判实施做好充分准备。商务谈判计划书包括谈判主题、谈判团队角色及分工、谈判时间、谈判地点、谈判双方优劣势分析、谈判目标、谈判各阶段策略等内容。谈判计划书要求内容全面，格式规范，文字表达流畅，逻辑性强。具体评价标准见商务谈判评价标准中的作品部分。商务谈判计划书的撰写占商务谈判模块的分数为40分。

二、商务谈判实施流程（全程30分钟）

第一部分：背对背演讲（5分钟）

1. 双方背对背演讲（各方2分钟）

一方首先上场，利用演讲的方式，向观众和评委充分展示己方对谈判的前期调查结论、对谈判案例题的理解、切入点、策略，提出谈判所希望达到的目标，同时充分展示己方的风采。一方演讲之后退场回避，另一方上场演讲。

演讲要求如下。

（1）甲方先上场，乙方后上场。

（2）必须按演讲的方式进行，控制时间，声情并茂，力求打动评委。

（3）演讲由上场队员中的 1 位来完成，但演讲者不能是主谈。

（4）每一方演讲时间不得超过 2 分钟，最后 30 秒时有人提示。

（5）在演讲中，演讲者应完成以下几个方面的阐述：介绍本方代表队的名称、队伍构成和队员的分工；本方对谈判案例题的理解和解释；对谈判的问题进行背景分析，初步展示和分析己方的态势和优劣势；阐述己方在谈判中可接受的条件底线和希望达到的目标；介绍己方本次谈判的战略安排；介绍己方拟在谈判中使用的战术。

2. 主评委引导性陈述（共 1 分钟）

引出参赛队员，准备进入下一阶段。主评委做赛前的引导性陈述，强调并扩大双方的差距和分歧，并对谈判过程中的注意事项进行说明。

第二部分：进入正式模拟谈判阶段（25 分钟）

1. 开局阶段（3 分钟）

此阶段为谈判的开局阶段，双方面对面站立，但一方发言时，另一方不得抢话头发言或以行为进行干扰。开局可由 1 位选手来完成，也可由多位选手共同完成，最后 1 分钟时有人提示。发言时，可以展示支持己方观点的数据、图表、小件道具和 PPT 等。

开局阶段，双方应完成以下方面的阐述。

（1）入场、落座、寒暄都要符合商业礼节，相互介绍己方成员。

（2）有策略地向对方介绍己方的谈判条件。

（3）试探对方的谈判条件和目标。

（4）对谈判内容进行初步交锋。

（5）不要轻易暴露己方底线，但也不能隐瞒过多信息而延缓谈判进程。

（6）在开局结束的时候最好能够获得对方的根本利益和优先考虑事项等关键性信息。

（7）可以先声夺人，但不能以势压人或者一边倒。

（8）适当运用谈判前期的策略和技巧。

2. 谈判中期阶段（15 分钟，若双方中有一方提前使用休局策略，则多余时间合并到最后谈判阶段）

此阶段为谈判的主体阶段，双方随意发言，但要注意礼节。一方发言的时候另一方不得随意打断。既不能喋喋不休而让对方没有发言机会，也不能寡言少语任凭对方表现。

此阶段双方累计时间共 15 分钟，不分开计，最后 1 分钟时有人提示。

此阶段双方应完成下列任务。

（1）对谈判的关键问题进行深入谈判。

（2）使用各种策略和技巧进行谈判，但不得提供不实、编造的信息。

（3）寻找对方的不合理方面，以及从可要求对方让步的方面进行谈判。

（4）为达成交易，寻找共识。

（5）获得己方的利益最大化。

（6）解决谈判议题中的主要问题，就主要方面达成意向性共识。

（7）出现僵局时，双方可转换话题继续谈判，但不得退场或冷场超过 1 分钟。

（8）双方不得过多纠缠与议题无关的话题或就知识性问题进行过多追问。

（9）注意运用谈判中期的各种策略和技巧。

3. 休局、局中合议（2分钟）

此阶段为谈判过程中暂停，共2分钟，最后30秒时有工作人员提示。

在休局中，双方应当：总结前面的谈判成果；与队友分析对方开出的条件和可能的讨价还价空间；与队友讨论收局阶段的策略，如有必要，对原本设定的目标进行修改。队员要集思广益，找出有利于己方的谈判条件。

4. 最后谈判（冲刺）阶段（5分钟）

此阶段为谈判的最后阶段，双方回到谈判桌，随意发言，但应注意礼节。

本阶段双方应完成下列任务。

（1）对谈判条件进行最后交锋，尽量达成交易。

（2）在最后阶段尽量争取对己方有利的交易条件，最好达成己方最初谈判的目标。

（3）谈判结果应该着眼于保持良好的长期合作关系。

（4）进行符合商业礼节的道别，对对方表示感谢。

（5）如果这一阶段双方因各种原因没有达成协议，也要留下再合作的空间。

（资料来源：湖南省高职院校市场营销专业学生专业技能考核　商务谈判模块测试流程）

附录B　模拟商务谈判要求及评价标准

1. 基本要求

（1）技能要求。

① 能对给定的背景资料进行认真、细致的分析，确定谈判目标，制定各阶段谈判策略，拟订商务谈判计划。

② 能利用互联网进行相关信息的收集和整理，为谈判做好充分的资料准备。

③ 能根据谈判要求，建立谈判小组，并对小组人员进行合理分工，谈判中充分体现团队的协作与配合能力。

④ 能将设计的谈判策略运用到实际谈判过程中，并根据现场谈判情势变化调整策略，有效地运用各种技巧处理谈判中出现的僵局。主谈能够协调团队人员关系，并驾驭好谈判局面，将谈判引向自行设定的目标。

（2）操作规范及职业素养要求。

① 遵守商务谈判的规程、尊重谈判对手，无恶意磋商行为。

② 具备良好的谈判思维与沟通能力，具有良好的心理素质和现场应变能力。

③ 着装整洁，仪容仪态得体，见面握手、介绍、座次和谈吐都要符合商务礼仪规范，体现商务人士风范。

2. 撰写商务谈判计划书要求

商务谈判准备阶段的一项重要工作就是撰写商务谈判计划书，因此，技能抽考时抽到相应商务谈判试题和谈判中的主体方后，必须根据谈判背景资料提供的信息进行认真分析，明确谈判主题、谈判的主方和客方，站在某一谈判方的角度，根据商务谈判计划的内容撰写谈判计划，为谈判实施做好充分准备。商务谈判计划书包括谈判主题、谈判团队角色及分工、谈判时间、谈判地点、谈判双方优劣势分析、谈判目标、谈判各阶段策略等内容。谈判计划书要求内容全面，格式规范，文字表达流畅，逻辑性强。

3．模拟商务谈判评价标准

评价内容		配分	考核点	备注
职业素养（个人表现 20 分）	职业道德	5	独立完成谈判计划（2 分），遵守模拟谈判规程、尊重谈判对手，无恶意磋商行为（3 分）	严重违反考场纪律、造成恶劣影响的，本项目计 0 分
	职业能力	5	制订的谈判计划格式规范、内容完整（2 分），谈判过程中积极主动发言，具有良好的谈判思维与沟通能力，具备良好的心理素质和现场应变能力（3 分）	
	商务礼仪	10	尊重评委、开场有礼节（5 分），着装规范、手势合理、表情自然、语言流畅、姿势到位，符合商务谈判礼仪规范（5 分）	
商务谈判计划书作品（40 分）	格式表达	5	文字编排工整清楚、内容完整（2 分），文字表达流畅，逻辑性强（2 分），封面名称、时间清晰（1 分）	商务谈判计划书字数不得少于 500 字，每少 50 字，扣 1 分
	谈判主题、时间、地点	5	谈判主题明确（2 分），谈判时间、地点具体（3 分）	
	谈判人员及分工	5	有谈判角色（2 分），谈判角色分工明确、职责清晰（3 分）	
	谈判双方优劣势分析	5	对双方进行优劣势分析（2 分），分析透彻，为采取谈判策略奠定基础（3 分）	
	谈判目标	5	谈判最高目标（2 分）、谈判最低目标（2 分）、谈判可接受目标（1 分）	
	谈判各阶段策略	15	开局策略具体、巧妙，能够为后续谈判做好铺垫（5 分）；有报价方式选择策略，报价策略运用描述（5 分）；有磋商策略的设计、讨价还价的幅度、次数设计、出现僵局的策略设计、谈判结束策略设计（5 分）	
商务谈判实施操作（40 分）	宣讲谈判计划	5	背对背演讲谈判计划，表达流畅，在规定时间内完成（3 分），回答评委提问、思路清晰（2 分）	谈判实施按照团队协作与个人表现进行计分
	谈判开局	5	注重谈判礼仪，开场寒暄自然得体（2 分），谈判团队成员介绍，一方提出此次谈判主题，另一方有回应确认（2 分），与计划书中选择的开局策略一致（1 分）	
	报价	10	先报价方有明确的报价表，还价方对报价内容认真核实（5 分），报价方做到不问不答，还价方向报价方提出的问题必须具体明确，让报价方有问必答（3 分），巧妙运用报价策略（2 分）	
	磋商	10	双方充分沟通，了解对方的需求，做到多听、少说（4 分），让步幅度由大变小，让步次数控制较好，坚持价值谈判原则（4 分），贯彻谈判计划设计的策略，巧妙处理僵局（2 分）	
	谈判结束	10	主谈充分驾驭谈判节奏、团队协作较好（3 分），及时把握谈判时间，巧妙运用策略结束谈判（2 分），有谈判总结语和结束时的礼节（5 分）	
小计			100	

（资料来源：湖南省高职院校市场营销专业学生专业技能抽查　商务谈判模块评价标准）

附录 C 模拟商务谈判主题资料

1. 一般商品购销谈判

【背景资料】

甲方：中联重科股份有限公司（简称中联重科）

乙方：东莞华美食品有限公司（简称华美食品）

中联重科创立于 1992 年，注册资本 77.06 亿元，员工近 3 万人，主要从事建筑工程、能源工程、环境工程、交通工程、农业机械等基础设施建设所需重大高新技术装备的研发制造，其主导产品覆盖 11 个大类别、55 个产品系列、460 多个品种。中联重科成立 20 多年来，持续创新，成为世界排名第六的工程机械企业，公司的工程机械板块和环境产业板块均位居国内第一，农业机械板块位居国内第三。目前公司积极推进战略转型，成为集工程机械、环境产业、农业机械和金融服务多位一体的全球领先高端装备制造企业。

华美食品创立于 1991 年，根植于国际制造业名城——东莞市，是以月饼、饼干、糕点等食品的生产和销售为主的烘焙行业龙头企业，员工 2000 余人。除食品外，集团还涉足房地产、金融等行业的经营和管理。截至目前，华美食品旗下已拥有东莞、湖北、北京 3 个厂区，自动化生产线数十条，占地面积共约 30 万平方米，月饼日产能超过 300 万个，饼干日产能可达 120 吨以上；拥有包装制造、塑胶制造、食品机械等上游供应链，下游终端则布局 OMC 工房、金丽沙连锁店、东莞市欧丽沙食品有限公司、东莞华夫食品有限公司、各地分公司等销售公司。为掌控月饼原料中重要的莲蓉供应环节，华美食品已在湖北开展莲子种植项目，在河南建立面粉供应基地，确保食品的绿色及安全。华美食品一直努力在打造一体化战略。目前，华美食品旗下已有"华美"月饼"牛奶搭档"（已升级为"每日粗粮"）、"华夫软饼"等优质产品，产品常年销往全国各地及海外市场。

华美食品先后邀请了歌星孙悦和天王巨星周华健等明星加盟做形象代言人。华美食品系"中国烘烤最具竞争力十大品牌""中国月饼十强企业""全国糕点月饼质量安全优秀企业"，华美商标是"驰名商标"。华美食品在发展自身的同时，始终关心公益，热心慈善，连续多年向福利院捐款捐物，持续 8 年通过中国邮政赠送月饼慰问中国驻外维和部队，向汶川地震、玉树地震、雅安地震、西南干旱灾区捐款捐物，积极协办"东莞万人按手印"支持上海世博会等义举。

从优秀到卓越，华美人将一如既往，以向广大消费者奉献安全、健康、美味的食品为己任。通过努力打造 FOES 友爱企业，即用热情和目标做生意赚钱，用友爱影响关联企业共同发展，同时营造那种亲和、儒雅、艺术的让人难以仿制的品牌形象，以全新的面貌展现在世人面前。

时值中秋佳节来临之际，中联重科市场部拟感恩回馈超级 VIP 客户，欲采购 5000 余盒高档月饼。华美食品得此消息后派大客户经理前往长沙与中联重科市场部经理商谈月饼买卖相关事宜。

华美食品月饼系列产品信息如下。

产　品　名　称	产品系列属性	零　售　价
华美双黄	"华美双黄"是彰显华美月饼品质的首席产品，也是华美主推的高端品质产品之一，采用100%的莲蓉做馅料。大红底色富贵喜庆，牡丹花的点缀更添华丽，圆月的呼应突出团圆的氛围，表现了花好月圆的绝美意境。 内配：180克双黄纯白莲蓉月饼4个	168元/盒
蛋黄酥	台式蛋黄酥是华美集团借势中秋推出的非月饼礼盒及月饼糕点系列。层层叠叠的酥皮裹着甜糯的红豆馅，甜糯的红豆馅里又包着咸酥的蛋黄，每一口都超级享受。 内配：50克台式蛋黄酥8个	248元/盒
七星伴月	"七星伴月"堪称华美月饼传统系列中的高品质代表之作，七星伴月的设计理念来自7颗小行星伴随月亮的天文景观，表示阖家大团圆。整体盒形以八方形呈现，红色铺底，配以镂空圆形天窗，画面构图演绎出了花前月下的美丽意境。 内配：180克双黄白莲蓉月饼1个、100克红糖桂圆月饼2个、100克香芋蓉月饼2个、100克红豆蓉月饼3个	428元/盒
茶是故乡浓	"茶是故乡浓，月是故乡明"，中华茶文化源远流长，对于茶的运用也让世人惊叹。"茶是故乡浓"的设计将这一意境表达得淋漓尽致，让人犹在境中。本品历经多年市场洗礼而经久不衰，"纵观华美数十载，记忆当数茶是浓"。 内配：80克蛋黄绿茶蓉月饼3个、80克铁观音茶蓉月饼3个、80克红茶玫瑰蓉月饼3个	328元/盒

2．生产厂家与中间商合作谈判

【背景资料】

甲方：北京国美电器有限公司（简称国美电器）

乙方：珠海格力电器股份有限公司（简称格力电器）

国美电器成立于1987年1月1日，是中国的一家连锁型家电销售企业，2009年入选中国世界纪录协会中国最大的家电零售连锁企业，一直在电器行业居于国内领先地位。来自中怡康的权威数据显示，2014年，国美电器空调销售达800万套，据中国电子商会2006年以来对空调市场份额的监测显示，截至2014年，国美空调销售增长一直保持行业领先水平，并持续居于空调市场销售份额第一位，是中国空调的第一渠道。

格力电器成立于1991年，是一家集研发、生产、销售、服务于一身的国际化家电企业，以"掌握核心科技"为经营理念，以"打造百年企业"为发展目标，凭借卓越的产品品质、领先的技术研发、独特的营销模式引领中国制造，旗下拥有格力、TOSOT、晶弘三大品牌，涵盖家用空调、中央空调、空气能热水器、生活电器、晶弘冰箱等几大品类家电产品。公司2014年实现营业总收入1400.05亿元，同比增长16.63%；归属于上市公司股东的净利润为141.55亿元，同比增长30.22%，继续保持稳健的发展态势。格力空调是中国空调业的"世界名牌"产品，业务遍及全球160多个国家和地区。截至2014年，家用空调年产能超过6000万台（套），商用空调年产能达550万台（套）；2005年至2014年，格力空调产销量连续10年领跑全球，用户超过3亿人。2015年5月，格力电器大步挺进全球500强企业阵营，位居"福布斯全球2000强"第385名，排名家用电器类全球第一位。

2004年2月，成都国美和成都格力发生争端，原因是国美不甘现状，要求绕过格力"各省一级销售子公司"，直接由格力公司供货。格力不让步，要求国美与其他一级市场家电零售商一样，由一级销售子公司供货。理由是如果按国美要求做，由厂家直接供货，不但扰乱了格力的市场价格体系，而且严重损害了其他家电零售商的利益。

国美总部在没有提前通知格力厂家的情况下，向各地分公司下发了一份"关于清理格力空调库存的紧急通知"，通知表示，格力代理商模式、价格等不能满足国美的市场经营需要，要求各地分公司将格力空调的库存及业务清理完毕，突然对所售的格力空调大幅度降价。对此，格力表示，国美的价格行为严重损害了格力在当地的既定价格体系，也导致其他众多经销商的强烈不满。因此格力电器与国美电器终止合作。

但是，基于格力在空调领域的品牌知名度及企业实力，国美家电超市内不可能不销售格力空调，同时，国美家电超市作为国内的家电渠道品牌，格力不可能不借助国美的平台。双方都有重新合作意向。本着强强联合，合作共赢的精神，国美电器与格力电器各派营运中心人员到长沙进行有关合作事宜的谈判。

3．索赔谈判

【背景资料】
甲方：上海华实制鞋厂（简称华实制鞋厂）
乙方：日本某株式会社

2015 年 12 月，华实制鞋厂与日本一家株式会社签订了一份布鞋买卖合同，价值共计 2000 万元人民币，总共是 20 万双布鞋，合同规定这批布鞋分两批发货，每批 10 万双，分别于 2016 年 3 月 10 日和 4 月 10 日由华实制鞋厂负责装船，直航日本福岛口岸。由于日本当年发生了巨大地震，而且引发海啸，上海到日本的货轮因此无法在原定口岸靠岸。日本这家株式会社在地震中受到重创，商铺在海啸中全部冲垮，无法正常经营。日本株式会社电告上海，要求第一批布鞋退货，因为遇到不可抗力，企业无法经营。第二批推迟到 5 月 10 日发货。

华实制鞋厂按原来合同规定已经做好了生产计划，第一批布鞋已经于 3 月 10 日从上海张华浜码头装船，准备 11 日出发，接到对方通知只能卸货，并将布鞋存放在码头仓库，码头仓库的保管费和存放占地费以日计算，每日为存货价值的 0.1%。因为这批布鞋是为日本市场量身定做的，对方突然提出退货，上海方至今还没有处理好这批布鞋，仍放在码头仓库。第二批布鞋生产计划已经下达，4 月月初就可以生产完成，但现在要推迟到 5 月 10 日运送，至少要积压在企业仓库 1 个月。4 月中旬，日本地震后情况基本平稳，中方就第一批布鞋装船、卸货、码头仓储费用等造成的损失向日方索赔 20 万元人民币，并希望就第一批布鞋继续履约。

中方邀请日方来上海就要求退货及赔偿问题进行谈判。中方提出日方地震和海啸结束后，仍然可以销售布鞋，因此，第一批布鞋不必退货，但考虑到布鞋可能错过了最好的上市季节，中方愿意在价格上给予优惠，共同承担由于不可抗力造成的损失，以保持双方将来长期的合作关系。但根据合同，中方按期装船，而后才收到对方的第一批布鞋退货通知，前期费用已经产生，造成的损失应该由日方承担，中方经过明细核算列出总的费用表，损失费用远大于 20 万元。基于不可抗力因素，中方愿意在损失费用上承担一部分，所以才报出赔偿额 20 万元。

日方认为地震和海啸属于不可抗力，而且他们的株式会社正好处于地震和海啸中心，直接受到巨大损失，现在所有经营场所被摧毁，灾后重建还需要时间。而且由于地震和海啸使得日本经济受到重创，导致市场需求受到很大影响。他们虽然是违反合同规定，但是根据不可抗力法律条款，可以免责。基于双方长期合作关系及将来的合作需要，对于第一批布鞋愿意延期收货，希望价格上中方给予让步。至于赔偿金额，日方经过调查、核实，认为并没有这么大，而且由于不可抗力的原因，只愿意承担 30%。最终经过充分协商，基于将来长期合作意愿，双方达成了一致，签订补充协议。

4．合资合作谈判

【背景资料】

甲方：湖南古丈县茶业有限责任公司（简称古丈县茶业）

乙方：大汉控股集团有限公司（简称大汉控股集团）

古丈县茶业成立于 2003 年 3 月，总资产 1100 万元，是古丈茶业产业建设龙头企业。公司是集茶叶生产、加工、销售、开展茶叶新产品研究与产业化开发兼科技培训的综合性公司。公司实行"公司＋大户＋合作社＋农户"的经营模式，下辖茶叶专业化合作社 5 个，加工大户 20 个，农户 2000 余户，现有无公害茶叶基地 10000 亩（1 亩≈666.7 平方米），有机茶叶基地 5000 亩，茶叶加工厂 4 座，拥有年产 400 吨名优茶、年产 100 吨红茶、年产 1500 吨绿茶 3 条生产线。公司生产的古丈毛尖、古丈绿茶、古丈红茶等系列产品通过有机茶、绿色食品 ISO9001 质量体系认证、食品质量安全 QS 等认证。2014 年公司销售额达 1700 万元，利税 200 万元。由于优越的气候条件，公司旗下"古丈毛尖"绿茶的茶多酚含量超过 35%，高于其他（已被发现的）茶类产品。茶多酚具有降脂、降压、减少心脏病和癌症发病概率的功用。同时，它能提高人体免疫力，并对消化、防疫系统有益。现在，公司需要吸引不低于 50 万元的资金，用于扩大生产规模，扩大宣传力度。

大汉控股集团创立于 1993 年，总部位于湖南省长沙市，是一家跨地区、跨行业的大型综合性非公有制企业，业务涵盖钢材、物流、城镇建设、商业地产、商业管理、文化旅游、汽车贸易、职业教育等各方面。截至 2014 年，旗下拥有 80 余家子（分）公司，员工近 2000 人，总资产达 121 亿元。公司 2014 年销售收入 291.5 亿元，综合实力位居中国企业 500 强第 396 位、中国民营企业 500 强第 117 位、湖南省民营企业第 2 位；中国钢贸企业百强第 2 位、湖南钢贸企业第 1 位。由于近几年来保健品市场行情不错，故准备用闲置资金投资保健品市场，投资预算在 150 万元人民币以内，希望在一年内能够得到回报，并且年收益率在 20% 以上。

2015 年年初，甲乙双方派代表在湘西古丈就乙方投资入股甲方进行谈判，谈判主要就出资额、控股权、生产运营管理、市场宣传及销售任务责任的划分、利润的分配等问题进行。

5．租赁谈判

【背景资料】

甲方：真功夫餐饮管理有限公司（简称真功夫）

乙方：张家界荷花国际机场实业有限公司（简称张家界荷花国际机场）

真功夫于 1990 年创立。公司坚持营养美味的米饭快餐定位，受到众多喜欢中式菜肴的顾客的喜爱。凭借在中式快餐三大标准运营体系——后勤生产标准化、烹制设备标准化、餐厅操作标准化上的精耕细作，真功夫从发源地东莞开始，先后进驻广州、深圳、北京、上海、杭州、沈阳、天津、武汉、长沙、福州、郑州等 57 个城市，成为国内首家全国连锁发展的中式快餐企业。在品质、服务、清洁 3 个方向，真功夫全面与国际标准接轨。随着分店数量的增多，真功夫将为更多关注健康、追求生活品质的城市白领提供高品质的超值米饭快餐。

张家界荷花国际机场位于湖南省张家界市，是中国自然风景最佳的机场之一，可远观天门洞。1991 年国务院，原总理李鹏签署了大庸机场开工令并举行大庸机场奠基开工典礼。1993 年大庸机场试航成功。1994 年年初，大庸机场更名为"大庸张家界机场"。1994 年大庸市更名为张家界市。8 月 18 日，机场宣告正式通航。1995 年 10 月 31 日，机场更名为"张家界荷花机场"。1999 年，张家界航空口岸开通，举行首航香港仪式并开通了澳门航班。2011 年张家界航空口岸扩大并通过国家验收，张家界荷花机场升级为张家界荷花国际机场。2014 年，张家界荷花国际机场全年共完成航班起降 9811 架次，与 2013 年同期相比增长 14.96%，共完成旅客吞吐量 109 余万人次，同比增长 8.47%。

2014 年，真功夫想扩大营销网络，拟在张家界荷花国际机场开设一家直营店，面积为 60 平方米。而张家界荷花国际机场也想借助真功夫这个庞大的营销网络来宣传自己，增加张家界荷花国际机场的知名度，并且可以为自己的顾客提供增值服务。同时，张家界荷花国际机场了解到真功夫在长沙黄花国际机场也租有 60 平方米的店面，年租金 100 万元，长沙黄花国际机场旅客吞吐量 1800 余万人次。

真功夫营销总监、市场部经理等一行赴张家界荷花国际机场与其副总经理、场地经理等人进行当面磋商，主要就租赁场所的年租金、租赁的其他附加条款进行谈判。

参 考 文 献

[1] 高宏．一看就懂的谈判技巧全图解[M]．北京：北京理工大学出版社，2014．

[2] 张炳达，周琼琼．商务谈判实务[M]．上海：上海财经大学出版社，2013．

[3] 李品媛．商务谈判——理论、实务、案例、实训（第 2 版）[M]．北京：高等教育出版社，2015．

[4] 杨群祥．商务谈判[M]．北京：高等教育出版社，2015．

[5] 王振翼．商务谈判与沟通技巧[M]．大连：东北财经大学出版社，2015．

[6] 张恩俊．商务谈判执行[M]．北京：北京理工大学出版社，2009．

[7] 李静玉，王晓芳．商务谈判实务[M]．北京：清华大学出版社，2016．

[8] 卢海涛．商务谈判[M]．北京：电子工业出版社，2014．

[9] 陈文汉．商务谈判实务（第 3 版）[M]．北京：电子工业出版社，2014．

[10] 杨雪青．商务谈判与推销[M]．北京：北京交通大学出版社，2011．

[11] 金正昆．商务礼仪概论[M]．北京：北京大学出版社，2013．

[12] 人力资源和社会保障部教材办公室．营销师（基础知识）[M]．北京：中国劳动社会保障出版社，2014．

[13] 刘必荣．商务谈判高阶兵法[M]．北京：北京大学出版社，2008．

[14] 王建明．商务谈判实战经验和技巧：对五十位商务谈判人员的深度访谈[M]．北京：机械工业出版社，2015．

[15] 刘园．国际商务谈判[M]．北京：对外经贸大学出版社，2016．

[16] 世界经理人网站：http://www.ceconline.com/

[17] 中国新闻网：http://www.chinanews.com/

[18] 网易财经：http://money.163.com/

[19] 中国国际公共关系协会网站：http://www.cipra.org.cn/

[20] 教育资源网：http://www.Chinesejy.com/

[21] 中国商务部网站：http://www.mofcom.gov.cn/

反侵权盗版声明

电子工业出版社依法对本作品享有专有出版权。任何未经权利人书面许可，复制、销售或通过信息网络传播本作品的行为；歪曲、篡改、剽窃本作品的行为，均违反《中华人民共和国著作权法》，其行为人应承担相应的民事责任和行政责任，构成犯罪的，将被依法追究刑事责任。

为了维护市场秩序，保护权利人的合法权益，我社将依法查处和打击侵权盗版的单位和个人。欢迎社会各界人士积极举报侵权盗版行为，本社将奖励举报有功人员，并保证举报人的信息不被泄露。

举报电话：（010）88254396；（010）88258888

传　　真：（010）88254397

E-mail：　dbqq@phei.com.cn

通信地址：北京市万寿路 173 信箱

　　　　　电子工业出版社总编办公室

邮　　编：100036